탄허 스님의 선학(禪學) 강설

일러두기

1 한문의 현토는 탄허 스님의 저술에서 옮겼으며, 강의의 현장감을 살리기 위해 의미가 통하는 범위에서 구어와 사투리를 가급적 채록했습니다. 채록이 불분명한 경우 말줄임표 '……'로 표기했습니다.

2 원전의 출처 표시는 다음을 기준으로 했습니다.
대장경 : 『대정신수대장경(大正新脩大藏經)』, 『만신찬속장경(卍新纂續藏經)』 등
CBETA 중국전자불전협회(中華電子佛典協會, http://www.cbeta.org)
한국불전 : 『한국불교전서』 등 불교기록문화유산아카이브(https://kabc.dongguk.edu)
한국고전 : 한국고전종합DB(https://db.itkc.or.kr), 한국사데이터베이스(https://db.history.go.kr)
중국고전 : 중국철학서전자화계획(中國哲學書電子化計劃, https://ctext.org)
• 중국 고전에 대한 문헌상 출처 표시는 중국철학서전자화계획(中國哲學書電子化計劃) ctext.org에 따랐습니다. 우리나라에서 흔히 인용하는 것과 장과 절 숫자가 다릅니다.

3 한문 원문과 한글 독음은 두 가지 방식으로 표기했습니다. 인용한 한문 원문은 본문체로, 한글 독음은 괄호 안에 표기했습니다. 탄허 스님의 강설에서는 가독성을 위해 한글 독음을 본문체로, 한문 원문은 괄호 안에 표기했습니다.
단, 강설 중 한자 원문이 중요할 경우 반대로 적용했습니다.
ex) 專己略人(전기약인)하며 / 덮어놓고 싫어하는 사람이 전기약인(專己略人) 하고 / 焚詩書(분시서) 坑儒生(갱유생). 진시황이 시서(詩書)를 다 불 질러버리고

4 책과 신문 등은 겹낫표 『』, 책 안의 장이나 소제목과 시, 그림 같은 예술 작품 등은 홑낫표 「」를 사용했습니다.

5 각주에서 처음 등장하는 한문에는 한글과 한문을 병기하고, 이후 한문은 한글로 바꿨습니다. 단, 해석 중 한자 원문이 중요할 경우 반대로 적용하거나 바꾸지 않았습니다.

6 책에 사용된 탄허 스님 사진과 글씨 이미지 저작권은 월정사성보박물관에 있습니다.

탄허 스님의 선학(禪學) 강설

한국 정신문화의 큰별
탄허 스님의 생생한 육성 법문

탄허 강설 · 이승훈 주석 · 월정사 후원

불광출판사

탄허 스님 행장

스님의 속명은 김금택(金金宅)이고, 탄허(呑虛)는 법호이며 법명은 택성(宅成)이다. 1913년 음력 1월 15일 독립운동가 율재(栗齋) 김홍규(金洪奎)를 부친으로 전북 김제에서 출생했다.

엄격한 가통(家統)으로 집에서 수학했다. 14세에 유학의 경전을 두루 섭렵한 데 이어 15세에 기호학파 최익현 계통의 대유(大儒) 이극종(李克鍾) 문하에서 노장사상과 제자백가를 배웠다. 20세까지 유학을 공부하다가 다시 도교에 심취했는데, '노장 철학의 대가'로 손꼽히게 한 도교 지식도 이때 흡수한 것이다.

도가의 경전을 읽으며 생긴 도(道)에 대한 의문에 답을 얻고자 한암 스님과 3년간 20여 통의 서신으로 문답을 주고받았다. 1934년 22세 때 상원사에서 한암 스님을 은사로 출가, 한암 스님의 인품에 매료돼 "3년, 길어야 10년"을 기약하며 오대산에 들던 길은 영영 탈속의 길이 됐다. 한암 스님 지도를 받으며 3년간 묵언 정진, 15년 동안 오대산 동구 밖을 나오지 않고 수행, 『화엄경』을 읽다가 대오각성했다.

특히 1955년 한국대학(현재 폐쇄) 요청으로 맡은 노장철학 강의는 함석헌 선생부터 양주동 박사까지 당대 쟁쟁한 학자들도 수강생이었고, 수강생들 요청으로 연장해 두 달간 이어진 명강의로 유명하다. 오대산 월정사 조실과 연수원장으로 스님들을 지도했고, 또 1964년부터 1971년까지 동국대 대학선원 원장을 지냈다.

생전 『신화엄경합론』의 현토 간행을 유촉(遺囑)했던 한암 스님의 뜻을 받들어 역경을 시작, 10여 년에 걸친 대불사 끝에 200자 원고지 6만여 장 분량에 달한 원고를 탈고했다. 드디어 1975년 『현토역해 신화엄경합론(新華嚴經合論)』이라는 제목으로 47권의 결실을 세상에 내놓았고, 주석을 곁들여 우리말로 옮긴 『신화엄경합론』은 "원효·의상대사 이래 최대의 불사"라고 평가받는다. 이 『신화엄경합론』을 비롯해 전통 강원 사미과(沙彌科)의 『초발심자경문』과 『서장』, 『도서』, 『선요』, 『절요』의 사집(四集), 『금강경』, 『능엄경』, 『원각경』, 『기신론』의 사교(四教)와 『육조단경』 등을 우리말로 완역하는 등 승가 교육과 인재 양성을 위한 교재들이 탄허 스님의 손을 거쳐 번역되고 출간됐다. 그 공로로 동아일보 주최 제3회 인촌문화상, 국가로부터 은관문화훈장을 받았다. 1983년 6월 5일(음력 4월 24일) 월정사 방산굴에서 세수 71세, 법랍 49세로 입적했다.

멀어질수록 더욱 깊어지는 고승

깨달음은 말의 너머에 있지만, '언어를 초월한다'는 표현 역시 말을 여윈 것은 아니다. 즉 전파라는 외연 확장에 있어서 말이란 불가피한 측면을 가진다. 이 때문에 부처님께서는 8만 법장을 설하셨고, 이러한 가르침이 없었다면 불교 역시 존재할 수 없게 된다.

불교는 본래 수행의 종교지만, 보살도를 강조하는 대승불교에는 여기에 '헌신'이 추가된다. 즉 수행과 헌신이 조화로운 가르침, 이게 바로 대승인 것이다.

대작 불사를 하시는 스님 중에 '이번 생은 안 태어난 것으로 치고 한다'고 말씀하시는 분들이 있다. 원력 보살이신 분이다. 이런 스님들 덕분에 2,500년 불교 역사와 1,700년 한국불교가 유지되는 것은 아닐까! 인류의 역사 속에 사라진 종교들이 어찌 수백 수천뿐이겠는가? 그런데도 불교가 세계 3대 종교로 굳건한 것은 자신을 버리며 멸사봉공(滅私奉公)을 실천한 알려진 고승과 잊힌 분들이 계셨기 때문이리라.

탄허 스님께서는 일제강점기를 전후해 무려 4차례나 종정(혹 교정)으로 추대되고, 1941년 조선불교 조계종을 창종하신 한암중원 대선사의 고제(高弟)이다. 출가 직후 탄허 스님께서는 오로지 선(禪) 수행만을 위해 매진하신다. 그러나 천재적인 자질을 아낀 한암 스님은 당대 최고의 강

백인 석전 박한영 스님에게 수학할 것을 권했다. 이때 탄허 스님은 한암 선사에게 배우는 것만 수용하겠다고 하면서, 한암 스님을 계승한 선교융합(禪教融合)의 방향을 확립한다. 실제로 탄허 스님의 『화엄경』과 주석서 번역인 『신화엄경합론(新華嚴經合論)』이 한암 스님의 부촉에 따른 것임은 널리 알려진 사실이다.

시대의 대선사셨던 한암 스님이 교학도 강조했던 것은 일제강점기라는 엄혹하고 격변하는 시대 상황 속에서, 한국불교의 미래가 교육에 있다고 판단하셨기 때문이다. 여기에 해방 이후 대한민국은 한글 사용이 일반화되면서, 전통적인 한자 문화와의 단절이 발생한다. 이때 탄허 스님께서는 한자로 된 모든 불교 교재를 한글로 번역하는 위대한 대장정에 오른다. 이 결과물이 18종 78권의 번역이라는 불세출의 헌신적인 노력이다.

만일 탄허 스님의 희생적인 번역이 없었다면, 한글 전용의 시대에 한국불교는 교육에 엄청난 취약점을 노출하게 되었을 것이다. 한국불교를 위한 그분의 정신은 1966년 동국역경원 개원식 때 하신 "법당 100채를 짓는 것보다 스님들 공부시키는 것이 더욱 중요하다"는 법문에서 단적인 판단이 가능하다.

탄허 스님은 비단 번역자나 교육자로서의 역량만 가지신 분이 아니다. 매일 같이 3시가 되면 어김없이 일어나 1~2시간을 참선하는 선교일치(禪敎一致)적인 바른 삶을 보이신 것으로도 유명하다. 또 화엄 사상을 바탕으로 대통합과 대한민국이 반드시 웅비할 것이라는 미래 비전의 제시는 스님의 깊은 통찰에 따른 영지(靈知)를 잘 나타내준다.

탄허 스님께서는 많은 가르침을 설하셨지만, 이제 세월이 지나 산일되고 남은 것이 많지 않다. 또 옛 어른들의 정신인 '술이부작(述而不作)'의 관점을 계승하고 계셨기 때문에, 방대한 번역에도 불구하고 당신의 생각을 적은 글은 많지 않다.

그런데 다행스럽게 가르침을 펴실 때, 일부 녹음된 자료가 있어 이것을 재정리할 수 있게 되었다. 이는 옛 어른을 추념하는 온당한 행위인 동시에 가치관이 혼란한 현대에 불교가 시대적 이정표를 제시해 줄 수 있는 필요한 행위라고 판단된다.

스님께서는 가셨지만, 한국불교를 위하는 깊은 헌신은 이제 이 책 속에 오롯이 남아 영원으로 살아있다. 이 책의 출간을 통해 한국불교가 더욱 풍성하고 활기차게 되며, 대한민국이 더한층 융창하기를 부처님께 기원해 본다.

탄허 노스님께서 『화엄경』을 강설하셨던 월정사 대강당 건물에서,
교무 일우자현 九拜

차례

2장 치문(緇門)

3장 서장(書狀)

4장 선요(禪要)

5장 도서(都序)

禪門一點墨序

言語文字를 謂之墨이라 古之
達觀之士는 本不愛墨이요 亦不
厭墨이니 不愛墨故로 卽墨
하야 覓古人不得이요 不厭墨故
로 離墨하야 覓古人不得이니라
然則禪門一點墨은 是墨
耶아 非墨耶아 若道是墨
이라도 是謗和尚이요 若道非墨
이라도 是謗和尚이니라 且道하라 畢
竟如何오 良久云 碧漢에 一
輪滿하니 淸光이 六合輝로다
咄
丁巳年 月 之日也 呑虛 序
五臺山人

『선문일점묵』 서문 | 탄허, 1977년

탄허 스님이 경봉 스님의 서첩 『선문일점묵』에 쓴 서문

1장

고전의 교훈

거성시요(去聖時遙)[1]의 번역에 대하여

◉

[질문] "去聖時遙(거성시요)하야"에서 '거(去)' 자가 '성인이 가신 것'이냐, 아니면 '성인과 내가 떨어짐'이냐 어떻게 해석해야 합니까?

[스님] 옳지! 좋은 질문이다. 거 잘 물었어. 이런 것을 소홀히 지나치니까 선비들이 "절집에 글이 없다"는 소릴 하는 거야.

"성인이 가신 때가 멀다"라고 한다면 '성거시요(聖去時遙)'가 된다. 거성시요(去聖時遙)는 "성인 시대에 가기엔 때가 멀었다." 문장이 이렇게 되는 것이다.

성낙훈[2] 씨, 국내에서 한문을 제일 잘한다는 분이었는데, 아시는가? 돌아가셨는데 고전에 대단한 권위자였다. 그이가 돌아가고 나니까 누구니, 누구니 그러지만 살아있을 때는 당할 사람이 하나도 없고 국내 제일이었지. 문장의 재기(才氣)로는 천재였어. 그 친구가 10년 중 노릇을 했거든. (승려의) 이력을 다 하고 금강산 유점사[3]에서 강(講)도

---

1 거성시요(去聖時遙): 『초발심자경문(初發心自警文)』「자경서(自警序)」; 『치문경훈(緇門警訓)』「경훈(警訓)」 위산대원선사경책(潙山大圓禪師警策) 등.

2 성낙훈(成樂熏, 1911~1977). 한학자. 성균관대 동양철학과 교수 역임. 민족문화추진회 발족 초대회원.

3 일제강점기에 승가는 독립투사와 탄압받는 지식인들의 주요한 도피처였다.

하고 그러다 해방이 되니까 그 시간을 다했지. 그런데 여기 나한테 놀러 왔었다. 내가 『염송』[4]을 보고 있을 때, 상원사에 와서 한 20일간 쉬는데, 어린 학인들이 『초심』 가져와 묻길래[5], '거성시요'라는 것은 '성인에 가기엔 때가 멀었다'라는 뜻이다 하니까 "옳지!" 그랬다. 그게 성낙훈 씨가 한 소리야. 그렇게 해석하는 걸 처음 들었다고. 다들 "성인 간 때가 멀었다" 이런다고 한탄하면서, "하! 그거 천하에 쉬운 격인데, 성인이 가신 때가 멀었다면 성거시요라고 그러지 왜 거성시요라 그랬겠느냐." 그래.

'성인에 가기'가 거성(去聖)이다. 성인 시대에 가기엔, 부처님 당시 같은 시대에 가기엔 때가 멀었다. 문장이 이렇게 되는 것이다.

그러니까 그런 것을 소홀히 넘어가지 않아야 한다는 말이다. 지금 '연(然)이나' 하는 것도 '연으로'라고 말하면 뜻은 통할 수도 있지만, 그런 문법은 없어.

4 『선문염송(禪門拈頌)』.

5 『초발심자경문』을 가져와 묻기에.

『주역(周易)』 겸괘(謙卦)에 대하여

◉

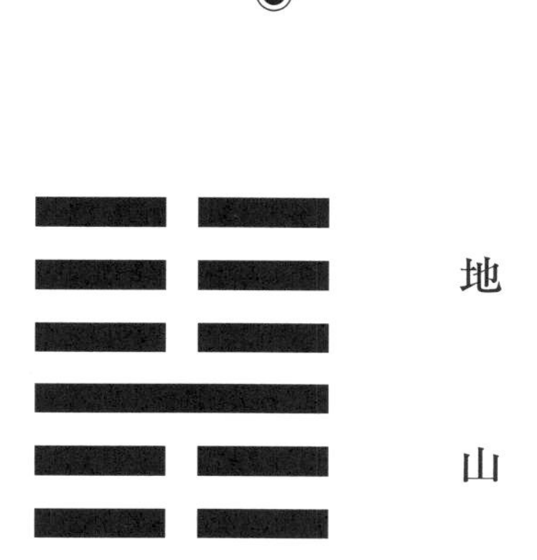

謙(겸)은 德之柄也(덕지병야)라[6]

겸은, "겸손이란 것은 덕의 자루다." 겸손, 겸양하는 것은 덕의 자루다. '덕의 으뜸'이라. 이 말과 같다. 왜 그런가? 겸은 뭐냐? 지산겸(地山謙). 산이 땅 밑으로 들어가 있고, 땅이 산 위에 있는 게 겸괘다. 공자(孔子)께서 『주역』 64괘 중에 이 겸괘를 제일 칭찬한다.

어떻게 칭찬하는고 하니,

天道(천도)는 虧盈而益謙(휴영이익겸)하고[7]

하늘의 도로 봐라. "하늘의 도는 꽉 찬 것을 이지러뜨리고 겸손한 것에

---

6 『주역(周易)』「계사하(繫辭下)」.

7 같은 책 「역경(易經)」 겸괘(謙卦).

는 보탠다." 봄이 가면 가을이 오고 가을 가면 봄이 온다는 것이 '휴영이익겸'이다. 또 달이 차면 이지러지고 이지러지면 차고 하는 것도 '휴영이익겸'이다.

地道(지도)는 變盈而流謙(변영이류겸)하고

땅의 도(道)로도 봐라. 하늘 도(道)만을 얘기하는 게 아니라 "땅의 도로 봐도 가득 찬 데는 변한다." 사람이 많이 살아서 똥오줌이 들어찬 물은 변질되어 망한다. 그렇게 찬 데는 변해버린다. 그리고 겸손한 데로 흘러 들어간다. 물은 낮은 골짜기로 흘러가잖아.

하늘, 땅에서만 그러는 게 아니라,

人道(인도)는 惡盈而好謙(오영이호겸)하고

사람의 도(道)로도 보자. "사람의 도(道)도 찬 것을 미워하고 겸손한 것을 좋아한다." 이거야. 아만(我慢) 튕기는 놈은 주는 것 없이 괜히 미움을 받지 않나. 암만 잘났어도 좋아하는 사람이 없다. 이게 찬 것을 미워하고 겸손한 것을 좋아한다는 말이다. 겸손하면 참 잘살게 되고 모두 좋아한다.

鬼道(귀도)는 害盈而福謙(해영이복겸)하나니

하늘 도(道), 땅 도(道), 사람 도(道)만 그런 게 아니라, 귀도(鬼道), 우리에게 보이지 않는 "귀신의 도(道)" 또한 그러하다. 천지신명을 볼 때 귀신의 도(道)로도 보아라.

"찬 것은 해치고 겸손한 것은 복을 준다." 찬 것을 해친다는 말은 아만 떠는 놈은 사고를 당하게 된다. 그게 해치는 게거든. 겸손한 사람은 복을 받는다고 하니,

謙之時義(겸지시의)가 大矣哉(대의재)라[8]
"겸괘의 때와 뜻이 그렇게도 좋구나"라고 공자가 칭찬한 것이다.

또 『논어』에도 공자님 말씀에,

如有周公之才之美(여유주공지재지미)어도[9]
"만일 주공과 같은 성인의 재주와 아름다운 것이 있어도,"

其貴人也 驕且吝(기귀인야 교차인)[10]이면
"그 사람의 의중이 교만하고 또 인색하면,"

其餘(기여)는 不足觀也已(부족관야이)니라
"그 나머지는 지극히 보잘 게 없다." 재주가 아무리 훌륭해도 보잘것없는 나머지와 같다. 심경(心境)을 때리는 말이지.

그런데 이 교인(驕吝), 교(驕)와 인(吝)이 하나라는 거야. 왜?

吝者(인자)는 驕之根本(교지근본)이요[11]
"인색한 것은 교만의 근본이고," 속이 썩는 게지.

---

8 실제 『주역』의 겸괘, 단전(彖傳)에는 위와 같은 구절이 없다. 여(予)·둔(遯)·구(姤)·여(旅), 네 괘에 대한 단전들에서 각각 '여지시의대의재(予之時義大矣哉)'와 같이 쓰는 구절이 있다.

9 『논어(論語)』「태백(泰伯)」.

10 원문은 "使驕且吝."

11 정자(程子)의 말임. 이하의 원문은 "蓋驕者吝之枝葉, 吝者驕之本根。故嘗驗之天下之人, 未有驕而不吝, 吝而不驕者也。"[『논어집주(論語集註)』「태백」]

驕者(교자)는 吝之枝葉(인지지엽)이라

"교(驕)라는 것은 인(吝)의 지엽(枝葉)이다." 밖으로 나타내는 것이다.

그러니

嘗試之天下之人(상시지천하지인)컨데

"천하 사람에게 시험을 해보니" 보니까,

未有驕而不吝(미유교이불인)하고 吝而不驕者也(인이불교자야)라

"교만하고 인색하지 않은 사람이 없고, 인색하고 교만하지 않은 사람이 없다." 인(吝)과 교(驕)는 따라붙는다. 주(註)에 이렇게 잘 나왔다.

그러니까 지금 배우는 ……

修仁得仁(수인득인)은 謙讓(겸양)이 爲本(위본)이지[12]

"인(仁)을 닦고 인을 얻는 것은 겸양이 근본이지." 이거 유불선(儒佛仙) 삼교(三教)에서 성인 말씀이 똑같다. 부처님 말씀은 또 말할 것도 없고, 노자(老子)의 말씀도 그렇고, 전부 다 그래.

12 『초발심자경문』「자경서」.

목은(牧隱) 이색(李穡) 이야기[13]

◉

목은은 고려조 불교 고승들의 비문도 많이 썼다. 참 장한 이다. 그가 중국에 특사로 갈 때 중국 사람들이 아만(我慢) 텅기기가 어떤고 허니,

獸蹄鳥跡(수제조적)이 交於中地(교어중지)[14]로군

중국 대신이 목은 선생 앞에서 하는 소리야. "새 발꿈치, 짐승의 발꿈치가 중국에 사귀었구나." 금수(禽獸) 같은 것들이 중국에 왔구나 이 소리여. 허! 그 『맹자』에 있는 본문이거든. 『맹자』 본문 문장을 쓰니까 시비는 할 수 없잖아. 그래 딱 목은에게 대놓고 새 새끼 같은 것, 짐승 새끼 같은 것이 중국에 왔네. 이 소릴 한 거야. 목은이 그 말을 척 듣자마자,

鷄鳴犬吠(계명견태)가 바로 四境(사경)[15]이로구나

"[개] 짖는 소리 닭 우는 소리가 사경에 달했구나." 이것도 『맹자』 본문이거든. "웬 개소리, 닭소리가 나네." 하! 그렇게 문변(文辯)이 첫마디에 저놈들을 압도하지 못할 것 같으면 특사로 못 가는 거야. 포은(圃隱)은

---

13 목은 이색에 관한 재미있는 설화들인데, 현존하는 『목은집(牧隱集)』에서 확인되지 않는다.

14 "獸蹄鳥跡之道, 交於中國。" [『맹자(孟子)』 「등문공상(滕文公上)」]

15 "雞鳴狗吠相聞, 而達乎四境。" [『맹자』 「공손추상(公孫丑上)」]

안 돼. 그래 거기 가서 중국 과거를 봐 가지고 장원을 했다. 사희(四喜)[16], '네 가지 기꺼운 것'이라 글제가 나서 시를 짓는데, 목은이 보니까 중국 선비가 뭐라고 쓰는고 하니,

大旱(대한)에 **逢甘雨**(봉감우)하고
"큰 가뭄에 단비를 만났다."

他鄕(타향)에 **逢故人**(봉고인)이라
타향에 "다른 시골에 가서 친구를 만났다."

洞房華燭夜(동방화촉야)요
"골방에 첫날 저녁 화촉 밤" 화촉을 밝힌다.

登科掛榜詩(등과괘방시)라
"과거에 올라가지고서는" 괘방(掛榜), "방을 걸어." 아무개 장원이라고. 사희(四喜), 네 가지 기쁜 거. 잘 지었단 말이야. 목은이 그걸 보고는 쓰적쓰적 썼어.

七年大旱(칠년대한)에 **逢甘雨**(봉감우)하고
그냥 대한(大旱)도 시구가 좋지만 "칠 년 큰 가뭄에 단비를 만나고"가 더 재밌지.

---

16 이하는 이규보의 「사쾌시(四快詩)」와 성삼문의 「사희시(四喜詩)」를 민간에서 변형해서 이야기를 만든 것이다.

千裏他鄕(천리타향)에 逢故人(봉고인)이라
타향에 봉고인도 좋지만, "천 리 남의 타향에서 친한 사람을 만났다."

無月洞房華燭夜(무월동방화촉야)라
동방화촉야도 좋지만은 "달이 없는 동방 첫날 저녁에 화촉을 밝힌다," 이거야. 달이 없어야 화촉이 빛이 나거든. 달이 훤하면 화촉 빛이 안 나.

少年登科掛榜詩(소년등과괘방시)라
과거에 올라서 방 거는 때도 좋지만, "소년 때에 과거에 올라가지고 과거의 장원이라"고 하면 더 좋다.

그런데 시관(試官)이 중국 선비 답지가 먼저 들어오니 그걸 뽑아서 여기다 딱 넣거든. 재고할 점이 있다, 너 합격이다. 그다음에 또 답지가 들어오는데 칠언배기가 들어온다 말이야. 또 같이 집어넣었어. 그건 더 좋거든. 나중에 심사를 하는데 "이거 반드시 둘 중에 한 놈이 훔쳐서 썼다." 사실은 중국 선비가 먼저 쓰고 목은이 도둑질했는데, "이건 오언배기가 칠언배기를 훔친 거다." 이렇게 거꾸로 판정이 됐어. 목은이 장난꾼이야.

내가 지금 하는 얘기는 목은문집에 있는 소리여. 중국 특사[17]가 말이야, 한국에 인재가 얼마나 있는가 한 번 시험해보려고 압록강을 건

---

17 이하는 민간설화로서 주인공이 이색뿐만 아니라, 최치원, 차천로 등으로 바뀌는가 하면, 한시의 자구(字句)도 조금씩 변형되어 나타난다. 『한국구비문학대계』「사신문답」(https://gubi.aks.ac.kr/web/VolView1_html5.asp?ur10no=tsu_0046&ur20no=Q_0046_1_F_039&dbkind=1) 참고.

너오는데, 목은 선생이 수건으로 눈을 질끔 징여매고 가서 정장(艇長) 노릇을 했어. 뱃사공을 정장이라고 그래. 압록강에 가서 이렇게 정장 노릇으로 배를 끄는데 중국 특사가 턱 올라서자마자 한마디 읊거든,

烏啄艇長目(조탁정장목)**이로구나**
"새가 정장의 눈을 찍었구나." '저놈 눈 하나 멀었다.' 이 소리여. 그 말 떨어지자마자 목은이

風吹文長鼻(풍취문장비)**로구나**
"바람이 문장의 코를 불었구나." 그 특사가 코가 좀 삐딱했던 모양이야. 아 그 특사가 가만히 보니깐 정장이 괴짜거든. 특사가 또 턱 올라앉아 한마디 읊는데,

潛浮沈(잠부침) **潛浮沈**(잠부침) **潛潛浮浮沈**(잠잠부부침)**허니,**
江上窺魚之鳥(강상규어지조)**로구나**
잠부침 잠부침, "잠겼다 다시 뜨고, 잠겼다 다시 뜨고," 잠잠부부침허니, "잠겼다 잠겼다 떴다 떴다 잠기니," 강상규어지조로구나, "강호에 고기를 엿는 새로구나." 또 그 말 떨어지자마자 목은이

飛上下(비상하) **飛上下**(비상하) **飛飛上上下**(비비상상하)**하니**
"날라서 올랐다 내리고, 날라서 올랐다 내리고, 나르고 나르고 오르고 오르고 또 내리니."

園中探花之蝶(원중탐화지접)**이로구나**

"동산 가운데에 꽃을 탐하는 나비로구나." 이게 보통내기가 아니란 말이야. 그래 가까이 오라 해서, '여보. 당신은 그런 재주를 가지고 왜 정장 노릇을 하느냐?' 그러니까 '하이고! 나 같은 것을 재주라고. 이런 건 한국에선 거지 아이도 쟁인다'고. [중국 특사가] 더 말도 못 하고 소리가 찍 들어가서 배를 돌리라고 했다.

유불선(儒佛仙) 삼교(三敎)에 대하여

◉

유교(儒敎)는 정(正)으로써 교(敎)를 베풀고, 도교(道敎)는 높은 것으로써 교를 베풀고, 불교는 큰 것으로써 교를 베푼다. 그게 그 장점, 그 교리에 대한 장처(長處)를 들어서 얘기하는 말이다. 그렇다고 유교에 큰 것 높은 것이 없다는 말이 아니고, 불교에 바른 것, 높은 것이 없다는 말이 아니다. 유불선 삼교의 장점을 들어서 얘기하면,

儒而治世(유이치세)하고
"세상을 다스리는 데는 유교,"

道而治身(도이치신)하고
"몸뚱이를 다스리는," 수천 년 만 년 산다는 "도교,"

佛而治心(불이치심)이라
"이 마음자리," 우주만유의 핵심 "근본자리를 밝히는 데는 불교가 장원이고" 그렇다.

그렇다고 해서 불교로 정치를 못한다는 말이 아니고, 또 유교로써 마음을 못 다스린다는 말이 아니거든. 그 장점을 가지고 얘기하자면 그

렇게 된다는 게지. 어떤 것이 깊으냐, 어떤 것이 옅으냐, 어떤 것이 우(優)하냐 어떤 것이 열(劣)하냐 이걸 따지는 거다.

남송(南宋) 효종(孝宗) 황제가 「원도변(原道辨)」이라는 논문을 지었다. 원도(原道)에 대한 변(辨)을 지어서 하는 말이[18]

以佛治心(이불치심)하고
"불(佛)로써 마음을 다스리며,"

以道治身(이도치신)하며
"도(道)로써 도교로써 몸을 다스리며,"

以儒治世(이유치세)
"유교로써 세상을 다스린다."

이것이 유불선 삼교의 장점을 들어서 대의로 하는 말이다. 장점을 들어서 얘기를 하니까, 그러면 마음이나 몸뚱이나 세상이나 그중 하나도 다스려지지 않을 것이 없다. 그렇다면은 이 유불선 삼교 중 어찌 하나라도 폐해서 되겠느냐 이런 말이다.

---

18 류밀(劉謐), 『삼교평심론(三教平心論)』 권상(卷上) T52n2117_001, 0781b.
효종(1127~1194)은 남송(南宋)의 2대 황제로서 북송(北宋) 멸망 후 불안정했던 송조(宋朝)에 중흥을 이룬 명군이었다.

공자와 진시황 설화

◉

유교(儒教)는 중국에서 오륜삼강(五倫三綱)을 가지고서 인륜을 바로잡았다. 오륜삼강, 오행(五行), 예악형정(禮樂刑政)으로 정치를 하고 그래서 천하가 태평하였는데, 진시황(秦始皇)이 유교를 아무리 뚜드려 뿌수고자 하여도 유교를 마침내 부시지 못했다. 焚詩書(분시서) 坑儒生(갱유생). 진시황이 시서(詩書)를 다 불 질러버리고, 유교하는 유생 선비는 구덩이를 파가지고 생으로 매장해버리고, 그렇게 해서도 유교는 없어지지 않았다.

그게 왜 그렇게 됐는고 하니, 이게 인과학(因果學)으로 볼 거 같으며는, 『공자가어(孔子家語)』가 지금 세상에 돌아다닌 거는 3권인데, 72권 공자의 언행록(言行錄) 『공자가어』에 이 이야기가 아주 자세히 나와 있다.[19]

공자께서 어디 길을 가시는데 어느 동구(洞口)를 지나가다 보니까 웬 여자가 대성통곡을 한다. 그래서 왜 그러느냐 물으니까, 그 당산나무에 제사를 지내는데 천 년 묵은 지네가 있어 제삿날이 되면 그 동네

---

19 『한서예문지(漢書藝文志)』「논어부(論語部)」에는 원래의 『공자가어(孔子家語)』가 27권이었다고 한다. 현존하는 『공자가어』는 10권으로 판본에 따라 3책(冊)으로 출간된 것이 있다. 즉, 3권이 아니라 3책이다. 현존하는 『공자가어』에 이하와 같은 지네와 '칠서벽경(漆書壁經)' 이야기는 나오지 않는다.

가 쏘(沼)가 되어버려. 지네 집에 사람 하나를 넣어야 되는데, 서로 안 죽을라고 하지 제삿밥이 되려는 사람이 누가 있나. 그래 고을 사람들이 제비를 뽑는데 마침 청상과부 외아들놈이 걸렸다. 그렇게 꼭 걸리거든 대개 군인 가서 죽는 것도 흔히 외아들놈이 죽지.

그 과부가 대성통곡하는 거라. 공자께서 수레를 타고 자로(子路), 자공(子貢)이가 끌고 가는데, 그걸 보시고 내가 대신 들어가면 어떻겠느냐고 그러니까 동네 사람들이,

"하이고 감사합니다만은 저렇게 점잖으신 선생님이 어떻게 대신 그럴 수 있습니까?"

"저 부인 아들을 대신해서 내가 들어가겠다."

다음날 집이 있는데 공자가 그 속에 떠억 들어가서 앉았어. 홍두깨같이 큰 놈의 지네가 무지개 같은 시퍼런 독을 당산나무에 뿌리는데 공자는 까딱없단 말이야.

이 세상에 제일 무서운 것이 정력(定力)이라는 걸 여러분들이 알아둬야 된다. '정할 정(定)' 자 정력. 다시 말하면 도력(道力). 도력은 정력이라고. 이 세상에서 제일 무서운 것이 마음이 부동(不動)된 거, 정력, 도력이다.

그래, 공자가 앉아 있었는데 지네가 그렇게 무지개 같은 그 독기를 시퍼렇게 밤새도록 품어도 끄떡없었다. 결국 지네가 자멸을 해버렸거든. 독을 품다가 지가 퍼져 가지고. 그 이튿날 동네 사람들이 지네가 다 먹고 난 뼉따구를 챙겨서 장례를 치룰라고 문을 열어보니까 그대로 까딱도 않고 앉아 있단 말이야. 지네만 죽었어. 그래서 지네를 가져다 불을 질렀는데, 그 지네의 독기가 무지개같이 공중으로 솟았다.

그래서 공자께서 예언하기를 100년 후에 必害吾道者(필해오도자)

라. 저 독기 그놈이 100년 후에 반드시 내 도를 해칠 것이다. 바로 진시황이 천 년 묵은 지네의 후신이라는 거야. 자기는 무의식이지만 원수를 갚느라고 진시황이 돼 가지고서는, 어쨌든 이 공자교 하는 놈들은 그저 다 생매장이고 공자의 학설이라는 거는 전부 다 불 싸질러버리고. 공자는 이미 그걸 알고 칠서(漆書)를 벽에다 간직했다. 『천자문(千字文)』에 '漆書壁經(칠서벽경)'이라고 그러지. 칠서가 벽에서 나온 경이라고. 공자 몇 대손이 이 벽을 허물고서 집을 수리하다 보니까 벽 속에서 칠서가 나왔다. 그래서 유전(遺傳)이 된 거야. 놔둔 건 뭐인고 허니 점서(占書). 점술은 진시황 자기가 필요하니까. 『주역』도 점서라고 안 없앴어.

세 벼리(綱)

◉

君爲臣綱(군위신강)
"임금은 신하의 벼리가 된다."

夫爲婦綱(부위부강)
"남편은 부인의 벼리가 된다."

父爲子綱(부위자강)
"애비는 자식의 벼리가 된다."

불교에서는 육신통(六神通), 여섯 신통 중에 삼명(三明)을 추려놨다. 천안명(天眼明), 누진명(漏盡明), 숙명명(宿命明). 중요한 거니까 그걸 추렸다. 그와 같이 삼강(三綱)에 삼강오상(三綱五常)은 내가 오륜삼강이라 하는 말인데 이것도 추렸단 말이야. 오상에서 추려서 삼강이라 그런다. 세 벼리, 으뜸 되는 것이다.

사구(四句)를 여의고
백비(百非)를 끊는다

◉

사구(四句)를 여의고 백비(百非)를 끊는다. 사구, 세상에 어떤 종교든지 철학이든지 이 사구에 벗어나는 건 없다. 사구라는 것이 무언고 하니, ① 유(有) 있다. ② 무(無) 없다. 있는 것이 아니면 '없다'인데, 있다 없다 하지 않으면 ③ 비유비무(非有非無)다. 있는 것도 아니고 없는 것도 아니다. 또 그렇지도 않으면 ④ 역유역무(亦有亦無)다. 또한 있기도 하고 또한 없기도 하다. 세상 어떤 종교든지 어떤 철학이든지 여기에 벗어나지 않는 건데, 불교에서는 이걸 찾아 뚜드려 뿌셔야 한다는 거, 이게 제일 고약한 거시기거든.

사비(四非)라는 건 뭐냐? '허물 죄(罪)' 자. 허물 죄자는 '넉 사(四)' 자에 '그를 비(非)' 자 써놨잖아. 글자를 묘하게 만들어놓은 거야. 왜 사비라고, 넉 사 자, 그를 비 자, 네 가지 그른 것을 '죄'라고 그랬느냐? 이게 붙으면 죄야. 이 사구(四句)가 붙으면 죄라는 말이다. 사비(四非)야. '허물 죄(罪)' 자를 그래서 그렇게 만들어놓은 것이다. 사비(四非). 응, 알아들어?

그러니까 세상 사람들의 법률로는 남의 것을 훔치는 게 죄라고 잡아가고 그러지만, 진리적인 면에서 볼 때는 이 사비(四非), 네 가지 그른 것이 다 죄인이야.

유구(有句). 있다고 그러면은 이것을 불교 말로 ① 증익방(增益謗)이라 한다. 부처님 법을 증익하는 비방(誹謗)이다. 왜? 본래 법 자리는 있는 것이 아닌데 있다고 갖다가 붙여놓으니까 증익, 더 보태주는 비방이다 이거야.

또 그렇다고 해서 없다고 하면은 ② 손감방(損減謗)이다. 아주 없는 것은 아니거든. 진리는 무행(無行)이지만 있단 말이야. 그래서 없다 할 것 같으면은 손감방, 덜어서 감하는 비방이다 이거야.

이 법은 그러니까 있는 것도 아니고 없는 것도 아니다. 있다고 해도 비방이 되고 없다고 해도 비방이 된다. 그러면 비유비무(非有非無), 있는 것도 아니고 없는 것도 아니라 하면은 이거 합해진 말 아닌가. '있는 것도 아니고 없는 것도 아니다.' 조금 깊지. 있다·없다 보다는 훨씬 깊은 거야. 그러니 ③ 희론방(戱論謗)이다. 희론, 장난 짓거리 비방이다 이거여. 있으면 있고 없으면 없지 왜? 있는 것도 아니고 없는 것도 아니고, 허허허.

그러면 여기에 이르면 '또한 있기도 하고 또한 없기도 하다.' 그건 ④ 상위방(相違謗)이다. 서로 어긋나는 비방이다. 있다면 있고, 없다면 없지, 또한 있기도 하고 또한 없기도 하고.

이상을 사방(四謗)이라고 하는 거야. 네 가지 비방.[20]

그래서 이 사구(四句)를 여의고 백비(百非)를 끊는다. 이 백비, 백 가지 천 가지 그른 것이 바로 이 사구에서 벌어져 나간 거여. 전부.

---

20 원래 4방(謗)은 증익방(有), 손감방(無), 상위방(亦有亦無), 희론방(非有非無)의 순으로 『중론(中論)』의 4구 비판에서 유래한다.

백이숙제(伯夷叔齊) 관련 이야기 1

◉

성삼문, 「영이제묘(詠夷齊廟)」(백이숙제의 사당에서 읊다)[21]

草木亦霑周雨露(초목역점주우로)
"초목도 풀과 나무도 또한 주(周)나라 우로(雨露)를 머금었는데,"

愧君猶食首陽薇(괴군유식수양미) 하느니라
"그대가 수양산(首陽山) 고사리 캐 먹는 게 부끄럽다."

수양산 고사리는 주나라 곡식이 아니던가. 주나라 거시기가 아니던가 이 말이야. 거 땀 식은 뒤에 식은 때 밀리는 거 같아. 성삼문(成三問)이 그 시를 지어 붙이니까 비(碑)에서 식은땀이 흘렀다고 한다. 이제(夷齊)는 주나라 곡식 먹는 게 부끄럽다고 수양산에 가서 고사리를 캐 먹다가 돌아갔거든.

---

21 성삼문의 유명한 시조 '수양산을 바라보며'와 같은 의미의 한시이다. 성삼문이 요동의 이제 묘에 방문하여 지은 것이라고도 하고, 수양산(首陽山)의 고사리에 빗대어 수양대군(首陽大君)의 회유를 거부하는 뜻으로 지은 것이라고도 한다. 본문에 앞서 생략된 부분은 다음과 같다.
當年叩馬敢言非(당년고마감언비) 그때는 말머리를 두드리며 감히 잘못이라 말하였으니
大義堂堂白日輝(대의당당백일휘) 큰 뜻이 당당하여 한낮에도 빛났지만

백이숙제(伯夷叔齊) 관련 이야기 2

◉

정몽주 관련 시(詩)[22]

태조 이성계가 정몽주를 어떻게 생각하느냐고 물었다. 신하들이 시(詩)를 지어 답하게 되었는데, 이태조를 성군(聖君)이라고 장한 님이라 만들면 정포은(鄭圃隱)이 역적이 되어버리고, 정포은 선생을 충신이라고 올려 세워놓으면 이태조가 역적이 돼버린다. 뜻을 맞출 수가 없어 만조백관(滿朝百官)이 결국 다 퇴짜를 맞았는데, 마지막 어떤 판서의 차례가 왔다. 그래 당당한 대신, 글 잘하는 문장 재사가 다 불합격했는데 자긴들 어떻게 할 수 있겠나. 꽁꽁 이불 싸매고 드러누워 앓았다.

그런데 그 집에 문객(門客)으로 와서 한 3년째 있던 착실한 경상도 선비가 있었다. 문객이라는 건 벼슬 구하러 와서 유숙하는 사람을 말한다.

"대감. 어디가 그렇게 편찮으십니까?"

---

22 본 강에 나온 일화와 시(詩)는 세조 때 저헌(樗軒) 이석형(李石亨)이 사육신 관련 필화(筆禍)로 세조의 국문을 받게 되어 지어올린 시라 전하는데 여기서는 태조 연간의 어느 이름 없는 선비의 일화로 소개하고 있다. 이석형의 필화사건도 야사일 뿐 근거가 있는 것은 아니다. 또한 이석형의 묘는 용인의 정몽주 묘 바로 옆에 있는데, 원래 정몽주의 묫자리였던 것을 이석형의 며느리가 된 정몽주의 증손녀가 사람들을 속여서 그 천하 명당의 묫자리를 이석형의 묘로 뺏어 썼다는 설화도 있다.

"응, 자네 알 바 아니네."

"그게 무슨 말씀이십니까? 제가 대감 문하에 와서 지금 3년을 얻어먹고 있는데, 제가 대감의 아픔을 대신할 수도 있고, 제 아픈 건 대감께서 좀 낫게 해주실 수도 있지 않겠습니까?"

"그렇긴 하군. 다름이 아니라, 전하께서 지금 선죽교(善竹橋)에서 정포은 때려죽인 일을 가지고 시를 지어 오라시는데 만조백관이 다 불합격이여. 하나를 추켜세우면 하나는 나쁜 놈이 된다 이거여. 나보다 글 잘하는 선비들이 전부 다 퇴짜를 당했는데 내가 어떻게 합격할 수 있겠나?"

"아! 그러면 시생이 글은 잘 모르지만은 한 수 지어볼까요?"

"아이쿠! 지어봐라."

그래서 지은 게 이것이다. 그 문객이 참 잘 지었다.

聖周容得伯夷淸(성주용득백이청)

"성인 주무왕(周武王)이," 이 성주(聖周)는 주나라 무왕이다. 성인(聖人) 주무왕을 이태조한테다 비유한 거야. 주나라 무왕이 은(殷)나라 주왕(紂王)을 내쫓고 자기가 천자 됐잖아. 성인인 주무왕이 "백이(伯夷)의 맑은 이를 용납해 얻었다." 백이 같은 그런 군자를 용납해 얻었다.

餓死首陽(아사수양)이요, 不死兵(불사병)이라

백이숙제는 "수양산에 굶어 죽었지 병장기에 맞아 죽지는 않았다." 왜 그랬느냐? 당시에 무왕이 주(紂)를 치러 가는데 백이숙제가 고마(叩馬)의 간(諫)을 했어. 앞에 말을 뚜드리면서 절대 이신벌군(以臣伐君) 못한다. 신하로서 어떻게 임금을 치느냐 안 된다. 막 이러니까, 좌우에서 백이숙제를 죽이려고 하지. 그러니까 강태공이 '아아! 이건 의사(義士)다. 옳은 대의사(大義士), 옳은 선비인데 이거 어찌 죽이느냐.' 업고 달아났다. 그래서 살고 병장기엔 안 맞았으니, 아사수양이요 불사병이라. 수양산에서 굶어 죽었지 병장기에 맞아 죽지는 않았다 이거야.

善竹橋邉當日事(선죽교변당일사)는
"선죽교 가에 당일 일은," 정포은 선생이 맞아 죽은 것은 이 말이야.

無人扶去鄭先生(무인부거정선생)이라
"정 선생을 붙들어 가는 이가 없어서." 강태공 같은 이가 그 당시 있어서 죽여선 안 된다고 업고 갔으면 괜찮았을 텐데, 그런 사람이 없어서 그렇게 되었다. 그러면은 이태조를 주무왕 같은 성인으로 만들고, 정포은은 백이숙제를 만들고, 잘 메었잖아. 그러니까 이태조가 흐뭇해서 정도(正道)를 했다는 거야.

민손(閔損) 이야기[23]

◉

민자건(閔子騫)은 공자의 큰 제자이고, 증자(曾子) 다음가는 철천지(徹天之)[24] 효자다. 민자건이가 일찍이 자기 어머니를 잃고 계모 슬하에서 컸는데, 계모가 동생 삼 형제를 낳았다. 그의 아버지가 한겨울에 수레를 끌고서 어디 길을 가다가 쉬는데, 민자건이 벌벌벌벌 떨었다. 그 아빠가,

"왜 그렇게 떠느냐? 핫옷[25]을 입었는데 말이야."

"추워서 그럽니다."

[아들이] 그랬다. 옷을 살펴보니 솜 대신 갈대꽃을 넣은 것이었다. 갈대꽃이 솜모냥 부풀기만 하지 추울 거 아니야. 계모가 자기가 낳은 아들들은 솜으로 하고 전취 소생 민자건이는 갈대꽃을 속에다 넣어서 옷을 해 입힌 것이었다. 그래서 벌벌벌 떨어. 민자건이 아버지가 그걸

---

23 공자의 큰 제자 중 한 사람인 민손(閔損)의 효행에 관한 유명한 고사로서 '민손단의(閔損單衣)'라 한다. 『설원(說苑)』 일문(佚文)을 기원으로 하여 『오륜행실도(五倫行實圖)』 등 수많은 문헌에 전한다. 민손은 노(魯)나라 사람으로 자(字)를 자건(子騫)으로 하여 흔히 민자건이란 이름으로 잘 알려졌으며, 효도와 더불어 강직하기로 유명하고, 덕행과 실천이 뛰어나 공자로부터 칭찬을 많이 받았다.

24 현대 한국어에서 철천지는 '철천지원수'와 같이 매우 부정적인 용례로 주로 쓰이나 여기서는 '하늘에 통한다', '하늘에 사무친다'는 원래 한문의 뜻으로 썼다.

25 안에 솜을 넣어 만든 옷.

이제 발견했거든. '세상에 어찌 이럴 수 있단 말인가.' 괘씸해서 집에 돌아와 그냥 그 둘째 마누라를 내쫓으려 그러는 거라. 그러니깐 민자건이가 벌벌 꿇고 앉아 빌었다. 뭐라고 빌었는고 하니,

母在(모재)에 一子寒(일자한)하고
"엄마가 집에 있으면 한 아들, 나만 벌벌 떨게 돼." 그게 아니라,

母去(모거)면 三子寒(삼자한)이라[26]
"엄마가 나가게 될 것 같으면," 거기서 난 "세 아들이 벌벌 떨어." 그러니 제발 내쫓지 말으소.

민자건의 이 행실, 얼마나 효자야.

26 원문은 "母去三子單."(『설원』 일문)

강태공(薑太公)의 부인과 주매신(朱買臣)의 부인

◉

강태공은 고기 장사도 했고, 소 잡는 도축업도 했고, 그리고 낚시질도 했다. 뭐든지 해야 생활을 하니까.

강태공이 80년 동안 낚시할 때 몇 해 안 남았는데 부인이 도망갔다. 너 같은 영감탱이하고 사는 년이 그르다. 나는 간다. 갔는데, 얼마 안 돼서 문왕(文王)이 모셔다가 높여서 사부(師傅)라고 했다. 영의정이 아니다. 호위상부(號爲尙父)라. 소위사부(所爲師傅)하고 높여서 사부, 선생님이라 그랬고, 대신뿐이 아니라 호위상부(號爲尙父)라 호를 놓고 아버님이라 그랬다. 그런데 이를 줄여서 사상부(師尙父) 그러는 것이다.

강태공이 이렇다는 거다. 사상부 선생님, 이게 '높을 상(尙)' 자다. 높은 아버님, 이렇게 대접을 한 거야. 그래 별안간 부귀공명이 오니까, 그 부인이 무슨 면목으로 찾아왔어. 왔는데 물을 한 동이 이고 오라고 시켰다. 이고 오니까 땅에다 부어라, 부었다. 실어 담아라.

"담지는 못하겠습니다."

"네가 갔다가 온 것이 이와 같은 것이다."[27]

---

27 이 이야기의 출전은 『야항선(夜航船)』「윤유부(倫類部)」이다.
"覆水難收。姜太公初娶馬氏, 讀書不事產業, 馬求去。太公封於齊, 馬求再合。太公取

물에 빠져 자살했어. 아깝게도.

근데 이 주매신(朱買臣)[28]은 정반대란 말이야. 이 이게 지금 이 주매신이 이 친구 정말 적적(的的)[29]한 사람이야. 장난꾼이야. 이 주매신은 보리 멍석 떠내려갔다(漂麥)는 문자(文字)가 있다. 주매신이 무릎이 썩도록 앉아서 글만 읽는데, 부인이 이웃 마을에 가는데 저쪽에 시커먼 구름이 뜨는 것 같으니까,

"여보 이따가 혹 소낙비가 오면 저 보리 멍석 좀 치워놓으시오."

"응 그렇게 허지."

대답해놓고는 앉아서 또 그 무릎이 썩도록 글만 읽고 있었다. 부인이 와서 보니까 보리 멍석이 떠내려갔다. '에라! 너 같은 놈하고 사는 년이 글렀다.' 버리고 도망갔다. 그런데 얼마 안 되어 과거에서 대과 급제를 해서 초직에 군수로 신연(新延) 맞이하여, '에헤라 급제라' 하고 가는데, 참 멋지게 간다. 주매신 마누라가 재가해간 데도 가난뱅이 집이었던지 산에서 나물을 뜯고 있었다. 주매신이가 참 어질어. 그래서 가마 타고 가다,

"저 부인 이리 모셔 오너라."

그래서 데리고 왔는데,

"그간에 얼마나 고생했는가. 같이 가서 또 삽시다."

水一盆傾於地, 令婦收水, 惟得其泥。太公曰 :「若能離更合, 覆水豈難收?」"

28 주매신(朱買臣, ?~기원전 115). 전한 중기의 관료. 가난하였지만 책을 좋아하여 땔나무를 짊어지고 팔러 다니며 책을 읽었다. 부인은 생활고에 시달리다 이혼했다. '주매신 오십부귀(朱買臣 五十富貴)'라 해서 책을 놓지 않은 끝에 늦은 나이에 출세, 출세 후 자살한 처의 이야기로 유명하다.

29 밝고 곱다, 확실한 데가 있다.

이건 아마 금실이 좋았던 모양이지. 허허허.[30]

---

30 이 이야기들은 여러 문학과 전통극 등에 등장하는 유명한 이야기다. 그런데 주매신의 처 역시 재결합 요청이 거절됐으며, 자살한 사람은 강태공의 처가 아니라 주매신의 처이다 [『한서(漢書)』「전(傳)」 엄주오구주부서엄종왕가전상(嚴朱吾丘主父徐嚴終王賈傳上)].
『한서』에는 '복수난수(覆水難収)'를 매신의 처에게 말했다는 이야기가 없으나 이후 다른 문헌들에서 나타나는데, 중국에서부터 이야기가 혼동되어 유통되어 온 것 같다. 또한 과거 제도는 훨씬 나중, 수대(隋代)에 가서야 시작되었다는 것도 사실과 다른 점이다.

최고 권력자의 예의

◉

요새는 90살 노인도 많지만, 옛날에 90이면 굉장히 고령으로 보았다. 90 먹은 늙은 백성이 있는데 천자(天子)가 "네가 어떻게 이렇게 오래 사느냐?" 이걸 물을라면 불러다 묻지 않고 천자가 나아가는 거다. 그 백성의 집에 나아가서 묻는다. 공자의 예문(禮文)이다.[31] 또 90 늙은이 백성이 천자 앞으로 와서 절을 하는데 천자가 평좌하고 앉을까 무릎 꿇고 앉을까? 그게 90세지. 옛날 군주 정치 때에도 예(禮)가 그랬단 말이야.

그런데 요사이는 친구가 없다. 최고 권력자 옆에 친구라는 것은 '그래서는 안 됩니다.' 하는 게 친구거든. '옳소, 옳소, 지당하외다.' 하는 건 친구가 아니다. 무조건 지당하다고 하는 것은 '지당 대신'이지. 강태공 같은 친구가 있으면 천자가 앞에서 잘못할 수가 있겠나. 어림도 없다. 병법(兵法)에도 첫배기에 뭐라 나오는고 허니, 천하는

天下之天下(천하지천하)요[32]
"이 천하는 천하 사람의 천하지,"

---

31 "九十者, 天子欲有問焉, 則就其室, 以珍從。"[『예기(禮記)』「왕제(王制)」]

32 『육도(六韜)』「문도(文韜)」 문사(文師).

非一人之天下(비일인지천하)다

"한 사람의 천하가 아니라"고 딱 못 박아놓았다. 얼마나 잘됐어? 유교적이지. 옛날 군주 정치라고 독재인줄 알았지?

만리장성 이야기

◉

胡曾(호증) 작, 長城(장성)[33]

祖文宗武(조문종무)면 自太平(자태평)인데[34]

"문왕을 높히고 무왕을 높혔으면 스스로 태평할 텐데," 진시황이를 가지고 지은 시다.

秦皇何事苦蒼生(진황하사고창생)이냐

"진시황은 무슨 일로 창생을 괴롭혔던가?" 만리장성을 쌓느라고 얼마나 괴롭혔는가, 생각해보라고. 상상도 못하지. 그러니까 여자들은 전부 다 청춘과부로 다 늙어버린다. 젊을 때 서방은 끌려가고 수절 사니까 그랬을 거 아니야? 만 오천리를 그렇게 장성을 쌓았으니 말 다했지.

不知禍起蕭牆內(부지화기소장내)하고

---

33 호증(胡曾), 『영사시(詠史詩)』 권상. 호증은 당(唐)의 시인으로서, 함통(鹹通, 860~874) 연간 전후에 살았던 사람이나 생몰연대가 미상이다. 『전당시집(全唐詩集)』에는 그의 시가 맨 처음 올라가 있다. 『영사시』 3권이 전한다.

34 "祖舜宗尭自太平."

"재앙이" 소장(蕭牆), "쑥대집 담" 안에서," 지 집에서 "일어나는 것을 모르고,"

虛築防胡萬裏城(허축방호만리성)이라

"헛되이 오랑캐를 막어가지고 만리장성을 쌓았구려." 진시황을 조롱하는 소리다. 그러니까 왜 그 만리장성을 쌓았는고 허니. 어느 당시든지 이게 비결(秘訣)이 나오거든. 아무 타령이나 한 번 적어놓으면 비결이니까. 그때 진시황 그 당시에는 비결이 뭔고 허니,

亡秦者(망진자)는 胡也(호야)라[35]

"나라 망칠 놈은 호(胡)라." '이끼 야(也)' 자 호야라, 오랑캐라. 둘째 아들놈이 호해(胡亥)란 말이야. '오랑캐 호(胡)' 자, '돼지 해(亥)' 자 호핸데, '망진자는 호해라.' 그렇게 하면 비결이 아니지. 해(亥) 자를 빼버려. '망진자는 호해라.' 이 소리여 시방.

그런데 부소(扶蘇)라고 진시황 맏아들은 참 어질었거든. 진시황이 잘못하면 '폐하 그래서는 안 됩니다.' 하고 절대 간하고 그랬다. 그러니 간신들이 못 들인다고 처치해버리고,[36] 둘째 아들 그 호해를 갖다가 세우는데 10년도 못 돼서 망해버린다.

그러니까 망진자(亡秦者)는 호해(胡亥)라. 진(秦)나라를 망하게 할 놈이 자기 아들인 줄 모르고 오랑캐 막기 위해서 그 만리장성을 쌓은 거야.

35 『사기(史記)』「본기(本紀)」 진시황본기(秦始皇本紀).

36 시황제가 순행 중 급사하자 조고(趙高)와 이사(李斯)는 황제의 죽음을 감추고 부소에게 거짓 황명을 보내어 자결토록 하고 유서를 조작, 황제 자리에 호해를 즉위토록 한다.

『도가논변모자이혹론(道家論辨牟子理惑論)』[37]에서

◉

答曰轉蓬(답왈전봉)이 飄而(표이)니 車輪(거륜)이 成(성)하고

"굴러가는 쑥대가," 그 전봉이 "날리면서 거륜이 생겼다." 이거야. 그러니까 옛날에 수레바퀴 만든 사람이 쑥대가 뒤굴뒤굴뒤굴 바람에 날려 굴러가는 것을 보고서 만들었고,

窊木(와목)이 流而(유이)이 舟楫(주집)이 設(설)하고

"오목한 나무가 흘러가는 것을 보고서 배를 만들었다." 배가 붕 떠가니까.

---

37 『도가논변모자이혹론(道家論辨牟子理惑論)』의 마지막 문단을 강(講)한 것이다[김탄허, 『발심삼론(發心三論)』, 교림, 2001]. 「모자이혹론」은 16세기 이후 『도가논변모자이혹론』이란 한국만의 긴 서명이 붙은 단행본으로 출판, 유통되었다. 중국에서 「모자이혹론」의 단행본은 없고 『홍명집(弘明集)』(T52n2102)에 수록되어 유통됐으며, 단행본으로 출판 유통된 곳은 한국뿐이다(임기영, 「『도가논변모자이혹론』의 이본 연구」, 『서지학연구』 52집, 2012, 433~434). 탄허 스님의 역해는 보원사판 『도가논변모자이혹론』을 저본(底本)으로 했으며, 『홍명집』에 수록된 「모자이혹론」과는 문구가 상당 부분 다르다. 보원사판 『도가논변모자이혹론』 목판은 2017년 국가지정문화재, 보물(제1963호)로 등록됐다. 「모자이혹론」은 중국인에 의한 최초의 호불론(護佛論)으로 알려져 있다. 원래 서명은 「치혹론(治惑論)」이었으나 당(唐) 고종(高宗) 이후 피휘(避諱)코자 「이혹론(理惑論)」이란 이름으로 유통된 것이다. 모자(牟子)는 「이혹론」에서 유불도 삼교의 조화를 꾀하고 있다. 모자는 이름과 생몰년이 알려지지 않은 미지의 인물인데, 『홍명집』에서는 모자를 후한의 모융(牟融)이라 했으나 확실하지 않다. 현재 중국에서는 생년을 서기 170년, 이름을 융(融), 자(字)를 자박(子博), 삼국시대 초에 「이혹론」을 저작한 것 등으로 '정리'하고 있으나 결정적인 것은 아니다.

蜘蛛(지주)**가 布而**(포이)**니 羅網**(나망)**이 陳**(진)**하고**

"거미가" 벌려지 잡아먹을라고 "그물 치는 거를 보고서," 사람도 "그물을 만들어서 고기를 잡게 되었다." 거미한테 배웠다 이 소리여.

鳥跡(조적)**이 見而文字**(현이문자)**가 作**(작)**이라**

볼 견(見) 자가 '나타났다'를 뜻하면 '현'이라 읽는다. "조적(鳥跡)이 나타나자 문자가 지어지게 됐다." 문자를 새 발꿈치처럼 만들었잖아. 전자(篆字) 그게 상형문자거든.

故(고) **有法成**(유법성)**은 易**(이)**어니와**

"법(法)이 있이 이루어진 것은 쉽거니와," 무법성(無法成)은 아니다, 법이 없이 이루어지는 것은 어렵다. 그러니까 뭘 모방해서 하는 건 쉽지만 모방 없이 하는 건 어렵다. 그러면,

吾覽佛經之要(오람불경지요)**가 有三十七品易**(유삼십칠품)**이요**

"내가 지금 이 37편을 갖다가서 이렇게 엮어놓은 것은," 내가 불경(佛經)의 요(要)가, 불경에 37품이라는 게 있는 걸 내가 봤다.

覽道經之文(남도경지문)**이 亦三十七篇**(역삼십칠편)**이라**

또 "도경(道經)도 또한 37편이 있는 걸 봤다." 지금은 도경이 81장(八十一章)이지만 옛날에 그렇게 37편으로 된 것도 있었다.

故(고)**로 法之矣**(법지의)**라**

"그렇기 때문에 법 받아서" 나도 37편을 했다 이 소리여. 왜 37편으로

했느냐고 물으니깐 여러 설명 끝에 법지의(法之矣)라고 대답한 것이다.

於是(어시)에 問者(문자)가 踧然(축연)이 失色(실색)하고
"이에 묻는 사람이 할 말이 없어 멍하여 낯빛을 잃고,"

叉手避席(차수피석)하야
"차수하고 자리를 피해 가지고서," 불교에서는 합장을 하지만, 유교에서 공경하는 걸 차수(叉手)라고 한다. 이렇게 손을 깍지 끼는 거.[38]

逡巡俯伏曰(준순부복왈)
준순(逡巡), "엉금엉금 기어" 부복(俯伏) "엎드려서 하는 말이"

佛之道如是也(불지도여시야)여 佛之道如是也(불지도여시야)여
"부처님 도(道)가 이 같으며, 부처님 도(道) 이 같으니, 참 장하도다."

鄙人朦瞽(비인몽고)가 生於幽仄(생어유측)하야
비인(鄙人), "더러운 사람" 몽고(朦瞽) "못생긴 놈인 내가" 유측(幽仄)한데 "껌껌한 변방에서 낳아 가지고서,"

敢出愚言(감출우언)하야

---

38 옛 중국의 손 예법을 말한다. 그저 공손히 두 손을 모으는 것이 아니다. 손가락을 깍지 낀 것이 아니라, 왼손으로 오른손의 엄지 아래를 감싸 쥐는 것이다. 시대와 지역에 따라 모양이 조금씩 다르다.

"감히 내가 어리석은 말을 내가지고서"

不慮禍福(불려화복)**이러니**
"화복을 내가 헤아리지 않고 함부로 말했으니"

今也聞命(금야문명)**허니**
"이제야 내가 명령을 들으니까," 저의(底意)를 일컬어서 명령이라고 했어. 말을 명령이라 그러는 거야. 내가 당신 명령을 듣고 보니,

確如蕩雪(확여탕설)**이라**
"확연하기가" 속이 시원하게 의심이 풀어진 게 "눈 녹는 것과 같다."

更請懺悔(갱청참회)**하야 願爲弟子**(원위제자)**하노이다**
"다시 청컨대 참회해 가지고서 제자 되기를 원하노이다." 제자 되기를 원했는지, 속으로 욕하고 갔는지 모르지.

불살생에 대한 유학(儒學)의 미흡함
『현정론(顯正論)』에서[39]

◉

釣而不網(조이불망)하며 弋不射宿(익불석숙)이라[40]

[이 문장에서 '射(사)' 자의 경우] 이걸 쏜다는 뜻이면 '석' 그런다. '쏠 사'라고 하는 게 아니다. 음을 '사'라고 읽어도 망가지는 건 아니지만, '사숙'이라 읽으면 글 잘하는 사람들이 들으면 "아, 글 시원찮게 읽었다." 그러는 거야. '익불석숙'이라 이렇게 읽는 거다. 논어에 말하기를 조이불망(釣而不網)하며, [즉] "낚시질은 하지만 그물질은 못한다." 왜? 낚시질은 자기가 물고 싶어서 와서 물지만, 그물질은 도망가는 놈을 전부 다 훔치니깐 차마 어떻게 그물질을 하느냐[는 겁니다]. 익불석숙(弋不射宿)이라. [즉] "화살로 새를 쏘아 잡지만은 꾸벅꾸벅 졸고 앉은 놈은 못 쏜다." 조는 놈을 어떻게 쏘느냐, 눈을 훤히 뜨고 있는 놈은 자기가 날아가고 싶으면 날아갈 수 있기에 쏘아도 되지만, 조는 [차마] 놈은 못 쏜다. 이렇게 한 말이야. 또 맹자의 말씀에는,

---

39 기화(己和), 『현정론(顯正論)』(H0118 v7.219c06~c15).

40 『논어』「술이(述而)」.

君子(군자)**는 遠庖廚**(원포주)**라**[41]
"군자는 푸줏간을 멀리해." 왜? 그 깨갱 깽 우는 소리 듣고서, 그 잡는 것 보고서는 차마 군자가 그 고기를 못 먹는다 이거야. 또

數罟不入洿池(촉고불입오지)**라**[42]
'數(수)' 자가 '빽빽하다'는 뜻이면 '촉'이라고 한다. '수고'라고 읽지 말라. '촉고'라고 읽는다. 재우재우(자주자주), 함경도 말로 "재우재우 합세" 그러는데, 그 뜻이면 '삭'이라 읽는다. "촉고(數罟)를 불입오지(不入洿池)" [즉] "빽빽한 그물을 오지[웅덩이 못]에다 들이질 않아." 옛날에는 그물도 그 한도가 있었다. 국법(國法)으로 어느 정도 코가 큰 것이라야 쓸 수 있지 아주 적은 건 못 들이게 하는 거야. 작은 고기 다 잡으면 쓰나? 종자가 없어지지.

魚鼈(어별)**을 不可勝食也**(불가승식야)
빽빽한 그물을 오지에다 넣지 않을 거 같으면, "물고기와 자라의 고기를 이루 다 먹을 수 없게 되잖아." 고기가 씨가 말라지지 않으니까. 그러니 그렇게 말씀을 하시니,

爲仁而未盡其道也(위인이미진기도야)**라**
"인(仁)을 하면서도 그 도(道)를 다하지 못한 것이다." 이거야.

왜 그러느냐? 아니, 그물질을 차마 못한다면 낚시질은 어떻게 하

---

41 『맹자』「양혜왕상(梁惠王上)」.

42 같은 책, 「양혜왕상」.

며, 꾸벅꾸벅 조는 새를 못 쏜다면 졸지 않는 새는 어떻게 쏘느냐? 빽빽한 그물을 오지에 들이지 못한다 할 것 같으면 큰 그물은 어떻게 오지에다 들이느냐? [앞의 말들은] 이렇게 쇼(Show)를 한다는 말이여. 그러니까 인(仁)을 [행]하[는 체하]면서도, 그 인[의 진정성]을 보면, [도(道)를] 다 [하지] 못한 것이다.[43]

---

43 원문을 따로 새기지 않았지만, 다음과 같은 『현정론』 원문의 내용을 그대로 강(講)한 것이다.
"此儒者之所以善論爲仁之道而未盡善也。旣要殺少。何必發矢旣憐其宿。何射不宿。旣遠庖厨。何必食肉。小旣傷殘。何須害大。"

노사(蘆沙) 기정진(奇正鎭)[44] 이야기

◉

구한말에 제일 마지막 왕사(王師)가 누구냐? 전라도 개땅쇠, 장성의 기로사(奇蘆沙) 선생이다. 기로사 선생은 눈 하나가 멀었다. 나라에서 문집을 보다가 그 문집 속에 "진사불붕(眞沙不崩)"이라는 말이 있어. 진사불붕이라. '참 진(眞)' 자, '모래 사(沙)' 자, '아니 불(不)' 자 '무너질 붕(崩)' 자. 만조백관에게 이 진사불붕이 뭐냐고 물으니까 하나도 대답을 못 해, 모르겠다고. 마지막으로 기로사 선생이 들어왔는데,

"진사불붕이 뭐냐?"

그러니까 [눈을] 깜박깜박하더니,

"그 글자가 잘못된 것 같습니다. 노사불붕(魯沙不崩)이라는 문장은 있어도 이 진사불붕은 없습니다."

'노나라 노(魯)' 자 '모래 사(沙)' 자인데, 자세히 보니까 넉 점을 좀이 파먹었어. 그러니까 '노나라 노(魯)' 자가 '진리 진(眞)' 자로 보였거든.

그러면 노사불붕이 뭐냐? 노나라 모래가 무너지지 않는 것이 뭐

---

44 기정진(奇正鎭, 1798~1879)은 전라도 순창에서 출생했지만 장성으로 이주해 생활해서 장성의 거유(巨儒)로 알려져 있다. 진사시 급제 후 대과를 보지 않았고, 나라에서 여러 차례 관직을 내렸지만 모두 사절하고 가난하게 살면서 평생을 학문 연구와 교육에 바쳤다. 구한말 위정척사사상의 주창자이다. 학문적 업적과 역사적 역할의 비중에 비해 이름이 대중적으로 잘 알려지지 않은 사람 중 하나이다.

냐 물으니까, 공자께서 일곱 살 때, 어렸을 때 애들하고 장난하면서 강가에서 모래로 성을 쌓았다. 성을 쌓았는데 수파(水波)가 쳤는데 다른 아이들이 쌓은 건 다 무너져버리고, 공자가 쌓은 모래성은 불붕이야. 무너지지 않았다. "그래서 기적이라고 노사불붕이라는 문자가 있습니다." 그래 나라에서 칭찬이

長安萬目(장안만목)**이 不如長城一目**(불여장성일목)**이로구나**
[즉] "장안의 만 눈깔이 장성의. 눈 한 빼기 못 당하는구나." 그렇게 칭찬하는 거야. 그 기로사 선생이 70이 넘어서 '잊을 망(忘)' 자 뜻을 알았다는 거야. 그 총명이 얼마나 천재였는지 '잊을 망' 자 뜻을 몰라.

왜 그러느냐? 70까지야 뭐든지 듣고 보는 건 하나도 잊어버리는 것이 없으니까. 우리가 먹으면 배불러야 '배부를 포(飽)' 자 뜻을 알지 암만 먹어도 배부르지 않으면 어떤 게 배부른 건지 '배부를 포' 자 뜻을 모를 거야. '잊을 망' 자 뜻을 70까지 모르다가 70이 넘어서 '잊을 망' 자 뜻을 짐작했다는 거야. "아! '잊을 망' 자 뜻이 이렇구나."

기화(己和) 스님[45]의 출가기(出家記)[46]

◉

함허(涵虛, 1376~1433) 스님이 출가하기 전에 해월(海月)이라는 중이 와서 『논어(論語)』를 읽었다. 그때는 유교학을 읽지 않고서는 행세를 못한단 말이야. 요새, 지금 학교 안 다니고는 행세 못하듯이 그와 똑같다. 요새는 영어 잘해야 행세하지. 그러니까 [해월이] 와서 『논어』를 읽는데,

---

45 법명은 기화(己和), 당호는 함허(涵虛), 호는 득통(得通)이라 한다. 조선 초에 배불정책이 극에 달했을 때 정도전의 『불씨잡변(佛氏雜辨)』 등에 항거해 불교의 정법(正法)과 그 이치를 밝힘으로써 유학의 잘못된 불교 비판을 시정시키고자 노력했다. 또한 현재도 전통 강원의 교재로 쓰이고 있는 『금강경오가해설의(金剛經五家解說誼)』가 그의 저작이다. 즉, 현대까지 직접적으로 이어지는 한국불교 전통의 근원을 이룬 인물 가운데 하나다.

46 기화, 『현정론』(H0118 v7, 220a03~a21). 원문을 새기지 않고 뜻만 강한 부분이 많은데, 모두 원문에 따른 것이다. 해당 원문은 다음과 같다.
"余未出家。有釋曰海月者。讀論語於予。至搏施濟衆。堯舜其猶病諸。註云仁者。以天地萬物。爲一己之言。置卷而問予曰。孟子仁者乎。曰然。雞豚狗彘萬物乎。曰然。曰仁者以天地萬物爲一己。此眞稱理之談也。孟子苟爲仁者。而雞豚狗彘。又爲萬物。則何以云雞豚狗彘之畜。無失其時。七十者可以食肉乎。予於是辭窮而未能答。考諸經傳。而無有殺生稱理之論。博 問先知。而無有釋然決疑之者。常蘊此疑。久未能決。越丙子許游三角山。到僧伽寺。與一老禪夜話話次。禪云佛有十重大戒。一不殺生予於是釋然心服。而自謂此眞仁人之行也。而深體乎仁道之語也。從此不疑於儒釋之間。而遂有詩云。素聞經史程朱毁。未識浮圖是與非。反復潛思年已遠。始知眞實却歸依。"

博施濟衆(박시제중)[47]은 **堯舜**(요순)도 **其猶病諸**(기유병제)라

라는 말이 『논어』에 있다. "널리 베풀고 대중을 제도하는 것은 요순도 병들게 했다"라는 것은 "요순도 다 못했다." 이 말이야. 요순도 다 자기 마음껏 못했다. 거기에 정자(程子)가 주(註)를 내기를

仁者(인자)는 **天地萬物**(천지만물)로 **爲一己**(위일기)[48]라

"어진 사람은 천지 만물로써 한 몸을 삼는다"라는 그 말에 이르러 가지고서,

置卷而問予曰(치권이문여왈)이라

"책을 딱 덮어놓고 함허 스님한테 물었다"는 거야.

[해월] 선비님, 맹자(孟子)는 어진 사람입니까?

[함허] 그렇죠. 어진 사람이지요.

[해월] 그러면 계돈구체(雞豚狗彘)[49]는 만물 속에 하나로 들어갑니까?

[함허] 아, 들어가고말고요. 개미 각다귀도 만물인데.

[해월] 그렇다면 "인자(仁者)는 천지 만물로 한 몸을 삼는다"고 했으니, 그건 이치에 진합(眞合)한 말입니다. 그러면 맹자는 어진

---

47 『현정론』에서 인용한 것인데 『논어』 원문과 차이가 있다. "博施於民而能濟衆."[『논어』「옹야(雍也)」]

48 『논어집주』「옹야」. 己一體.

49 '계돈구체(雞豚狗彘)'는 차례대로 '닭, 새끼 돼지, 개, 큰 돼지'를 의미한다. "닭과 새끼 돼지와 개와 큰 돼지를 기름에 시기를 놓치지 않으면 70된 자가 고기를 먹을 수 있다(雞豚狗彘之畜, 無失其時, 七十者可以食肉矣;)."(『맹자』「양혜왕상」)

양반인데, 계돈구체 또한 만물이라면, 계돈구체를 기를 때를 잃
지 않고 하면 70세 노인도 다 먹을 수 있다고 했으니, 그냥 잡아
먹으란 말 아닙니까? 그 어떻게 된 겁니까?

그러니까 "인자(仁者)는 천지만물을 한 몸뚱이로 삼는다"는 것하고, "그 만물을 잡아먹는 것은 어떻게 되는 겁니까?" 하니까

辭窮而不能答(사궁이불능답)이라[50]

함허 스님 같은 박식(博識)으로도 "입이 꽉 막혀가지고 답을 못했어." '내가 좀 며칠 생각해보고서 답을 하겠다.'[라고 하고서] 다시 육경을 다시 한번 뒤져봤단 말이야. 잔주(殘註)까지 전부 다 뒤져봐도 살생칭리지설(殺生稱理之說)[51]이 없다. '살생하는 것이 이치에 진합한다'는 말은 절대 없다 이거야.

『예기(禮記)』에[52] 부답생초(不踏生草)하고, [즉] "산 풀도 밟지 않고," 불살생충(不殺生蟲), [즉] "산 벌레도 죽이지 않는다"고 했고, …… 무절(無切)이라. "나무도 자라는 것은 꺾지 않는다." 이렇게 나오고, 또 『주역(周易)』에

古之聰明叡知(고지총명예지) 神武而不殺者(신무이불살자)[53]**라**

"예전에 총명하고 예지한 성인이 싱그럽고 호방스럽지만 살생하지 않

---

50 不→未.

51 說→論.

52 『예기』에 이하의 구절은 없음.

53 『주역』 계사상(繫辭上).

는다." 자, 이렇게 나왔지 살생칭리지설(殺生稱理之說)이 없더라. 그래서 그 해월이라는 젊은 중한테 그 답을 못하고 있으니까 밤낮 깨어가지고 있을 것이 아니야. 그러다가 인자 삼각산에 놀러 갔는데 승가사에서 어떤 노장(老長)하고 야화(夜話), 밤에 이야기하는데 불교에서는 십중대계(十重大戒)가 있는데 제일에 불살생(不殺生)이라고 그러니까, 거기에서 크게 석연(釋然)히 의심이 풀어졌다 이거야. 그래 요것이 출가시(出家詩)여.

素聞經史(소문경사)**에 程朱**(정주)**에 毁**(훼)**하고**
"내가 본래 경(經)과 사서(史書)에 정자(程子), 주자(朱子)가 불교 훼방하는 말을 듣고서"

未識浮圖(미식부도)**의 是與非**(시여비)**하야**
"부처의 옳고 그른 것을 알지 못해가지고서"

反復潛思(반복잠사)**가 年已遠**(연이원)**터니**
"반복해 잠잠히 생각한 지가 해가 이미 멀었더니"

始知眞實(시지진실)**이라 却歸依**(각귀의)**라**
"그것은 진실한 걸 알아서 내가 귀의한다." 그래 중이 됐어.

죽음과 장례의 법에 관하여

◉

그러면 인자 불교에서는 이 죽는 법을 부처님께서는 뭐라고 말씀했는고 허니,[54] 地水火風(지수화풍) 四大(사대)에 地水(지수)가 先去(선거)하고, 지대 수대가 먼저 가고, 火風(화풍)이 後去(후거)는, 화대 풍대가 뒤에 가는 것은 좋은 일이다. 대체로 그렇다는 말이다. 전부 그렇다고 외워서 받아들이면 안 된다. 지대 수대가 먼저 간다는 건 며칠 앓고 죽으면 창자는 썩거든. 그다음에 화대 풍대가 아주 없어지는 것은 좋은 죽음이다. 臥死終身(와사종신)이다. 잘 죽으면, 자리에 누워 죽었다고 '그 사람 와사종신했다.' 그러잖아. 오사(誤死)하는 것의 반대 의미다.

그러니까 그와 반대로 火風(화풍)이 先去(선거)하고, 화대 풍대가 먼저 가고, 地水(지수)가 後去(후거)는, 지대 수대가 뒤에 가는 것은 잘못 죽는 것이다. 그건 악사(惡死)라고 그런다. 화풍(火風)이 선거(先去)하는 건 뭐냐? 총을 맞아 죽는다든지 나가서 떨어져 죽는다든지 물에 빠져 죽는다든지 해서 지대 수대는 멀쩡한데 화대 풍대가 떨어져버리면 그건 대개 악사라고 한다. 대체로, 대체로 그런 것이다. 전부가 그렇다고 생각해서는 안 된다.

---

54 출전 미상.

吾以天地(오이천지)로 **爲棺槨**(위관곽)하고[55]
"나는 하늘과 땅으로써 관곽을 삼았다." 하늘과 땅이 내 관곽이다 이거야.

以日月(이일월)로 **爲璣璧**(위기벽)하고[56]
"해와 달로써 기벽을 삼았다." 왜? 장사 지내는데 구슬을 달은 깃대 달고 나가잖아.

以萬物(이만물)로 **爲齎送**(위자송)이라[57]
"우주만물로써 싸 보내는 장삿거리를 삼았으니"

吾葬具豈不備邪(오장구기불비야)라
"나의 장삿거리가 어찌 구비되지 않느냐?"

在上(재상)에 **烏鳶食**(오연식)하고
"송장을 땅 위에 집어 내버리면 까마귀나 솔개라는 놈들이 파먹고"

在下(재하)에 **螻蟻食**(루의식)하나니[58]
"땅 밑에다 파묻을 것 같으면 개미나 버러지가 파먹나니"

---

55 『장자(莊子)』「잡편(雜篇)」열어구(列禦寇). 장자가 죽을 때 제자들이 후한 장례를 치르려 하자 꾸짖는 내용이다.

56 璣→連.

57 以萬物→萬物.

58 螻蟻食→爲螻蟻食.

奪彼與此(탈피여차)여
까마귀나 솔개가 파먹는 것이 안 됐다고 땅속에다 깊이 묻어가지고 개미나 버러지가 파먹게 하는 것이여.

奚可以乎(해가이호)아[59]
"어찌 차마 할 수 있느냐?" 똑같은 게 아니냐 이거야.

이제 그런 얘기했는데, 후장(厚葬)이라는 것은 관곽(棺槨)을 겹으로 놓는 것을 후장이라고 한다.[60] 지금 우리나라는 후장하는데 관곽사를 겸해서 하는 일은 드물지. 중국은 꼭 관곽사를 겸해서 한다. 수장(水葬)은 물에다 띄우는 게 수장이고, 화장(火葬)은 불에다 때우는 게 화장이고, 풍장(風葬)은 노지장(露地葬)을 풍장이라고 그런다.

우리 육체가 지수화풍으로 이게 생겼으니까, 매장도 가하고, 수장도 가하고, 화장도 가하고, 풍장도 가하고, 다 가한 거다. 중생이 괜히 집착해가지고서 꼭 땅에다가 묻어야 된다고 자꾸 유자(儒者)들이 주장하지. 그런데 이 화장법은 이게 불교의 소승법이거든. 대승적 견지에서는 풍장도, 수장도, 매장도 다 무방하다. 그러니 예전 조사들은 꼭 굳이 화장만 하지 않았다. 육조 스님도 시체를 그냥 탑 속에다 그냥 넣어뒀다.

---

59 다른 판본에서는 '何其偏也'.

60 보통 후장(厚葬)이라 하면 그저 후하게 장사를 치르는 것을 말하는데, 고대 중국에 귀족은 마왕퇴(馬王堆)에서 보듯 관을 2, 3중으로 하므로 틀린 말은 아니다. '관곽(棺槨)'이란 말 자체가 내관(棺)과 외관(槨)을 의미하는데, 중국에서 후장할 때 '관곽사'를 겸해서 한다는 말이 무엇을 뜻하는지는 알 수 없다.

근데 왜 소승법은 화장을 하느냐 하면 소승은 대개가 진리를 타파 못하고, 그냥 하나하나 만사가 억지로 끌어서 닦는 그 경지가 소승의 길이거든. 그러니까 100년 동안 가지고 있던 이것이 헛것인 줄 모르고 평소에 집착하고 있다 이거다. 그러니까 홀딱 끄실러가지고서는 어디 강 같은데 뼈따구를 훅 뿌려버리면, '아! 이게 없구나, 본래 이게 없는 게로구나!' 하고 그때사 조금 안다 이 말이여. 그렇게 화장은 소승법으로 나온 거다.

공자의 진채지액(陳蔡之厄) 이야기[61]

◉

공자께서 초(楚)나라로 가시는데, 초나라는 큰 나라이고 진(陳)따 채(蔡)따 쪼그만 나라를 지나가게 되었다. 가다가 뽕나무밭에서 여자가 뽕을 따는데 공자께서 농담을 했던가 봐. 동미서박(東美西薄)이로고! 동쪽에서 따는 색시는 이쁘고 서쪽으로 따는 색시는 박색이라, 이랬단 말이야. 그러니까 그 서쪽에서 따는 박색이 "흥!" 코웃음을 치면서, "이레를 굶으면 아니 죽을까? 흥!" 그런데 그 박색 여인은 이인(異人)[62]이었다. 『공자가어(孔子家語)』에 있는 거라.[63]

그런데 공자는 진따 채따 사람들에게 포위를 당했다. 왜 공자를 포위했는고 허니, 송(宋)나라 정승대부 양화(陽貨)라는 천하에 고약하고 못된 사람이 있었다. 공자를 죽이려고 얼마를 도모했는지 모르는데, 게다가 공자하고 얼굴이 똑같이 생겼다. 정치를 하도 고약하게 하

---

61 '진채지액(陳蔡之厄)'은 주유천하하던 공자가 진나라와 채나라의 접경에서 당한 봉변을 말하는데, 공자가 초나라에 입조하게 되면 자신들이 위태해지리라고 생각한 진과 채의 대부들이 국경지대를 포위하여 양식이 떨어지고 제자들이 병을 앓는 불행을 당했다. 이런 상황에서도 공자는 책을 읽고 거문고를 타고 노래하며 의연함을 잃지 않았다고 한다. 인생의 어려운 때를 일러 '진채지액'이라 표현한다. 이 강설에선 경서에서 말하는 '진채지액'이 아니라 민간설화의 이야기를 전한다.

62 異人(이인): 주로 앞날을 내다보는 능력이 있는 비범한 사람을 말한다.

63 일반적인 『공자가어』에서는 찾을 수 없음.

니깐 진따 채따 사람들이 양화를 잡아 없애려 했는데, 공자가 지나가니까 양화인 줄 알고서 잡아다 옥에다 가두었다. 그때 자공(子貢)이, 자로(子路), 안연(顔淵)이 그 수제자들이 우리 공자님이라고, 양화가 아니라고 암만 그래도 감옥에서 이레를 꼬박 굶겼다. 진따 채따 임금들이 참말로 공자면 성인일 테니깐, 성인이면 구공주(九空珠)를 꿸 수 있다. 아홉 구녁이 뚫어진 구슬을 주면서 이걸 꿰면 놔준다고 했다.

그런데 구공주를 꿸 도리가 있어야지. 그래서 제자들이 그때 박색 여인, 코웃음 한 그 이인을 찾아가 보니까 사람은 없고 신 한 짝을 뽕나무에다 걸어놓았거든. 그걸 보고 '신을 걸어놓은 마을,' 괘리촌(掛履村)을 찾기로 했다. 물어서 거기로 가니깐 아주 산인데 참 무의무탁(無依無托)한 불쌍한 노파가 살고 있었다. "어찌 왔느냐?" 진따 채따 사람들이 우리 선생님을 감옥에다 가둬놓아서 이레를 굶었다. 구공주를 꿰면은 놔준다고 했는데 요걸 어떻게 꿨으면 좋겠냐고 물었다. "응 그럴 줄 알았다. 머리카락을 개미 뒷다리에 묶어 가지고 구녁에다 꿀을 발라 놔라." 개미가 꿀 빨아먹느라고 요름요름 아홉 구녁을 다 꿨단 말이여. 그렇게 구공주를 꿰 가지고 그래 석방이 된 거라.

여기 지금 진채지액(陳蔡之厄)을 내세웠다, 절량(絶糧)을 내세웠다는 게 진채지액이다. 유명한 역사다. 진따 채따에서 절량, 이레 동안 굶은 거야.

안연(顔淵)이 같은 이도 서른두 살에 악사(惡死) 했고, 언언(言偃)이 같은 공자의 그 유명한 제자도 시비 가려내 가지고서 뽕나무로 문지방을 하고 거적으로 그냥 이 창문을 하고 이렇게 살어. 언언이가 참 가난하게 살았어.[64]

---

64 공자와 더불어 제자들도 고난을 겪었다는 말일 텐데, 앞에 빠진 부분이 있는 듯하다.

진덕여왕(真德女王)의 조공시(朝貢詩): 「치당태평송(致唐太平頌)」[65]

◉

그때 형제지국(兄弟之國)으로 서로 지내니까 당(唐) 태종(太宗)의 위덕(威德)을 찬(讚)해서 비단을 짜 가지고 글을 지어 보낸 거여.[66]

讚(찬)
"찬이라"

大唐(대당)이 開洪業(개홍업)하야
"큰 당나라가 홍업을 열어주니"

---

65 서기 650년(진덕여왕 4) 신라 진덕여왕이 당나라 고종에게 보낸 조공문이다. 일명 「직금헌당고종(織錦獻唐高宗)」이라고도 한다. 『삼국사기(三國史記)』 권5와 『동문선(東文選)』 권4에 수록되어 있다. 당나라의 태평성대를 기리는 내용으로 당의 환심을 사기 위해 보낸 시(詩)이다. 전문은 다음과 같다.
"大唐開校勘洪業, 巍巍皇猷昌. 止戈戎衣定, 修文繼百王. 統校勘天崇雨施, 理物體含章. 深仁諧日校勘用校勘, 撫運邁時康. 校勘幡旗何赫赫, 鉦校勘鼓校勘何鍠鍠. 外夷違命者, 剪校勘覆被天殃. 淳風疑校勘顯, 遐邇競呈祥. 四時和玉燭, 七曜巡萬方. 維嶽降宰輔, 維帝任忠良. 五三成一德, 昭我唐家皇."

66 당(唐) 고종(高宗)에게 보낸 것으로, 당 태종(太宗)만을 찬양한 것이 아니라 당조(唐朝) 전체를 찬양하는 것이다.

巍巍皇猷昌(외외황유창)이라
"외외이 임금의 법이 빛 털털 털렸다."

止戈戎衣定(지과융의정)하니
"감과가 그쳐 가지고서," 전쟁이 그쳐 가지고, 그 전쟁하는 병장장의 그 "융의(戎衣)가 다 정(定)해버리니"

修文繼百王(수문계백왕)이라
"문도(文道)를 닦아 가지고서 백왕에게 잇게 하고"

深仁(심인)은 諧日月(해일월)이요
"깊은 어진 것은 해와 달을 짝하고," 해와 달같이 그렇게 밝어.

撫運(무운)은 邁虞唐(매우당)이라 하며[67]
"대중을 어루만져주는 것은 우당", 우당은 '요임금 순임금'이란 말이여. "요임금과 순임금보다 첨예했다." 요임금 순임금의 후예 같다고 이렇게까지 했다 이거야. 이제 [말]하는 것은 그 중간의 말을 빼고 인제 끝의 것만 또 따오는 거야.[68]

維嶽(유악)이 降宰輔(강재보)하야
"오직 큰 산악이 재보를 강림해 가지고," 산악경계를 타고났다고 그러

67 邁虞唐→邁時康.

68 이 말로 보면 별도의 판본이 있는 듯하다.

잖아.

維帝(유제)**가 任忠良**(임충량)**이라**

산악이 재보를 강림해서 아주 한 생을 신하를 맺었다 이거여. 그러니까 "오직 이 황제가 그 충량을 바라보게 맡겼다."

五三(오삼)**이 成一德**(성일덕)**이라**

성일덕하야 "오제삼황(五帝三皇)이," 오제와 삼황이라면은 제일 정치 잘하던 때거든. 오제삼황이 "한 덩어리로 와 가지고서,"

昭我唐家皇(소아당가황)**이라 하다**

"우리 당가의 황을 빛냈다." 저쪽에 찬사를 보낸 글인데, 글이 좀 그저 그렇고 좋은 글이지 못했지.

조주 스님과 동방삭의 장수(長壽)

◉

조주(趙州) 스님이 700 갑자를 살았다는 것은 갑자(甲子)를 700번 돌리면 120이다. 3,000 갑자(三千 甲子) 동방삭(東方朔)이라고 하니까 3,000년 살았다고 이렇게 생각하는데 갑자를 3,000번 돌리면 500년이다. 그걸 알아야 돼요. 조주 스님은 그 도력이, 힘이 120년 아니라 1,200세라도 살 양반이지. 그 상좌 때문에 오래 산 것이거든. 상좌가 죽으면서 눈물을 흘리니까,

"너 왜 그러느냐?"

"제가 스님 상좌가 되어 가지고 이렇게 도를 모르고서 죽으니까 원통해서 그럽니다."

"응, 너 몸을 바꿔 오너라. 내 기 담아주마."

그래서 상좌 때문에 그렇게 오래 산 거야. 하루는 "재가 어디 태어났다." 그러고, 하루는 "저 애기 중 되러 온다"고 그런 자기 상좌가 있었는데, 그 사람 득도(得道)시키고 가느라고 그렇게 120년을 살았어. 그러니까 이렇게 같이 있어도 모르는 거야.

한(漢)나라 무제(武帝)가 신선을 구하고, 신선을 만나려고 8년 동안을 정치를 돌아보지 않고 …… 약은 정승이 했거든 …… 더욱더 5,000만을 준비했는데 …… 골몰하고 있었는데, 동방삭이가 자기 신하였다 이거여. 3,000 갑자 동방삭이 500년 산 신선, 그이가 바로 자기

신하였어. 동방삭이가 옆에 앉아 있다가, "전하, 신선은 멀리 있지 않습니다." 하하! 신선은 멀리 있지 않다고. 이래도 못 알아들어. 같이 한 방에 있어도 모르는 거야.

『맹자』에서: 재장윤여(梓匠輪輿)와 인의자(仁義者)

◉

누가 맹자한테 질문하기를 "거 선생은 괜히 여기저기 다니면서, 그냥 놀고먹으니 그래도 되느냐?" 하니깐 맹자의 답변이여

子何尊梓匠輪輿而輕爲仁義者哉(자하존재장윤여이경위인의자재)오[69]
"자네가 어찌 재장윤여(梓匠輪輿)만 높일 줄 알고 인의(仁義) 하는 사람을 가벼이 하느냐?" 게 뭔 소린고 허니, 재장윤여라는 것은, 재(梓) 나무 깎는 공쟁이 목수, 윤여(輪輿)는 수레바퀴 깎는 공쟁이, 그런 사람은 하루만 데려다 일을 해도 품삯을 주고 담배 사주고 술 사주고 이러잖아. 그런데 맹자 보고 놀고먹는다고 하면, 맹자는 시방 인의지신(仁義智信)을 가지고서 전 국민을 가르치는데 내가 왜 놀고먹느냐 이거여.

예전에 충청도에 그런 얘기 하는 어떤 노인이 있었어. 아니, 일꾼은 하룻저녁에, 하루아침에 데려다가 똥오줌을 보리밭에 퍼내랄 것 같으면, 밥 해줘야지 품삯 줘야지 담배 사줘야지 술 사주는데, 한 대(代)

---

69 『맹자』「등문공하(滕文公下)」.

가 일생을 죽도록 공부해 가지고 있는데 말이여, 편지 써달라고 오는 사람은 붓도 안 가지고 오지, 종이도 안 가지고 오지, 먹도 안 가지고 오고, 편지 써달라고 온다 이거라. 허!

맹자가 그런 일꾼과 같을 리가 있나, 장사꾼과 같을 리가 없지. 그러니까 시방 여기 맹자의 말씀도 그거여. 선비가 놀고먹는 게 아니다 이거여. 인의지신을 가지고서 만민에게 일러주어서 아무쪼록 들어가면 부모에게 효도하고, 나오면 임금에게 충성하고, 반상하고 교제할 때 신의를 지키고, 이렇게 하면 사회에 질서를 문란치 않게 해주는 의무를 가지고 있는데, 그렇게 물으면 되느냐 이거다.

『현정론』에서[70]

◉

未盡天下文章(미진천하문장)이면 不得紫黃古今(부득자황고금이)니라[71]

"문장을 다하지 못하면 고금(古今)을 시비할 수 없는 것이다." 함부로 옳으니 그르니 이따위 소리 하지 말거라 이거다.

孔夫子之言(공부자지언)에 曰毋意毋必毋固毋我(왈무의무필무고무아)라하시며

"공자의 말씀에," 사실은 공자의 말씀이 아니라 『논어』에 공자의 덕을 그려놓은 말이다.[72] 증자(曾子), 안연(顔淵)이 같은 그런 수제자의 경계가 아니면 이렇게 공자의 덕을 묘사하지 못했을 것이다. 그 주석에는 이렇게 붙였다.[73]

---

70 기화, 『현정론』의 끝부분을 강의한 것이다(H0118 v7, 224c15~225b13). 원문의 순서가 일부 다르며, 이 강의 녹음에선 최종 부분이 누락됐다.

71 같은 책, 225a05~a06.

72 『논어』「자한(子罕)」.

73 "楊氏曰:「非知足以知聖人, 詳視而默識之, 不足以記此。」"(『논어집주』「자한」)

毋意毋必毋固毋我(무의무필무고무아)**라**

무의(毋意), 공자께서는 "무엇을 하려 하는 뜻함도 없고," 무필(毋必), "꼭 기약하는 것도 없고," '이렇게 꼭 해야 되겠다.' 이런 것도 없고, 무고(毋固), "고집하는 것도 없고," 무아(毋我), "아도 없다." 그렇게 말씀하고,

易(역)**에 又云**(우운) **艮其背**(간기배)**에 無我也**(무아야)**요**

"또 주역에는[74] 그 등에 그침에 아(我)가 없고," 등이라는 것이 뭐냐 하면 무견지지(無見之地)거든, '볼 수 없는 땅'이 등이다. 누구나 앞만 보지 등은 못 본다. 그래서 우리 마음이 볼 수 없는 땅, 무견지지에 그친다는 거다. 볼 수 없는 땅에 그침에 아(我)가 없어. 나라는 것이 없다 이거다.

行其庭(행기정)**에 無人也**(무인야)**라하시니**

"그 뜰에 댕김에 사람이 없어." 무아의 경지로 보니까 또 사람도 없는 것이다. 그래서,

無人無我(무인무아)**라이어니 何垢之有**(하구지유)**리오**

"사람도 없고 나도 없다." 인아(人我)가 불견(不見)이다. 그래 "아(我)도 없고 인(人)도 없거니 무슨 때가 있겠느냐" 이렇게 말씀하신 것이다. 또,

釋迦老之言(석가노지언)**에 曰無我無人**(왈무아무인)**으로 修一切善法**(수일체선법)**하면 卽得菩提**(즉득보리)**라하시니**

---

74 『현정론』에서 「역경」의 간괘(艮卦)를 인용한 것인데, 현재 볼 수 있는 판본과는 문구가 매우 다르다. 원문은 "艮其背, 不獲其身, 行其庭, 不見其人, 无咎."(『주역』 「역경」 52간)

"석가(釋迦) 늙은이 말씀에는 무아무인(無我無人)으로 일체선법(一切善法)을 닦으면 곧 보리(菩提)를 얻는다"고 했으니, 공자의 말씀과 다를 게 뭐 있느냐 이거야.

聖人之所以異世而同其心也(성인지소이이세이동기심야)라
"성인이 머무는 세상은 다르지만, 그 마음은 같은 것이라."

有諸己而後(유제기이후)**에 求諸人**(구제인)**하며 無諸己而後**(무제기이후)**에 非諸人**(비제인)**이라**[75]
유교에서 하는 말인데, "자기 몸에 있은 연후에 다른 사람에게 구하며, 자기 몸에 없은 연후에 다른 사람의 그름을 비난한다." 이걸 풀어서 구체적으로 말하면

有善於己然後(유선어기연후)**에 可以責人之善**(가이책인지선)**하며**[76]
"선이 자기 몸에 먼저 있은 연후에, 가히 다른 사람의 선을 책하여, '선을 해라.' 이럴 수 있다." 이거다.

無惡於己然後(무악어기연후)**에 可以正人之惡者**(가이정인지악자)**는**[77]
"악한 것이 자기 몸에 없은 연후에, 다른 사람의 악을 바로 잡아," '너

---

75 『대학(大學)』.

76 『대학장구(大學章句)』. 『현정론』에는 위의 『대학』 본문은 없고, 이 주석을 인용하고 있다.

77 『대학장구』.

악한 짓 해서는 안 된다.' 이렇게 "할 수 있다." 이거다. '날랑은 바담 풍 하는데 널랑은 바람 풍 해라'하면 그건 안 된다 이 소리다.

與吾教所謂斷惡修善(여오교소위단악수선)하야 **饒益有情者**(요익유정자)로 **何以異乎**(하이이호)아
그러니까 "불교에 악을 끊고 선을 닦아서 일체중생을 요익한다는 걸로" 똑같은 소리 아니냐, "다를 게 뭐 있느냐?" 이거다.

專己略人(전기약인)하며 **是此非彼**(시차비피)는 **人之常情也**(인지상정야)나 **通人達士**(통인달사)는 **唯義是從**(유의시종)이니 **豈以人我彼此**(기이인아피차)로 **而是非者乎**(이시비자호)아
덮어놓고 싫어하는 사람이 전기약인(專己略人)하고, "자기 몸을 오로지(專一) 하고 다른 사람은 소략(疏略)하게 대접하고, 제 것만 다 옳다 하고 다른 사람 저것은 다 그르다고 하는 것은 사람 상정(人之常情)이다. 그러나 통한 사람과 달한 선비(通人達士)는 오직 대의만 좇는 것이니 인아피차(人我彼此)로써 시비하면 못 쓰는 것이다."

不待爵賞之勸而靡然從化者(부대작상지권이미연종화자)는 **三教之中**(삼교지중)에 **佛教**(불교)가 **能然也**(능연야)니 **蓋以吾佛大聖大慈之所感也**(개이오불대성대자지소감야)니라
작상지권(爵賞之勸)을 기다리지 않고도, 벼슬을 준다든지 상을 준다든지 이걸 주면 백성은 권(勸)하거든. 그런데 그 작상을 주지 않고, "작상의 권(勸)을 기다리지 않고도, 미연(靡然)[78]히 그 교화에 좇아 오는 것은 유불선(儒佛仙) 삼교(三教) 가운데 불교가 능히 그러하다." 왜? 불교는

인과법(因果法)으로 가르치니까. 그건 왜 그러느냐 "모두 오불(吾佛), 깨달은 부처 대성인이 대자비로써 감득(感得)한 바다."

舜(순)은 好問而好察邇言(호문이호찰이언)하시며[79]

순임금 같은 대성인이 어째 순임금이 됐느냐? 유교에서 순임금이 순임금 된 바를 이야기하는 것이다. 순(舜)이 호문이호찰이언(好問而好察邇言)아, "순임금은 묻기를 좋아하여." 이 묻기 좋아하는 것이 참 좋은 거야. 거 미련한 놈이 묻기를 싫어하는 거다.

'不恥下問(불치하문)'이라는 말이 있지. 아랫사람한테 묻기를 부끄러워하지 않는다. 묻기를 좋아하고, 호찰이언(好察邇言)하시며, "가까운 말을 살피기 좋아해." 가까운 말을 우리는 살피지 못하거든. 제일 가까운 말이 누구 말인가? 마을 사람으로 말하자면 마누라 말이다. 허허. 이불 속에서 베개 위에 소곤소곤하는 그 말은 안 살핀다. 무조건. 그건 그냥 살피지 못하는 것이다. 하지만 순임금은 묻기를 좋아하고 가까운 말을 살피기 좋아하거든.

隱惡而揚善(은악이양선)하시며

"악한 건 숨겨주고 착한 것은 드날려주고,"

執其兩端(집기양단)하사 用其中於民(용기중어민)하시이니

---

78 순순히 따르다.

79 이하 『중용(中庸)』. 『현정론』에는 "舜好問而好察邇言。隱惡而揚善。"만 나온다.

"그 두 끝을 잡아 그 중도를 태평하게 쓰시니"[80]

其斯以爲舜乎(기사이위순호)신제

"그 이것으로써 순임금이 됐다." 순임금 칭찬이여. 또,

禹(우)는 拜昌言(배창언)이라하시니[81]

"우(禹)임금은 창언(昌言)[82]을 절하는 걸로 받어." 이게 천고 역사상에, 동양 역사 5,000년 역사에 이 한 분뿐이야. 생각해봐. 한국의 50배나 되는 땅덩어리다. 한국 나라 50개를 합치면 그것도 천하다. 그냥 그 하나로도 세계라 불렸던 것이다. 미국도 한국 땅덩어리의 한 60배 되니까 그 하나만으로도 천하라고 할 수 있다. 이 지광(地広)으로 봐서 그 하나만 가지고도 천하라고 할 수 있는, 그 중국 대륙 천지(天地)의 천자(天子) 우임금이 배창언(拜昌言), 창성한 말(昌言)이라는 것은 좋은 말인데, 신하가 좋은 말을 해주면은 신하한테 절을 하고 받아. 어렵지 않아? 좋은 말이라는 건 옳은 말이거든 그게 잔소리다. 허허. 거듭하는 말을 잔소리라 그런다. 그런데 옳은 말은 누구나 다 듣기 싫어한다. 천고 역사의 『서전』[83]에 나오는 게 이 한 분뿐이다. 우임금. 다른 성인은 창언을 절하고 받은 이가 하나도 없다.

---

80 『중용』.

81 『상서(尚書)』「우서(虞書)」 대우모(大禹謨), 고도모(皐陶謨) 및 『맹자』「공손추상」에도 관련 구절이 있다. "우는 좋은 말을 들으면 절하였다(禹聞善言則拜)."

82 사리에 맞고 훌륭한 말.

83 탄허 스님은 『서경(書經)』, 즉 『상서』를 『서전』이라 부른다. 채침(蔡沈)의 『서전』[『서경집전(書經集傳)』]과 혼동하지 않아야 한다.

그리고 성인(聖人) 대성인으로서는 이 한 분뿐이고, 현인(賢人) 성인 밑에 현인으로서는 공자의 십대 제자이자 정치가로 유명한 자로(子路)가 있다. 자로는 告之以有過則喜(고지이유과즉희)[84]라, 다른 사람이 자네 허물이 있다고 고해주면 기뻐한다. 참 어려운 거야. 우리는 그 당시는 싫어. 뒤돌아서서 한참 생각하면 '저 사람이 날 생각했구나.' 요렇게 좀 생각이 들지. 그 당시에 기뻐하긴 어려워.

그렇게 5,000년 역사에, 우임금은 좋은 말 해주면 절하고 받고, 자로는 자네가 허물이 있다고 그런 말을 고백해주면은 기뻐하고, 그런 경우는 그 두 분뿐이다. 성인, 현인, 달인? 어려운 거야.

若使舜禹(약사순우)로 遇佛之化(우불지화)인댄 則豈不歸美乎(즉기불귀미호)아

그러니까 "만일 순임금, 우임금으로 하여금 부처님의 교화를 만나게 했다면, 어찌 귀의해 참여하지 않겠느냐?" 말이여. '참 불교 장하다고 했을 것이다.' 이거야. 불교를 선비들이 보면 옳다 그르다 욕하고 그랬는데, 끄터리 결론을 잘했지? 그러면 끄터리 결론이

曰老與儒釋(왈노여유석)이 同異優劣(동이우열)은 如何(여하)오

"노도(老道)와 유도(儒道)와 석교(釋敎), 유불선 삼교의 동이우열은 어떠한고?" 이렇게 물었다.

---

84 『맹자』「공손추상」.

曰老之言(왈노지언)에 曰無爲而無不爲(왈무위이무불위)하야 當有爲而無爲(당유위이무위)라하시고

"노자의 말씀에는" 무위이무불위, "하는 것이 없으되 하지 않음도 없어서," 당유위이무위, "하는 것이 있는데 당(當)해서 하는 것이 없다." 하시고. 그러니까 하는 가운데 하는 게 없다 이거야. 하는 것 없으면서도 하고, 이런다 말이야. 또

釋之言(석지언)에 曰(왈) 寂而常照(적이상조)하며 照而常寂(조이상적)이라하시고

"부처님 말씀에는 적(寂)하되 항상 비치며 조하되 항상 적하다 하시고 ……"[85]

---

85 여기서 녹음이 중단됐다.

院訓

一、信願堅固

二、吉羅無犯

三、定慧雙修

수도원 서훈 | 탄허, 1956년

탄허 스님이 쓴 오대산 수도원 원훈이다. 믿음과 원을 견고히 하고, 계와 율을 범하지 말며 정과 혜를 겸수할 것.

2장

치문

백암 성총(栢庵性聰), 『서주치문경훈(敍註緇門警訓)』[1]

◉

客(객)이 曰近有一種禪流(왈근유일종선류) ㅣ 另鶩高見(영무고견)하야 但言心卽是經(단언심즉시경)이어니 何更喃喃(하갱남남)이리오 하며

"어떤 사람이 와서 묻기를 '요사이, 일종선류(一種禪流)가 힘써서 고견(高見)에만 달려서, 다만 심즉시경(心卽是經)이어니, 어찌 남의 지껄이는 걸 보리요?' 하며,"

1 H0176 v8, 552b~c. 『치문보훈(緇門寶訓)』은 송(宋)의 승려 택현(擇賢, ?~1130)이 초학 입문서로 1권을 간행한 것에서 시작됐다. 이후 원(元)의 지현(智賢, 생몰년 미상), 명(明)의 여근(如巹, 1425~?) 등이 보완하여 9권이 됐다. 우리나라에는 고려 말, 태고 보우(太古普愚)가 원에서 지현본(智賢本) 9권을 얻어 가지고 온 것이 처음이다. 이후 조선 숙종 21년(1695) 백암 성총(栢庵性聰)이 많은 주석을 넣어 3권 본으로 간행, 내용이 풍부하고 정교한 판본이 됐다. 현행 한국 승가의 강원에서 교재로 쓰는 것은 1936년 안진호(安震湖)가 발간한 『정선현토치문(精選懸吐緇門)』이다. 『정선현토치문』은 백암 성총의 『치문경훈주(緇門警訓註)』에서 발췌하고 현토하고, 몇 부분에 자기 주석도 첨가해서 더 읽기 쉽게 만든 축약본이다. 편집 순서를 완전히 새롭게 했기에 맥락이 다른 별도의 판본이라 할 수 있다. 또한 근대 인쇄기술로 출판해서 대량으로 보급할 수 있었기에, 이후 안진호 축약본이 정본을 대신하게 됐다. 탄허 스님의 『치문(緇門)』 역시 현토를 새로 한 부분이 있지만, 안진호 축약본을 모본으로 하고 있다. 따라서 이하 『치문』의 본문에 관한 전거는 안진호 편(編), 『정선현토치문』(만상회, 1936)의 장절(章節)로써 표기한다. 그리고 이하 『치문』의 현토는 탄허 스님의 『현토역해 치문(懸吐譯解 緇門)』(화엄학연구소, 1982)에 따랐다. 안진호 본과는 다른 부분이 있다. 또한 탄허 스님의 원래 현토 그대로 자음이 없는 주격조사 'ㅣ' 등을 썼다.

或復抹卻疑團(혹복말각의단)하고 淨土諸門(정토제문)을 一皆掃除(일개소제)하며 樂於放逸(낙어방일)하고 耽於閒寂(탐어한적)하야 自便己私(자편기사)어늘

또 "혹은 다시 의단(疑团)을 말각(抹卻)하고, 정토(浄土)의 제문(諸門)을 한결같이 다 소제(掃除)하며, 방일(放逸)하는 것만 좋아하고, 한적(閒寂)을 즐겨 해서, 스스로 자기의 삿된 데에 편의하려 하거늘,"

子何沾沾以一竇(자하첨첨이일두)로 自多(자다)하여 從事於斯(종사어사)오 無乃見大笑耶(무내견대소야)아

"자네가 어찌 첨첨(沾沾)히 한 바늘구멍만 한 조그마한 소견으로써," 자다(自多) 하여, "스스로 많게 여겨서," 장한 체 해가지고, "여기에 종사하느냐?" 무엇 땜에 그러느냐? "이에 큰 웃음을 보지 않겠느냐?" 대방가(大方家)[2]가 보면 '자네 하는 것을 보고서 웃지 않겠느냐?' 이 말이야.

이게 원래 새기는 법은, '아니'를 머리에 새긴다. '무내(無乃)'라는 문자는 유교에서는 수백 년 동안, 그리고 지금도 새기는 법이 '아니 이에'라고 새긴다. '아니 이에 큰 웃음을 보겠느냐?' 이러는데, 지금 그렇게 새겨놓으면 젊은 사람들은 '어째 이랬을까?' 자꾸 이러기 때문에, 그냥 현대 감각에 맞도록 '이에 큰 웃음을 보지 않겠느냐?' 이렇게 새기는 거다. 내용은 똑같다.

答(답)이라 餘(여)ㅣ 卑卑雌伏(비비자복)하야 言不出群(언불출

2 문장이나 학술이 뛰어난 사람.

군)하니 乏應世之全才(핍응세지전재)하고 蔑摧邪之慧力(멸최사지혜력)이라

답이라. "선사가 답을 하기를, 내가," 비비(卑卑)히 자복(雌伏)해가지고서, "내가 못나서 꼼짝 못해서," 언불출군(言不出群) "말이 대중에 뛰어나지 못하니," 응세(応世)의 전재(全才)가 없고 "세상에 응할 온전한 재주가 없고, 최사(摧邪)의 혜력(慧力)이 없는지라,"

怎奈一齊而衆楚之(즘내일제이중초지)에 何(하)리오

제(齊)나라 말을 가르치려 하나 한 무리의 초(楚)나라 사람들이 떠든다면 더욱이 이를 어찌할 수 있겠습니까? "한 제나라에 뭇 초나라 사람이 있는데 어찌하겠니?"

'怎奈何(즘내하)'면은 '어찌 즘(怎)', '어찌 내(奈)', '어찌 하(何)' 이렇잖아? '奈何(내하)' 문장이 위아래를 맞붙이는 것이다. '奈一齊而衆楚之何(내일제이중초지하)'리오. '奈(내)' 자 한 자만 써도 된다. '怎一齊而衆楚之何(즘일제이중초지하)'리오. '怎(즘)' 한 자만 넣어도 된다. 그런데 위아래를 맞붙이는 것이다. 奈何(내하), 怎奈何(즘내하)리오. 이렇게 되는 거야.

'一齊而衆(일제이중)'이라는 건 뭔고 하니 맹자에 있는 문자인데,[3] 초나라 말을 배우려면은 초나라에다 갖다 두면 그놈이 제나라 말 하다가도 제나라 말 안 한다 이거야. 제대로 초나라 말 하게 되지. 요즘도 영어를 배우려면은, 어린애는 미국에다 갖다 놓으면 3년 안에 미국말뿐이지 한국말 다 잊어버려. 그런데 반대로 초나라 말을 배우는데, '一

3 『맹자』「승문공하(勝文公下)」.

齊而衆楚之(일제이중초지)'면 제나라 사람 한 사람 거기다 놔두고서 초나라 사람이 많을 것 같으면 어떻게 초나라 말을 배우겠느냐 이 소리야. 그런데 '어찌하겠느냐'는 것은 내 혼자 어쩌겠느냐 이거여. 전부 나하고 반대파이니. 그 말을 하는 것이다.

是(시)는 日夕扼腕而疾首者也(일석액완이질수자야)로다

"이것은 내가 날 저녁으로," 날이나 저녁이나 밤낮으로 "팔을 끼고서" 머리를, "골치를 앓는 것이다."

且在餘之志(차재여지지)는 爲道(위도)요 不爲名(불위명)이며 爲法(위법)이요 不爲身(불위신)이라

"또 나에게 있는 뜻으로 말하면 도를 위하는 것이요, 이름을 위하는 것이 아니다. 법만 위하는 것이요 몸을 위하는 것이 아니다."

譬如以鳥鳴春(비여이조명춘)하며 以雷鳴夏(이뢰명하)하며 以蟲鳴秋(이충명추)하며 以風冽冽(이풍열렬)로 鳴乎其冬(명호기동)이니

이게 유교의 문자야.[4] "비컨대 사시(四時)에 새로써 봄을 울리고, 우레로써 여름을 울리고, 벌레로써 가을을 울리고, 바람으로써 겨울을 울린다." 이렇게 다 울리는 게 있단 말이야 춘하추동 사시(四時)에. 그러면

---

4 한유(韓愈), 「송맹동야서(送孟東野序)」, 『한유집(韓愈集)』권19, 서육(書六), 서일(序一). 이외에도 『고문진보(古文真寶)』「후집(後集)」 등 여러 문헌에 수록돼 있다.

蓋出於自然而不能已也(개출어자연이불능이야)라

"대개 자연은 예서 나가지고서 능히 말지 못하고," 쉬지 않는 것이다.

詎敢灑同雲之潤(거감쇄동운지윤)**하야 以公見聞也**(이공견문야)**리오**

"어찌 감히 동운(同雲)의 윤(潤)을 뿌려 가지고서, 써(以)[5] 견문(見聞)을 공공(公共)히 함이리오."

聊私以示餘之役而已(요사이시여지역이이)**로라**

애오라지(聊)는 그걸 현대 말로 바꾸면은 '잠깐'이다. 애오라지, "잠깐 사사로써 나의 노역한 거는 내가 갖고 있다." 이거야.

至於曲註蔓解(지어곡주만해)**하야**

여기는 전부 자기 겸사(謙辭)다. "내가 왜곡하여 주를 잘못 내고, 너무 너절하게 해석을 해가지고서"

以抹幽奧之旨者(이말유오지지자)**는 亦解則無解**(역해즉무해)**니**

"써 깊고 깊은 종지(宗旨)를 갖다가 말각(抹卻)시킨 데 이르러서는, 또한 해(解)가 곧 해(解)가 없는 것이니까." 그 해(解) 없는 것으로 봐버리자 이 소리지.

---

5 '以(이)' 자를 새기는 옛 방식이다. 탄허 스님의 강해에서는 거의 다 옛 새김 방식으로 한다.

豈能體古人(기능체고인)의 無事解釋之意(무사해석지의)리오
"어찌 능히 고인의 해석에 일삼음이 없다는 그 뜻을 내가 체(體) 받을 리가 있느냐." 그러니까 '내가 설사 요 뜻을 좀 말각하는 일이 있다 할지라도 이 붓을 댄다.' 이 소리여.

庶可以助一簣初步云爾(서가이조일궤초보운이)로라
"거의가 이 한 삼태기 초보를 내가 돕는다고 했다."

時(시)는 康熙乙亥[6]中秋日(강희을해중추일)에 栢庵沙門(백암사문) 性聰(성총)은 識(지)하노라
"때는 강희 을해 중추일에 백암사문 성총은 쓰노라."

6 서기 1695년.

「팔일성해탈문(八溢聖解脫門)」
불립문자(不立文字)에 대한 육조 혜능의 경계

◉

육조(六祖)가 이 말씀을 하지 않고 다른 조사(祖師)가 말했으면 '그 조사 글 잘하니까 그랬겠지.' 이럴 거야. 역대 조사 중에 제일 글 잘못한다는 조사가 이 육조다. 육조 스님은 우리같이 무식한 양반은 아니지만, 이 양반이 글을 배운 데가 없기 때문에 무식한 조사라고 판 배긴 양반이거든. 근데 육조가 『육조단경(六祖壇經)』 끄트머리에 제자들 앉혀놓고 한 소리여.[7]

執空之人(집공지인)은 滯在一隅(체재일우)하야 謂不立文字(위불립문자)라하나니

"공(空)을 집(執)한 사람들은, 한 모탱이에 체(滯)해 있어가지고서, 툭하면 불립문자라고." 불립문자라는 것이 문자 쓸데없다는 소리가 아니거든. 다시 말하면 '문자는 주장하지 않는다.' 이렇게 한 말이지, 문자가 쓸데없다 소리가 아니여.

---

7 안진호 편, 『정선현토치문』「경훈」 팔일성해탈문(八溢聖解脫門). 『단경』에서의 출전은 T48n2008, 360b.

自迷(자미)는 猶可(유가)어니와 又謗佛經(우방불경)가

"자기가 스스로 미(迷)한 것은 오히려 가(可)하지만은, 또 불경(佛經)까지 비방하느냐." 문자 쓸데없단 소리가 불경 비방이다 이거야. 그러면 문자 쓸데없다고 불경을 함부로 비방하면 내생에 무슨 과보를 받느냐? 내생에 세세생생(世世生生)에 무식한 과보를 받아. 이게 인과법칙이야.

罪障(죄장)이 深重(심중)하리니 可不戒哉(가불계재)아 하시니라

"죄장(罪障)이 깊고 중하느니, 가히 경계하지 않으랴." 이렇게 이야기를 해.

입태출태불매(入胎出胎不昧)와 생이지지(生而知之)[8]에 대하여

불교에 입태출태불매(入胎出胎不昧)라는 보살이 말이야, 이걸 생이지지(生而知之)라는 거여. 불교에 입태출태불매(入胎出胎不昧)라는 이것이 유교의 생이지지(生而知之)인데, 유교에서는 전생 문제를 말을 안 하니까 그런 말을 쓴다.

불교에 도(道)가 깊어도 입태(入胎)할 때, 부모 뱃속으로 들어갈 때는 매(昧)한다. 그게 화탕지옥(火湯地獄)이 있거든. 그 배출이 화탕지옥이여. 허허.

들어가기 전에는 매하지 않고 자성(自性) 자리, 성(性) 자리를 매하지 않고 있었는데, 들어갈 때, 입태에 매하는 보살이 있다. 입태해서 뱃속에 몇 달 동안 있을 때는 매하지 않는다. 그러다가 출태매(出胎昧), 나올 때 얼마나 죽을 고통을 치르는가 생각해봐. 그 좁은 문에서 나올 때 출태매해버리거든. 이게 고약한 거야.

그렇기 때문에 우리가 장생(長生), 오래 사는 것을 힘쓸 것이 아니라고 하지만 사실은 오래 살고도 볼 일이다. 왜? 여간 공부 가지고는 까딱하면 저놈의 입태출태에 매하게 된다. 그러니까 공부가 입태출태에 자재(自在)하게 될 동안은 한 천 년이고 만 년이고 살고 보는 게 더 나은 거야.

그러면 입태출태에 그 매하지 않았다는 게 무어냐? 성질을 매하지 않았

8 "孔子曰 :「生而知之者, 上也 ; 學而知之者, 次也 ; 困而學之, 又其次也 ; 困而不學, 民斯為下矣。」"[『논어』「계씨(季氏)」]

다는 말이다. 이 '성(性)' 근본 성 자, 성즉본(性即本), 진리, 성(性) 자리를 매하지 않는다. 그럼 '生而知之(생이지지)'란 말이 뭐냐? 성(性) 자리를 '낳자 안다.' 이 소리다. 학문은 그와 달리 배우는 거다. 부처님도 학문을 배웠다. 공자도 학문을 배웠다. 성인들도 학문은 배우는 거다. 생이지지는 성(性) 자리, 본(本) 자리를 매하지 않는 것, 즉 '낳자 안다'는 말이다. 불교 말로 바꿔 말하면 입태출태(入胎出胎)에 안 매(昧)했다 이 소리다. 입태출태에 매하지 않는 보살이다. 그러면 입태출태에 매(昧)했다가도[9] 수천 번, 만 번 학문을 통하여 닦아서 성(性)자리를 안다. '學而知之(학이지지)'가 그 말이다.

학문으로 글이나 알려는 게 아니다. 배워서 글을 안다고 현인군자(賢人君子)가 된다면 전부 다 현인군자게? 그게 아니다. '困而知之(곤이지지)', 죽도록 애써서 안다는 게 뭘 아는 거냐? 성(性) 자리를 아는 거다. 그러니 알고 보면 하나다. 낳자 아는 것이나, 배워서 아는 게나, 죽도록 애써서 아는 게나 알고 보면 한자리다. 참 좋은 말이지.

행(行)적인 면에서는 '安而行之(안이행지)'. 생이지지한 이 바탕에서 행동면에 편안히 행하는 것이 안이행지(安而行之)다. 낳자 알았으니까 행하는 것도 그 편한 행업이지. 지쳐서 행하는 게 아니니까.

'或利而行之(혹이이행지)', 혹은 이롭게 여겨서 행이여. 이롭게 여겨서 행하는 건 바로 학이지지다. 이롭게 여겨서 행한다는 건 좀 힘을 쓰는 것이다. 혹은 '곤이지지(或困而知之)', 죽도록 애써서 안다는 '勉強而行之(면강이행지)'다. 행적인 면에서 죽도록 힘을 써서 행하는 것이다.

그러니까 생이지지(生而知之) 요것은 성인(聖人)의 경지, 학이지지(學而知之) 요것은 현인(賢人)의 경지, 곤이지지(或困而知之) 요것은 학자(學者)의 경

9 이하는 『중용』에 대한 강론이다. 원문은 "或生而知之, 或學而知之, 或困而知之, 及其知之, 一也 ; 或安而行之, 或利而行之, 或勉強而行之, 及其成功, 一也。"

지다. 우리가 배우는 학자의 경지는 곤이지지다.

그러니까 알고 보면은 똑같은 것이다. 그래야 학자가 현인 성인이 되는 거 아니겠는가.

그런데 물론 학문 같은 것도 생이지지하는 것이 있지. 매월당(梅月堂) 선생 같은 이는 5세에 능문장(能文章)이라.[10] 다섯 살에 문장에 능했다. 문장으로 생이지지(生而知之)한 거지. 도(道)로 생이지지하는 것과는 다르다. 율곡(栗穀) 선생도 그랬어. 세 살 젖맥이 엄마, 아빠 할 때, 엄마가 업고 댕길 때 석류(石榴)를 두고서 글을 지어라 이러니까, *石榴皮裏*(석류피리)에 *碎紅珠*(쇄홍주)라, '석류 가죽 속에 붉은 구슬을 부숴왔다.' 글로 생이지지. 그렇지만 율곡은 성인으로서 생이지지라고는 못하는 거야. 알아들어? 이 도(道) 자리로 생이지지라곤 못하고 학이지지, 현인 정도다. 생이지지면 공자와 같은 성인이라 그러게? 그렇지만 전생에 원체 많이 봤기 때문에 글 같은 거 이런 건 생이지지다. 그러니까 서너 살 엄마, 아빠 할 때 석류를 두고서 이 시를 지어봐라 하니까 '석류피리에 쇄홍주라'[11] 이렇게 나왔단 말이야.

---

10 다섯 살에 시를 지을 줄 아는 신동으로 세종대왕에게까지 알려져 선물을 하사받은 일로 '오세(五歲)'라는 별호를 얻게 되었다. 부여 무량사에 있는 부도의 비석에도 '오세김시습지묘(五歲金時習之墓)'라고 적혀 있다.

11 실제로는 자작한 것이 아니라, 3세 때 고시(古詩)에서 한 구절을 인용한 것이다. 원문은 '銀杏殼含団碧玉 *石榴皮裏碎紅珠*(은행은 껍데기가 푸른 구슬 덩어리를 머금었고, 석류는 껍질이 붉은 구슬 부스러기를 싸고 있네).' [박도식, 「율곡 이이의 잉태지 판관대(判官垈) 연구」, 『해람인문』 44집, 강릉원주대학교 인문연구소 2017, 145] 이 고시의 원출전은 알려지지 않았다.

「면학상(勉學上)」에서
성인은 항상 배우고, 누구에게나 묻는다[12]

◉

中庸子(중용자)[13] ㅣ 曰復坐(왈복좌)하라 吾語汝(오어여)호리다
"중용자가 이르시되 다시 앉아라. 내가 너에게 말하리라." 이것은 일어서서 묻는 중이라, 그러는 것이다. 『공자가어(孔子家語)』에 제자하고 문답하는데도 꼭 "앉아라" 이런다. 서서 물었으니까. 물을 때는 꼭 서서 묻는다.

書不云乎(서불운호)아 惟狂(유광)이라도 剋念(극념)하면 作聖(작성)이요 惟聖(유성)이라도 罔念(망념)하면 作狂(작광)이라하니
"『서전』에 오직 미친 사람이라도 생각을 극(克)하면 성인이 되고, 오직

---

12 안진호 편,『정선현토치문』「면학(勉學)」 고산지원법사면학(孤山智圓法師勉學) 면학상(勉學上). 고산원(孤山圓, 976~1022): 송(宋) 천태종 산외파(山外派)의 큰스님. 자(字) 무외(無外), 호(號) 잠부(潛夫) 또는 중용자(中庸子). 나라에서 내린 시호가 법혜 대사(法慧大師), 그리고 고산에 은거했기에 세칭 고산지원(孤山智圓)이라 하였다. 산외파의 학설을 다수 저술했으며 산가파(山家派)의 대표 사명 지례(四明知禮)와 논변을 벌이기도 했다. 경, 『주소(注疏)』 등 무릇 170여 권을 저술했으며, 유가의 경서도 두루 통해 유교로써 수신, 불교로써 치심이라 하며, 유불도를 조합하고자 했다. 건흥(乾興) 원년 2월, 자신의 제문과 애도시를 짓고 무욕으로 평정하게 입적하니 세수 47세였다. 유해를 도기에 담아 거처하던 바위에 감추라는 명을 남겼다. 『불광대사전(佛光大事典)』에서 요약.

13 고산원의 별호.

성인이라도 생각을 잊어버리면 미친놈이 된다"[14] 하였다.

是故(시고)로 **聖人**(성인)은 **造次顚沛**(조차전패)[15]라도

"그렇기 때문에 성인은," 조차(造次)는 "잠깐 새"라는 말이고, 전패(顚沛)는 "엎어질 때나 자빠질 때나,"

未嘗不念正道而學之也(미상불념정도이학지야)니라

"일찍이 정도를 생각해서 배우지 않음이 없어." 언제나 배우는 것이다.

夫子(부자)는 **大聖人也**(대성인야)라 **拔乎其萃**(발호기췌)하며 **出乎其類**(출호기류)하사 **自生民以來**(자생민이래)로 **未有如夫子者**(미유여부자자)로대

공자의 역사를 봐라. "공자님은 대성인이라." 발호기췌하며 "출호기류해가지고서[16] 생민(生民) 이래로부터[17] 공자와 같은 이가 없다."[18] 『맹자』에 있는 문잔데 공자의 제자가 공자를 칭찬하는 말이다.

入太廟(입태묘)하사 **每事**(매사)를 **問則是**(문즉시)는 **學於廟人也**(학어묘인야)요

---

14 여기서 『서전』이란 『서경』, 즉 『상서』를 말한다. "惟聖罔念作狂 惟狂克念作聖."[『상서』「주서(周書)」 다방(多方)]

15 『논어』「이인(裏仁)」.

16 그 무리 가운데 빼어났으며, 그 부류 가운데 출중했으니.

17 백성이 생긴 이래로.

18 "自有生民以來, 未有孔子也。"(『맹자』「공손추상」)

그렇지만 "태묘(大廟)라는 사당에 들어서 매사(每事)를 물었어." 주공(周公)의 사당에 들어가서는 매사를, 이거는 어떻게 하고 이거는 어떻게 하는 게냐 물으니까, 묘지기란 놈이 하는 소리가 "누가 공자를 예(禮) 안다고 그려? 사당에 들어와가지고 나한테 낱낱이 묻던데 ……" 그리 조롱을 했거든. 그 말이 공자의 귀에 들어갔더니, "是(시)ㅣ 禮也(예야)니라."[19] 알고 묻는 것이 …… 예배지다. 몰라서 묻는 게 아니라 알고 묻는 것이 …… 예배지다 이거야. 태묘에 들어서 매사를 물은 것은 묘인(墓人)한테 배운 것이다.

三人行(삼인행)**에 擇其善者而從之則是**(택기선자이종지즉시)**는 學於偕行也**(학어해행야)**요**

삼인행에 택기선자이종지. 『논어』에 있는 말인데,[20] 三人行(삼인행)에 必有我師(필유아사)함이니, "세 사람이 가는데." 세 사람은 나와 두 사람, 반드시 내 선생이 있다. 뭐냐? 擇其善者而從之(택기선자이종지)하고, "착한 사람을 택해가지고 내가 쫓아가고," 其不善者而改之(기불선자이개지)니라 착하지 못한 사람은 내가 고쳐.[21] 그 둘 다 내 선생이다. "이것은 같이 댕기(行人)는 사람한테 배우는 것이고."

入周則問禮於老子則是(입주즉문례어노자즉시)**는 學於柱史也**(학어주사야)**니**

19 『논어』「팔일(八佾)」.

20 『논어』「술이」.

21 불선(不善)한 사람을 보고서 나의 불선을 고친다.

"주(周)나라에 들어가면 예(禮)는 노자(老子)에게 물은즉, 이것은 주사(柱史)에게 배우는 것이니." 노자가 주사(柱史)[22] 벼슬을 했다. 주사라는 것이 도서관장이다. 주사 노자한테 가서 물었다 이거야.

豈仲尼之聖(개중니지성)**이 不若廟人行人柱史也**(불약묘인행인주사야)**아**

"그러니 중니(仲尼)의 성성(聖性)이 어찌 묘인이나 행인이나 주사만 같지 못해서 그랬겠느냐."

---

22 '주하사(柱下史)'라고도 한다.

상경하(上敬下): 계현(戒賢), 제자 신찬(神贊)에게 법을 청하다[23]

그런데 벌이라는 놈이 들어와서는 자꾸 창을 뚫어서 나가려고 한다. 나갈 수가 있나. 자꾸 뚫어도 못 나가지. 그래서 벌(蜂)을 두고서 읊은 시가 염봉(念蜂), 제목이 염봉이지.

念蜂(염봉)[24]

空門(공문)에 不肯出(불긍출)하고
"빈 문에 즐거이 나가지 않고"

打[25]窓也大癡(타창야대치)라
"창문을 자꾸 뚜드리니 또한 크게 어리석구나."

---

23 출전은 『경덕전등록(景德傳燈錄)』 권9(T51n2076_009, 268a10)이다. 신찬(神贊)은 당나라의 승려로서 백장 회해(百丈懷海)의 법제자이다. 그 외 자세한 전기는 전하지 않는다. 이 이야기의 원출전은 『경덕전등록』 권9(T51n2076_009, 268a10)인데, 이후 자구(字句)를 달리하여 여러 문헌에 전한다.

24 『오등회원(五燈會元)』권4 복주고령신찬선사(福州古靈神贊禪師)(X80n1565, 90b).

25 원문은 '投'.

百年(백년)을 鑽故紙(찬고지)한들
"백 년을 날개질로 뚫어본들"

何日出頭期(하일출두기)야
"어느 날에 머리를 낼 기약이 있겠느냐."

벌을 두고서 지었지만 스님[26]이 가만히 생각해보니까 자기가 경 보는 거 가지고 조롱하는 거 같거든. 그래 이상하다 싶었는데 그 이튿날 인자 그 목욕을 하는데 등을 문지르라 하니까 등을 문지르면서[27]

好皆法堂(호개법당)이나 佛無靈驗(불무영험)이구나
"다 좋은 법당인데 부처가 영험력이 없어"

佛雖無靈(불수무령)이나 能放光明(능방광명)이구나[28]
"부처가 영험은 없지만 능히 광명을 놓는구나."

등을 문지르다가서 좋은 법당은 껍데긴지 부처가 영험이 없구나. [스승이] 힐끗 돌아다보니까(其師回顧), 부처가 영험은 없으나 능히 광명을 놓는구나. 그 괘씸하기는 한데 희한하거든. 어저께 벌을 두고서 읊는 것도 자기 경 보는

26 신찬의 스승 계현(戒賢)이다.

27 출전에는 목욕이 먼저이고 벌이 나중 일로 나온다.

28 원출전인 『경덕전등록』에는 어조가 훨씬 강하다. "世界如許廣闊不肯出。鑽他故紙驢年去得。"(세계가 이렇게나 광활한데 나가려 하질 않고, 엉뚱한 낡은 종이나 뚫으려 하니 나귀해가 되서나 나가겠구나.) 여기서 '낡은 종이'란 벌에겐 창호지이며 또한 스승이 보고 있는 고서이다. 그리고 12간지 중에 나귀는 없으므로 영원히 나가지 못한다는 말이다.

걸 조롱하는 거 같고, 오늘은 목욕하는데 조롱하는 거 같고 말이여. 그래서 목욕 다 하고 나서 불렀어.

"야 네가 어제 그 벌을 두고 읊는 것도 나를 조롱하는 것이고, 오늘 등을 문지르면서 네가 나를 조롱했으니 뭔 소식이냐?"

물으니까 이실직고를 했어.

"사실은 제가 남방에 가서 공부하다가서 뜻을 좀 얻었습니다."

"그래?"

그러니까 상경하(上敬下), 법상(法床)을 차려놓고 법을 청한 거야. 자기가 제자 노릇을 하고 설법해 달라고. 그게 상경하야. 윗사람이 아랫사람을 보는 거. …… 어진 것을 기른 거야. 그러니까 뭐라고 설법을 했는고 하니, 그 시식(施食)에도 있는 그거를 봤어.

眞性(진성)29이 無染(무염)하야 本自(본자)가 圓成(원성)하니

"참다운 성미가 물듦이 없어가지고서 본래 스스로 원성하니"

但離妄緣(단리망연)하면 卽如如佛(즉여여불)이니라

"다만 망연30을 여의면 곧 여여한 부처이다"

그런데 그 스님이 거기서 홀연히 알아들었어. 그런 소식도 상경하(上敬下)지.

……

---

29 『백장어록(百丈語錄)』 등의 선서(禪書)에는 항상 '心性(심성)'으로 되어있다(X69n1322_1, 6b). 『석문의범(釋門儀範)』을 비롯한 한국불교의 의례문에는 거의 항상 '真性(진성)'으로 되어있다(안진호 편, 『석문의범』 권하, 만상회,1935, 138).

30 妄緣(망연): 허망한 인연.

나를 꺾지 않으면 배울 것이 없다(不折我無以學)[31]

◉

故(고)로 周易(주역)에 曰謙(왈겸)은 德之柄也(덕지병야)라 하며[32] 書(서)에 云汝惟不矜(운여유불긍)이면 天下(천하) ㅣ 莫與汝(막여여)로 爭能(쟁능)이요 汝惟不伐(여유불벌)이면 天下(천하) ㅣ 莫與汝(막여여)로 爭功(쟁공)이라 하며[33]

"『주역』에 겸(謙)은 덕(德)의 병(柄)이라고 했고, 『서전』에 말하기를 '네가 자랑하지 않으면 천하가 너로 더불어 능한 것을 다툴 이가 없다. 네가 오직 자랑하지 않으면, 천하가 너로 더불어 공을 다툴 이가 없다' 하며." 여기서 '伐(벌)'은 '자랑할 벌(伐)'이라 그려.

---

31 안진호 편, 『정선현토치문』「면학」 고소경덕사운법사무학십문(姑蘇景德寺雲法師務學十門). 앞 단락의 '상경하(上敬下)'에 관한 더 자세하고 적확한 설명이 『치문』에서 본 강의 내용 직전에 나온다.
"구마라습이 처음 소승교를 배울 때 반두달다에게 정례하였다. 이것은 '하경상(下敬上)', 아랫사람이 윗사람을 공경하는 것으로, 이를 귀존(貴尊)이라 한다. 반두달다가 나중에 대승법을 구할 때 다시 구마라습에게 예를 드렸다. 이는 '상경하', 윗사람이 아랫사람을 공경하는 것이다. 이를 존현(尊賢)이라 한다(鳩摩羅什 初學小教 頂禮盤頭達多 此下敬上 謂之貴尊 盤頭達多 晩求大法 復禮鳩摩羅什 此上敬下 謂之尊賢)."(『치문경훈주』, H0176 v8, 561b)

32 『주역』「계사하」.
柄(병): 자루(끝에 달린 손잡이), 근본.

33 "汝惟不矜, 天下莫與汝爭能. 汝惟不伐, 天下莫與汝爭功."(『상서』「우서」 대우모)

晏子(안자)[34] ㅣ 曰夫爵益高者(왈부작익고자)는 意益下(의익하)하고 官益大者(관익대자)는 心益小(심익소)하고 祿益厚者(녹익후자)는 施益博(시익박)이라하며[35]
"안자가 하는 말이, '대저 작(爵)이 더욱 높은 자는 뜻이 더욱 낮고, 관(官)이 더욱 큰 자는 마음이 더욱 작다. 녹(祿)이 더욱 두터운 자는 시(施)가 더욱 박(博)하다' 하며,"[36]

子夏(자하) ㅣ 曰敬而無失(왈경이무실)하고 恭而有禮(공이유례)면 四海之內(사해지내) ㅣ 皆兄弟也(개형제야)라하니라[37]
"자하(子夏)가 하는 말이, '경(敬)하여 잃음이 없고 공(恭)하여 예(禮)가

34 안영(晏嬰, ?~BC500): 중국 춘추시대 제(齊)나라의 사람으로, 자는 중(仲). 제(齊) 영공(靈公), 장공(莊公), 경공(景公) 3대를 섬긴 재상이다. 사서에는 그의 키가 '여섯 척(尺)이 되지 않는다(약 135cm)'라고 했는데, 정신은 담대하여 항상 사직을 최우선으로 생각하고 군주에게 기탄없이 간언하여, 절대적 인망을 얻었다고 한다. 또한, 검약하고 소박한 생활을 고집하여 고기가 식탁에 오르는 경우가 드물었다고 한다. 사후 '평(平)'이란 시호를 받아 '안평중(晏平仲)'으로 불리게 되나, 후세 사람들이 존경의 의미를 담아 '안자(晏子)'로 불렀다고 한다.

35 이 구절은 여러 문헌에 등장하지만 『안자춘추(晏子春秋)』에는 전하지 않는다. 민국기(民國期)에 발간된 오칙우(吳則虞), 『안자춘추집석(晏子春秋集釋)』의 부록 「안자춘추일문(晏子春秋佚文)」에 나온다. 또한 『열자(列子)』에는 손숙오(孫叔敖)라는 인물의 말로서 자구(字句)를 조금 달리하여 나온다[『열자』「설부(說符)」].

36 의역하면, '대저 작위가 높을수록 뜻을 더욱 낮추고, 관직이 클수록 마음을 더욱 작게 가지며, 녹봉이 두툼할수록 베풀기를 더욱 넓게 하라.'

37 "사마우가 걱정하면서 말했다. '남들은 모두 형제가 있는데 나만 홀로 없구나!' 자하가 말했다. '나는 들으니, 죽고 사는 것은 천명이 있고, 부유함과 귀함은 하늘에 달려 있다고 하였네. 군자가 몸가짐을 삼가고 잃음이 없으며 남을 대함에 공손하고 예가 있으면 천하 사람들이 다 형제이니, 군자가 어찌 형제가 없음을 걱정하겠는가?'(司馬牛憂曰 :「人皆有兄弟, 我獨亡。」子夏曰 :「商聞之矣 : 死生有命, 富貴在天。君子敬而無失, 與人恭而有禮。四海之內, 皆兄弟也。君子何患乎無兄弟也?」)"[『논어』「안연(顔淵)」]

있으면, 온 사해(四海) 안이 다 형제간'이라고 했느니라." 이 자하는 공자의 십대 제자[38] 중에 문학가로 제일가는 양반이다.[39] 사마우(司馬牛)라는 사람은 공자의 제잔데, 공자를 죽일라고 하는 천하에 못된 놈 사마환퇴(司馬桓魋)를 형으로 뒀기 때문에 탄식한 말이다.

38 공문십철(孔門十哲)이라고도 한다.

39 성은 복(蔔), 이름은 상(商), 자(字)가 자하(子夏)이다. 복상은 공자보다 41세 연하로, 문학에 있어서 자유(子遊)와 함께 공자의 중요한 제자였다. 『춘추』, 『시경』, 『서경』 등의 경전을 후대에 전수했으며, 수많은 제자를 배출했다.

사마우의 탄식과 자하의 실명

人皆有兄弟(인개유형제)어늘 我獨亡(아독무)[40]로다

"사람마다 형제가 있는데 나는 홀로 없구나."

형제가 없나? 사마환퇴 같은 못된 놈을 뒀다 이 소리지. 없는 거나 한 가지다. 그렇게 탄식을 하니까, 자하가 친구 사마우를 위로하는 말이다.

君子敬而無失(군자경이무실)하며

"군자가 경(敬)하여 실(失)함이 없으며"

恭而有禮(공이유례)면

"공(恭)하여 예(禮)가 있으면"

四海之內皆兄弟也(사해지내개형제야)ㄴ데

"온 사해 안이 다 형제간인데"

君子何患乎無兄弟也(군자하환호무형제야)요

"군자가 형제 없는 거는 왜 근심해?"

40 亡(망): 여기서는 '망할 망'이 아니라 '없을 무'이다.

이렇게 꾸지람을 했단 말이여. 그렇게 너그럽게 말하던 분, 자하가 나중에 상명(喪明)을 했어. 아들이 죽었다. 아들이 죽은 걸 '喪明之痛(상명지통)'이라고 그려. 눈이 멀었다고. '밝을 명(明)' 자 밝은 것을 잃었다.

상명지통이라는 게 그 자하한테 나온 문자여. 얼마나 애통을 했던지 눈이 멀었어. 그래서 증자(曾子)한테 된통 혼이 났지. 자네가 사마우한테는 그렇게 너그럽게 말하더니 말이야, 그래 아들이 죽은 뒤에 그렇게 눈이 멀도록까지 애통했느냐, 사람이 그게 뭐냐고 말이야.[41] 그러니까 말만 가지고는 몰라 겪어봐야 알지. 해운 선생이라는 사람은 실음(失音)을 했어. 소리를 잊어버렸어. ……

---

41 그 자세한 이야기는 다음과 같다. "자하가 그 아들을 잃고 시력을 잃었다. 증자가 조문하여 말하길, '내가 듣기로 친구가 시력을 잃으면 곡을 한단다' 하고 증자는 곡을 했다. 자하도 또한 곡을 하며 말하길, '하늘이시여! 저는 죄가 없습니다!'라 했다. 증자가 화를 내며 말하길 '상(商)아, 네가 어째서 죄가 없단 말이냐? …… (중략) …… (너는) 서하의 백성들이 너를 부자(공자)로 의심하게 하였다. 네 죄의 첫째이다. 네 부모를 잃었을 때 이렇게 슬퍼했다는 소릴 사람들에게서 듣지 못했다. 네 죄의 둘째이다. 아들을 잃었을 때 시력을 잃었으니 네 죄의 셋째이다. 이런데 어찌 네게 죄가 없다 말하느냐!' 자하가 지팡이를 던지고 절하며 말하길, '내가 잘못했다! 내가 잘못했다! 내가 그대들과 떨어져 홀로 산 지 이미 오래되었기 때문이다.'(子夏喪其子而喪其明。曾子吊之曰 :「吾聞之也 : 朋友喪明則哭之。」曾子哭, 子夏亦哭, 曰 :「天乎! 予之無罪也。」曾子怒曰 :「商, 女何無罪也? 吾與女事夫子於洙泗之間, 退而老於西河之上, 使西河之民疑女於夫子, 爾罪一也 : 喪爾親, 使民未有聞焉, 爾罪二也 : 喪爾子, 喪爾明, 爾罪三也。而曰女何無罪與!」子夏投其杖而拜曰 :「吾過矣! 吾過矣! 吾離群而索居, 亦已久矣。」)"[『예기』「단궁상(檀弓上)」]

게으름 부릴 바에는 차라리 바둑, 장기라도 두는 것이 낫다

子(자) ㅣ 曰(왈) 飽食終日(포식종일)하야 無所用心(무소용심)은 難矣哉(난의재)라[42]

"공자의 말씀에 배불리, 뱃대기 잔뜩 부르게 먹고서 마음을 쓰는 바가 없으면 어렵다." 어렵다는 건 도에 들어가기 어렵다. 아까 그 저 총림(叢林) 얘기를 하는데 거기 이 말 나왔잖아.[43]

不有博奕者乎(불유박혁자호)아 爲之猶賢乎已(위지유현호이)니라

"바둑 두고 장기 두는 자가 있지 않느냐. 그거라도 두는 것이 안 두는 것보다 낫다." 이렇게 말씀을 하셨어. 그게 무슨 소린고 하니, 포식종일해가지고 마음을 쓰지 않고 뻔뻔 노는 놈한테 경책한 말인데, 차라리 바둑 두고 장기 두는 편이 낫지 않느냐. 그게 바둑 두고 장기 두라고 한 게 아니다 이 말이여.

그런데 꼴떼기[44] 선비들이 그 문장을 갖다가 "공자 말씀에 博奕(박혁)도 猶賢乎已(유현호이)니라. 바둑 두고 장기 두는 것도 않는 것보다 낫다고 그랬다. 박혁 두세~" 이런 얘기가 있거든. 하여간 희한하게 문장을 갖다 쓴 거야.

---

42 『논어』「양화(陽貨)」.

43 「장로자각색선사귀경문(長老慈覺賾禪師龜鏡文)」을 말한다. (안진호 편, 『정선현토치문』「경훈」 장로자각색선사귀경문)

44 꼴뚜기의 방언. "어물전 망신은 꼴뚜기가 시킨다"는 의미다.

무엇으로 능(能)을 삼는가?[45]

國王(국왕)은 以憍爲能(이교위능)이거든

“국왕은 교만(憍傲)으로 능(能)을 삼는 거야.” 칼자루를 들고 있기 때문에 툭 하면 말 안 들으면 죽이려고 이러는 게 국왕이거든.

小兒(소아)는 以啼爲能(이제위능)하고

“작은 애들은 우는 걸로 능을 삼아.” 자기 요구가 있으면 울어야 관철이 되거든. 울지 않고 가만히 있으면, ‘아이 우리 애기 순해.’ 젖 한 번 그냥 날린다구. 이게 울어야 자꾸 주지.

婦人(부인)은 以瞋爲能(이진위능)하고

“여자들은 진심(瞋心)으로써 능을 삼어.” 벌떡 ‘돈 내놔’ 말도 않고. 그 남편이 밖에서 들어오면 환영도 하고 이래야 할 텐데, [부인이] “벌떡!” 하니 남편이,

“여보 당신이 어디가 불편해서 그러오?”

그러면 부인은,

45 육종력(六種力)에 관한 법문이다. 보통 ‘역(力)’으로 쓰는데 이 법문에서는 ‘능(能)’ 자를 썼다. 원출전은 『증일아함경(增一阿含經)』 권31 역품(力品)이다. 경전상의 육종력을 간단히 열거하면 다음과 같다. 1. 아기는 우는 것을(小兒以啼泣), 2. 여인은 노여워하는 것을(女人以瞋恚), 3. 출가자는 참는 것을(沙門以忍辱), 4. 국왕은 교만을(國王以憍慢), 5. 아라한은 집중하여 정진하는 것을(羅漢以專精), 6. 부처들은 자비를(諸佛以慈悲) 힘으로 삼는다.

"뭐, 나는 ……도 안 해주고 뭐 자기는 뭐야 뭐!"

그때 남편이,

"아이 걱정하지 말어. 다 해 줄게 걱정하지 말어."

[여자는] 그 진심(瞋心)을 내면 자기 요구가 관철되거든. 여자는 요구가 있으면 진심으로써 내는 거여.

比丘(비구)는 以忍爲能(이인위능)하고

"비구는 참는 걸로 능을 삼어." 비구가 뭐 욕심이 없나? 오욕(五欲)이 없나? 억지로 참아서 하는 얘기여. 비구가 참는 거는 능하다.

菩薩(보살)은 以慈爲能(이자위능)하고

"보살은 자비를 능한 것으로 삼어." 사랑을, 자비를 능으로 삼어.

책보는 선사(禪師)

조사가풍(祖師家風)에선 문자를 그리 숭상하지 않지만 위산(潙山) 스님이 자기 수제자 앙산(仰山) 스님 보고 경(經) 봐라 권했거든. 그러니까,

"아 스님, 평소에 수좌들에게 경을 못 보게 하시더니 왜 저한테 경 보라 그럽니까?"

"응~ 다른 것들은 제 일도 못 해. ……"

자기 일도 못 하는 것들한테 어떻게 경 봐서 남의 일까지 하라고 할 수 있냐 이거여.

"너는 봐야 혀."

"왜 그렇습니까?"

"아 너는 인간천상(人間天上)으로 사표(師表)가 될 사람이니까 너는 봐야 혀."

가르친 게 다 다른 거야. 또 그리고 한 번은 위산 스님이 책을 보고 앉았는데 앙산 스님이 질문을 했어.[46]

"스님, 수좌들에게는 경 못 보게 하시더니 스님은 왜 경을 보십니까?"

이러니까,

"나는 경 보는 게 아니다."

---

46 이하 『경덕전등록』 권14(T51n2076, 311b)가 출처인데 내용이 조금 다르다. 『전등록』에는 약산 유엄(藥山惟儼)이 책을 보고 있는데 이름 없는 승인(僧人)이 질문한 것으로 되어있다.

"그러면 뭘 하십니까?"

"只圖遮眼(지도차안)이니라."

다만, '눈 가릴 차(遮)' 자, '눈 안(眼)' 자. 눈가림하는 거 도모한다, 눈가림하는 게지 경 보는 건 아니다.

"그럼 저희들은 경 보는 게 눈가림이 아니고 무엇입니까?"

"응. 너희들은 牛皮也透得(우피야투득)이니라."

쇠가죽도 뚫어 얻느니라. 집착한다 이거야. 그러니까 나는 눈가림하는 걸로 보는 거지만, 너희들은 집착하니까 쇠가죽을 뚫는다.

술로써 계(戒)를 삼아라:
이사무애계(理事無礙戒)

이 부처님 법은 말이야 막아놓은 것으로 말할 것 같으면 얼마나 좁게 막아놨는지 모르고, 침 뱉을 구녁도 없어. 터놓은 걸로 말하면 턱 터졌어. 거 시원시원하거든 ……. 응 그 맛으로 살지. 심지어 술집을 가리키기만 해도 오백 생을 무수보(無手報)47를 받는다는 거야.

그렇게 막아놨으면서도 또 터놓을 때는 말리부인(末利夫人)이 10년 동안 자기 남편을 독주를 해 먹이고,48

"부처님 술의 허물을 그렇게 말씀하셨는데 저는 10년 동안 남편을 위해서 독주를 해 먹였으니 그 죄를 어떻게 하오리까?"

부처님이 '너는 지옥이다' 했으면 부처님 아니야.

"以酒爲戒(이주위계)하라."

---

47 무수보(無手報): 손이 없는 과보.

48 말리부인의 남편 파사익왕이 성품이 광폭하여 폭정을 일삼으므로, 술을 먹여 성품을 부드럽게 하여 선정을 베풀도록 하였다는 예화이다. 말리부인(Mallikā)은 코살라국 파사익왕(Prasenajit)의 부인이며, 『승만부인경(勝鬘夫人經)』의 승만의 어머니이기도 하다. 부모는 브라흐마나 계급이었으나 아버지의 사망 후 노예로 전락하였다. 주인의 정원을 가꾸는 일을 하며 여러 가지 꽃으로 화환을 만들어 주인을 기쁘게 하여, '승만(勝鬘)'이란 이름으로 불리게 되었다. 딸은 이 이름을 물려받은 것이다. 어느 날 부처님께 식사를 공양하였고, 또한 파사익왕이 사냥하다 잠시 정원에 들렀을 때 후궁으로 간택되어 종의 굴레를 벗게 되었다(『비나야잡사(毘奈耶雜事)』 권7; 『사분율(四分律)』 권18 등).

술로써 계를 삼아라. 천 년 동안 술을 해 먹여도 허물은 하나도 없다, 복만 된다. 왜 그러느냐? 그 남편 왕이 맑은 정신으로 있으면 대중을 자꾸 살해해. 죽여. 술에 얼큰하게 취하면 안 죽이거든. 살해를 막기 위해서 독주를 10년 해 먹인 거야.

그러니까 이게 경중(輕重)이거든. …… 경권(經權)이라는 게 그 말이야.[49] …… 술 허물을 그렇게 지독히 말씀한 양반이 이건 "술로 계를 삼아라" 이렇게 말씀하셨단 말이야. 사람 죽이는 허물에 댈 것 같으면 술 허물은 아무것도 아니야. 언제든지 법을 이렇게 융통해서 생각할 줄 알아야 하는데 딱 거기에 처박혀가지고, 거기에 국집(局執)[50]하면 부처님 사상에 어긋나는 거야.

그러니까 팔만대장경 교리 전체를 똘똘 뭉쳐놓고서 생각하면 참 위대하다고 고개가 수그러지지만, 부처님 말씀도 하나하나 단편적으로 짚어서 볼 것 같으면 허물 되는 말이 굉장히 많은 거야. 그게 부처님 본의가 아니니까. 그러니까 그게 전부 불요의(不了義)[51]다. 그게 다 불요의경이야. 결론이 불요의경은 집어 내버리자 그랬잖아.

"불요의경은 외우지 말라." 그래서 계(戒)도 『화엄경(華嚴經)』 「범행품(梵行品)」을 읽어봐야 속이 툭 터져버렸다 이거야. 계(戒)가 둘만 있는 줄 알거든. 이계사계(理戒事戒), 비구계(比丘戒)는 사계(事戒)고 보살계(菩薩戒)는 이계(理戒). 이계사계 둘만 있는 줄 알았는데, 이사무애계(理事無礙戒)가 『화엄경』

---

49 경권(經權): 경법(經法)과 권도(權道). 고칠 수 없는 근본(經)과 때에 따라서 적절하게 처리(權)하는 것을 경중에 따라 해야 한다는 가르침이다. 유학(儒學), 특히 주희(朱熹)의 경권론이 여기서 등장한다.

50 국집(局執): 어느 한편으로만 국한하여 생각하고 그것에 집착하는 것.

51 불요의(不了義): 부처님이 설법할 때, 진짜 뜻은 덮어놓고 알아듣기 쉽도록 방편을 써서 말하는 것.

「범행품」이란 말이야. 그건 일승보살(一乘菩薩)이라는 계야.

그 계는 어떻게 다르냐? 첫 꼭대기에 '어떤 것이 계냐?' 이렇게 나와. 삼사칠증(三師七証)52이 들어앉아서 설하는 것이 계냐? 칠중(七衆)53, 사십팔(四十八)54 이런 것들이 계냐? 뭐가 계냐? 동서남북상하 곡곡(曲曲)으로 암만 찾아봐도 계 모양을 찾을 수 없다. 그렇다면 계 지키는 놈은 누구며, 계 파하는 놈은 누구냐? 어때? 속 터져버렸잖아. 그러니까 그 계도 그렇게 삼층(三層) 있는 것을 알아야 하는데, 교리 하던 사람은 계가 삼층이 있다고 하면 무슨 계가 삼층이 있냐고 반대하는데 내가 졌지 할 수 없이. 그 사람하고 뭐 의심질 하면 뭐 하겠어? 못 알아듣는 사람한테.

---

52 삼사칠증(三師七証): 구족계를 줄 때 참석하는 세 스승, 즉 계화상(戒和尙)·갈마사(羯磨師)·교수사(教授師)와 증인 일곱 명을 이르는 말.

53 칠중(七衆): 교단을 구성하는 일곱 대중. 즉, 비구(比丘), 비구니(比丘尼), 사미(沙彌), 사미니(沙彌尼), 식차마나(式叉摩那), 우바새(優婆塞), 우바이(優婆夷). 각기 주어진 계율이 따로 있다.

54 사십팔경계(四十八輕戒): 보살이 지켜야 할 48가지 계율.

소옹(邵雍), 「자여음(自餘吟)」[55]

身生天地後(신생천지후)하고
"이 몸뚱이는 천지 생긴 뒤에 나왔고"

心在天地前(심재천지전)이라
"이 마음자리는 천지 생기기 전부터 있었고" 바닥 보지 않고 이런 소리가 나올까?

天地(천지)도 自我出(자아출)하니
"하늘과 땅도 나로부터 나왔어." 내 아들놈이다 이 말이야. 내 마음속에서 나왔다 이거야.

其[56]餘(기여)이 何足言(하족언)이냐

---

55 『이천격양집(伊川擊壤集)』 권19.
소옹(邵雍, 1011~1077): 중국 송나라의 사상가. 자(字)는 요부(堯夫), 시(諡)는 강절(康節). 중국 북송의 5대 현자 중 한 사람으로 성리학의 이상주의 학파 형성에 큰 영향을 주었다. 소옹의 집은 대대로 은덕(隱德)을 본지로 삼아 벼슬하지 않았다. 그도 소명(召命)을 받은 바 있지만, 끝내 관도(官途)에 나아가지 않았다. 저서로는 『이천격양집』과 『황극경세서(皇極經世書)』, 『강절관매법(康節觀梅法)』, 『어초문대(漁樵問対)』, 『철판신수(鉄版神數)』, 『매화역수梅花易數』 등이 있다.

56 원전엔 '自'로 되어있고 그래서 보통 「자여음(自餘吟)」이란 제목으로 칭한다.

"천지 사이에 있는 그 나머지 만물이야 어찌 이렇게 말할 게 있느냐?" 천지도 내 아들놈인데 천지 속에 있는 만물이야 전부 내 손자 증손자 고손자놈들이지 뭐. 더 말할 게 있느냐 이거지. 바닥을 안 보고 저런 소리 안 나오는 거야. 유교에서도 이렇게 바닥을 보지 않았으면 소강절(邵康節)을 술객이라고 쳐주지를 않는 거야. 이 바닥을 보았기 때문에 군자라고 대접을 하지.

『마의상법(麻衣相法)』 「달마조사상결비전(達摩祖師相訣秘傳)」

인제 마의(麻衣)57가 자기 선생을 누굴 잡으려 했는고 하니 달마를 잡았다 말이야. …… 달마 스님의 총결(総訣) 제1, 총결 제2, 총결 제3, 총결 제4, 총결 제5까지 달마 스님 학설을 갖다 놓고 자기 선생님이라 그랬거든. 그래서 달마 스님이 마의한테 전하고, 마의가 진도남(陳圖南)58이한테 전하고, 진도남이가 이정지(李挺之)59한테 전하고, 이정지가 소강절한테 전하고, 소강절이 김탄허한테 전해.60 아까 내 그 말이 그 달마 스님 말씀이란 말이야.

---

57 마의도자(麻衣道者): 중국 송나라에 살았다는 전설상의 도인이다. 관상학과 상수역학(相數易學)의 대가로 알려져 있다. 유명한 『마의상법(麻衣相法)』은 그가 구전한 것을 진단(陳摶)이 정리한 것이라 한다.

58 진단(陳摶): 자(字) 도남(圖南), 호 부요자(扶摇子), 희이(希夷) 등.

59 이지재(李之才, ?~1045): 자(字) 정지(挺之), 북송(北宋) 산동(山東) 청주(青州) 사람. 진단에서 충방(種放), 목수(穆修)로 이어지는 역학을 계승했으며, 소옹이 그의 뒤를 이어 송나라 상수학의 대가가 됐다.

60 이 구절의 원 출전은 주진(朱震), 『한상역전(漢上易傳)』이다. 상수역학이 진단으로부터 소옹에 전해지고, 다시 이정(二程)에 전해져서 정주학(程朱學)의 철학으로 발전된 과정을 언급한 유명한 구절이다. 이를 빌어, 달마로부터 기원한 마의의 상법이 진단과 소옹을 거쳐 탄허 스님 본인에 이어졌다는 자부심을 표한 것이다. "진단은 「선천도」를 충방에게 전하였고, 충방은 목수에게 전하였으며, 목수는 이지재에게 전하였고, 이지재는 소옹에게 전하였다(陳摶以先天圖傳・放, 放傳穆修, 穆修傳李之才, 之才傳邵雍。)." [주진, 『한상역전』 권수(卷首)]

擇交在眼(택교재안)이라

"교제(交際)를 간택하는 데에는 눈에 있다." 그 사람 눈을 봐서 교제를 해라.

問富在鼻(문부재비)하고

"그 사람이 부자 되겠느냐 하는 걸 묻는 건 코에 있다."

問壽在神(문수재신)하고

"그 사람이 오래 살겠느냐 하는 걸 물으면은 정신, 신(神)에 있다."

問貴在眼(문귀재안)

"귀한가를 물으면 눈에 있다."[61]

求全在聲(구전재성)

"그 한 가지가 뭔가 온전한 걸 고르는 건 소리에 있다." 소리가 좋아야 자기 모든 일에 8분 경력을 들이면 10분 성공을 한다.『상서(尙書)』에 있는 말이야.

---

61 강의에서 빠진 부분이다.

지음(知音)인 친구: 백아절현(伯牙絶絃) 이야기[62]

본래 이 지음(知音)이라는 술어가 어디서 나왔는고 하니, 종자기(鍾子期)한테서 나온 거야. 종자기란 사람 이름이다. 이 백아(伯牙)가 동양 역사에 거문고를 제일 잘 타는 사람인데, 백아의 지음이 종자기다. 그러면 거문고 곡조 소리를 알아준다, 그건 친구 간에 서로 그 사람 뜻을 알아준다. '아 옳지 그럼!' 그렇게 되는 거여. 지음(知音)이 지기(知己)랑 자꾸 혼용되고 있다.

그런데 이 백아가 저 진(晉)나라 대부(大夫)로서 초(楚)나라에 사신을 가게 됐는데, 가다가 풍랑을 만났어. 그래서 어느 낙도 섬에 다다랐는데 달밤에 거문고를 한 곡조 뜯으니까, 참으로 이 거문고 소리가 기막힌데, 저쪽에서 누가 제대로 장단을 맞추어 "간등득~ 건득~" 하고 지음이 흘러나온다. 거문고 연주 수준이 워낙 높으니 듣는 사람이 곡조를 제대로 아는지 바로 알 수가 있다.

"하~ 내가 평생 이거 알아주는 놈 하나를 못 봤는데 …… 요 어디 있나?"

사방을 둘러보니까 웬 사람이 지게 목발을 치면서 장단을 맞춘다. 그때 산수곡(山水曲)을 뜯었는데,

---

62 『열자』「탕문(湯問)」과 『여씨춘추(呂氏春秋)』「본미(本味)」가 원출전이다. 스토리는 많이 변형됐다.

青山(청산)은 峨峨(아아)하고, 綠水(녹수)는 洋洋(양양)하고

"푸른 산은 높고 높고, 푸른 물은 양양이 흘러가는구나." 하는 산수곡을 뜯어. 그런데 웬 놈이 지게 목발을 뚜드리면서, "청산은 아아하고, 녹수는 양양"이라고 맞장단을 친다. 참 희한하거든. 네가 누구냐고 그러니까 종자기래. 그래 거기서 의형제를 맺는다. 일국의 대부, 장관하고 그 떼당꾼[63]하고 의형제.

그 지음 자리에는 국경도 없어, 귀천도 없고, 아무것도 없다. 그래 거기서 그렇게 놀다가 풍랑이 가라앉아서 특사로 갔다. 갔는데 3년 만에 그 친구 생각이 나서 찾아왔다. 전엔 풍랑을 만나서 왔지만, 이번엔 그냥 찾았단 말이야. 그 자리에 와서 또 한 곡조 뜯는데 웬일인지 비곡(悲曲)이 나온다. '참 희한하다 어째서 이럴까?'

그 종자기를 찾으려니 어느 동넨지 모르니까 길을 알 수가 있어야지. 그래 가다가 보니까 세 갈래 길이 있는데 웬 노인이 괭이를 들고 온다.

"여보 노인. 종자기라는 사람이 어느 마을에 사는지 아시오?"

물으니 그 노인이 엎어져서 대성통곡을 해. 그 왜 이러시냐고 그러니까,

"이런 귀골이 어째서 종자기를 찾습니까?"

장관이니까 귀하게 차렸을 거 아니야.

"내 종자기를 만나려 그런다오."

하니, 종자기가 자기 아들인데 죽었다 이거야. 그러니까 슬프게 비곡이 나오지. 백아가 거문고만 잘 뜯는 게 아니야. 의형제니까 수양아버지 아니여. 그 부모를 데려다 자기 친부모처럼 모셨다.

그리고 거문고를 산산조각이 나게 다 부숴버리고. 다시는 거문고를 뜯지 않았다. 지음이라는 게 그런 것이다.

---

63 '나무꾼'이라는 뜻으로 추정된다.

맹자, 위아(爲我)와 겸애(兼愛)와 중도(中道)를 모두 비판하다[64]

양자(楊子)는 공자(孔子)의 인의(仁義)의 의사상(義思想)을 …… 는데, 근데 맹자(孟子)의 비판을 받았다. 맹자가 어떻게 비판하는고 하니,

孟子曰(맹자왈) 楊子(양자)는 取爲我(취위아)니

"양자는 위아(爲我)하니," 양자는 나만 위하니까 의를 주장하는 거다, 의적인 면에서는 나만을 위하는 거다. 이렇게 ……

拔一毛而利天下(발일모이이천하)라도 不爲(불위)여

"터럭 하나를 떼면 온 천하에 이롭다 하더라도 안 해." 기막히게 들어간 겁니다. 그게 도가 찰진 면에 기막히게 들어간 거여. 터럭 하나를 떼서 온 천하가 이롭다 하더라도 안 한다는 정신을 보십시오. 얼마나 깊게 들어간 건가. 불교로 말할 것 같으면 지증보살(智增菩薩)이여. 지혜 가진 관세음보살.[65]

---

64 『맹자』「진심상(盡心上)」.

65 맹자는 양주(楊朱)와 묵적(墨翟)을 "곧 금수다(是禽獸也)"라고 맹비난하기도 했다(『맹자』「등문공하」). 또한 이 구절 때문에 양주를 단순히 '이기주의 사상가'로 보는 사람이 여전히 많으나, 탄허 스님은 그와 달리 양주를 '지혜 가진 관세음보살'이라 칭할 정도로 극찬하고 있다. 양주의 사상이 단순한 이기주의가 아님은 이미 정설적이나, 이렇게 극찬을 한 것은 매우 독특한 해석이다. 『열자』「양주(楊朱)」편을 보면, 위아(爲我)에 관한 자세한 본말이 나와 있는데 탄허 스님이 극찬한 배경을 짐작할 수 있다.

墨子(묵자)는 兼愛(겸애)하니

"묵자(墨子)는" 반대다. "겸애(兼愛)하니" 겸애해서 사랑한다는 건, 지 애비나 길 가는 사람이나 똑같이 사랑하는 거다. 둘이 없다 이거야. 하니,

摩頂放踵(마정방종)이라도 利天下(이천하)ㄴ댄 爲之(위지)라

'갈 마(摩)' 자. "이맛배기[66]서부터 갈아가지고." 방종(放踵), "발뒤꿈치에 이르더라도." '놓을 방(放)' 자를 '이르를 방(放)'이라고도 한다. "저 발꿈치까지 온 몸뚱이가 가루가 되어도 천하에 이롭다면 한다." 기맥히지? 그건 대비사상(大悲思想)이거든. 불교 말로 할 것 같으면 비증보살(悲增菩薩)이다. 근데 또,

子莫(자막)은 執中(집중)하니

"자막이라는 사람은 중을 잡으니." 양자와 묵자가 한쪽으로 치우친다는 평이니, 자막이란 사람은 양자 묵자에 중도를 설치하고 중(中)을 잡고 있으나,

執中(집중)이 爲近之(위근지)라

"중을 잡은 것이 가깝기는 가까운데," 그러나

執中無權(집중무권)이 猶執一也(유집일야)라

"중을 잡아서 권도(權道)가 없는 것이," 저울대 없이 딱 고걸 집착하고 있는 것이, "하나를 잡는 거와 똑같다." 별 도움다리가 없다. 허허. 그것도 못 쓴다. 이게 결말이여.

---

66 이마빼기: 이마를 속되게 이르는 말.

가족 모두가 득도한 방거사와 부설거사

가족 모두가 다 득도(得道)한 집안이 방거사(龐居士) 집안과 부설거사(浮雪居士) 집안인데, 가족 네 사람이 다 득도해. 이 방거사도 딸 하나하고, 아들 하나하고, 마누라하고, 자기 넷이 있는데, 아주 선비 가족으로 부자야. 마조(馬祖) 스님한테 가서 도를 얻고 보니까 재산이 필요 없거든. 옛날 10만 금이라면 굉장한 큰 거액인데 친구한테 갖다줬어.

"이제 자네 가져."

왜 그러느냐고 그러니까,

"내가 도를 알고 보니까 뭐 쓸데없는 거야. 자네 가져가."

"아 이 사람아. 자네 쓸데없는 걸 왜 나한테다 갖다 놓는가?"

이렇게 그때는 맨 도인뿐이야. 아 그 돈 우리들 갖다줬으면 얼마나 좋아. 그래서 10만 금 돈을 강에다 띄워버렸어. 그러고 마누라 보고는 "인자 당신 도를 얻었으니 당신 멋대로 빌어먹고 댕겨." 또 아들놈 보고도 "음, 너도 도를 얻었으니 네 멋대로 가 빌어먹어라." 딸은 과년 찬 딸이니까 데리고 있었단 말이야. 또 밥을 해 먹어야 해서 데리고 있는데, 하루는 세상을 떠날라고,

"야 해가 어떻게 됐나 봐라. 오정(午正)이 되면 내가 세상을 떠날란다. 가 봐라."

"아버지, 아버지 해가 오정이 되기는 했는데 해 무지개가 뜨고 이상하네요."

방거사가 나가 보는 사이에 들어가 방거사 자리에 앉아서 먼저 가버렸어. 힘이 대단하지. 공부 힘이 그 정도는 돼야지. 방거사가 등을 치면서 '我

女鋒捷矣(아녀봉첩의)[67]'라. "우리 딸의 칼날이 빠르다." 칭찬을 해주고, 그 뒤에 일주일을 더 살고 세상을 떠났다. 방거사가 떠났다는 소식을 듣고서 마누라는 광주리이고 그 장사하러 댕기다가 광주리 인 채로 길에서 가버려. 아들놈은 어디 가서 남의 집 모심어주다가 모심는 그 자리에 서서 갔다. 장난꾼들이지.

우리나라에는 부설거사 가족이 그렇게 된 거야. 부설거사 가족 넷이, 부설거사, 부설거사 마누라 묘화부인(妙花婦人), 아들 등운(登雲) 조사, 딸 월명(月明) 각시. 부설거사는 경상도 사람이다. 부안 내소사(來蘇寺) 월명암(月明庵)에서 수도하다가, 친구 영희(靈熙)·영조(靈照)와 함께 세 친구가 오대산(五台山)으로 공부하러 가다가 어느 집에서 묵었다. 그 집 딸이 부설거사 마누라 될 사람인데, 열아홉 살 먹도록 말을 못해. 그 집에서 자는데 신도집이라 가족이 나와서 법문을 해달라고 그러거든. 그래서 영희·영조·부설 셋이 자기들 나름대로 법문을 해줬단 말이야.

그런데 그 열아홉 살 먹은 색시 딸이 입이 터져버렸어. 엄마 아빠 그러면서 "나 부설거사 그이한테 나 시집 안 보내주면 나 죽겠어."

시집보내달라고 그러거든. "야 그렇지만 스님한테 어떻게 시집을 보내니?" 입이 터진 건 좋지만, 거기 시집보내주지 않으면 죽겠다고 이러니, 그 이튿날 그래 저기 떠나는 걸 보고 "여보, 여보! 내가 딱한 사정이 있다오." 그러니깐 뭔 사정이냐고. 우리 딸이 열아홉 살 먹도록 벙어리였는데, 엊저녁 스님들 법문을 듣고서 입이 터졌어. 그런데 부설거사 저 스님한테 꼭 시집을 보내달라고 그러니, 이 일을 어떻게 하면 좋겠느냐. 스님한테 그러는 거 아니라고 그러니까, "죽겠다고 그러니 어떻게 했으면 좋겠소?" 이러니까 좀

67 『경덕전등록』 권8(T51n2076, 0263c).

있다 한참 생각을 하더니 내가 생명을 살해할 수 있느냐, 나 때문에 죽게 되니까. 그래서 영희·영조가 "너는 거기 빠졌다." 그렇게 조롱하고 사라졌다.

영희·영조는 오대산에서 10년을 공부했다. 그러다 "야 부설이 제도를 하자." 그래서 부설을 찾아갔단 말이야. 부설은 아들딸 둘만 낳아놓고서, 그냥 사랑방에서 문 걸어 매고서 그냥 공부만 하는 거야. 그래 찾아가니깐 "자네들이 10년 공부하는 동안 나는 이 속가에 떨어져서 이제 이러고 있다네. 여하튼 우리 공부한 거 시험이나 한 번 해봄세"하고, 물을 세 동이를 떠다가 매달아 놓고서 이거 깨보자고 하니, 영희·영조가 깨니까 물이 확 쏟아져버리잖아. 부설 거사가 탁 깨니까 병만 깨지고 물은 그대로 있어. 육체는 떠나도 그 혼은 그대로 있다. 정신은 이 안에 있다. 그걸 표시한 거다. 영희·영조가 탄복을 했지. 그러니까 공부는 꼭 산중에만 있는 건 아니다.

그래서 거기는 만경(萬頃)에 나랑골이라 하는데, 내 집하고 한 십 리 사이가 된다. 진묵(真墨) 스님 난 데하고, 부설거사 집하고 한 십 리 사이로 삼각형을 이루고 있다. 지금도 '부서울, 부서울' 그런다. 부설거사 난 땅이라 이 소리다.

『동양의약원리(東洋醫藥原理)』 제자기(題字記)[68]

病從何來(병종하래)오
"병이 어디로부터 왔나?"

病從業生(병종업생)이니라
"병은 업으로부터 왔다. 죄로부터 왔다. 우리가 죄업으로부터 왔다."

業從何來(업종하래)오
"업은 어디로부터 왔나?"

業從妄生(업종망생)이니라
"업은, 죄업은 망상으로부터 왔다는 거여."

妄從何來(망종하래)오
"망상은 어디로부터 왔나?"

---

68 이정래(李正來, 1943~)가 쓴 『동양의학원리』의 제목 제자(題字)에 간단한 가르침을 넣은 글이다. 이정래는 한의사 면허는 없지만 수많은 한의사 제자를 둔 재야 한의학자로서 의역동원(醫易同源) 이론으로 방대한 저서를 남겼다. 탄허 스님은 그를 만나러 몸소 대전까지 왔고, 이후 두 사람은 두터운 교분을 나눴다고 한다. 『민족의학신문』 2004-3-9(http://www.mjmedi.com/news/articleView.html?idxno=3757)

妄從心生(망종심생)이니라
"망상은 마음으로부터 생하느니라. 마음으로부터."

心從何來(심종하래)오
"마음은 어디로부터 왔나?"

心本無生(심본무생)이니라
"마음은 본래 나온 적이 없느니라."

心本無生(심본무생)이니
"마음은 본래 나온 적이 없거니"

病從何來(병종하래)오
"병이 어디로부터 왔을고?"

「무주영안선원신건법당기(撫州永安禪院新建法堂記)」[69]에서

◉

居士(거사)ㅣ 曰善哉善哉(왈선재선재)라 汝乃能不遠千裏(여내능불원천리)하고 爲陳氏子(위진씨자)하야 諮請如來無上秘密甚深法要(자청여래무상비밀심심법요)하니 諦聽吾說(체청오설)하고 持以告之(지이고지)하라

"거사가 이르되 좋고 좋도다. 네가 이에 능히 천리를 불원(不遠)하고[70], 진씨의 아들을 위하여 여래의 무상비밀심심법요를 청하니, 자세히 내 말을 들어라. 이걸 가지고", 이 법문을 가지고 가서 "구해주어라."

善男子(선남자)야 大空寂間(대공적간)에 妄生四相(망생사상)하

---

69 안진호 편, 『정선현토치문』 「기문(記文)」, 「무주영안선원신건법당기(撫州永安禪院新建法堂記)」. 이 법당기의 첫 부분을 간단히 언급하면 다음과 같다. 임천(臨川) 사람 진종유(陳宗愈)가 영안사 법당 건립의 화주가 되어 공사를 하던 중에 죽었다. 그의 아들 단월(檀越)은 건강하던 아버지가 부처님을 모시자 되려 병들어 죽었다며 부처님의 인과를 믿을 수 있겠냐며 공사를 중단하려 했다. 이에 영안사의 상(常) 장로가 그 의심을 풀어주고자 당대에 이름이 높았던 무진 거사(無盡居士)에게 명감(明鑑)이란 승려를 보내 가르침을 받아오게 한 것이 이 이야기의 시작이다. 무진 거사 장상영(張商英, 1043~1121)은 북송(北宋) 촉주(蜀州) 사람으로 관리이며, 독실한 재가불자이다.

70 멀다 않고.

니 積氣爲風(적기위풍)하고 積形爲地(적형위지)하며 積陽爲火(적양위화)하고 積陰爲水(적음위수)라

"선남자야," 허허 경에서 설하는 식이야. "선남자야, 이 대공적간에 망령되이 사상(四相)을 내니," 네 가지 상이 뭐냐? "기(氣)를 쌓아 풍(風)이 되고, 형(形)을 쌓아 지(地)가 되며, 양(陽)을 쌓아 화(火)가 되고, 음(陰)을 쌓아 수(水)가 되니," 즉 지수화풍(地水火風)이라 이 말이여.

지수화풍이 이 우주도 만들고 지수화풍이 우리 몸뚱이도 만들잖아. 이 형체 생긴 것은 그래서 세계는 외사대(外四大), 밖에 있는 사대, 우리 몸뚱이는 내사대(內四大), 안에 있는 사대라 그러는 거야. 똑같은 사대라.

建爲三才(건위삼재)하고 散爲萬品(산위만품)이어든

그래서 "건립해선 삼재[71]가 되고, 흩어져서는 만품이 된다." 지수화풍이 우주만유를 만들었다 이거야.

一切有情(일체유정)이 水火相摩(수화상마)하야 形氣相結(형기상결)일새 以四小相(이사소상)으로 具四大界(구사대계)하야

"일체유정이 수화가 상마하며 형기가 서로 결할새,[72] 사소상(四小相)으로써 사대계(四大界)를 갖춰서,"[73]

因生須養(인생수양)하고 因養須財(인양수재)하고 因財須聚(인

71 천(天)·지(地)·인(人).

72 일체의 유정이 물과 불이 서로 마찰하여, 형상과 기운이 서로 엉김에.

73 네 가지 작은 모습으로써 네 가지 큰 세계를 갖추게 되니.

재수취)하고 因聚成貪(인취성탐)하고 因貪成競(인탐성경)하고 因競成瞋(인경성진)하고 因瞋成很(인진성흔)하고 因很成愚(인흔성우)하고 因愚成癡(인우성치)하나니

"나는 걸(生) 인해가지고서, 살려니까 양(養)을 추구하잖아." 길러야 되거든. "기르는 걸 인해서 재물을 구해야 되잖아." 재물을 인해서는 자꾸 모아야 되거든(聚). 적(積), 쌓아야 되거든. "쌓는 걸 인해서 탐(貪)한다. 탐함을 인해서 다툰다(競). 다툼을 인해서 진심(瞋心)을 낸다. 진심을 인해서는 한(恨)[74]. 한은 진(瞋)보다 더 심한 거야. 한을 인해서 우(愚)를 이루고. 우를 인해서 치를 성하나니."

此貪瞋癡(차탐진치)를 諸佛(제불)이 說爲三大阿僧祇劫(설위삼대아승지겁)이니라

그러면 이것이 간략히 말하면 탐진치(貪瞋癡)라 이 말이여. "이 탐진치를 모든 부처님이 3대 아승지겁이라고 그랬다." 3대 아승지겁이 바로 이 탐진치다. 그래서 탐진치를 뛰어넘으면 3대 아승지겁을 뛰어넘은 것이다, 이거야.

人於百年劫中(인어백년겁중)에 或十歲二十歲(혹십세이십세)하며 或三十四十歲(혹삼십사십세)하며 或五六十歲(혹오륙십세)하며 或七八十歲(혹칠팔십세)호대 各於壽量(각어수량)에 自爲小劫(자위소겁)이니

74 '很(흔)'을 '恨(한)'이라는 의미로 풀이하고 있다.

"사람이 100년 겁 가운데에, 혹은 10세 살다 죽고 혹은 20세 살다 죽고, 혹은 30, 40세, 혹은 50, 60세, 혹은 70, 80세를 살다 죽지만, 각각 그 수량(壽量)에 스스로 소겁(小劫)을 삼는다."

그 나름대로 조그마한 시공(時空) 아니여. '미라지오'라는 새는 매일 해가 나면 태어나서 해가 지면 죽어버려. 부유(蜉蝣)는, 하루살이는 난 지 사흘 만에 죽어버리고, 누에고치는 난 지 스무하루면 죽어버리는데, 사심이[75]는 500년 희어서 있고 500년 검어서 있고 그렇게 1,000년을 살아. 그러나 족을 선율하고 미라지오, 하루에 낳아서 그날 죽는 그 새가 하루살이 사흘 사는 걸 부러워 않는다. 하루살이가 누에고치 스무하루 사는 걸 부러워 않어. 누에고치 스무하루 사는 그놈이 사심이 1,000년 사는 거 부러워 않는다 이거여. 왜 그러냐? …… 가명을 아는 까닭이다. 똑같이 저들대로 저들대로 다 만족이야.

우리가 볼 때 천상 사람이 사는 욕계육천(欲界六天)의 제일천(第一天)이 내가 가서 거기서 하룻저녁을 살면 50년이야. 제이천(第二天)이 그 한 뼘 지나가면 100년이야. 제삼천(第三天)이 그 한 뼘 지나면 200년이란 말이여. 올라갈수록 늘어나거든. 그래서 이십팔천(二十八天) 꼭대기에 가면 거기서 한 뼘 지나면 여기는 몇억 년이란 말이야. 몇억 년이 지나가는데 거기는 잠시야. 거기는 좋으니까.

於此劫中(어차겁중)에 **而欲超越不可數劫**(이욕초월불가수겁)인댄 **譬如蚯蚓**(비여구인)이 **欲昇煙雲**(욕승연운)이라 **無有是處**(무

---

75 십장생의 사슴.

유시처)글새
"이 소겁(小劫) 중에 불가수겁(不可數劫)을 뛰어넘으려고 할 것 같으면, 마치 지렁이라는 놈이 연운(煙雲)[76]을 타고서 하늘에 올라가려는 것과 같다. 오르는 것이 없다."

諸佛(제불)이 悲愍(비민)하사 開示檀波羅蜜大方便門(개시단바라밀대방편문)하사 勸汝捨財(권여사재)하시니
"제불이 비민(悲愍)[77]히 여겨서 단바라밀[78]의 대방편문을 열었다." 여기서 뛰어나가도록 할라고 보신문(報身門)을 열어놓았다. 그래서 너희에게 권해서 재물을 버리도록 하시니,

汝財能捨(여재능사)하면 卽能捨愛(즉능사애)하고 汝愛能捨(여애능사)하면 卽能捨身(즉능사신)하고 汝身能捨(여신능사)하면 卽能捨意(즉능사의)하고 汝意能捨(여의능사)하면 卽能捨法(즉능사법)하고 汝能捨法(여능사법)하면 卽能捨心(즉능사심)하고 汝心能捨(여심능사)하면 卽能契道(즉능계도)니라
"네가 재물을 능히 버린다면은 곧 애정을 버리고, 애정을 버린다면은 곧 몸을 버리게 되고, 몸을 버린다면은 곧 뜻을 버리게 되고, 뜻을 버린다면 곧 법(法)을 버리게 되고, 법을 버린다 할 것 같으면 곧 마음을 버리고, 마음을 버린다 할 것 같으면 곧 도(道)에 계합한다."

---

76 연기구름.

77 자비로써 불쌍히 여기사.

78 檀(단) : 단나(檀那, dāna) 의 약칭. 번역하여 보시(布施). 즉, 단바라밀은 보시바라밀.

법문 잘 했잖아. 그런데 네 애비가 법당 짓느라고 그 보시를 했는데 왜 그걸 의심하느냐 이거야. 틀림없이 천당에 간다 이 소리여.

昔(석)**에 迦葉尊者**(가섭존자)**ㅣ 行化**(행화)**하실새 有貧媼**(유빈온)**이 以破瓦器中潘汁**(이파와기중반즙)**으로 施之**(시지)**러니 尊者**(존자)**ㅣ 飮訖**(음흘)**에 踴身虛空**(용신허공)**하야 現十八變**(현십팔변)**하신댄 貧媼**(빈온)**이 瞻仰**(첨앙)**하고 心大歡喜**(심대환희)**어늘 尊者**(존자)**ㅣ 謂曰汝之所施**(위왈여지소시)**ㅣ 得福無量**(득복무량)**이니 若人若天**(약인약천)**과 輪王帝釋**(륜왕제석)**과 四果聖人**(사과성인)**과 及佛菩提**(급불보제)**에 汝意所願**(여의소원)**을 無不獲者**(무불획자)**리라 媼**(온)**이 曰止求生天**(왈지구생천)**이니이다 尊者**(존자)**ㅣ 曰知汝所欲**(왈지여소욕)**하야 過後七日命終**(과후칠일명종)**에 生忉利天**(생도리천)**하야 受勝妙樂**(수승묘락)**하리라 하며**

"예전에 가섭존자가 행화(行化)하실 때, 빈온(貧媼), 가난한 노파가 있는데," 밥을 달라고 하니까, "깨진 기와깽이 그릇 가운데에 …… 뜨물 한 사발을 만들어서 주거든." 가난해서 아무것도 없으니까.

"존자가 그걸 마시고 몸을 바꾸면서 허공으로 날아가면서 18변화를 나타내니까 빈온이 첨앙(瞻仰)[79]하고 마음에 크게 환희하거든. 존자가 하는 말이, '너의 소시(所施)로 득복(得福)이 무량(無量)이다.[80] 네가 인간에 나고 싶으면 나고, 천당에 나고 싶으면 나고, 전륜왕이 되고 싶으면 되고, 제석천이 되고 싶으면 되고, 사과성인(四果聖人) 뭐라도, 불

---

79 우러러보고.

80 네가 보시한 바로 한량없이 복을 얻을 것이다.

보리(佛菩提)나 뭐라도 성취될 수 있으니, 네 원을 말해라.'"

이러니까 역시 마찬가진 거야. 가난뱅이니까.

"'다만 천당에 나기를 원합니다.' 존자가 하는 말이 '네 요구대로 칠 일이 지나 명(命)을 마치면 도리천(忉利天)에 나서 승묘락(勝妙樂)을 받을 것이다."

이 말을 했어. 그렇게 보리밥 뜨물 한 그릇이 천당락을 받았잖아.

又罽賓國王(우계빈국왕)**이 在佛會聽法**(재불회청법)**하고 出衆言曰大聖出世**(출중언왈대성출세)**는 千劫難逢**(천겁난봉)**이라 今欲發心**(금욕발심)**하야 造立精舍**(조립정사)**하노니 願佛**(원불)**은 開許**(개허)**하소서**

"또 계빈국왕이라는 이가 부처님 회상(會上)에서 참 공부를 하고서, 대중에 외치는 말이 '대성(大聖)이 이 세상에 한 번 출현하는 것은 천겁(千劫)에 만나기 어려워. 지금 발심(發心)해서 내가 지금 바로 부처님을 위해서 정사(精舍)를 하나 지어주려고 하는데 부처님은 허락하소서.'" 하니까,

佛(불)**이 云隨爾所作**(운수이소작)**이로라 罽賓**(계빈)**이 持一枝竹**(지일지죽)**하야 插於佛前曰建立精藍竟**(삽어불전왈건립정람경)**호이다 佛**(불)**이 云如是如是**(운여시여시)**라하시니**

"부처님이" …… 말이야. "한 번 그래 봐라." 하니까, "계빈이 한 가지의 대나무를 가져다 부처님 법상 앞에 꽂아 탁 세워놓고 '정람(精藍)을 세웠습니다.'" 하니, "부처님이 옳다, 옳다(如是如是)하며" 인가했거든.

以是精藍(이시정람)**으로 含容法界**(함용법계)**하고 以是供養**(이

시공양)으로 福越河沙(복월하사)하니
"이 정람으로써 법계를 함용하게 되고[81], 보리쌀 뜨물 한 공양으로써 복(福)이 하사(河沙)에 넘치게 됐다."[82]

鑑(감)아 來(래)하라 爲吾持此二說(위오지차이설)하야 歸語檀越(귀어단월)호대 善自擇之(선자택지)하라
"감아 오너라. 나를 위해 이 두 가지 역사의 말을 가지고 저 단월(檀越)에게," 진종유의 아들놈한테 "가서 애기해주어라," 이거야. 그래서 "스스로 잘 선택하게 하여라."

汝父所建堂室廊廡(여부소건당실랑무)를 比一器潘(비일기반)컨대 得福甚多(득복심다)라
진종유의 아들보고 하는 소리야. "네 아비의 지은 바 당(堂) 실(室) 낭무(廊廡)[83]는 [한 그릇의 뜨물에 비한다면 얻는 복이 매우 많으리니 ……]"

生天受樂(생천수락)이 決定無疑(결정무의)요. 若比罽賓國王(약비계빈국왕)의 揷一枝竹(삽일지죽)컨댄 乃能含容無量法界(내능함용무량법계)니라
"천상(天上)에 나서 낙(樂)을 받음을 결정코 의심을 못한다. 만일 계빈국왕(罽賓國王)이 한 가지 대(一枝竹)를 꽂아놓고 정가람을 세운 데다 비할것 같

81 온 법계를 품어 앉게 되고.
82 강가(갠지스)강의 모래보다 많게 되었다.
83 廊廡(낭무): 정전 아래로 동서(東西)에 붙여 지은 건물.

으면, 이 큰 법당을 세우는 것도 무량한 법계를 함용(含容)한[84] 것이다."

汝欲進此(여욕진차)ㄴ댄 聽吾一偈(청오일게)하라
그러니 "네가 여기에 나가고자 할진대 나의 한 게송을 들으라." 이제 게송으로 이것을 멋있게 회통시키는 말이야.

一竿脩竹建精藍(일간수죽정람)이여
"한 간 일대," 긴 대로. '다섯 자를 길 수(脩)' 그래. 한 간 일대, "긴 대로 정가람(精伽藍)을 세운 것이여."

風捲蟭螟入海南(풍권초명입해남)이라
"바람이 초명(蟭螟)을 거둬 쳐 가지고 바다 해남으로 들어갔구나." 초명이라는 건 보이지 않는 아주 미세한 버러지를 말한다.[85] 蟭螟眼睫(초명안첩)이 起皇州(기황주)하니, 玉帛諸侯次第投(옥백제후차제투)라. 天子(천자)가 臨軒論土廣(임헌논토광)하니, 太虛猶是一浮漚(태허유시일부구)라.[86]

---

84 담다, 포함. '함용 위포함(含容 謂包函).'(『치문경훈주』, H0176 v8, 571a)

85 초명(蟭螟, 焦螟): 지극히 작은 상상의 벌레다. 모기의 눈썹이 서식처라 한다. "떼를 지어 날아서 모기의 눈썹 위에 모여 앉아도 서로 몸이 닿지 않고, 모기 눈썹에 집을 짓고 살면서 들락날락거려도 모기는 알아차리지 못한다(群飛而集於蚊睫, 弗相觸也。栖宿去來, 蚊弗覺也。)."(『열자』「탕문」)

86 "초명이 (모기)눈썹에 황제의 나라를 세우니, 옥백의 제후들이 차례로 조아리네. 천자는 누대에 올라 땅 넓이를 논하지만, 태허도 곧 떠 있는 거품인 것을." 이것은 옛 의궤에 나오는 구절이다[『천지명양수륙재의범음산보집(天地冥陽水陸齋儀梵音刪補集)』 권지중(卷之中), H0277 v11, 488b13 등]. 사찰의 주련(柱聯)에서도 많이 보이고, 「관음예문」을 비롯한 여러 의례문에 등장한다.

惡水潑來成第二(악수발래성제이)**라어늘**
"악수(惡水)를 끼얹어옴에 제이(第二)를 가진다."

무슨 소린고 하니, 이런 건가 저런 건가 생각 내는 것도 벌써 악수(惡水)다. 악수발래(惡水潑來)라. 거긴 말이 붙지 않은 소식이다 이 말이여. 생각해봐. 한 간 죽대로 정가람을 세운 그 소식을 부처님이 인가했다, "옳다!" 거기 생각이 붙어가지고서 부처님이 인가했을까? 주관, 객관이 끊어진 자리니까 부처님이 인가했지. 계빈국왕의 한 소식이 주객이 끊어진 자리에서 돋보임에 부처님이 인가한 거야. 그러니까 '악수발래성제이'다. 악(惡)한 물을 끼얹어오면, 즉 이런가, 저런가 하고 생각하면 제이(第二)다. 틀렸다 이거야. 그런데,

鈍根蹉過問前三(둔근차과문전삼)**이리오**
둔근은, "둔한 근기는 삐끗이 지나가서 전삼(前三)을 묻고 앉았다" 이 말이야. 전삼삼 이걸 묻고 앉았어. …… 하노라. 그렇게 시를 지었어.

於是(어시)**에 明鑑**(명감)**이 踴躍信受**(용약신수)**하야 歸告其人**(귀고기인)**하고 筆集緖言**(필집서언)**하야 刻以爲記**(각이위기)**하니라**
"이에 명감(明鑑)이 용약신수(踴躍信受)[87]해가지고, 돌아와서 그" 진종유(陳宗愈)의 "아들놈한테 고(告)해주고, 이 서언(緖言)," 즉 무진거사의 말을 "잘 써서 모아가지고서, 각(刻)을," 조각을 "잘해서 써 비문을 했다."

---

87 뛸 듯 기뻐하며 믿어 받아서.

「무주영안선원승당기(撫州永安禪院僧堂記)」[88] 에서

◉

是故(시고)로 析爲垢淨(석위구정)하고 列爲因果(열위인과)하고 判爲情想(판위정상)하고 感爲苦樂(감위고락)하야

"그렇기 때문에, 이 지수화풍(地水火風) 사대(四大)가 이러니, 석(析)해서는 구정(垢淨)에 이르고, 열(列)해서는 인과(因果)가 되고, 판(判)해서는 정상(情想)이 되고, 감(感)해서는 고락(苦樂)이 된다."[89] 그래서,

漂流汨溺(표류골닉)하야 極未來際(극미래제)하나니

"표류골닉해가지고서 미래제를 다하나니"[90]

然則作此堂者(연즉작차당자)는 有損有益(유손유익)이요 居此堂者(거차당자)는 有利有害(유리유해)니

---

88 안진호 편, 『정선현토치문』 「기문」 동승당기(同僧堂記).
영안선원에 승당이 완공되어 무진 거사가 승려들에게 새로 지은 큰집에서 탐욕과 게으름에 빠지지 말고 수행에 힘쓰기를 당부한 글이다.

89 분석하면 더러움과 깨끗함을 이루고, 나열하면 원인과 결과를 이루고, 판단하면 감정과 상상을 이루고, 느끼면 고락을 이룬다.

90 떠서 흘러 다니다 깊이 빠져서, 미래의 끝을 다하게 되리니.

“그렇다면 이 당(堂)을 지은 사람은 손(損)도 있고 익(益)도 있을 것이고, 이 당에 거(居)하는 사람은 이(利)도 있고 해(害)도 있을 것이다.”

汝等比丘(여등비구)는 宜知之(의지지)니라
“너희 비구들은 마땅히 알아야 한다.”

汝能斷毘盧髻(여능단비로계)하며 截觀音臂(절관음비)하며 剜文殊目(고문수목)하며 折普賢脛(절보현경)하며 碎維摩座(쇄유마좌)하며 焚迦葉衣(분가섭의)하야
“너희들이 능히 여기서 비로자나의 상투를 끊으며, 관음보살의 팔, 천수천안 관음보살의 팔을 꺾으며, 문수보살의 눈은 짜개버리며, 보현보살의 장딴지, 만행을 하니까 걸어 댕기는 그것을 꺾어버리고, 유마거사의 자리를 뿌셔 내버리고, 가섭존자의 옷을 불살라버리고,”[91]

그러니까 이렇게 수용해야 이 집에 살 수 있다 이거야. 이 새로 지은 이 승당 여기서 이렇게 공부를 해야 한다. 선원(禪院)이니까.

---

91 성총 주, “상투는 중도를 표시한다. 중도에만 반드시 안주해서도 아니됨을 이른다(汝能斷毘盧髻 髻表中道 謂中道不須安也). 관음은 천 개의 손과 팔이 있는데, 대자비로 이끌어주기를 구하지 아니하여야 함을 이른다(截觀音臂 觀音有千手臂 謂不求大悲接引也). 눈은 문수의 대지혜를 표하는데, 그걸 도려내는 것 또는 베어내는 것이다(剜文殊目 目表文殊大智 剜括去也 又剖也). ‘경(脛)’은 다리다. 보현의 만행에 의지하지 말라는 말이다(折普賢脛 脛 腳也 言不依普賢萬行也). 정명(浄名), 즉 유마는 가로 세로 10척의 넓이(대략 1평)에 8만 4,000 사자좌를 넣었으나, 그 불가사의한 신통을 쓰지 말라는 말이다(碎維摩座 浄名 於十尺方丈 容八萬四千獅子座 言不用其不思議神通也). 가섭이 석가의 가사를 받들고 계족산속에서 선정에 들어 미륵이가 태어나기를 기다리나, 옷을 전달할 필요가 없다는 말이다(焚迦葉衣 迦葉 授釋迦金襴袈裟 於雞足山中入定 以待慈氏下生 言不須傳衣也).”(『치문경훈주』, H0176 v8, 579a)

如是受者(여시수자)는 黃金(황금)으로 爲瓦(위와)하고 白銀(백은)으로 爲壁(위벽)이라도 汝尙堪任(여상감임)이어든 何況一堂(하황일당)가

"이렇게 하는 사람은 황금(黃金)으로 기와를 하고 백은(白銀)으로 벽을 하더라도 네가 오히려 감임(堪任)[92]한다. 그렇거든 하물며 일당(一堂)이야 말할 게 뭐 있느냐?" 이거야.

戒之勉之(계지면지)어다 吾說(오설)이 不虛(불허)니라

"계지면지어다.[93] 나의 말이 헛되지 않느니라."

了常(요상)이 諮參悅老十餘年(자참열로십여년)에 盡得其末後大事(진득기말후대사)하니 蓋古德所謂金剛王寶劍云(개고덕소위금강왕보검운)이니라

"요상(了常)[94]이 열로(悅老, 노장 스님)[95]를 자참(諮叅)[96]한 지 10여 년에 그 말후대사(末後大事)[97]를 다 얻어서 전부 보관하고 있다" 이거야. "대개 선각들이 금강왕보검이라 하는 것이다."

---

92 여기서는 하기 어려운 것을 감당한다는 뜻이 아니라 '그렇게 할 수 있다', '가능하다'를 의미한다.

93 경계하고 애쓰라.

94 법당기에 등장한 상(常) 장로이다.

95 종열(從悅) 선사를 말한다.

96 물어 참구하다.

97 궁극적인 큰일.

元祐七年[98]十二月十日(원우칠년십이월십일)에 南康赤烏觀(남강적오관)에 雪夜擁爐(설야옹로)하고 書以爲記(서이위기)하노라

"원우 7년 12월 10일에" 남강 적오관은 지명이야. "눈 밤에 난로를 끼고 앉아서, 호호하고 불면서, 이 기문(記文)을 써서 써(以) 기(記)를 한다."

---

98 서기 1092년.

미수(眉叟) 허목(許穆) 시(詩)
「설후영척(雪厚盈尺)」

눈이 한 자쯤 왔는데, 자기 제자가 쌀하고, 붓을 보냈단 말이야. 이 시는 거기에 대한 답변이다. 사사 십육 글자 열여섯 잔데, 백여섯 자를 써도 문장이 이렇게 곡진(曲盡)하게 쓸 수가 없다. 한 번 읽어보자.

雪厚盈尺(설후영척)에
"눈이 두껍게 와서 자가 찼는데," 한 자가 차게 왔는데,

問足物何(문족물하)오
"묻는 것만[으로]도 만족해." '선생님 안녕하십니까?'[라고] 묻는 것만도 만족한데, 물질은 뭐 하러 [보내는가]?

毛可米否(모가미부)거니
"터럭은 가(可)커니," 선생한테 붓을 보내는 것은 가(可)커니와. 터럭은 붓이다. 선생한테 붓을 보내주는 것은 옳거니와, "미부(米否)거니," 쌀은 불가해. 쌀은 금전이기 때문에 불가하단 말이야. 쌀은 가(可)치 않으니

可留否送(가유부송)이로라
"가한 붓은 머물러 두고, 가치 않은 쌀은 도로 반송"을 해.

옛날엔 도학군자(道學君子)가 글 가르치고 돈 받는 법이 없어. 지금은 학교가 사회 교육 제도로 되어 가지고서 선생이 국가의 법으로서 모두 월급을 받게 되었지만, 옛날에 그 사회 교육 제도가 발달되기 전에 자기가 자기 사랑에 앉아서 글을 가르치고 그래서 돈 받는 건 거의 없어. 저 보라고 굶어 죽어도 안 받어.

그러니까 사제 간 의(義)가 그렇게 두텁지. 스승·제자의 의라는 것이 그렇게 두꺼운 거다. 부모와 임금과 스승과 똑같이 대접하는 거야. 요새는 말이야 고등학교 학생 녀석들이 전부 그런데 '아무 선생놈의 새끼.'

「남곡신법사자경록서(藍穀信法師自鏡録序)」 강의[99]

우리가 중 됐을 때 어떤 장난꾼 수좌(首座)가 말이여. 부처님이 죽(粥)이 십리(十利), 죽이 열 가지 이익이 있다고 하셨는데 한 가지는 말씀을 못했다고 그랴. 한 가지가 뭐냐? 그러니까 경제, 돈으로도 이익이다 이거야. 그것도 말이 되긴 되거든. 쌀 이익이 되는데 말이야.[100]

十利之精饌(십리지정찬)이 已陳(이진)하고 日彩方中(일채방중)에

---

99 안진호 편, 『정선현토치문』 「서문(序文)」 남곡신법사자경록서(藍穀信法師自鏡録序).
원출전은 『석문자경록(釋門自鏡録)』의 서문이다(T51n2083, 0802). 이 책은 인과보응 고사를 수집한 책으로, 남북조 시대의 고사가 주를 이루며, 신라의 고사도 있다. 저자 남곡 회신(藍穀懷信, 생몰연대 미상)은 7~8세기 당(唐)대의 승려. 순주(循州) 사람으로서, 처음에 나부산(羅浮山) 남루사(南樓寺)로 출가했다. 여러 내외(內外) 전적(典籍)에 박식하고 통달했으며, 인도 승려로부터 범문(梵文)을 배웠다. 706년 보리유지(菩提流志)가 『보적경(寶積經)』을 번역할 때 초청을 받들어 입경(入京)해 증의(証義)로 참여했다. 또한 『수능엄경(首楞嚴經)』의 번역에 참여했다는 기록이 있으나 이는 신뢰되지 않는다(『불광대사전』 6661).

100 성총 주, "『승기율』에 말하길, 부처님께서 난타의 어미가 대중 승려에게 죽을 보시한 인연으로 게송을 읊으셨다. '지계가 청정한 사람을 받드는 바는, 공경하며 때에 따라 죽을 보시하는 것이다. 열 가지로 수행자에게 유익하나니, 즉 이름하여 좋은 약이라, 옛 부처님 말씀일세. 열 가지 이익이란 혈액순환에 좋고, 체력을 증진시키고, 수명을 늘리고, 안락하고, 말이 유창해지고, 풍증을 없애고, 더부룩함을 없애고, 말이 명확해지고, 주림을 해소하고, 갈증을 없애주는 것이다.' '사청(詞清)'이란 명확한 언사를 말하고, '변설(辯說)'이란 말을 함에 거침이 없음을 말한다(僧祇云 佛因難陀母施衆僧粥 說偈云 持戒清浄人所奉 恭敬隨時以粥施 十利饒益於行者 是名良薬佛所説 十利者 資色 增力 益壽 安樂 辯説 風除消宿食 詞清 消飢 消渴 詞清謂訓釋言辭 辯説謂言出無礙)."(『치문경훈주』, H0176 v8, 568b)
원출전인 『마하승기율(摩訶僧祇律)』의 게송은 시구의 순서가 다른데 이쪽이 어의가 자연스럽다. "持戒清浄人所奉, 恭敬隨時以粥施, / 十利饒益於行者, 色力壽樂辭清辯, / 宿食風除飢渴消, 是名爲薬佛所説; / 欲生人天常受樂, 応當以粥施衆僧。"(『마하승기율』, T22 n1425, 0462c)

"십리지정찬이 이진하고,[101] 해가 바야흐로 중간에 뜸에,"[102]

三德之珍羞(삼덕지진수) ㅣ 總萃(총췌)호대
"삼덕(三德)[103]의 진수 음식이 다 모여 있으되,"

不知耕穫之頓弊(부지경확지돈폐)하며 不識鼎飪之劬勞(부식정임지구로)하고
우리가(스님들이) 경확(耕穫)하는 돈폐(頓弊)[104]를 모르잖아. 농사짓는 그 고통을 누가 알아? 하며, 정임지구로(鼎飪之劬劳)를 알지 못하고, 솥에다 삶는 그 수고로움이 그 얼마나 거시기 한고. 그래서 나는 어디 가든지 외상을 차리지 않고 꼭 겸상을 한다. 전부 다 내게 외상 하라고, 한상을 하라 이러거든.

겸상, 난 그렇게 해서 갚아야 해. 왜 그러느냐? 상 한 상 따로 차리

---

101 열 가지가 이로운 정찬이 이미 차려져 있고. 여기서 '십리지정찬(十利之精饌)'이란 죽을 말한다.

102 일종식(一種食), 즉 하루 한 끼를 위한 식사 시간이다. 성총 주에는 다음과 같이 말한다. "『비라삼매경(毘羅三昧經)』[입장(入藏)되지 않음]에서 말하길, 부처님께서 법혜 보살에게 고하시기를 '먹음에 네 가지가 있다 하였으니, 새벽에 일어나서 하늘신들이 먹고, 한낮에는 부처님들이 먹고, 해가 서녘에 기울어 서는 것은 축생들이 먹고, 해가 저문 뒤엔 귀신들이 먹는다.' 부처님께서 규율을 정하시기를, 육도의 원인을 끊고, 삼세(三世)의 모든 부처님과 같게 되고자 한낮에 먹게 하셨다(毘羅三昧經云 佛告法惠菩薩 食有四種 早起諸天食 日中諸佛食 日西畜生食 日暮鬼神食 佛制斷六道因 同三世佛故令中食)."(『치문경훈주』, H0176 v8, 568b)

103 청정(清浄)·여법(如法)·유연(柔軟)(『치문경훈주』,H0176 v8, 568b).
원출전은 "一者 輕軟 二者 浄潔 三者 如法"[『대반열반경(大般涅槃經)』, T12n0375(남본)_001, 606b]. 또한 '식삼덕(食三德)'이라 하기도 한다.

104 耕穫(경확): 경작하고 수확함.
頓弊(돈폐): 피폐하여 깨어짐.

기가 기맥히게 고통스러운 거야. 내가 후원(後院)에 안 있어 봤어도 난 그걸 알아.[105] 그 뭣 때문에 딴 상을 차리느냐 이거여. 한 상으로 다 먹지. 뭐가 그리 높아서, 손주 상좌하고 먹으면 뭐가 지체가 그리 떨어질까? 기사하고 한 상에서 먹으면 무슨 지체가 그리 떨어지느냐 이거야. 내가 뜯어 고쳐버린 거야 전부. 어디 가든지. 그래도 안 그렇다고 꼭 상을 따로 준단 말이야. 나는 돈이 없다고 외상을 줘. 그런 것 정도 사 먹을 돈은 있는데.[106]

長六尺之軀(장육척지구)[107]하야 全百年之命者(전백년지명자)는

"육척의 몸뚱이를 길러가지고서, 100년의 명(命)을 온전히 하게 되는 거기에 이른 것은," 이 마지막에 '이를 지(至)' 자를 새긴다. 이런 정도는 안 새겨도 말이 되지만, 다섯 줄 여섯 줄 열 줄 나가서 동사를 새겨야 하는 경우도 많은데, 마지막에 '지(至)여~' 하고 새기지 않으면 말이 안 되거든.

是誰所致乎(시수소치호)아? 卽我本師之願力也(즉아본사지원력야)니라

"이런 것은 누구의 소치(所致)냐?" 누가 만들어놓은 거냐? "곧 우리 본사(本師) 부처님의 원력으로 그렇게 된 것이다." 생각해봐. 고대광실(高

---

105 사찰에서 후원은 부엌, 즉 공양간을 말한다. 후원살이, 즉 공양간 소임을 해보지 않았지만 그걸 안다는 뜻.

106 스님의 조크다. '외상'은 동음이의어로 '개인 밥상'이기도 하지만 '지불을 미룬 거래'이기도 하다.

107 軀(구): 『한국불교전서』의 쌍계사 본 『치문경훈주』(H0176 v8, 568b)에는 '身(신)'에 '丘(구)'가 더해진 글자로 되어있다. 이외의 판본은 모두 '軀'이다.

台広室)에 살지, 중 되면 그날부터 의지식지주택교통(衣之食之住宅交通)이 해결된다. 그렇지? 의식주통(衣食住通).

손문(孫文) 선생이 중국을 혁명하고서 의식주통 네 가지를 말했다. 전에는 정치가들이 의식주 세 가지를 구비해야 한다고 했는데, 손문 씨는 거기에다 하나 부연해서 의식주통, 의지식지주택교통을 구비해야 한다고 했다. 그 말은 현대화한다는 말이다. 교통이 중대한 거다. 지금 경상도가 그렇게 발전되는 것은 교통을 구비했기 때문에 그렇다. 왜정 때부터 경부선 교통 중심지거든. 지금도 4차선은 거기밖에 없다. 그러니까 발전되는 거다. 경상도 사람은 서울서 8할이 자가용을 타고 살어. 다른 지방 사람들은 뭐 개땅쇠나, 이 강원도 감자바우나 이 사람들은 8할이 거지야. 서울 가서 사는 사람 중에 2할이 자가용 타고 살어. 그거 왜 그러느냐? 교통 때문에. 원인이 그거야.

손문 씨가 이렇게 네 가지를 말했는데, 중들은 중 된 시간부터 그 네 가지가 해결된다 이거여. 그 시간부터 옷 나눠 입지. 두 벌 있으면 한 벌씩 나눠 입고, 낮에 밥 다 나눠 먹고, 낮에 고생하면 다 같이 자고. 또 교통비를 보태준다. 서울 가는 교통비 2,000원이 없다고 하면, 서울서 부산으로 가려는데 버스비 3,000원이 없다고 하면 어느 절에 가든지 그건 보태 줘. 그런데 이 장난꾼들이 맥줏값 20만 원 내라, 이렇게 따져 물어달라고 하면 곤란하지. 주지하는 놈이 골치를 앓지. 그냥 교통비 정도를 달라고 하면 다 보태준다. 그래서 중들은 그 시간부터 국내를 무전여행으로 한 달에 열두 바퀴도 더 돌아댕길 수 있다. 그게 누구 덕이냐 이거야. 그러나 돌아보면 자기 소유는 하나도 없다. 안 그려? 의지식지주택교통이 전부 남의 것이지. 결국 공중 살림살이지 내 것은 하나도 없다 이거야. 3,000년 전부터 제도가 이렇게 되야먹었던 것이여.

전쟁 때 인민군이 여기 상원사로 들어와서 한 달 넘게 있었는데, 하룻저녁에 최고 1,300명까지 상원사서 자고 갔다. 소를 세 마리나 잡아 처먹고 말이야. 근데 거기 주모자가 한암 스님한테는 노인이니까 안 묻고 꼭 나를 불러다 묻는다. 내가 도망가면 젊은 애들은 며칠 사이에 다 도망갈 거 아니야. 내가 도망갈 수 있나. 할 수 없이 한 달 동안 같이 지내야 했다. 여그 와 물어. 그래 내가 이렇게 얘기했지.

"중들은 그 시간부터 의지식지주택교통이 다 해결되는데 돌아보면 자기 소유는 하나도 없소. 떡을 한 말 할 것 같으면 80 먹은 늙은이나 여섯 살 먹은 애들이나 똑같이 한 개씩 돌리지, 80 먹은 늙은이라고 떡 여덟 개를 주지는 않소. 밭을 가서 매면 80 먹은 늙은이나 여섯 살 먹은 애들이나 똑같이 호미를 들고 가서 매지, 80 먹은 늙은이라고 뒷방에 가만히 앉아 있지는 않소. 그것뿐이오? 여기 주인이 통도사 가서도 주지하고 통도사 주인이 여기 와서도 주지하고, 여그 주인이 일본 가서도 주지하고, 일본 주인이 여그 와서도 주지 하오."

"우리 사회주의와 같네요."

"나는 같고 안 같고 그런 건 몰라. 그저 3,000년 전부터 제도가 그렇게 돼 있어."

"오케이!"

그래야 된다 이거여. 그거 말로 30분에 다 설득시켜서 그냥 물렁물렁하게 만들었으니까 문제가 되질 않은 거야. 그러니까 그 한 달 동안을 무사히 넘겼지. 시비가 붙었을 때는 죽이려고 그랬어. …… 좀 우직하거든. 미련하단 말이야. 벌통을 전부 다 숲속에다 감춰놨는데, 걔들이 망원경 대고 다 봤잖아. 그걸 …… 일하러 나간 사이 다 털어서 먹어버렸단 말이야. 먹는데 훅 들어와서 싸움이 붙으니까 막 죽인다고 그랬어. 내가 그거 말리고 벌통 사주느라고 애먹었어.

卽我本師之願力也(즉아본사지원력야)**니라**
그게 "이게 부처님 원력으로 이렇게 된 거라." 말이야. 이 집안 제도가 말이여.

餘且約計五十之年(여차약계오십지년)**컨댄 朝中飮食**(조중음식)**이 蓋費三百餘碩矣**(개비삼백여석의)**며 寒暑衣藥**(한서의약)**이 蓋費二十餘萬矣**(개비이십여만의)**며**
"내가 또 간략히 50년 그 거시기를 계산하건대", 조중(朝中)에, "아침과 낮에 음식 먹은 것이 대개 300여 석을 준비했으며, 한서의약(寒暑衣藥)[108]이 대개 20여 만을 되게 했으며"

爾其高門邃宇(이기고문수우)**와 碧砌丹楹**(벽체단영)**과 軒乘僕竪之流**(헌승복수지류)**와 機案牀褥之類**(궤안상욕지류)**에 所費**(소비)**ㅣ 又無涯矣**(우무애의)**며**
"저 그 고문수우(高門邃宇)[109]와 벽체단영(碧砌丹楹)[110]과", 우리 사는 데가 고루거각(高樓巨閣) 아니야. 궁전과 똑같거든. "헌승(軒乘)[111] 수레 타고

---

108 추위와 더위의 옷과 약품이.

109 높은 문과 깊은 집(큰 집).

110 푸른 옥섬돌과 붉은 기둥.

111 성총 주, "수레에 덮개가 있는 것을 헌승이라 한다(車上有蓋曰軒乘)."(『치문경훈주』, H0176 v8, 568b)

다니고, 복수(僕竪), 종 복수 유(流)[112]와 궤안상욕(機案牀褥)의 유(類)[113]에 소비한 바가 또 한이 없어"

或復無明(혹복무명)이 暗起(암기)하고 邪見(사견)이 橫生(횡생)하야 非法妄用(비법망용)하며 非時飮噉(비시음담)에 所費(소비)ㅣ 又難量矣(우난양의)니
"또다시 무명(無明)이 암기(暗起)[114]하고 사견(邪見)이 횡생(橫生)[115]해가지고서 비법(非法)으로 망용(妄用)[116]하며 비시(非時)로 음담(飮噉)[117]함에 소비가 또 한량이 없다." 하나니,

此皆出自他力(차개출자타력)하야 資成我用(자성아용)이라 與夫汲汲之位(여부급급지위)로 豈得同年而較其苦樂哉(개득동년이교기고락재)아
"이것은 다 출자타력(出自他力)하야", 타력으로부터 나가지고서는[118] "나의 쓰는 것을 자성(資成)으로 했다."[119] 급급지위(汲汲之位)라는 것은 "세상에 급급히 애써서 죽도록 벌고 사는" 이런 사람들, "그런 사람들

112 마부와 시종의 부류.
113 걸상과 책상과 평상과 침구의 종류들.
114 슬그머니 일어나고.
115 마구 생겨서.
116 법이 아닌데도 마구 쓰며. 대정장(大正藏)에는 '棄用'으로 되어있다(T48n2023_002, 1049a).
117 때가 아닌데 마시고 씹어.
118 다른 이의 힘으로부터 나와서.
119 내가 쓰는 재물이 되었다.

과 더불어" "어찌 생을 같이 해가지고 그 고락을 비교할 수 있느냐?"[120]

是知大慈之教(시지대자지교) ㅣ **至矣**(지의)며 **大悲之力**(대비지력)이 **深矣**(심의)어든

"이[121] 알지어라. 대자(大慈)의 교(教)가 지극하며, 대비(大悲)의 힘이 깊거든,"

況十號調禦(황십호조어) ㅣ **以我爲子而覆之**(이아위자이부지)하시며, **八部天龍**(팔부천룡)이 **以我爲師而奉之**(이아위사이봉지)아

"하물며 십호(十號)를 가지신 조어(調禦) 부처님께서 우리로써 아들을 삼아서 덮어주시니, 팔부천룡(八部天竜)이 우리로써 스승을 삼아가지고 받들며,"

皇王(황왕)이 **雖貴**(수귀)나 **不敢以臣禮**(부감이신예)로 **畜之則其貴**(축지즉기귀)를 **可知也**(가지야)며

"황왕(皇王)이, 일국의 황제가 비록 존귀한 자리에 있지만은, 감히 신하의 예(禮)로써 우리를 기르질 못한다. 그렇다면 그 귀한 것을 가히 알 수 있다."

尊親(존친)이 **雖重**(수중)이나 **不敢以子義**(부감이자의)로 **瞻之則其尊**(첨지즉기존)을 **可知也**(가지야)라

"높은 부모가 비록 존중하지만은 감히 자식의 의(義)로써 우리를 보지

---

120 어찌 같은 햇수로써 그 고락을 비교할 수 있겠는가?

121 '是' 자를 새기는 옛 방식이다.

않는 게 그 높음을 가히 알 수 있다."

용봉(竜鳳) 스님이라는 이가 전라도 양반인데, 그이 어머니는 불교를 안단 말이야. 용봉 스님은 금산사에서 몇 년 전에, 한 90살 때 돌아가셨다. 용봉 스님이 자기 어머니 앞에 가서 마루에서 절을 하면 그 어머니가 돌아 앉아버렸다. 불교를 아니까. 절은 무슨 절을 하느냐고. 율문(律文)에 부모에게 절하지 말라 그랬거든. 국왕 대신에게도 절 말라고. 그건 뭐냐 하면 도덕 학문 이런 것이 높은 사람이 도덕 학문이 없는 사람에게 절을 하면 되려 감복(減福), 복을 덜어낸다고, 상대방을 위해서 절하지 말라는 것이다. 아만통이로 절하지 말라는 것이 아니야.

조주(曹州) 스님은 황제한테 평상에 내려서 일곱 걸음을 걸어가는데 한걸음에 1년씩 감복(減福)해가지고 황제가 7년 병난(兵難)을 만나잖아. 그런 도리가 있기 때문에 절하지 말라는 거지만, 시방 우리네는 거지한테 절해도 감복할 수 없어. 옛날 소박한 지극 경지일 때 그렇단 말이지. 율문의 법은 그렇다는 것이다. 황제가 우리를 신하로 대접하지 못하고, 부모가 자식으로 대접을 않는다는 것이 율문에 다 있는 거다.

若乃悠悠四俗(약내유유사속)과 茫茫九土(망망구토)에 誰家(수가)ㅣ 非我之倉儲(비아지창저)며

"만일 유유(悠悠)[122]한 사속(四俗)[123]과 망망(茫茫)[124]한 구토(九土)에," 구토는 중국을 표현하는 것이다. 중국의 구주(九州), 구토에 "누구 집인

122 많고 많은.

123 사농공상.

124 바다같이 아득히 이어진 모양.

들 우리 창저(倉儲)[125]가 아니냐?" 전부 우리 집이다 이거야.

何人(하인)이 非我之子弟(비아지자제)리오 所以(소이)로 提盂入室(제우입실)에 緘封之膳(함봉지선)을 遽開(거개)하고

"어느 사람이 우리 자제(子弟)가 아니며, 소이(所以)[126]로 발우를 이끌고 집에, 방에 들어갈 것 같으면 함봉지선(緘封之膳)[127]을 거개(遽開)[128]하고," 강릉 포교사 했던 …… 스님, 이수동 스님이 그랬지.

"스님, 연애는 중이 최고 연애를 합니다."

"왜 그래?"

"보살 집에 가보면 10년을 묵혔던, 그 벽장 속에 고게고게[129] 싸둔 그 좋은 음식을 내놓습니다."

이 그 말이야 지금.

振錫登衢(진석등구)[130]에

---

125 곳간.

126 이런 까닭으로.

127 꼭꼭 싸놓은 반찬.

128 갑자기 열다.

129 강원도 사투리. '그렇게, 그렇게', '그것이, 그것이', '거기에, 거기에' 등의 의미.

130 성총 주, "『근본설일체유부율비나야잡사』에서 말하길, 비구가 걸식하려 부잣집에 [그냥] 들어가니 비난받게 되었다. 비구가 부처님에게 말씀드리니, 부처님께서 '소리를 내서 알리는 것이 좋겠다'라고 하셨다. 곧 꾸짖듯 요란하게 소리를 내니, 두렵고 시끄럽다고 욕을 먹었다. 부처님께서 다시 주먹으로 문을 두드리라 하시니, 집안의 사람들이 괴이하게 여겨, '왜 우리 집 대문을 두드려 부수려 하오?'하고 물었다. 비구는 아무 말도 못 하고 대꾸하지 못했다. [결국] 부처님께서 이렇게 말씀하셨다. '마땅히 석장을 만들어라. 지팡이 머리에 고리를 달고, 흔들어서 소리를 내어 알리도록 하여라. 두세 번 흔들어서 아무도 묻지 않

"주장자를 이끌고 거리에 오를 것 같으면,"

施慢之容(이만지용)이 肅敬(숙경)하나니

이만(施慢), 거만하다면 '이(施)' 그래요. 『맹자』에서 나오는 문잔데[131] '거만할 이(施)' 그런다. "거만한 놈이 숙경(肅敬)[132]한다." 이거여. 사회에 아무리 거만한 사람도 승려가 턱 하니 나가면 공경할 줄 안다.

古人(고인)이 以一飡之惠(이일손지혜)로도 猶能效節(유능효절)[133]하고

하니, "고인(古人)이 한 번 밥 얻어먹는 은혜로서도 오히려 능히 절개를 본받아,"

거든 반드시 떠나라'고 하셨다(根本雜事云 比丘乞食 入長者房 遂招譏謗 比丘白佛 佛言可作聲警覚 即訶呵作聲 喧鬧招毀 佛復制以拳打門 家人怪問 何故打破我門 默爾無対 佛言応作錫杖 令杖頭安環子 揺振作聲 而爲警覚 動可二三 無人問時 即須行也)."(『치문경훈주』, H0176 v8, 568c)
이는 원출전에서 요약하여 인용한 것이다. 원출전은 『근본설일체유부비나야잡사(根本說一切有部毘奈耶雜事)』 권제34(T24n1451_034, 0375a)이다.

131 『맹자』 전체에서 '施(시)' 자가 18번 검색되는데, 그중에 비교적 연관되는 듯한 구절은 「이루하(離婁下)」에 "施施從外來 驕其妻妾"(施施: 의기양양)과 「공손추상」에 4번 나오는 '맹시사(孟施舍)'라는 인명이다. 나머지는 모두 '베풀 시(施)'다.

132 정중히 공경한다.

133 성총 주, "['절(節)' 자는] 예상의 굶주린 사람 영첩의 고사다(翳桑餓人靈輒事)."(『치문경훈주』, H0176 v8, 568c)
그 출전은 『공손추상』 「선공(宣公) 이년(二年)」으로서 내용은 다음과 같다. 조순(趙盾, 宣子)은 사냥을 하다가 예상(翳桑)이란 곳에서 휴식을 취하다 영첩(靈輒)이란 굶주린 사람을 만났다. 그에게 밥을 먹여주고, 노모가 있다는 이야기를 듣고 노모의 몫까지 음식을 챙겨주고 돈까지 줘서 보냈다. 이후 영첩은 영공(靈公)의 갑사가 되었는데, 영공이 선자를 죽이려 하자 창을 반대로 하여 자기편과 싸워서 조순이 도망가도록 해준다. 조순이 이름을 물어도 대답하지 않고 물러나 영공의 군사와 싸우다 죽는다.

一言之顧(일언지고)**로도 尙或亡軀**(상혹망구)[134]**어든**

"한 말 돌아본 것으로써도 오히려 혹 자기 몸뚱이를 잊었거든,"

況從頂至踵(황종정지종)**히 皆如來之養乎**(개여래지양호)**며 從生至死**(종생지사)**히 皆如來之蔭乎**(개여래지음호)**아**

"하물며 이마로 좇아 발꿈치에 이르기까지 다 여래의 길러준 은덕이며, 생으로 좇아 죽는 데에 이르기까지 다 여래의 은덕인 거야 말할 것이 뭐 있겠느냐."

한 번 밥 얻어먹은 은혜, 한 말로 나를 돌아봐준 은혜도 그렇게 도움받고 몸뚱이를 유지하는데, 하물며 우리 일생을 통해서 부처님의 은덕, 이마빼기로부터 발꿈치까지 부처님의 길러준 그 은혜야 말할 수 있겠느냐 이런 거야.

向使不遇佛法(향사불우불법)**하고 不遇出家**(불우출가)**ㄹ런들 方將曉夕**(방장효석)**에 犯霜露**(범상로)**하며 晨昏**(신혼)**에 勤隴畝**(근농무)**하야 馳驟萬端**(치취만단)**이요 逼迫千計**(핍박천계)**라**

"향사(向使)[135] 불법을 만나지 않고 출가를 만나지 않았던들, 바야흐로

---

134 성총 주, "설산동자의 고사(雪山童子事)."(『치문경훈주』, H0176 v8, 568c)
원출전은 대승 『대반열반경』(T12n0375(남본)_013, 692a~693a)이다. 석가모니가 아득한 과거 전생에 설산에서 동자로서 수행할 때 제석(帝釋)이 동자를 시험하고자 식인귀 나찰로 변신하여 게송의 반쪽만 들려준다[그래서 '설산반게(雪山半偈)'라고도 한다]. "諸行無常 是生滅法" 동자는 몸을 희생해주기로 약속하여 나머지 온전한 게송을 들을 수 있었다. "生滅滅已 寂滅爲樂" 그리고 약속을 지키려 절벽에서 몸을 던졌는데, 나찰은 원래 모습인 제석으로 돌아와 동자를 안전하게 받았다고 한다.

135 만약.

장차 효석(曉夕)에, 아침저녁에 상로(霜露)를 범(犯)하며", 서리 맞고 이슬 맞고 댕기면서 농사지어야 될 것 아니야? "신혼(晨昏)[136]에 논들[137]에 가서 근로해서, 치취(馳驟)[138]가 만단(萬端)[139]이요, 핍박(逼迫)[140]이 천계(千計)라."[141]

弊襜塵絮(폐첨진서)[142]로도 或不足以蓋形(혹부족이개형)하며
"떨어진 옷과 먼지 나는 솜으로도, 먼지 털털 나는 솜으로도 족히 몸뚱이를 가리질 못한다."

그렇지 않아? 세상살이가 쉬운 게 아니다. 세상살이를 해봐야 아는 거라. 승려들이 10년 20년 중노릇하다가 혹 어쩌다가 마을로 내려가게 되면 도로 돌아오는 사람이 8, 9할이거든. 못 살아. 왜 못 사느냐? 사고방식이 틀리다 이거야. 우리가 지금 이렇게 아무 걱정 없이 사는 게 8, 9할이 부처님 은덕이다. 그런데 이런 사고방식 가지고 나가서 턱, 발을 내딛고 보면 천만의 말씀! 사회에서 직장 없이는 못 살아, 하루도

---

136 새벽과 황혼.

137 隴畝(농무): 밭이랑.

138 내달리다, 냅다 달리다.

139 여러 가지, 갖가지.

140 성총 주, "맡기는 일이 무거운 데다 덜해지지 않는 것을 '逼(핍)'이라 하고, 강제로 부리는 것을 '迫(박)'이라 한다(任重無替曰逼 強力所使曰迫)."(『치문경훈주』, H0176 v8, 568c)

141 온갖 계교에 핍박되다.

142 성총 주, "옷의 앞부분이 해진 것을 '襜(첨)'이라 한다. 『설문해자(說文解字)』에 '絮(서)'는 해진 솜이다'라 하였다. 고치를 켜고 남은 것이 '絮'며, 고치를 켜지(繰) 않은 것은 '緬(면)'이다. 고치를 켠다는 것(繰)은 고치를 풀어내어 실을 잣는 것을 말한다. 또한 솜의 다른 이름이니, 고운 것을 '綿(면)'이라 하고 거친 것을 '絮'라 한다(衣之獘前者曰襜 說文 絮 弊綿也 繰餘爲絮 不繰爲綿 繰繹繭爲糸也 又紘之別名 精曰綿 麤曰絮)."(『치문경훈주』, H0176 v8, 568c)

못 살아. 직장 없이 사는 게 중인데 살아지나 말이야.

그런데다가 사고방식이 10년이 뒤떨어졌다 이거야. 절집에서 10년 전 사회 사람의 사고방식을 자기는 그대로 가지고 있거든. 10년 후가 얼마나 발전됐다는 걸 모르고. 그러니까 못 사는 거야. 그러니까 다른 사회로 내디딜라고 하면 단단한 각오가 있어야 돼요. 100배 1,000배의 노력이 있어야 된다는 것을 각오하고 나가야 돼. 허허. 그렇지 않으면 애초에 나갈 생각을 하지 말아야 돼.

藿茹饌食(곽여찬식)이라도 或不能以充口(혹불능이충구)어니

"곽여(藿茹)[143]를 찬식(饌食)하더라도," 곽여라는 것은 나물 풀뿌리 뜯어먹는 거, 그런 걸 먹고 살아도 "자기 입을 채우지 못하거니."

何暇盱衡廣宇(하가우형광우)하며 策杖閑庭(책장한정)하야 曳履清談(예리청담)하고 披襟閒謔(피금한학)하며

"하가(何暇)[144]에 이런" 광우(広宇), "너른 집에 우형(盱衡)[145]을 하며," 한정(閑庭), "한가로운 뜰에 산책을 하며[146], 신을 질질 끌고 댕기면서 맑은 얘기를 하고, 또 옷깃을 턱 해치고 한가한 희학(戲謔)[147]이나 하며,"

---

143 성총 주, "'藿(곽)'은 콩잎, '茹(여)'는 모든 채소."(『치문경훈주』, H0176 v8, 568c)

144 어느 겨를에.

145 성총 주, "눈썹을 치켜올리고 눈을 치켜뜨는 것을 말한다(謂擧眉揚目也)."(『치문경훈주』, H0176 v8, 568c)

146 策杖(책장): 지팡이를 짚고.

147 농지거리.

避寒暑擇甘辛(피한서택감신)하야 呵斥童稚(가척동치)하고 徵求捧汲(징구봉급)하야

"한서(寒暑)를 피하고 감신(甘辛)을 간택해," 추우면 더운 데로, 더우면 서늘한 데로 피한다. 또 감신(甘辛), "달면 먹고 쓴 건 뱉고," 가척동치(呵斥童稚)[148], "어린애들을 꾸짖고," '이놈! 함부로 하지 마!' 꾸짖어서 기물을 지키는 게지. "봉급(捧汲)을 갖다가 징구(徵求)," '빨리 저것 좀 가지고 와!' '물 길어와!' 심부름시키는 걸 말한다.

縱意馬之害群(종의마지해군)하고 任情猿之矯樹也(임정원지교수야)리오

자기 의마(意馬)의 해군(害群), "뜻말이 군(群)을 해치는 그것을 방종(放縱)하고,"[149] "정원(情猿)[150]이 나무에 올라가는[151] 그것에 맡기게 한다." 우리 망상질하는 것을 잔나비가 방정 떠는 것에다 비유하는 것이다.

但三障(단삼장)이 雲聳(운용)하고 十纏(십전)이 縈結(영결)하며 癡愛亂心(치애란심)하야 狂愚患惱(광우환뇌)하나니

"다만, 삼장(三障)[152]이 구름 솟구치듯 하고", 십전(十纏)[153] "열 가지 망

---

148 呵斥(가척): 큰 소리로 꾸짖다, 책망하다.
童稚(동치): 어린이.

149 뜻의 말이 무리를 휘저어 훼방토록 놔두며.

150 감정의 원숭이.

151 성총 주, "矯樹(교수)는 나무를 감싸 안고 희롱하는 것이다(如搏樹而嬉也)."(『치문경훈주』, H0176 v8, 568c)

152 성총 주, "惑障 業障 報障[혹장 업장 보장(세 가지 장애: 미혹으로 인한 장애, 의도한 행위로 인한 장

상이 영결(縈結)[154]해서, 치애(癡愛)[155]가 마음에 요란해. 하여 광우(狂愚)로 환뇌(患惱)하나니,"[156]

自悔自責(자회자책)**이나 經瞬息而已遷**(경순식이이천)**하고 悲之恨之**(비지한지)**나 歷旬朔而俄變**(역순삭이아변)**이로다**
"스스로 뉘우치고 스스로 책하나 순식(瞬息)[157]을 지날 것 같으면 또 언제 그랬냐는 듯이 변하고, 슬퍼하고 한(恨)하나 순삭(旬朔)[158]을 지날 것 같으면 아까[159] 변하도다." 잠깐 또 변한다. 이거야.

或復升堂致禮(혹부승당치례)**에 恥尊儀而雨泣**(치존의이우읍)**하고**
"혹은 다시 당(堂)에 올라서 예(禮)를 이룸에 부처님 존의(尊儀)[160]에 부끄러워서 눈물을 흘리고,"

對格披文(대격피문)**에 慙聖教而垂淚**(참성교이수루)**하며**

애, 과보에 의한 장애)]."(『치문경훈주』, H0176 v8, 568c)

153 열 가지 얽매임, 망상. 무참(無慚), 무괴(無愧), 질(嫉), 간(慳), 회(悔), 면(眠), 도거(掉擧), 혼침(昏沈), 분(忿), 복(覆).

154 얽히고 맺혀서.

155 '癡愛(치애)'가 중국어 단어로서 맹목적인 사랑이란 뜻이 있지만, 여기서는 그냥 '어리석음과 애착'으로 풀이함이 맞겠다.

156 미치고 어리석어 근심하고 고뇌하나니.

157 눈 한 번 깜짝하거나 숨 한 번 쉴 사이와 같이 짧은 시간.

158 열흘 동안.

159 俄(아): 아까, 갑자기, 잠시.

160 존엄한 위의.

격(格)이란 책상을 격이라 한다. "책상을 대해가지고" 부처님 "금문을 펼쳐서 경을 볼 적에는 성교(聖教)에 부끄러워해서는 눈물을 흘리며,"

或鶉衣犬食(혹순의견식)으로

"혹은 메추라기 옷과 견식(犬食)으로," 메추라기 옷이라는 것은 메추라기가 얼룩덜룩하잖아. 누더기옷을 순의(鶉衣)라고 그래요.[161] 견식, 개밥, 개돼지한테 아무렇게나 먹이는 밥.

困辱而治之(곤욕이치지)하고 損財去友(손재거우)하야 孤窮而苦之(고궁이고지)호대

"곤욕(困辱)히 써 다스리고, 재물을 덜고 벗을 버려서, 고고하게 각고(刻苦)하되,"

竟不能屈慢山淸欲火(경불능굴만산청욕화)하야 捨麤弊之聲色(사추폐지성색)하고 免鑊湯之深誅(면확탕지심주)하나니

"마침내 능히, 아만산(我慢山)을 굴(屈)하고[162], 욕화(欲火)를 맑혀가지고서, 추폐(麤弊)한 성색(聲色)[163]을 버리고, 확탕(鑊湯)의 심주(深誅)[164]

---

161 성총 주, "자하의 집이 가난하여서 옷이 메추라기 매단 것 같았다(子夏家貧 衣若懸鶉)."(『치문경훈주』, H0176 v8, 569a)
이 구절의 원전은 『순자(荀子)』「대략편(大略篇)」이다.

162 아만의 산을 굴복시키고.

163 추잡하고 남루한 소리와 모습.

164 확탕지옥에서 가마솥에 삶기는 큰 형벌. 확탕지옥은 경에 18지옥의 하나로 나타나기도 하고, 팔열지옥(八熱地獄)의 부속 지옥 가운데 하나로 나타나기도 한다.

를 면하지 못하나니."

豈不痛哉(개불통재)**며 豈不痛哉**(개불통재)**아**
"어찌 아프지 않으며, 어찌 아프지 않으리!"

所以(소이)**로 常慘常啼**(상참상제)**ㅣ 酸辛而不拯**(산신이부증)**하고 空藏地藏**(공장지장)**이 救接而無方**(구접이무방)**이로다**
"소이(所以)로 상참(常慘)[165]보살과 상제(常啼)[166]보살은 산신(酸辛)[167]히 법을 구했어도 건지지 못하고, 공장(空藏)[168]과 지장(地藏)보살이 이런 중생을 구접(救接)[169]할래야 방법이 없도다."

---

165 성총 주에는 '未詳(미상)'이라 하였으나, 『유마힐소설경』을 비롯한 몇몇 경에 이름이 등장한다. 석가모니 부처님의 전생 때 보살로서, 중생이 고통받음을 보고 늘 슬퍼하여 '상참(常慘)'이라 한다.

166 성총 주, "살타파륜(Sadāprarudita), 이는 '항상 울다(常啼)'를 말하는데, 불법을 구하다가 근심과 시름으로 7일 밤낮을 울었다. 그로 인해 '常啼(상제)'라 부른다. 『대반야경』에도 또한 나와 있다(薩陀波崙 此云常啼 求佛法故 憂愁啼哭七日夜 因是號常啼 具如大般若經)."(『치문경훈주』, H0176 v8, 569a)
상제보살은 재가보살로서 반야부 경전과 논서 등 여러 곳에 등장한다. 또한 탱화에서 『반야경』을 수지독송하는 사람들을 수호하는 16선신(善神)의 한 사람으로 그려지기도 한다. 『대지도론(大智度論)』에서는 "이 보살은 대비심을 부드럽고 연약하게 행하였다. 중생이 악세에 있는 것, 가난하여 굶주리고, 늙고 병들며, 근심하고 염려하는 것을 보면 슬피 울었다. 그로 인해 뭇사람들은 그를 '살타파륜'이라고 불렀다(此菩薩行大悲心柔軟故 見衆生在惡世 貧窮 老病 憂苦 爲之悲泣 是故衆人號爲薩陀波崙)"라고 말한다.

167 맵고 시다, 고통스럽다.

168 허공장보살(虛空藏菩薩)이다. 자비와 지혜가 광대무변하여 허공을 창고로 한 것 같으므로 허공장이라 한다.

169 '救援接濟(구원접제)'의 준말로서, '구원하고 원조한다'는 말이다.

餘又反覆求己(여우반복구기)**하며 周旋自撫**(주선자무)**호니 形容耳目**(형용이목)**은 不減於常流**(불감어상류)**어니와**
"내가 또 반복(反覆)[170]히 자기를 구하며,[171] 주선(周旋)[172]해 스스로 내가 어루만져서 생각하니, 형용(形容)과 이목(耳目)은 상류(常流)에 감(減)하지 않아."[173] 여느 사람하고 내가 똑같지만은,

識悟神清(식오신청)**은 參差於名輩**(참치어명배)**로다**
"지식 깨달은 것과 정신 맑은 것은 명배(名輩)에 참치(參差)[174]하다." 이름난 사람보다 내가 모자란다 이거야.

何福而生中國(하복이생중국)**이며 何善而預出家**(하선이예출가)**며 何罪而戒檢多違**(하죄이계검다위)**며 何釁而剛強難化**(하흔이강강난화)**오**
"근데 무슨 복(福)으로 내가 중국에 났으며, 무슨 선(善)으로 출가에 참여했으며, 무슨 죄(罪)로 계검(戒檢)[175]에 내가 위배(違背)를 많이 했으

---

170 '언행이나 일 따위를 이랬다저랬다 하여 자꾸 고침', 또는 '본래 상태로 되돌림'을 뜻한다. '반복(反復)'과는 의미가 다르다. 여기서는 두 번째 뜻으로 사용되었다.

171 의역하면 "다시금 자기를 되돌아보고".

172 주위를 돌다, 맴돌다. 의역하여 "두루두루".

173 생긴 모습과 눈, 귀는 보통 사람보다 못하지 않다.
常流(상류):보통 사람.

174 가지런하지 않다, 나란하지 않다.

175 성총 주. "檢(검)이란 묶는 것이다. 계율로써 몸과 마음을 검속하니 계검이라 한다(檢 束也 以戒律檢束身心 故曰戒檢)."(『치문경훈주』, H0176 v8, 569a)

며, 무슨 허물로 강강(剛強)[176]해가지고 교화하기 어렵게 되었는고?"

所以(소이)로 縈紆日昃(영우일측)[177]하고 佇歎中宵(저탄중소)호대 莫識救之之方(막식구지지방)하고 未辨革之之術(미변혁지지술)이로다

"소이(所以)로[178] 해가 기울어지는데 내가 영우(縈紆)[179]하여 생각해보고, 중소(中宵)[180]에 내가 가만히 우두커니 서서 한탄하지만, 구할 방법을 알지 못하고, 개혁할 술책을 가리지 못했도다."

然(연)이나 幼蒙庭訓(유몽정훈)하고

"그러나 내가 어려서 정훈(庭訓)을 받고." 가정교육을 정훈이라 그래요. 공자의 아들이 그 뜰에 지나가는데 공자께서 가르쳤다고 그래서 정훈이라 그럽니다.[181]

---

176 강직하다. 완강하다.

177 그리하여, 해가 기우는데.
昃(측): 기울 측. 옛 판본에는 '昃(오)' 자를 쓰기도 하고, 알기 힘든 이체자를 쓰기도 했는데(쌍계사 본 등), 안진호 본에서 '昃' 자를 썼다. 의미상으로 볼 때 '昃' 자가 맞다.

178 이러한 까닭으로.

179 에워싸 얽힘.

180 한밤중.

181 성총 주, "공자가 일찍이 혼자 앉아 있는데 이(鯉, 공자의 아들)가 달려서 정원을 지나갔다. 공자가 '시를 배웠느냐?'라고 하자, '배우지 않았습니다'라고 대답하였다. 공자께서 '시를 배우지 않으면 말할 것이 없다'라 하니 이가 물러가서 시를 배웠다. 다른 날에 이가 또 달려서 정원을 지나갔다. 공자가 '예를 배웠느냐?'라 하니 '예를 배우지 않았습니다'라 하였다. 공자가 '예를 배우지 않으면 세울 것이 없다'하니 이가 물러가서 예를 배웠다. 잡기에서 나온바, 후세 사람들이 아비에게 배우는 것을 일러 '정원의 가르침'이라 했다(夫子嘗獨坐 鯉趍而過庭 子曰學詩乎 曰不學詩 子曰不學詩 無以言 鯉退而學詩 他日鯉又趍而過庭 子曰學禮乎

早霑釋敎(조점석교)**하야 頗聞長者之遺言**(파문장자지유언)**하고 屢謁名僧之高論**(누알명승지고론)**호니**

"일찍이" 석교(釋敎), "부처님교에 젖어서, 자못 장자(長者)의 유언(遺言)을 듣고, 자주 명승(名僧)의 고론(高論)을 내가 확인해보니까,"

三思之士(삼사지사)**도 假韋絃以是資**(가위현이시자)**하고 九折之賓**(구절지빈)**도 待箴銘而作訓**(대잠명이작훈)**이라**

"세 번 생각하는 선비[182]도 위현(韋絃)[183]을 가(假)하여 써 이 자뢰(資賴)하고[184], 구절(九折)의 빈(賓)도 잠명(箴銘)을 기다려가지고 훈계를 했다."[185]

曰不學禮 子曰不學禮 無以立 鯉退而學禮 出雜記 後人學於其親者 謂之庭訓)."(『치문경훈주』, H0176 v8, 569a) 이 고사의 원출전은 『논어』「계씨」이다.

182 성총 주, "계문자는 모든 일을 세 번 생각한 후에 행하였다(季文子每事三思而後行)."(『치문경훈주』, H0176 v8, 569a); "계문자(노나라의 대부)는 모든 일을 세 번 생각한 뒤에 행하였다, 공자께서 이 말을 듣고 말씀하셨다. '두 번이면 된다.'(季文子三思而後行 子聞之 曰 再斯可矣)."(『논어』「공야장(公冶長)」)

183 성총 주, "한비자가 말하길 서문표는 성품이 급하여 [경계하기 위하여 부드러운] 가죽끈을 찼고, 동안우는 성품이 느긋하여 [경계하기 위하여 팽팽한] 활시위를 찼다(韓非子曰 西門豹性急故佩韋 董安於性緩故佩弦)."(『치문경훈주』, H0176 v8, 569a) 원출전은 『한비자(韓非子)』「관행(觀行)」이다.

184 부드러운 가죽끈과 팽팽한 활줄을 빌어 밑천으로 삼고.

185 성총 주, "왕양이 익주자사로 부임하여 가다가 구절판(아홉 번 꺾어진 비탈)에 이르자 탄식하여 말하길, '신체발부는 부모님이 준 것이니 감히 훼손하고 다치게 할 수 없다.' 그리하여 더 가지 않았다. 이는 효자로서 경계를 지은 것이다. 나중에 왕존이 익주자사에 부임하여 그곳에 이르렀는데 무리와 마부를 꾸짖어 채찍질하여 나아가게 하며 말했다. '어찌 이것이 왕양이 두려워서 그랬겠는가? 뜻있는 선비는 머리가 떨어지는 것을 겁내지 않고, 용감한 선비는 도랑이나 골짜기에서 죽어도 개의치 않는다.' 이는 충신으로서 교훈을 지은 것이다(王陽爲益州刺史 至九折阪 歎曰身體髮膚 受之父母 無敢毁傷 仍以不赴 此以孝子作箴也 後王遵爲益州 至此 戒徒馭策進曰 此豈王陽所畏乎 志士不忘喪其元 勇士不忘棄溝壑 此以忠臣作訓

故(고)로 乃詳求列代(내상구열대)하며 披閱群編(피열군편)하야

"고(故)로 이에 열대(列代)에 상구(詳求)하며,"[186] 열대에 가(可)한 선행, 좋은 말, 착한 행동, 이런 것을 구하며, "군편(群編)을 피열(披閱)[187]해가지고,"

採同病之下流(채동병지하류)하고 訪迷津之野客(방미진지야객)하며

"병(病)이 같은 하류(下流)를 내가 채택(採択)하고," 나와 같이 병이 같은 하류 그런 것도 채택하고, "미진(迷津)의 야객(野客)을 심방(尋訪)하며," 나루에 미(迷)해서 길을 못 찾으며 헤매는 들판의 객을 방문하여 찾아보고, 착한 것만 구하는 것이 아니라 나쁜 것도 자신한테 경계가 되니까 구하는 것이다.

其有蔑聖言(기유멸성언)하고 輕業累(경업루)하야 縱逸無恥(종일무치)하고 頑疎不檢(완소불검)하야

"그 성언(聖言)을 능멸(淩蔑)하고 업누(業累)를 경(輕)히 여겨서[188], 종일(縱

也)."(『치문경훈주』, H0176 v8, 569a~b)

『한서』「전」 조윤한장량왕(趙尹韓張兩王)이 이 고사의 기원이며, 성총은 이를 그대로 인용하지 않고 자기 견해와 표현으로써 주석했다.

"不敢苟同 陽只是恐赴険 遵只是好立身"

186 여러 세대에 걸쳐서 상세히 구하며.

187 책더미를 펼쳐 읽어서.

188 성인의 말씀을 가벼이 여기고, 업의 쌓임을 가벼이 여겨서.

逸)[189]해 부끄럼이 없고 완소(頑踈)에 계검(戒検)하지를 아니하여서,"[190]

可爲懲勸者(가위징권자)란

"가히 징권(懲勧)[191]함이 있을 수 있는 것을" 자경록(自經録)에 모두 수집해놨다. 잘된 행동만 수집한 게 아니라, 잘못된 거 그 경계할 수 있는 거 이런 것까지 수집했다.

竝集而錄之(병집이녹지)하야

"아울러 내가 집(集)해서 여기다 기록해서,"

仍簡十科(잉간십과)하야

"인(因)해서 십(十)했다"는 말이다. 일과 이과 삼과 사과 오과 십과 이렇게.

分爲三軸(분위삼축)하고

"나누어" 삼축(三軸), "세 권을 만들었다."

朝夕觀覽(조석관람)하야 庶裨萬一(서비만일)하노라

"조석으로 관람해서, 거의(庶) 만 분의 일라도 내가 네 행동을 돕게 하노라."

---

189 縱逸(종일): 제멋대로 하고 버릇이 없음.

190 완고하고 소홀하여 계율로 묶어놓지 아니하고.

191 악을 징계하고 선을 권장함.

若乃坐成龍報(약내좌성룡보)하고[192] 立驗蛇身(입험사신)하며
"만일 이에 앉아서 당장에 용(龍)의 보(報)를 받고[193], 서서 당장에 배암의 몸을 받으며[194],"

牛泣登坡(우읍등파)하고 駝鳴遶寺(타명요사)하며
"소는 울면서 언덕에 오르고 낙타는 울면서 절에 돌아다니며,"[195]

或杖楚交至(혹장초교지)에 遍體火燃(편체화연)하고 或戈戟去來(혹과극거래)에 應時流血(응시유혈)하며
"혹은 장초가 교지하며[196], 막대기로 때리니까 온몸이 불타는 것 같고,

---

192 이하 구절들은 그냥 말 표현 서술이 아니라 하나하나가 『석문자경록』에 해당 기사가 있다.

193 성총 주에는 극황후(郤皇後)의 성품이 투기하기를 좋아하여 양 무제가 황제로 옹립될 때 자기에게 황후 책봉의 명이 오지 않은 것에 분노하여 우물에 몸을 던져 독룡(毒竜)이 되었다는 이야기를 주석하고 있다. 그러나 양 무제 황후의 실제 이름은 치휘(郗徽)이며, '郤(극)'은 오기로 보인다.
"坐成竜報 言梁武帝郤皇後性妬忌 帝初立 未及册命 因憤怒 忽投殿前井中 衆趍救之 已化爲毒竜 莫敢近之 立驗蛇身."(『치문경훈주』, H0176 v8, p.569b)

194 성총 주. "『자경록』에 이르기를 고려(신라의 오기) 대흥륜사(大興輪寺)에 한 명의 비구가 있어 그 이름은 도안(道安)으로 강설을 잘했다. 계속 그 절에 기거하며, 승려 대중을 평가하여 저울질하고, 어린아이들을 큰 소리로 꾸짖고, 크게 성을 내었다. 나중에 병이 들어 산 채로 뱀의 몸으로 변하여, 바로 숲과 들녘으로 달아났는데, 그 길이가 10여 장(丈) 남짓이나 되었다(自鏡録云 立驗蛇身 自鏡録云 高麗有大興輪寺 有一比丘 厥名道安 善講説 恒居此寺 評量衆僧 呵斥童児 大行嗔恚 後因抱疾 生変蛇身 徑出林野 長十丈餘)."(『치문경훈주』, H0176 v8, p.569b)
그러나 이 주석은 『석문자경록』의 해당 기사와 내용이 상당 부분 다르다. 『석문자경록』 제1권 당신라국흥륜사승변작사신사(唐新羅國興輪寺僧変作蛇身事) 참조.

195 『석문자경록』에 보면 낙타가 울면서 절에 돌아다니는 것이 아니라, 식탐 많던 승려가 아귀로 환생하여 낙타 울음소리를 내면서 절에 돌아다닌다는 뜻이다[『석문자경록』, 송법풍감승식사작아귀사(宋法豊減僧食死作餓鬼事)].

196 막대기와 회초리로 번갈아 때리며.

혹은 과극이 거래[197]하는데 때를 응해서 피가 흐른다."

或舌銷眉落(혹설소미락)하고 **或失性發狂**(혹실성발광)하며
"혹은 혀가 녹아 없어지고 눈썹이 떨어지며, 혹은 성을 잃어 발광하기도 해."

或取把菜而作奴(혹취파채이작노)하고 **或侵束柴而燃足**(혹침속시이연족)하며
파(把)라는 것은 '한 주먹'이라는 말이다. "한 줌의 나물을 도둑질해서 그 과보로 그 집에 가서 종노릇을 한다. 한 묶음, 한 단의 나무를 침범, 도둑질 해가지고서 발이 타며,"

寄神園木(기신원목)하야 **割肉酬施主之恩**(할육수시주지은)하고[198]
혹은 "정신을," 원목(園木), "동산 나무에 붙여서," 즉 버섯이 되어서, "살을 베어 시주의 은혜를 갚았다."

杖(장): 棍(곤)보다는 작은 막대기.
楚(초): 회초리.

197 과(戈)와 극(戟)이 오가다.
戈戟(과극): 고대의 창. '戈(과)'는 낫과 같은 'ㄱ' 자 날이고, '矛(모)'가 '一' 자로 뾰족한, 흔히 말하는 창이며, '戟(극)'은 '戈'과 '矛'를 합쳐놓은 것이다.

198 성총 주, "동산의 버섯은 그 위에 보인다(園菌見上)."(H0176 v8, p.569b15)
이는 원래 『치문』「남곡신법사자경록서」의 바로 앞에 「여산동림혼융선사시중(廬山東林混融禪師示衆)」이 있어서 하는 말이다. 안진호 현토 본은 순서가 달라졌다. 탄허 스님의 강의에 나온 설화도 「여산동림혼융선사시중」을 바탕으로 하는데, 그러나 원래의 문헌인 『석문자경록』에서의 해당 기사는 「신라국선사할육수시주사(新羅國禪師割肉酬施主事)」(T51, 0812b)이다.

어떤 장자가 3년을 그 버섯을 따 먹었는데, 자기 눈에는 그 버섯이 보이고 자기 끄탱이 아들 눈에는 뵈는데, 그리 일찍 가도 하얗게 열은 버섯을 다른 식구들은 못 따와. 그래서 존자한테 물어보니까, 너는 전생에도 백만장자 부자였는데 버섯은 비구승이었다. 그 중한테 보시할 적에 너하고 네 끄탱이 아들은 환희심으로 보시를 했다. 다른 가족들은 왜 중한테 그렇게 전부 갖다 주느냐고 진심을 내었다. 그래서 그들 눈에는 안 보인다.

그 소릴 듣고 이제 아무도 안 먹으려고 그러는데, 아직도 3년은 더 따 먹어야 비구승이 빚을 갚는다. 그래서 더 따먹었다. 그런 역사가 있어. 이게 그 소리여. 정말 그 의지식지(衣之食之) 주택교통 전부를 한 식구한테 의존하는 건 좋은 게 아니야. 좀 살 만하게 여기도 좀 얻어먹고, 저기도 얻어먹고, 찔끔찔끔 동서남북에서 얻어먹는 게 좀 낫지, 너무 의존하니 보답할 길이 없으니 몸뚱이가 버섯이 되잖아. 거 3년을 따먹었는데 3년을 더 먹어야 한다는 거야, 6년 동안 몸뚱이로 보시를 하는 거야. 그렇게 시주(施主)의 은(恩)을 갚고,

托跡圜扉(탁적환비)**하야 變骨受謗人之罰**(변골수방인지벌)**은 昔不見而今見**(석불견이금견)**이요 先不知而始知**(선부지이시지)**라**

"자취를" 환비(圜扉), "지옥의 사립문에다 의탁하여 뼈가 변하도록 사람을 비방한 벌을 받게 되면, 예전에는 보지 못한 것을 지금 보았고 먼저 번에 알지 못한 것을 비로소 알게 되니,"

號天叩地(호천고지)**나 莫以追**(막이추)**요 破膽摧肝**(파담최간)**이라도 非所及**(비소급)**이니**

"하늘에 부르짖고 땅을 치더라도 따를 수 없고, 쓸개를 쪼개어 내고 간을 도려내도 미칠 바가 아니니,"

當此時也(당차시야)하야 **父母**(부모) | **百身而無贖**(백신이무속)하고 **親賓四馳而不救**(친빈사치이불구)하며

"이때를 당하여 부모가 백 몸으로 속(贖)바칠래야 속바칠 수가 없고," 속(贖)이란 것은 대속해주는 걸 속이라 그래요. 지금도 죽을 사람을 금전으로 속바치잖아. "친한 손이 와서 사방으로 달려도 벗어날 수 없다."

貨賂委積而空陳(화뢰위적이공진)이요 **左右撫膺而奚補**(좌우무응이해보)아 **向之歡娛美樂**(향지환오미락)이 **爲何在乎**(위하재호)며 **向之朋流眷屬**(향지붕류권속)이 **爲何恃乎**(위하시호)아

"화뢰재물(뇌물)을 산더미같이 쌓아놓아도 공연히 펼쳐놓은 것이요," 그러니까 돈 가지고도 안 된다. "좌우가 아무리 가슴을 어루만진들 어떻게 도울 수 있느냐." 안된다 이거야. "저 때 그 환락이 어디 있음이 되겠느냐, 저 때에 벗들과 권속이 뭘 믿을 것이 되겠느냐."

烏呼(오호)라 **朝爲盛德**(조위성덕)하야 **唱息於長廊**(창식어장랑)이라가[199] **夕爲傷子**(석위상자)하야 **哀慟於幽房**(애통어유방)이로다

"오호라 그렇도다. 아침에 성덕(盛德)이 되어서 장랑(長廊)에 창식(唱息)하다가, 저녁에 상자(傷子)가 되서," 불쌍한 사람이 되어 "유방(幽房)에

---

199 아침에는 큰 덕을 지닌 이가 되어 긴 회랑에서 노래하다가.

가서 애통(哀慟)한다."[200]

匪斯人之獨有(비사인지독유)라 念餘身兮或當(염여신혜혹당)이니
"이 사람만 홀로 이런 경지를 당하는 게 아니라, 내 몸도 혹 당할까 염려가 된다." 나도 잘못되면 그렇게 될 거 아니냐 이거야.

儻百年而一遇(당백년이일우)면 將恥悔兮何央(장치회혜하앙)가
"혹 백 년에 한 번 나오랄 것 같으면, 장차 치회(恥悔)[201]를 어찌 다하랴."

부끄러워하고 뉘우친들 어찌 다할 수 있겠느냐. 여기서 '가운데 앙(央)' 자는 다하다 이런 뜻이야. '가운데 앙' 자 써놓고 왜 다한다고 새겼을고? 자꾸 그런 걸 의심하지 말아요. 응? 아~ 문장이 그렇게 되는 거구나, '다할 앙(央)' 자로 하는구나. 이렇게 생각을 해야지.

可不愴乎(가불창호)며 可不懼乎(가불구호)아
"가히 슬프지 않은가, 가히 두렵지 않은가."

故(고)로 編其終始(편기종시)하며 備之左右(비지좌우)하야
"고로 그 시종(始終)을 내가 편찬해서 좌우에다 이 글을 갖춰두었다."

그러니까 고인(古人)의 가(可)[202]한 선행과 아주 못된 행동으로 나쁜 과보 받은 것들을 모조리 여기에다 기록했다 이 소리야.

---

200 다친 사람이 되어 어두운 방에서 몹시 슬퍼한다.

201 수치스럽게 후회하다.

202 可(가): 옳거나 좋다.

佇勖書紳之誡(저욱서신지계)**하며 將期戰勝之功**(장기전승지공)**하며**

"그래서 서신(書紳)[203]의 계(誡)를 내가 힘쓰고, 장차 전승(戰勝)의 공(功)을 기약하며,"

전승의 공이라는 것은 자하(子夏)한테서 나온 문자인데, 공자의 십대 제자 중에 문장을 제일 잘하는, 자하가 공자를 만나기 전에는 바짝 말라가지고, 요새 그 바짝 마른 사람을 갈비씨라고 '씨' 자를 붙이데 그렇지? 공자를 만난 뒤에는 뚱뚱이 족보에 들었단 말이야. 그래 다른 사람들이 물었어. "아니 그전에 자네 그렇게 갈비씨더니 왜 이리 뚱뚱해졌나?" 그러니까 "아유전승지공(我有戰勝之功)이로라." 내가 전쟁에서 승리한 공이 있어서 그렇다. "아니 자네가 뭐 장군 노릇을 했나 무슨? 전승이 뭐냐?" 이러니까 "공자님을 만나기 전에는 번뇌망상하고 싸우는데 그놈한테 늘 졌어. 그래서 갈비씨가 됐어. 공자님을 만난 뒤에는 완전히 번뇌망상을 정복해, 전쟁에 내가 이긴다."[204]

---

203 성총 주, "『논어』에 자장이 한마디 듣기를 원하여 [이를] 여러 紳(신)에 적었다. 紳은 큰 허리띠이다(子張 願聞一言 書諸紳 紳 大帶也)."(『치문경훈주』, H0176 v8, 569c)
원출전은 "子張問行。子曰 :「言忠信, 行篤敬, 雖蠻貊之邦行矣 ; 言不忠信, 行不篤敬, 雖州里行乎哉? 立, 則見其參於前也 ; 在輿, 則見其倚於衡也。夫然後行。」子張書諸紳。"(『논어』「위령공(衛靈公)」)

204 성총 주, "『한비자』에서 말하길, 자하는 처음에 여위었는데 나중에 살이 쪘다. 그 이유를 묻는 자(원출전을 보면 증삼)가 있어 말하였다. '제가 싸움에서 이겼습니다.' 그래서 '어떻게 싸움에서 이겼단 말인가?'라 물으니 이르기를 '제가 들어가서는 스승님의 바름을 보고 그것을 영광된 것이라 여겼으며, 나와서는 부귀를 보고 또한 영광된 것이라 여겼기에 이 둘이 마음속에서 싸움을 하여 여위게 되었습니다. 지금은 스승님의 올바름이 승리함을 보았기에 살이 찐 것입니다'라 하였다(韓非子云 子夏始臞而後肥 有問之者曰 吾戰勝 問何爲戰勝 曰 吾入見夫子之義而栄之 出見富貴又栄之 二者戰於胸中故臞 今見夫子之義勝故肥)."(『치문경훈주』, H0176 v8, 569c) 원출전은 "子夏見曾子, 曾子曰 :「何肥也?」對曰 :「戰勝故肥也。」曾子

其有名賢雅誥(기유명현아고)[205]와 哲人殊跡(철인수적)과 道化之洿隆(도화지오융)과

"그 명현(名賢)의 아름다운 말과, 철인(哲人)의" 수적(殊跡), "비상한 자취와, 도화(道化)의 오융(洿隆),"[206] 이걸 '낮을 오(洿)'라 그려. 도화의 오융, 안 모으면 '와(洿)'라고 그러지.[207]

時事之臧否(시사지장부)를 亦附而錄之(역부이록지)하야 以寄通識(이기통식)하노라

"시사(時事)의" 장부(臧否)를, "옳고 옳지 않은 것을," '장(臧)' 자를 어떻게 썼나? 초두가 없잖아. '착할 장(臧)' 자가 되는 거야. 시사의 장부, 그때 일의 착하고 착하지 않은 것을, "또한 붙여서 내가 기록해서 [이로]써," 통식(通識), "달통해 아는 이에게 내가 부치노라."

古人(고인)이 云百年影徂(운백년영조)나 千載心在(천재심재)라 하니 實望千載之後(실망천재지후)에 知餘心之所在焉(지여심지소재언)이로라

"고인(古人)이 말하기를 100년에 그림자 몸뚱이는 가지만 천재(千

曰 :「何謂也?」子夏曰 :「吾入見先王之義則榮之, 出見富貴之樂又榮之, 兩者戰於胸中, 未知勝負, 故」。今先王之義勝, 故肥。」是以志之難也, 不在勝人, 在自勝也° 故曰 :「自勝之謂強。」"[『한비자』「유로(喩老)」]

205 성총 주, "'雅(아)'는 바르다는 것이며, '誥(고)'는 윗사람이 아랫사람에게 경계시키는 말이다(雅 正也 誥 上之警下之言也)."(『치문경훈주』, H0176 v8, 569c)

206 도(道)의 교화가 쇠퇴하고 융성하는 것.

207 성총 주, "['洿(오)'의] 음은 '와'이니, 오염된 땅에 탁한 물이 고여 흐르지 않는 곳을 말한다(音哇 汚下之地 濁水不流処也)."(『치문경훈주』, H0176 v8, 569c)

載)[208]에 마음이 있다 하니, 실로 천재의 후에 내 마음의 소재(所在)를 알기 바라노라."[209] 내 마음을 좀 알아줄 사람이 나올 것이다.

---

208 千載(천재): 千歲(천세)

209 실로 천 년이 지난 뒤에도 내 마음 있는 곳을 알기 바라노라!

운명은 개척해야 하는 것

중국에 당개(唐介)210라는 선비가 있었는데 운명을 감정하니까, 그 운명 보는 사람이 뭐라 하는고 하니 "穿井無源(천정무원)이니라." 우물을 파는데 근원이 없다. 그게 뭔 소린고 하니, 우물은 웅덩이거든. 웅덩이를 암만 파도 근원이 없다, 물이 안 나온다, 빌어먹을 팔자다 이 소리야. 그러니까 당개가 거기서 반박을 해버린 거야.

"穿井無源(천정무원)가?" 한문은 토(吐) 달기가 있거든. 우물을 뚫는데 근원이 없을쏘냐? 파다가 마니까 그렇지 몇 길, 몇 백 길, 몇 천 길이고 파다 보면 근원이 나오지 어찌 없을 리가 있느냐, 반박해버려.

그리고 70년 동안 공부를 했거든. 공부를 해도 과거에 붙지 못했지만 조금도 이 세상을 원망 안 해. 우리 같으면 원망할 것 아니야, 이놈의 세상이 날 몰라준다고. 당개는 전혀 세상을 원망 않고 '학문이 넉넉했으면 붙었을 텐데 내가 학문이 부족하니까 되질 못하겠지.'

늘 반성하고 꾸준히 공부를 하는데 70 되던 해에 글을 읽고 앉았는데 공중에서 "당개~ 당개~" 뭐가 불러. 나가보니까 아무것도 없거든. 귀신이 그러는 거라. "뭐가 나를 찾냐?" 그러니까 그 귀신이 하는 말이 공중에서 "其

210 북송(北宋)의 실재 인물 중에 당개(唐介, 1010~1069)란 사람이 있긴 한데, 본 법문의 당개가 그 사람인지는 알 수 없다. 한문에 토를 달아 의미를 멋지게 반박한다는 스토리를 보건대, 이런 설화는 토를 달지 않는 중국에선 나올 수가 없고, 내용상 중국 위인의 이름을 빌린 전형적인 한국 구비문학인 듯하다.

如運命(기여운명)이 何(하)오!" '네 그 운명을 어찌하겠니, 네 운명이 기박(奇薄)한데 어찌하겠니.'

20 시절에 들은 그 천정무원이란 말이랑 뜻이 똑같거든, 말만 다르지. 거기서 또 반박했어. "야 이놈아. 其如唐介何(기여당개하)오!" '그 운명인들 당개 나한테 어쩌겠니, 운명을 내가 밀고 나가는데!' 그해에 당선(當選)했어.

이게 운명을 개척하는 거야. 그러니까 우리가 당개 선생을 본받아서 운명을 개척할 생각을 해야 해. 석가모니도 운명을 개척한 거야. 미륵불 후에 날 양반인데 ······ 미륵불을 앞섰으니까 운명을 개척해버린 거지. 모두 운명을 개척할 생각은 하지 않고 관상사주(觀相四柱)나 이런 거 봐 가지고서 좋다고 하면 헤헤 웃고, 나쁘다고 하면 막 주먹질할라고 그러거든. 나쁘다면 방법론을 물어야지. 응?

「선림묘기전서(禪林妙記前序)」
스승을 의심하는 일에 대하여

◉

時有牧牛女人(시유목우여인)이 煮乳作糜(자유작미)할새 其沸高湧(기비고용)이어늘 牧女驚異(목녀경이)하야 以奉菩薩(이봉보살)하니 菩薩(보살)이 食之(식지)에 氣力(기력)이 充實(충실)이라[211]

"목우 여인이 음식을 쒀 가지고서 부처님한테 올렸잖아. 그런데 그 우유죽이 특별히 뽀글뽀글 더 솟구치더라 이 말이야. 그러니 목녀(牧女)가 경이(驚異)해가지고 부처님께 바쳤는데 부처님이 그걸 받어가지고서 기력을 차리셨거든."

여기에서는 이런 정도로 나왔지만 장경(藏經)에 보면 이 말이 기맥혀. 외도들이 막 비난하는 건 지금이나 옛날이나 똑같잖아요. 높은 나무에 올라가면 더 흔들리거든.

부처님의 명성이 원체 천하에 가득하니까 외도들이 막 질투를 해가지고 석가가 연애한다, 목우녀 여자하고 연애한다. 경에 그렇게 써놨을 때는 생각해봐요. 외도들이 얼마나 이 주둥이를 놀렸겠는가. 말

211 안진호 편, 『정선현토치문』 「서문」 선림묘기전서(禪林妙記前序).

도 못한다. 그러면 그때 당시 외도들이 그렇게 부처님을 비난했다면 부처님 제자로서도 의심하는 사람들이 더러 없다고 못 한다. 가섭존자 같은 그런 수제자는 절대 그렇지 않으리라 확신하지만, 그 이하 제자들은 '부처님도 혹 그렇게 하는가?' 이렇게 의심하는 거야. 왜?

스승을 의심하는 일에 대하여
『논어』에서

子見南子(자견남자)하신데[212]
『논어』에 "공자께서 남자(南子)라는 여자를 봤어." 그 여자가 누군고 하니 위(衛)나라 임금의 소실인데 천하 음녀로 아주 소문에 찬 여자야. 이름이 남자다. '남녘 남(南)' 자, '아들 자(子)' 자. 남자가 보자니까, 임금의 마누라가 보자는데 안 볼 수가 있나. 선비가 안 볼 도리가 없지. 봤는데, 그것도 공공석상에 봤으면 그런 말이 안 나왔겠지만, 괜히 뒷방 가서 보자고, 아마 딴 방에서 조용히 뭐 얘기하자고 보자고 했던 거야. 그래서 둘이 만나봤단 말이야.

子路不說(자로불열)이요
"자로가 좋아하질 않아." 자로가 자그만치 십대 제자에 드는 양반이야. 정치가로 유명한 공자의 자로가 불열이요. 자로가 '어~ 못났다'고 이야기 혀. '선생님 그럴 수 있소? 이런 …… ' 자로 같은 십대 제자의 경지에도 그를 의심했으니 그 이하 사람은 말할 것도 없지 않으냐. 그래 공자가,

予所否者(여소부자)한데

212 이하 원문은 "子見南子, 子路不說。夫子矢之曰 :「予所否者, 天厭之! 天厭之!」"(『논어』「옹야」)

"내가 만일 그런 짓을 할 것 같으면"

天厭之(천염지) 天厭之(천염지)니라

"하늘이 싫어하고, 하늘이 싫어할 것이다." 그러니까 옛날이나 지금이나 다 똑같은 겁니다. 구마라습(鳩摩羅什) 삼장은 말이야 얼마나 천재였는지 …… 장경을 번역했잖아. 이런 천재는 1,000년 2,000년에 하나 나기가 어렵다. 그 씨를 받아야 되겠다. 아주 젊은 예쁜 기생을 하나 갖다 맽겨. 하나만 맽겨? 그다음엔 또 갖다 맽겨. 또 갖다 맽겨. 아홉을 맽겨 기생을. 씨 받는다고. ……

「선림묘기전서(禪林妙記前序)」
불상이 만들어진 인연에 대하여[213]

◉

又於一時(우어일시)에 昇忉利天(승도리천)하사 九旬安居(구순안거)하사 爲母說法(위모설법)하실새

"또 일시에 도리천에 오르사 구순을 안거하사 어머니를 위해 설법하실새," 부처님께서 어머니를 제도하러 도리천궁(忉利天宮)에 올라서 넉 달 동안 있다가 내려오셨는데,

時(시)에 優闐國王(우전국왕)과 及波斯匿王(급파사익왕)이 思慕佛德(사모불덕)하야 刻檀畵氎(각단화첩)으로 以寫佛形(이사불형)이러니

"그때 우전국왕과 파사익왕이 부처님의 덕을 사모해서" 각단화첩[214], 전단향(栴檀香)이라는 게 인도에 제일 좋은 향입니다. 『능엄경(楞嚴經)』

---

213 안진호 편, 『정선현토치문』 「서문」 선림묘기전서.
불상이 만들어진 인연에 대한, 역사적 사실과는 다른 설화이다. 이 설화는 거슬러 올라가면 『증일아함경』 권28 「청법품(請法品)」에 이르는데, '우전왕상'이라는 불상의 한 양상으로서 성립되어 한국불교에도 전해지는 만큼 보통 설화와는 다르게 중요한 의미를 가진다. 자세한 것은 임영애, 「'우전왕식(優塡王式)불입상'의 형성·복제 그리고 확산」, 『미술사논단(美術史論壇)』 34, 2012, 7~34 참조.

214 전단에 조각하고 모직에 그려서.

에 나오지만 전단향은 여기서 한 대 태우면은 40리 안평에 향이 내려 간다는 거야. 거짓말 같지만 참말이야. 그렇게 좋은 "향나무로 조각을 하고 또 비단 그림으로 그려서 부처님의 형상을 모사(模寫)해서" 탁자 위에다 모셔놓고서 조석(朝夕)으로 예불을 해.

於後(어후)에 佛(불)이 從忉利天下(종도리천하)하시니 其所造像(기소조상)이 皆起避席(개기피석)이어늘

"나중에 부처님이 도리천궁으로부터 내려오니까 그 조상(造像)이 말이야, 등상(等像)이 피석(避席)을 해." 사람이 내려놓지 않아도 자동으로 자리를 내려앉았어. '나는 가짜요.' 이 소리지.

佛摩其頂曰汝於未來(불마기정왈여어미래)에 善爲佛事(선위불사)하라하시니 佛像之興(불상지흥)이 始於此矣(시어차의)로다

그래 "부처님께서" 마정수기(摩頂授記)를 했어. "이마를 만지면서 '네가 미래제(未來際)가 다하도록 나를 대신하여 이 중생계에 작복(作福), 복을 짓고 인연을 짓도록 해라.' 그 등상불(等像佛) 시작이 거기서 된 거야." 그러니까 등상불과 자기가 둘이 없다는 것을 표시한 거야.

보리달마(菩提達磨)의 삼처전심[215]

이 양무제(梁武帝)는 불심천자(佛心天子), 부처 마음을 가진 천자라고 하는 기막힌 양반인데, 그래도 달마(達磨)를 만나서 못 알아들어. 달마 스님을 만났는데 묻기를 내가 집조(集朝) 이래로, 천자가 된 이후로 조사사경(造寺寫經), 절을 만들고 경을 쓰고, 도승(度僧), 중을 만들고 이렇게 하기를 무수히 했으니 거 뭔 공덕이 있소? 그러니까 달마 스님이 '所無功德(소무공덕)[216]'입니다. 조금도 공덕이 없다. 그러면

如何是聖諦第一義(여하시성제제일의)잇고
"어떤 것이 성인의 법에 제일가는 의(義)입니까?" 그러니까

廓然無聖(확연무성)이니이다
"확연해 체성(體性)이 없는 것입니다." 전연 못 알아듣거든. 또 그러면

對朕者誰(대짐자수)니잇고
"나를 대(對)한 사람이 누굽니까?"

---

215 『경덕전등록』 권제삼「제이십팔조보제달마(第二十八祖菩提達磨)」(T51n2076_3, 219a~220b).

216 원문은 "並無功德."(T51n2076_3, 219a)

不識(불식)

"알지 못한다." 양무제는 한마디도 못 알아들으니까 섭섭했어. 절이나 짓고, 탑이나 쌓고, 경이나 쓰고, 중이나 많이 만든 그것이 복덕(福德), 복이 된다는 건 가(可)하지만 공덕은 없다 이거야. 공덕은 성공덕(性功德), 자성(自性)에 붙는 것이다. 그래서 달마 스님이 갈대를 타고서 강을 건너서 소림(少林)으로 들어갔다. 이렇게 훌륭한 천자(天子), 부처의 제자 스님들도 달마 스님 법문이 원체 고준(高峻)하니까 못 들어.

그때 당시에 광통 율사(光統律師)와 보리유지(菩提流支)가 중국 천지에서 제일가는 법사였는데, 두 법사가 시기질투도 하면서 말이야, 달마가 와서 불립문자(不立文字), 직지인심(直指人心), 견성성불(見性成佛)한다고 외쳐 쌌고 막 떠들어싸니까 사문난적(斯文亂賊)이라고, 외도(外道)라고 나라에 어디다 참소(讒訴)를 했어. 그래서 양무제가 죽으라고 사약(賜藥)을 내렸다. 그리고 웅이산(熊耳山)이라는 산에서 장사를 지냈어.

장례를 모시는데, 그 장례 모시기 전에 송운(宋雲)이라는 위(魏)나라 신하가 인도에 특사로 갔었어. 그러니까 달마 스님이 사약 받아서 돌아가는 걸 못 봤지. 특사로 갔다가 3년 후에 돌아오는데, 총령(蔥嶺)이라는 게 이 중국하고 인도하고 접계(接界)인가봐.[217] 총령도중(蔥嶺途中)에 달마를 만났어. 달마 스님이 …… 주장자 끝에다 신 한 짝 달고서 떡 오거든.[218]

"스님 어디 가십니까?"

"내가 고국으로 가노라."

"하이고! 스님 여기서 중생 교화하는 일 더 하시다 가시지, 벌써 가십니까?"

---

217 총령(蔥嶺)은 파미르(Pamir) 고원의 옛 중국 이름이다.

218 우리나라에서 이와 같은 달마의 설화는 '총령도중 수휴척리(蔥嶺途中手攜隻履)'로 불린다. 『석문의범』 시식편에 그 구절이 있고, 사찰의 달마 벽화에 화제(畫題)로 등장한다.

"내 인연이 다 되어서 간다. 가거든 대왕께 내가 문안 여쭙더라고 해라."

문안을 드리러 송운이 갔거든. 그래 달마를 총령중도에 만났는데 전하께 문안을 여쭙더라고 하니까 깜짝 놀랠 거 아니야. 자기가 사약을 먹여 가지고서 3년 전에 죽였는데 말이야. "웅이산에 장사를 지냈는데 거 뭔 소리냐?"고 그러니까

臣(신)이 焉敢欺瞞(언감기만)이리잇고

"신이 어찌 속일 리가 있겠습니까." 그래서 파봤어. 파보니까

惟空棺一隻履(유공관일척리)이라

"오직 빈 널에 신 한 짝만 있어."219 '총령도중에 수휴척리,' 시식(施食)하는데 그러잖아. 달마 대사가 손에 신 한 짝만 있거든. 해서 없는 소식을 보인 거야. 그러니까 부처님도 팔만대장경 교리 밖에 삼처전심(三処傳心)을 했고, 달마 대사도 삼처전심을 했다. …… 석가의 삼처전심도 있고, 달마 대사 삼처

---

219 설화의 내용이 심히 변형되었다. 『경덕전등록』에 있는 관련 내용을 요약하면 다음과 같다. 첫째, 숭산 소림사에서 면벽하는 달마에게 북위(北魏)의 효명제(孝明帝)가 3차례에 걸쳐 사자와 조서를 보내 불렀으나 응하지 않았고, 효명제는 공양물을 보내 존경을 표했다. 둘째, 광통 율사와 보리유지는 매번 달마와 논쟁하고 시비하다 여러 차례 음식에 독약을 넣었다(군주가 사약을 내린 것이 아니다). 여섯 번째에서는 인연이 다했고 전법할 제자가 있으므로 독약을 그냥 받아들여 서거한다. 셋째, 3년 후 북위의 관리 송운이 서역에서 돌아오다가 총령에서 달마를 만났는데, 손에 신발 한 짝을 들고 사뿐사뿐 홀로 가는 것을 보았다(見手攜隻履翩翩獨逝, 230b). 송운이 '어디 가십니까?' 하고 묻자 '서천(西天)으로 간다.' 그리고 '그대의 주군은 이미 세상을 떴다'라고 대사가 말하니, 송운이 듣고 망연(茫然) 했다. 달마와 헤어져 조정에 돌아와보니 과연 명제는 이미 별세하고 효장(孝莊)이 즉위해있었다. 이 일을 자세히 보고하자 황제가 광을 열어보게 했더니, 빈 관에 가죽신 한 짝만 남아 있었다. 또한, 광통 율사와 보리유지가 달마를 독살했다는 기사는 역사적 사실이라 할 수는 없으나, 달마에서 혜가(慧可)로 이어지는 새로운 수행 교단이 기존 교단에게 심한 견제와 핍박을 받았음을 이를 통해 엿볼 수 있다.

전심도 있다니까.

석가의 삼처전심은 多子塔前(다자탑전)에 分半座(분반좌), 살소식(殺消息), 살인도(殺人刀). 사람 죽이는 칼을 보였다. 靈山會上(영산회상)에 擧拈花(거염화), 영산회상에서 꽃가지를 들어 보인 것은 활소식(活消息), 활인도(活人刀) 사람 살리는 칼을 보였다. 泥蓮河畔(니련하반)에 槨示雙趺(곽시쌍부), 니련하반에 돌아가셨는데 가섭존자가 가서 묘를 붙잡고 통곡을 하니까 두 다리를 묘 속에서 내비쳤잖아. 살활제시(殺活齊施)라, 살인도 활인도를 한꺼번에 보였다. 그게 석가의 삼처전심이고. 달마는 제1처 전심(第一処 傳心)이

汝(여)가

제자보고 하는 소리야. 여(汝)가, "네가"

外息諸緣(외식제연)하고

"밖으로 모든 반연(攀緣)을 쉬고"

內心無喘(내심무천)하야

'헐떡일 천(喘)' 자. "안 마음이 헐떡임 없어서"

心如墻壁(심여장벽)하여서

"안 마음이 담벽과 같이 되어야만"

可以入道(가이입도)니라[220]

220 여러 선서(禪書)에서 볼 수 있는 게송이다. 『경덕전등록』에서는 주석에 '別記云

"가히 도에 들어가는 것이니라." 이것을 제1처 전심이라 한다. 그다음에

弟子心未寧(제자심미령)하니 乞師安心法(걸사안심법)하노이다
"제자가 마음이 편치 못하니 스님께 마음 편케 하는 법을 청합니다." 스님이 마음 편케 하는 법을 주시오 이러니까,

將心來(장심래)하라 與汝安(여여안)니라
"마음 가져오너라. 너를 위해 마음 편케 해주마."

覓心了不可得(멱심요불가득)이로소이다
"마음을 아무리 찾아봐야 찾아볼 곳이 없습니다." 이러니까,

與汝安心竟(여여안심경)해놨다[221]
"너를 위해서 마음 편케 마쳤다."

찾아볼 수 없으니 마음 편케 됐다. 고것이 제2처 전심(第二処 傳心)이야. 그다음에

蔥嶺途中(총령도중)에 手攜隻履(수휴척리)라
신 한 짝만 들고, 한 짝은 묘 속에다 놔두고 가는 것이 제3처 전심(第三処 傳心), 살활제시(殺活齊施)야. 생사도리(生死道理) 없는 소식을 보이는 것이다. 본래 달마가 아주 미남자로 생겼는데, 도교 신선의 도에 시해법(屍解法)이라는

……'(T51n2076_3, 0219c)으로 등장하는데, '별기'가 어떤 책인지는 알려지지 않았다.

221 T51n2076_3, 0219b.

게 있어. '죽음 시(屍)' 자, '송장 시(屍)' 자하고, '풀을 해(解)' 자. 시해법이라는 게 뭐인고 하니 몸뚱이는 놔두고서 정신만 수천 리, 만 리를 돌아다니는 거야. 그래야 편리하잖아.

달마 스님은 신통이 있는 양반이니까 시해법을 잘하지만, 신선도 하는 사람도 시해법을 성취한 사람이 있었거든. 그런데 신선도 하는 사람이 얼굴이 추악하게 생겼는데 오다가다 보니까 미남자가 시해법을 하고 몸을 벗어 놓고 갔거든. 옜다 좋다 하고 자기 몸 거기다 놓고는 바꿔서 그 몸에 들어가 버렸어. 그래 달마가 몸을 뺏겼지. 나중에 와보니까 신선도 하는 사람이 그 추악한 제 몸을 벗어놨거든. 글로 들어간 게 달마래.

예문(禮文)의 삼신송(三身頌)[222]

법신(法身) 찬(讚).

蟭螟眼睫起皇州(초명안첩기황주하야)

안첩(眼睫)이라는 건 속눈썹, 눈썹도 속눈썹은 더 가늘거든. "초명(蟭螟)[223]이라는 벌레가 모기의 속눈썹에다 황주(皇州), 황제의 고을을 떡~ 일으켰다." 이 말이야. 황제의 나라가 하나 생겼는데,

玉帛諸候次第投(옥백제후차제투)라

"옥과 비단을 가지고 제후(諸侯)들이 차제(次第)로(차례로) 와서 조공을 던진다." 제후 나라 수백 개 가지고 있는 게 천자 제국이거든. 제후들이 차제로 와서 천자께 조공(朝貢)을 바친다.

天子(천자)가 臨軒論土廣(임헌논토광)하니

"천자가 마루에 임해가지고 자기 땅 너른 것을 논하니," 우리나라가 얼마나

222 한국불교의 여러 의례문(儀禮文)에 산재하는 법신·보신·화신을 찬한 게송에 대한 강의이다. 의례문의 게송은 범패로 노래를 부르게 되므로 가영(歌詠)이라고 했다. 따라서 의례문의 삼신송은 「법신가영」·「보신가영」·「화신가영」 또는 「법신영」·「보신영」·「화신영」이라 한다. 예를 들어 『관음례가영(觀音禮歌詠)』(1919년 제작)이 있다.

223 전설 속의 작은 벌레의 이름. 각주 85 참조.

넓은가 하는 걸 논하는데,

太虛猶是一浮漚(태허유시일부구)라
태허공(太虛空)이 이렇게 크다고? 어림도 없지. 우리 땅, 그 초명 속눈썹에 벌어진 그 광국토에다 대면 "태허공도 오히려 이 한 뜬 거품이여." 바다에 한 뜬 거품만 혀. 태허공이 거품만 할 때 그놈에 나라는 얼마나 컸어? 이게 부처님 법신을 찬하는 거야 잘 이해했지?

그다음에 보신(報身).

海上(해상)에 曾營內外家(증영내외가)하니
"해상에 일찍이 내외가를 경영했어." 법신과 화신의 중간 역할 하는 게 보신이거든.

往來相續幾隨波(왕래상속기수파)냐
"왕래해 가고 오면서 상속해서 몇 번이나 물결을 좇았더냐."

一條古路(일조고로)가 雖平坦(수평탄)이라
"한 가닥 옛길은 비록 평탄하지만," 옛길은 비록 평탄하여 변형이 없지만

舊習(구습)은 依然走兩叉(의연주양차)라
"옛 습기는 의연히 두 갈래로 갈리는구나." 한쪽은 법신으로 갈리고 한쪽은 화신으로 갈리는 게 보신이거든. 그러니까 이걸 이렇게 알면 된다. 법신이 근본자리라면, 화신은 그림자 달, 보신은 달 광명. 달 광명이니까 그림자 달에도 반(半) 역할, 본 달에도 반 역할이야.

이제 화신(化身)이다. 그림자 달.

月磨銀漢轉成圓(월마은한전성원)하니
"달이 은한(銀漢)에[224] 갊에," 은하수에 간다는 거는 뭐인고 하니, 오고 가고 하니까 간다, 맷돌 가는 거같이 가니까, "전전(轉轉)이 둥글게 이뤘어,"[225]

素面舒光照大千(소면서광조대천)이라
"하얀 낯이 빛을 펴가지고 대천세계(大千世界)를 비추는구나." 훤하게.

連臂山山空捉影(연비산산공착영)한데
그런데 그림자가 그렇게 대천세계를 비춰서 물건 물건에다 투입했잖아. 강이 천 개면 천 개 달이 있잖아. "어깨를 내려가지고서 산산(山山)이가," 잔나비란 놈이 "공연스리 그림자," 강 속에 비친 달을 "잡으려고," 바로 건지려고 "한단" 말이야. 그러나

孤輪本不落淸川(고륜본불락청천)이니라
외로운 바퀴, "달 바퀴는 본래 푸른 하늘에서 떨어진 것이 아니다." 떨어진 것이 아닌지 모르고서 헛것을 자꾸 쥐고 앉았다 이 말이야. 그러니까 '화신에 속지 말라, 49년 설법한 석가(釋迦)한테 속지 말라.' 이 소리야.

---

224 은하(銀河).

225 둥글게 바뀌었다(転成).

송문제집조재론불교 (宋文帝集朝宰論佛教)[226]에서

◉

尙之(상지) ㅣ 對曰夫禮隱逸則戰士怠(대왈부례은일즉전사태)하고 貴仁德則兵氣衰(귀인덕즉병기쇠)하나니[227]

"상지(尙之)[228]가 하는 말이"야. "은일군자(隱逸君子)를 대접할 것 같으면 전사가 쉬 게을러지게 되고," 그 은자를 돌보니까 전사가 게을러지고 힘 안 쓴다 말이야. 또 "인덕(仁德)을 귀히 할 것 같으면 병기(兵氣)가 쇠(衰)하게 되나니."

若以孫吳(약이손오)로 爲志(위지)하야 苟在呑噬(구재탄서)ㄴ댄 亦無取堯舜之道(역무취요순지도)어니 豈惟釋敎而已哉(개유석교이이재)리잇가

---

226 안진호 편, 『정선현토치문』 「호법(護法)」 송문제집조재론불교(宋文帝集朝宰論佛教). 송(宋)은 중국 남북조 시대에 남조의 첫 왕조로서, 문제(文帝, 420~479)는 '원가(元嘉)의 치(治)'라 불리는 송의 전성기를 이룬 황제이다. 그러나 태자인 유소(劉劭)에게 살해당했고, 이후 송 왕조는 나락에 떨어지고 만다.

227 강의 음성파일에는 '帝曰(제왈)'과 '尚之対曰(상지대왈)'의 순서가 바뀌어 있어 원문의 순서대로 바꾸었다.

228 하상지(何尚之, 382~460): 문신. 학식과 덕망이 높아 문제에게 총애를 받았으며, 상서령(尚書令) 등을 지냈다.

"만일 손오(孫吳)로써, 손자(孫子)와 오자서(伍子胥)의 병서(兵書)로써 뜻을 삼아 가지고 진실로," 탄서(呑噬), "온 타방을 삼킨다는 야심이 있으면은 요순(堯舜)의 도(道)도 취할 게 없을 것이다." 밤낮 전쟁만 준비하고 있는 사람들이 요순의 도를 취할 게 뭐 있나? 그럴진대 "어찌 오직 석교(釋教)일 따름이겠습니까." 불교를 취할 리가 있겠습니까. 이렇게 말하니까,

帝(제) ㅣ 曰釋門有卿(왈석문유경)이 亦猶孔門之有季路(역유공문지유계로)니 所謂惡言(소위악언)이 不入於耳也(불입어이야)로다

"송(宋) 문제(文帝)가 하는 말이, 불교에 경(卿)이," 자네 같은 신하가 "있는 것이," 나한테 있는 불교에 자네 같은 이가 있는 것이, "마치 공문(孔門)에," 공자의 문에 계로(季路)[229], 십대 제자에 정치가로 유명한 "자로(子路)가 있는 것과 같다." 그러니 이른바 악한 말이 귀에 들어오지 않는다.

그게 무슨 소린고 하니, 공자께서 자로를 얻기 전엔, 자로가 공자의 제자 되기 전에는 세상 사람들이 공자에게 얼마나 욕을 퍼부었던지 말이야. '纍纍若喪家之狗(누누약상가지구)'[230]라 더럽고 더럽기가 초상난 집 개 같다는 말도 있고, 초상난 집 개는 사흘이고 나흘이고 밥을 굶기는 게 일이야. 밥을 안 주기 때문에 개구녁에 여기저기 기우려 먹을 게 있는가 이러는 거야. 또 사마상퇴(司馬向魋) 같은 사람은 공자를 죽일라고 얼마나 모략을 해. 또 소잡(騷雜)한 일이 있어 공자가 지나가는 데 자철(子鉄)을 뿌려버려. 밉다고 발꿈치까지 다 쓸어버리려. 이렇게

229 흔히 자로(子路)라 한다. 이름(諱)은 중유(仲由)로서 자(字)가 자로 또는 계로(季路)이다.

230 『사기』「세가(世家)」 공자세가(孔子世家).

별일이 다 있었거든. 이거 공자만 그런 게 아니야. 그렇게 못 당할 일을 부처님도 그랬잖아. 선성비구(善星比丘)[231]니 조달(調達)[232]이니 하는 그 친구들이 말이야 얼마나 비방을 했누. 그러니까 뭐 성인들도 그러는 거야.

그런데 자로(子路)가 완력이 아주 천하장사로 요새 말로 할 것 같으면 태권도 10단 이런 거야. 용력이 그냥 타고난 천연완력(天然腕力)이여. 그런데 또 천하웅변(天下雄辯)이거든. 공자의 십대 제자 중에 정치가로 제일가. 말이 천하웅변에다 기운이 천하장사고. 그이가 떡~, 공자의 제자 됐단 소리를 듣고 어느 놈도 꿈쩍을 못해. 어느 놈이 감히 공자를 비방혀? 공자를 비방하다가는 주먹으로 맞아 죽을 거고, 가서 말로 따져도 응변(應辯)을 당할 놈이 없고.

그래서 공자가 칭찬한 거야. 이 사람아 '吾得子路以後(오득자로이후)'로, 내가 자로를 얻은 뒤로부터, 자로가 내 제자 된 뒤로부터 '惡聲(악성)이 不入於耳(불입어이)라.'[233] 고약한 소문이 귀에 한 번도 안 들어왔어. 이게 그 소리여. 석문(釋門)에, 불교에 경(卿)이 있는 것이 마치 공자에게 자로가 있는 것과 한가지다 이 말이여. 불교 옹호를 잘한다고 시방 황제가 칭찬하셨어요.

---

231 善星(선성): 빠알리 Sunakkhatta, 산스크리트 Sunakṣatra. 한때 석가모니의 제자로서 사선정(四禪定)을 성취하는 등 뛰어난 면모를 보였으나, 고행주의를 주장하며 배신을 하게 된다. 결국 고행하다 죽게 된다. 일설에는 석가모니의 친자라고도 한다(https://ja.wikipedia.org/wiki/善星 참조).

232 調達(조달): 데바닷따(Devadatta).

233 "自吾得由, 惡言不聞於耳。"[『사기』「열전(列傳)」 중니제자열전(仲尼弟子列傳)]

승려로서 그릇되게 먹고사는 방식, 사명식(邪命食)[234]

사명식(邪命食)이라는 것은 네 가지 사명(邪命), 사사명(四邪命)으로 먹고사는 것을 말한다.

1은 앙구식(仰口食). 첫째는 입을 우러러서 먹고사는 거. 천문 봐주고 이런 거를 앙구식이라 그래.

2는 하구식(下口食). 입을 밑으로 내려두고 먹고사는 거, 농사짓고 사는 거. 그걸 하구식.

3은 방구식(方口食). 사방이라는 '방(方)' 자, '모날 방(方)' 자. 사방에 심부름, 궁중이나 나라 심부름하며 먹고사는 거.

4는 유구식(維口食). 넷째는 유구식. 오직 입으로만 벌어 먹고사는 거. 관상 봐주고, 사주 봐주고, 점 해주고 하는 거. 입으로 버는 거.

이상을 사사명식(四邪命食)이라 한다. 네 가지 사명(邪命)으로 산다. 팔정도(八正道)에 정명(正命), 정업(正業) 이게 있지? 정명이라는 것은 직업을 가지고 있는 것이고, 정업이라는 건 행동을 가지고 있는 것이다. 정명과 정업. 그걸 확실히 구별해야 된다. 그러면 사명식은 네 가지가 있는데 삿된 목숨으로 본다.

234 『대지도론』 권삼(T25n1509_3, 79c)을 원출전으로 볼 수 있다.

다시 말하면, 삿된 직업이라 이 소리여. 네 가지 사명, 삿된 명, 목숨이라는 건 아까 말한 앙구식, 하구식, 방구식, 유구식. 그럼 승려에게는 이 정명이라는 것이 걸식(乞食), 빌어먹고 다니는 걸 정명식(正命食)이라 그려. 빌어먹는 것이 중의 본분 직업이다. 그래 비구가 번역하면 걸식이거든. 빌어먹는 게 원칙이야.

「범촉공송원오선사행각(範蜀公送圓悟禪師行脚)」[235]에서

◉

成都(성도)[236]는 況是繁華國(황시번화국)이니 打住(타주)는 只因花酒惑(지인화주혹)이라

"성도는 하물며 이 번화한 나라니 타주(打住)함은 다만 화주(花酒)의 혹(惑)을 인(因)함이라." 성도(成都) 같은 번화한 데서 머무는 것은 화주에 모두 미혹되어서이다. 꽃이 많고 술이 많고.

吾師(오사)는 幸是出家兒(행시출가아)라 肯隨齷齪同埋沒(수악착동매몰)이며

"우리 스님은 다행히 출가아(出家兒)나니, 어찌 악착(齷齪)한[237] 걸 따라

---

235 안진호 편, 『정선현토치문』 「잡록(雜錄)」.
성총 주, "범진(範鎭, 1007~1088)은 자(字) 경인(景仁)이고, 화양(華陽) 사람으로 진사 과거에 급제하여 벼슬이 한림학사에 이르렀다. 촉국공에 봉해져서 호부시랑으로 임명 받았다(範鎭 字景仁 華陽人 擧進士第 官至翰林學士 封蜀國公 以戶部侍郎致仕).", "극근 선사(克勤, 1063~1135)는 자(字)는 무저(無著)이고, 팽주 낙씨(彭州 駱氏) 집 아들이다. 구족계를 받은 뒤에 성도를 돌아다녔다. 민행 대사를 따라서 경론을 배우는데 촉공이 시를 지어서 보냈다. 나중에 미종이 원오라는 이름을 내렸다(克勤禪師 字無著 彭州駱氏子 受具後遊城都 從敏行大師 學經論蜀公作詩以送 後徽宗賜號圓悟)."(『치문경훈주』, H0176 v8, p.621a)

236 오늘날의 청두(成都)와 같다. 삼국시대 촉나라의 수도였기 때문에 촉경(蜀京)이라고도 한다.

237 성총 주, "급히 재촉하고 편협한 모습(急促局狹貌)."(『치문경훈주』, H0176 v8, p.621b)

가지고 같이 거기에 매몰(埋沒)할 리가 있느냐."

吾師(오사)는 幸有虹蜺志(행유홍예지)하니 何事躊躇溺泥水(하사주저익니수)리오

"또 오사는 다행히 홍예(虹蜺)[238]의 뜻이 있으니" 높은 뜻이 있는 것을 홍예의 뜻이라고 그려. 무지개의 뜻, 청운의 뜻. "어떤 일로 주저(躊躇)해서" 거기 "니수(泥水)[239]에 빠질 리가 있겠느냐."

豈不見(개불견가)

"어찌 보지 못하느냐."

呑舟之魚(탄주지어)는 不隱卑流(불은비류)하고 合抱之木(합포지목)은 不生丹丘(불생단구)니라

탄주지어(呑舟之魚)라는 것은 "제일 큰 고기," 얼마나 컸던지 배를 삼킬 수 있는 고래 같은 것을 탄주지어라고 그래. 비류(卑流), "낮게 흐르는 물에는 숨지 않는 것이오." 합포지목(合抱之木)은 "여러 아름되는 나무는" 단구(丹丘), "조그마한 언덕에 나질 않는다."

大鵬(대붕)이 一展九萬裏(일전구만리)라

"대붕새가 한 번 날개를 펼치면 구만리를 날아." 『장자(莊子)』에 있는

238 무지개.

239 더러운 물.

문자야.[240]

豈同春岸飛沙鷗(기동춘안비사구)아
"어찌 봄 언덕 모래에 나는 갈매기와 같을까 보냐."

何如急駕千裏驥(하여급가천리기)리오[241]
"어찌 급히 천리의 기마(驥馬)를 멍에하는 것만 같으리오?"[242]

[莫學]鷦鷯戀一枝([막학]초요연일지)어다
초요(鷦鷯)는 뱁새. 뱁새라고 있지? 눈 쬐맨한 거.[243] "초요가 일지(一枝), 한 가지만 생각하는 걸 배우지 말세라." 그 소리는 무슨 소린고 하니 『장자(莊子)』에 있는 문자라.[244] '鷦鷯巢於深林(초요소어심림)에 不過一枝(불과일지)요.' 초요, 즉 뱁새가 깊은 수풀에 깃들일 때 한 가지만 만족하고, '偃鼠飮河(언서음하)에 不過滿腹(불과만복)이라', 산쥐(偃鼠)[245]가 河水(하수)[246]에 가서 마시는데 배에 차면 그만이야. 하수 물 많은 게 필요 없다 이거야. 그런데 『장자』에서는 좋게 쓴 문자거든. 뭐인고

240 『장자』「소요유(逍遙遊)」.

241 안진호 편, 『정선현토치문』「잡록」 범촉공송원오선사행각(範蜀公送圓悟禪師行腳)에서 보충.

242 어찌하여야 급히 천리마를 모는 것같이 할 수 있겠는가?

243 초료(鷦鷯): 현대 중국어로 굴뚝새인데, 우리나라에선 그냥 '뱁새'(붉은머리오목눈이)로 일컫는 일이 많았고, 최근에 '뱁새와 굴뚝새'로 주석한 용례가 있다. 뱁새의 중국명은 棕頭鴉雀.

244 『장자』「소요유」.

245 언서(偃鼠): 원래는 두더지.

246 황하(黃河)를 말한다.

하니, 요임금이 허유(許由)한테 가서 천하전권(天下全權)을 양위(讓位)하면서 '천자 노릇 좀 해주오'라 그러니까, 허유가 답하는 말이다.

『장자』, 소요유(逍遙遊)

堯讓天下於許由(요양천하어허유) 曰日月出矣(왈일월출의)에 而爝火不息(이작화불식)하니
"요임금이 천하를 양위하면서 하는 말이, 해와 달이 나는데 횃불이 쉬질 않으니," 비유하면 선생님의 도덕은 해와 달과 같다, 나의 도덕은 횃불이다.

其於光也(기어광야)에 不亦難乎(불역난호)며
"그 광명에 또한 어렵지 않느냐." 해와 달하고 횃불하고 비교가 되느냐 이거야. 자기를 그렇게 겸사한다.

時雨降矣(시우강의)어늘 而猶浸灌(이유침관)이라
"땟비가 이렇게 쏟아지는데," 선생님의 은택이 비를 주는 거라면, 나의 은택, 내가 백성에게 끼치는 은택은 "가뭄에 물 대는(浸灌) 거다."

其於澤也(기어택야)에 不亦勞乎(불역노호)리이까
"그 은택에서 수고롭지 않습니까?"

夫子立而天下治(부자립이천하치)어늘
"선생님이 설 것 같으면 천하가 다스려질 텐데"

而我猶尸之(이아유시지)어니

"내가 오히려 시위소찬(尸位素餐)247으로 일을 맡아가지고 있으니"

吾自視缺然(오자시결연)이라
"내가 스스로 보기에도 부끄럽습니다."

請致天下(청치천하)하노이다
"청하여 천하를 맡깁니다." 하고 허유한테 천하전권, 황제의 전권을 맡겼어. 그러니까 성인이라고 그러는 거다. 맡기는 분도 성인이고, 안 받는 양반은 더 성인이고. 생각해봐요. 안 그렇겠나? 범부 쪼가리들이 그렇게 하겠어? 배가 들입다 터지게, 지 애비하고도 싸우려고 하는 게 정권인데. 그러니까,

許由曰(허유왈)
"허유가 하는 말이야."

子治天下(자치천하)에 天下既已治也(천하기이치야)면
"자네가 천하를 다스림에 천하가 이미 다 다스려졌는데"

而我猶代子(이아유대자)ㄴ댄
"내가 오히려 자네를 대신해서 한다면"

吾將爲名乎(오장위명호)아
"내가 이름을 이루겠는가?"

247 '자격 없이 높은 자리에 앉아 녹만 받는다'는 뜻.

名者(명자)는 實之賓也(실지빈야)니
"이름이라는 것은 실상의 손이오." 실상이 있으면 이름은 저절로 따라가는 것이다.

吾將爲賓乎(오장위빈호)아
"내가 여기서 손을 이루겠느냐?" 나는 근본을 위하지 그 곁아리 손을 위하지 않는다.

여기에 그 이야기가 나온다.

鷦鷯巢於深林(초요소어심림)에 不過一枝(불과일지)요
"뱁새가 깊은 수풀에 깃들일 때 한 가지면 만족해." 많은 수풀이 필요 없다.

偃鼠飮河(언서음하)에 不過滿腹(불과만복)이라
"산쥐가 하수에 가서 물 마시는데 배에 차면 그만이지." 물 많은 게 무슨 필요 있느냐.

歸休乎君(귀휴호군)이여
"돌아가 쉴지어다, 군이여."

予無所用天下爲(여무소용천하위)니
"나는 천하로써 하는 바가 없어." 천하를 다스리는 것이 자네 책임이라면, 나는 천하 밖에서 논다.

庖人(포인)이 雖不治庖(수불치포)라

"푸줏간 사람이 비록 푸줏간을 못 다스린다고 해서"248

尸祝(시축)이 不越樽俎而代之矣(불월준조이대지의)니라

"축(祝) 맡던 관원이" '유세차~ 감 대추 곶감~'249 축(祝) 읽다 말고서 "도마를 넘어서 푸줏간 놈 대신해주는 법이 없어." 역할이 다르다 이거야. 자네가 천하를 받드는 책임이라면, 나는 천하 밖에서 노는 책임이다.

거기서 나온 말이다.

---

248 庖(포): 부엌 포. '푸줏간'에 한정되지 않고 부엌, 주방을 뜻하나, '포정해우(庖丁解牛)', '포정(庖丁)' 등과 같이, 용례상 고기를 준비하는 푸줏간을 일컫는 경우가 많다.
庖人雖不治庖(포인수불치포): 비록 숙수가 주방일을 못 하더라도.

249 강의 중에 축문 읽는 소리를 재미있게 시연한 것이다.

「범촉공송원오선사행각(範蜀公送圓悟禪師行脚)」에서

◉

直饒講得千經論(직요강득천경론)이라도 也落禪家第二機(야락선가제이기)니라

"바로 넉넉히 천 가지 경과 논을 강하여 득, 줄줄 다 통하더라도, 선가(禪家)의 소식으로 보면 제이기(第二機) 밖에 안 된다." 둘째 근의 기틀일 뿐, 제일기(第一機)가 못 된다.

白雲(백운)은 長是戀高臺(장시연고대)하야 暮罩朝籠不暫開(모조조농불잠개)라가

"흰 구름은 길이 이 고대(高臺)를 생각해서, 저묾에 끼고 아침에 덮여서 잠시도 열리지 않다가,"

爲慰蒼生霖雨望(위위창생림우망)하야 等閑依舊出山來(등한의구출산래)니라

"창생이 장맛비 바라는 것을 위로하기 위해서, 등한히 의구히[250] 산에

---

250 等閑(등한): 마음에 두지 않고 예사(例事)로 여김.
依舊(의구): 예전처럼, 옛 모습과 변함없음.

나오느니라." 그러니까 공부 잘해서, 부처님처럼 언제든지 다시 산에서 내려와서 중생을 제도하라 이 소리다.

又不見(우불견)가 **荊山**(형산)에 **有玉名瓊瑤**(유옥명경요)라 **良工**(양공)을 **未遇居蓬蒿**(미우거봉호)러니

"또 보지 못했느냐? 형산이라는 산에 옥이 있는데 이름이 경요야." 굉장한 보옥인데, "양공[251]을 만나지 못 해가지고", 즉 사람들이 그 옥을 알아보지 못 해가지고서. 이놈이 봉호(蓬蒿)[252], "쑥대 짚 속에 거(居)했단" 말이야.

초(楚)나라 변화(卞和)라는 사람이 형산에서 옥을 주웠는데 박옥(璞玉)이야. 옥이 겉은 잡색인데 속에는 보옥이다. 그놈을 갖다 나라에 바쳤어. 바치니까 잡색이라고 내버렸다. 임금이 바뀌었는데 두 번째로 또 바치니까, 이놈이 전주(前主) 적에도 그러더니만 또 거짓말한다고 발을 베어버렸다. 월족(刖足), 발 베는 형(刑)이다. 그다음에 임금이 또 바뀌었는데, 세 번째로 또 바치니까 저렇게 다리 병신이 되어가지고도 또 갖다 바치는 까닭이 있다 싶어서 돌을 깨보니까, 세상에 보물 옥이, 요새로 말하면 금강석 같은 보석이 들어있더란 말이야. 변화가 발은 병신 됐지만, 부귀공명(富貴功名)을 했지.[253]

---

251 良工(양공): 훌륭한 장인.

252 중국어 단어로서 '쑥갓'을 가리키기도 하나, 여기서는 '수풀'로 새기는 것이 마땅하다.

253 이상 『한비자』「화씨(和氏)」의 고사. 이 옥을 '화씨지벽(和氏之璧)'이라 하는데, 여기서 끝나는 것이 아니라 이후 1,500년의 세월에 걸친 여러 사건에 관계하게 된다.

當時(당시)에 若不離荊楚(약불리형초)런들 爭得連城價倍高(쟁득연성가배고)아.[254]

"당시에 만일 형초(荊楚)[255]를 여의지 않았던들, 어찌 연성(連城)의 값의 배(倍)나 높게 얻으랴.[256]"

---

254 『치문경훈주』권하(H0176 v8, 621b14~b19).

255 荊楚(형초): 초나라 또는 그 지역을 이르는 말이다. 오해하여 '형벌의 고초'로 번역하는 일이 많다.

256 화씨지벽에 얽힌 또 하나의 사건인 연성지벽(連城之璧) 고사를 언급하고 있다. 오랜 세월 후 조(趙)나라 혜문왕(惠文王)이 화씨지벽을 갖게 됐는데, 이 소식을 들은 진(秦) 소양왕(昭襄王)이 화씨지벽을 15개의 성(連城)과 바꾸자고 제안했다. 소양왕이 화씨지벽을 그냥 강탈하려는 술책임이 뻔히 보이나 진나라가 강성하므로 거절할 수도 없는 처지가 되었는데, 이때 인상여(藺相如)가 나서서 "옥을 보전하여 돌아올 것을 신이 청하나이다(臣請完璧歸趙)"라고 했다. 그리고 소양왕에게 가서 옥을 건네자, 과연 소양왕은 성을 내어줄 의사가 없음을 드러냈다. 이에 계략을 써서, "옥에 흠이 있으니 왕께 가리켜 보여드리길 청하나이다(璧有瑕請指示王)"라고 했다. 그렇게 옥을 다시 건네받고는 연성을 넘겨주지 않으면 옥을 깨트리겠다고 협박했다. 소양왕이 옥이 깨질까 두려워서 연성을 내어주겠다고 약속하나 여전히 믿을 수 없었다. 이 귀한 옥은 그냥 받아서는 아니 되는 것이니 왕이 닷새를 재계하고 조정에 큰 행사를 베풀면 옥을 넘겨드리겠다고 했다. 그리고 갈옷으로 변복하고 도망쳐 무사히 옥을 보전하여 조나라로 돌아온다[『사기』 염파인상여열전(廉頗藺相如列傳)]. '완벽(完璧)'과 '하자(瑕疵)'란 말은 이 연성지벽의 고사에서 유래했다.

「우가영승록삼교총론(右街寧僧錄三教總論)」에서[257]

◉

三教(삼교)ㅣ 旣和故(기화고)로 法得久住也(법득구주야)니라
"삼교가 이미 화합한 고로 법이 구주[258]함을 얻나니라."

且如秦始(차여진시)ㅣ 焚坑儒術(분갱유술)은 事出李斯(사출이사)요
"또 저 진시황이 유술", 유교 서적은 다 불 질러버리고 유생을 생매장해서 묻어버렸단 말이야. "[그 말은] 이사에서 나왔고."

이사(李斯)라는 사람이 천하의 문장인데 말이야, 그리고 진시황

---

257 안진호 편, 『정선현토치문』 「잡록」 우가녕승록삼교총론(右街寧僧錄三教總論).
저자 찬영(贊寧, 919~1001)은 북송 초기의 승려이며 불교사가(佛教史家)이다. 속성은 고(高)씨로, 항주(杭州) 선부사(祥符寺)로 출가했고, 934년 천태산(天台山)에서 구족계(具足戒)를 받았다. 삼장(三藏)에 정통하게 됐고, 이후 영은사(靈隱寺)로 가서 남산율(南山律)을 배웠다. 또한 유교와 도교에도 밝았다. 시문(詩文)이 뛰어나고, 토론에 있어 종횡으로 이론을 전개하되 막힘이 없어 '율호(律虎)'라는 별명을 얻게 되었다. 송태조(宋太祖)가 자의(紫衣)를 하사했고, 여러 차례 관직과 시호를 받았다. 저서로는 『대송승사략(大宋僧史略)』, 『대송고승전(大宋高僧傳)』, 『삼교성현사적(三教聖賢事跡)』, 『내전집(內典集)』, 『외학집(外學集)』 등이 있다. 이 글이 지어진 때는 우가승록(右街僧錄)이란 관직에 있을 때로서, 진종함평원년(眞宗咸平元年, 998)에서 좌가(左街)로 승진한 1001년 사이이다.

258 久住(구주): 오래 머물러 삶.

때 정승인데 뭘 보고서 발심(發心)을 했는고 하니, 망측서(望廁鼠)의 발심이라. 평생 글만 읽고 앉았다가 뒷간에 가서 똥을 누다가 뒷간 쥐를 보고 발심을 한 거야. 발심이란 건 도 닦을 발심이 아니고 출세할 발심이야. 뒷간 쥐 저놈이 꼭 똥만 처먹고 살거든. 뒷간 밖에 나가면 그 좋은 쌀이 그렇게 많건만 꼭 뒷간에서 똥만 먹고 사니까, '에라! 사내자식이 제 나라에서 이렇게 집폭에 들어앉아 가지고서' 그게 뒷간 쥐와 똑같더라 이거야. 그때 진초연제한위조(秦楚燕齊韓魏趙) 칠국이 쟁웅할 때거든. '에라, 나서라, 움직이자!' 그래서 진시황한테 갔어. 그러나 일곱 나라가 서로 쟁웅을 할 때니까 진시황이 외국 놈이라고 내쫓아버렸단 말이야. 쫓으니 상축객서(上逐客書),[259] 축객에 대한 상서를 올렸어. 뭐라 했는고 하니,

太山(태산)은 **不讓土壤**(불양토양)으로 **故能成其大**(고능성기대)하고 **河海**(하해)는 **不擇細流**(불택세류)로 **故能就其深**(고능취기심)이라[260]

"태산은 흙덩이 하나를 사양하지 않기 때문에 저렇게 큰 산이 된 것이고, 바다는 가늘게 흘러오는 물을 사양하지 않았기 때문에 이렇게 깊어지느니라."

'만성지주(萬姓之主)로서, 만성의 황제로서 백면서생 이사, 나 하나를 용납지 못한다면 말이 됩니까.' 글이 참 문장이지. 진시황이 홀딱 반

---

259 『사기』에는 '諫逐客書(간축객서)'라 나오고, 『고문진보』에는 '上秦皇逐客書(상진황축객서)'란 이름으로 나온다.

260 『사기』 이사열전(李斯列傳).

해버렸어. 그래서 정승을 봉해버렸어. 그런데 천하 못된 놈이란 말이야. 사출이사(事出李斯)라 그러잖아. 유교 서적을 다 불 질러버리고, 유생을 생매장한 것은 이사 입에서 나왔다고. 이 사람이 정승 하면서 그 못된 짓을 해.

그러니까 36년간 한문을 전폐해가지고서는 학부 출신들을 전부 무식쟁이 만들어놓은 것은 누구 책임이야? 그 교육이 한문 전통 속에서 나왔거든. 36년 교육받은 사람들은 참 불쌍하게 된 거야. 한문을 전폐해놓으니 이 반 쪼가리 교육이거든. 그런데 영문만 전공한다 이거야. 그러면 영원히 한문을 전폐해야지, 지금 또 한문을 도로 가르친다고 그러네. 선생님이 있어야지. 중고등학교에서 한문 가르칠 선생님이 없다. 선생놈부터 배워야 될 텐데. 어떻게 가르쳐? 배워야 할 놈이 누구를 가르치느냐 이 말이야. 교육이 이렇게 돼가지고 되겠어? 이 일이 어디서 나왔어? 여기 지금 유술(儒術)을 분갱(焚坑)하는 것은 이 이사에서 나왔는데, 한문 전폐 운동은 어느 어떤 놈한테서 나왔지?

後魏(후위) ㅣ **誅戮沙門**(주육사문)은 **職由寇謙之**(직유구겸지)와 **崔浩**(최호)요

"후위가" 사문, "중을 주륙(誅戮)한 것은 그 관직이 구겸지와 최호에게서 나왔고,"[261]

---

261 북위(北魏) 태무제(太武帝) 탁발도(拓跋燾)의 재위 중 440~451년에 일어난 폐불(廢佛) 사건을 이야기하고 있다. 도사 구겸지와 한족 관료 최호가 진언하여 폐불을 단행했다. 이른바 삼무일종(三武一宗)의 법란(法難) 중에 첫 번째 사건이다.

周武(주무) ㅣ 廢佛道二教(폐불도이교)하고 矜衒己之聰明(긍현기지총명)은 蓋朝無正人(개조무정인)이요

주 무왕, "주나라 무제(武帝)가 불교, 도교 이교(二教)를 폐하고, 자기의 총명(聰明)을 긍현(矜衒)[262]한 것은 대개 조정에 정인(正人)이 없었던 것이다."[263]

唐武宗(당무종)이 毀除寺像(훼제사상)은 道士趙歸眞(도사조귀진)이 率劉玄靖(솔유현정)하야 同力謗誣(동력방무)하고 李朱崖(이주애) ㅣ 影助(영조)어니와

"당나라 무종이 사상(寺像)을, 절이나 등상(等像)을 갖다가 훼제(毁除)[264] 해버린 것은 도사 조귀진이 유현정을 거느리고서 동력(同力)으로 무방(誣謗)하고[265], 이주애가 또 영조(影助)했다. 그림자로 옆에서 방조했다."[266]

此四君諸公之報驗(차사군제공지보험) ㅣ 何太速乎(하태속호)아[267]

---

262 자랑하다.

263 북주(北周) 무제(武帝)의 재위 중 574~578년에 일어난 폐불 사건이다. 삼무일종 중에 두 번째 사건이다.

264 파괴하다.

265 同力謗誣(동력방무): 힘을 합쳐, 비방하고 무고하다.

266 840~846년에 벌어진 법난으로 회창폐불(會昌毁佛)이라고도 한다. 이때 불교뿐만 아니라 마니교(摩尼教), 현교(祆教, 조로아스터교), 경교(景教, 네리우스파 기독교)도 함께 탄압됐다. 삼무일종 중에 세 번째 사건이다.

267 중국 역사상 네 번의 큰 법난이 있었는데, 이를 '삼무일종의 법난'이라고 한다. 본문에 나온 세 법난(三武滅佛)과 후주(後周) 세종(世宗)이 954~959년 동안 일으킨 법난이 그것이다.

이 사군(四君)과, "이 네 임금과 모든 공(公)의 보험(報驗)[268]이 어찌 그다지도 빨라졌나?" 과보가 아주 손도 못 쓰게 빨라서 급사하게 되었다.

奉勸吾曺(봉권오조)하노니 相警互防(상경호방)하야 勿罹愆失(물이건실)이어다

"오조(吾曹)에게 봉권(奉勸)하노니,[269] 서로 경계하고 서로 막아서 건실(愆失)[270]에 걸리지 말지어다."

帝王(제왕)이 不容(불용)하면 法從何立(법종하립)이리오

"제왕이 용납하지 않으면 법이 어디로 좇아 서리오."

況道學(황도학)은 守寶(수보)하야 不爲天下先(불위천하선)이니

"하물며 도학은 보배를 지켜서, 천하의 선(先)이 되지 않나니," 노자(老子)의 삼보(三寶)가 一曰慈(일왈자), 첫째는 사랑하는 마음. 二曰儉(이왈검), 둘째는 검소하는 마음. '三曰不敢爲天下先(삼왈불감위천하선)'이라 그래. 셋째는 천하 사람에 먼저가 되지 않는다. 그건 겸손하는 것이거든.[271]

沙門(사문)이 何妨饒禮而和之(하방요례이화지)리오

"사문이 어찌 넉넉히 예(禮)를 해서 화(和)하는 것이 방해될 게 뭐 있느

---

268 과보를 받는 영험.

269 우리 무리에게 받들어 권하노니.

270 愆失(건실): 과실(過失).

271 "我有三寶, 持而保之。一曰慈, 二曰儉, 三曰不敢為天下先。"[『도덕경(道德經)』]

냐." 도교에서도 천하 사람을 먼저 가게 하고 뒤떨어져 간다고 겸손을 하는데, 중이 요례(饒禮), 너무 기여해서 화(和)하는 것이 뭐 방해될 게 있느냐 이 말이야.

當合佛言一切恭信(당합불언일체공신)**하야 信於老君**(신어노군)**은 先聖也**(선성야)**며 信於孔子**(신어공자)**는 先師也**(선사야)**니**
"마땅히 부처님이 일체를 공신(恭信)[272]하라는 그 말씀에 합해서, 노군(老君)을 갖다가 믿는 것은 선성(先聖)의 일이야. 공자(孔子)를 믿는 것은 선사(先師)니,"[273]

非此二聖(비차이성)**이면 曷能顯揚釋教**(갈능현양석교)**하야 相與齊行**(상여제행)**하야 致君於羲黃之上乎**(치군어희황지상호)**아**
"이 두 성인이 아니면, 어찌 능히 석교(釋教)를 현양(顯揚)[274]하야, 서로 더불어 가지런히 행해서, 임금을 복희·황제의 꼭대기에다 일으킬 수 있으랴."

苟咈斯言(구비사언)**이면 譬無賴子弟**(비무뢰자제)**ㅣ 無端鬪競**(무단투경)**이라가 累其父母**(누기부모)**하고 破產遭刑**(파산조형)**이니**
"진실로 이 말을 어긴다면, 비(譬)컨댄 의지할 데 없는 집 자제(子弟)가,

---

272 공경하여 믿음.

273 노자를 믿는 것은 앞선 성인으로서이며, 공자를 믿는 것은 앞선 스승으로서이다.

274 이름, 지위를 세상에 높이 드러내다.

무단(無端)히 투경(鬪競)하다가,[275] 그 부모에게 누를 끼치고, 재산을 파해버리고 형(刑)을 만나는 것과 같으니,"

然則損三教之大猷(연즉손삼교지대유)는 乃一時之小失(내일시지소실)이라 日月(일월)이 食過(식과)ㄴ들 何損於明(하손어명)이리오

"그렇다면 삼교(三教)의 대유(大猷)[276]를 손해(損害)하는 것은" 삼교의 큰 법을 갖다가 손상시키는 것은, 이에 "일시(一時)의 소실(小失)이라.[277] 일월이 일식·월식을 한들, 어찌 밝음에 손해가 될 게 있느냐." 삼교의 진리는 안 없어진다 이 소리야. 그걸 손해하는 그놈만 과보를 받지. 지금 해와 달이 일식하고, 월식한들 일월이 이렇게 밝을 것을 어찌할 수 있느냐.

君不見(군불견)가 秦焚百家之書(진분백가지서)에 聖人(성인)이 預已藏諸屋壁(예이장제옥벽)하고

"그대가 보지 못했느냐? 진시황이 백가(百家)의 서(書)를 불지름에, 성인(聖人)이," 공자께서 "미리 이미 칠서(漆書)를 옥벽(屋壁)에다 간직했단 말이야." 그러다 공자의 후손이 그걸 발견해낸 거야.[278]

---

275 까닭 없이 다투고 경쟁하다가.

276 큰 계책.

277 한때의 작은 잃음에 불과하다.

278 『천자문』의 '칠서벽경' 이야기로서, 탄허 스님이 말한 설화는 고전과 내용이 많이 다르다. 중국에서 전하기로는 공자의 8세손인 공부(孔鮒)가 곡부(曲阜) 공자의 집 벽['魯壁(로벽)'이라 한다] 속에 감추었다 한다. 그리고 기록으로는 한 무제 말에 옛 노나라 지역을 다스리던

坑之令剿絶(갱지령초절)**이나 楊馬二戴**(양마이대)**ㅣ 相次而生**(상차이생)**하니 何曾無噍類耶**(하증무초류야)**아**

"선비를 묻어서 하여금" 초절(剿絶)[279]시켜 "전부 다 없애버렸으나," "양웅(楊雄)이니, 사마천(司馬遷)이니 그런 선비 이대(二戴)가," 대(戴)는 훌륭한 사람이란 뜻. 진시황 뒤에 "서로 차제(次第)로 나왔다 하니, 어찌 일찍이 초류(噍類)[280]가 없으랴." 대대로 대불출인이라 대대로 사람이 없지 않은 것이다.

梁武捨道(양무사도)**어늘 後魏勃興**(후위발흥)**하고 拓跋**(탁발)**이 誅僧**(주승)**커늘 子孫**(자손)**이 重振**(중진)**하고 後周**(후주)**ㅣ 毁二教**(훼이교)**어늘 隋堅**(수견)**이 復之**(복지)**하고 武宗**(무종)**이 陷釋門**(함석문)**커늘 去未旋踵**(거미선종)**에 宣宗**(선종)**이 十倍興之**(십배흥지)**하니 側掌**(측장)**하야 豈能截河漢之流**(개능절하한지류)**며 張拳**(장권)**하야 不可暴虎兕之猛**(불가포호시지맹)**이니라**

"양무(梁武)[281]가 도교를 버리거늘, 후위(後魏)[282]가 발흥해서 도교가 일어났고. 척발(拓跋)[283]이 승(僧)을 베거늘, 그 자손이 거듭 떨치고. 후주

경제(景帝)의 아들 노공왕(魯共王) 유여(劉餘)가 궁을 확장하려 공자의 집 벽을 허물다 칠서를 발견했다고 한다(『한서』「예문지」 등). 한편, 성총 주에는 책을 감춘 이가 공자의 13대손 양(襄)이라고 한다(『치문경훈주』, H0176 v8. 580c).

279 완전히 제거하다. 몰살시키다.

280 음식물을 씹어 먹는 동물(사람 포함) 모두를 가리킴. 생존자의 뜻으로 쓰이는 경우가 많음.

281 양(梁) 무제(武帝).

282 북위(北魏).

283 탁발도(拓跋燾). 북위의 제3대 황제 태무제(太武帝)의 본명.

(後周)[284]가 이교(二敎)를 훼방하거늘 수견(隋堅)[285]이 회복해. 무종(武宗)[286]이 석문(釋門)을 함락시키거늘, 발꿈치를 돌이키기 전에 벌써 선종(宣宗)이 10배나 흥했다. 손바닥을 기울여서 어찌 능히 하한(河漢)[287]의 흐름을 꺾으며, 손바닥을 펴서 가(可)히 호시(虎兕)의 맹(猛)[288]을 맨손으로 잡지 못 하나니라." 맨손으로 잡는 것을 포(暴)라고 그려.

況爲僧(황위승)이 莫若道安(막약도안)이로대 安(안)이 與習鑿齒(여습착치)로 交遊(교유)는 崇儒也(숭유야)요 爲僧(위승)이 莫若慧遠(막약혜원)이로대 遠(원)이 送陸修靜(송육수정)할새 過虎溪(과호계)는 重道也(중도야)니라

"하물며 중 된 이가 도안(道安) 법사 같은 사람이 없지만은 도안 법사가 습착치라는 선비와 더불어 교유하는 것은 유교를 높이는 것이다.[289] 중 된 것이" 혜원(慧遠) 같은 이가 없어. "혜원이랑 쌍할 만한 사람은 없지만은 혜원이 육수정이를 보낼 때 호계를 지남은 도(道)를 존중함이니라."

---

284 북주(北周)이다. 북주는 후주라 불리기도 했고, 951~960년에 존속하였던 후주(後周)에서도 법난이 일어났으므로 혼동하기 쉽다.

285 수(隋)나라 양견(楊堅), 문제(文帝).

286 당(唐) 무종(武宗).

287 은하수. '황하(黃河)와 한수(漢水)'로 오역하면 아니 된다. 천 년 전 중국 문헌이다.

288 虎兕之猛(호시지맹): 호랑이와 코뿔소의 용맹함. 시(兕)는 고대에 살았다고 하는 외뿔소인데, 이는 상상의 동물이라기보다는 고대 중국에 서식한 코뿔소를 이르는 것이다. 상(商)나라 때는 코뿔소가 흔하여 갑골문에는 한 번 사냥에 40마리를 잡았다는 기록도 있다. 이후 환경 변화로 멸종되었다.

289 하물며 승려로서 도안만 한 이가 없으나 도안이 습착치와 더불어 교류한 것은 유교를 숭상한 것이다.

육수정(陸修靜)은 도교, 신선도 하는 유명한 사람이야. 혜원의 거처에서 한참 가면 호계(虎溪)라는 시내가 있는데, 평생 호계를 지나지 않고 손님을 전송했다. 그런데 한 번은 육수정이 하고 유교 도연명(陶淵明) 선생하고 둘이 놀러 왔는데, 어떻게 얘기, 얘기하면서 가다 보니까 호계를 지나버렸다. '三人(삼인)이 笑過虎溪(소과호계)라.' 한참 껄껄껄 웃었다 이거야. 평생 거기를 건네지 않고 전송을 했는데, 그 훌륭한 손님이 둘이 오니까 어떻게 얘기하다 보니 호계를 지나버렸다. 유명한 역사.[290]

餘慕二高僧(여모이고승)하야 好儒重道(호유중도)하노니 釋子(석자) ㅣ 猶或非之(유혹비지)나

"내가 이 두 고승을 사모해서, 유교를 좋아하고 도교를 중히 여기노니, 석자(釋子)가 오히려 혹 그르게 여겨," 중들이 '에이! 저이는 뭐 마을 선비하고, 뭐 도교 신선놀음하는 사람하고 친한가.' 그렇게 얘기한다 이 말이야. 허나,

我旣重他(아기중타)면 他豈輕我(타개경아)리오 請信安遠行事(청신안원행사)하야 其可法也(기가법야)니라

"내가 이미 저 사람을 존중히 여기면, 저가 어찌 나를 경(輕)히 여길 리

---

290 '호계삼소(虎溪三笑)'라고 한다. 유불도 삼도의 아름다운 공존에 대한 이야기로서 당나라 때부터 유포되기 시작하여 여러 문학과 회화의 소재가 되었다. 그러나 이는 사실이 아닌 후대의 창작이다. 혜원과 도연명이 만나는 것은 시기상 가능하나, 육수정은 혜원이 입적할 당시 나이가 겨우 10세이고, 육수정이 혜원의 거처인 여산(廬山)을 방문한 시기도 혜원이 죽고 30년이 지난 후, 도연명이 죽고 20년이 지난 후라 한다.

가 있느냐. 청컨대 도안 법사와 혜원 법사의 행사(行事)를 믿어서, 그 가(可)히 법(法) 받을지니라."[291]

詩曰伐柯伐柯(시왈벌가벌가)여 其則不遠(기칙불원)이라하며

"『시경(詩經)』에 말하기를 '도낏자루 침이여 도낏자루 침이여, 그 법칙이 멀지 않다.'[292]"는 것은 저 도낏자루를 새로 짓는데, 이 도낏자루 하고 맞추어보면 법칙이 멀지 않잖아. 여기 도낏자루를 맞춰보면 멀지 않다 이 소리야.[293]

子(자)ㅣ 曰天時(왈천시)ㅣ 不如地利(불여지리)요 地利(지리)ㅣ 不如人和(불여인화)라하시니 斯之謂歟(사지위여)ㄴ저

"자왈(子曰)," 이건 맹자의 말씀이다. "천시(天時)가 지리(地利)만 같지 못하고, 지리(地利)가 인화(人和)만 같지 못하다[294] 하니 이것을 말함이다." 천시(天時)가 불여지리(不如地利)라는 것은 예를 들면, 시기적 여건이 지리만 못하다. 지리를 잘 타야 된다. 전쟁할 때도 시기적 여건보다는 지리를 잘 점령해야 된다. 또 지리를 잘 점령하는 것보다는 인화, 사람이 잘 화합해야 해.

---

291 도안과 혜원이 행한 일을 믿어서, 그것을 가히 본받기를 바라노라.

292 『시경』「국풍-빈풍(國風-豳風)」벌가(伐柯).

293 나무를 베어 새 도낏자루를 만들 때, 가지고 작업하는 도끼에 맞춰보고 만들면 되니 법칙이 가깝다는 뜻이다. 이 『시경』 구절은 『중용』에서도 공자가 인용하고 있다. 『예기』「중용」 참조.

294 『맹자』「공손축하(公孫丑下)」.

「면주지(勉住持)」에서[295]

◉

將錢討院(장전토원)은 如狂狗(여광구)요

돈 가지고 원을 찾는 것은 절 사러 댕기는 거 아니야. 지금만 그런 게 아니여. 옛날에도 1,500년 전에도 입신했다면 돈 가지고 제 절 사러 댕겼어. "돈 가지고 절 사러 댕기는 건 미친 개새끼 같다."

空腹高心(공복고심)은 似啞羊(사아양)이로다

"빈 뱃대지에 높은 마음만, 아만(我慢)만 잔뜩 거시기한 것은 벙어리 염소와 같다."

奉權後賢休繼此(봉권후현휴계차)하야

"받들어 후현(後賢)에게 내가 권하노니, 이것을 잊지 말아라." 이런 거 따라가지 말라, 이런 짓 하지 말아서,

---

295 「영지율사면주지(靈芝律師勉住持)」. 안진호 편, 『정선현토치문』 「잡록」 제현송구(諸賢頌句). 강의 앞의 부분은 다음과 같다(『현토역해 치문』 2권, 화엄학연구소, 1982, 203).
深嗟末法實悲傷 깊이 슬프다 말법(末法)이 실(實)로 비상(悲傷)하니
佛法無人得主張 불법을 사람이 얻어 주장할 이가 없도다.
未解讀文先坐講 글을 읽을 줄 알지 못하면서 먼저 강석(講席)에 앉고
不曾行脚便陞堂 일찍이 행각(行脚)하지도 않은 채 문득 당(堂)에 오르도다.

免教地獄苦時長(면교지옥고시장)**이어다**

“지옥 고시(苦時)[296]가 길게 됨을 면할지어다.”

---

296 지옥의 괴로운 때.

「경행(經行)」에서[297]

◉

오늘 어떠하며, 어떠한고? 이제 경행(經行)이란 말이야. 돌아댕기는 거, 밥 먹고 거니는 거지.

石上林間(석상임간)에 鳥道平(조도평)하니
"석상과 임간에 조도(鳥道)가 평(平)하니,"[298]

齋餘(재여)에 無事略經行(무사략경행)이로다
"밥 먹고 난 나머지에 일없이 간략히 경행함이라."

歸來試問同心侶(귀래시문동심려)하니
"돌아와 시험해 동심려(同心侶), 친구에게 물으니,"

---

297 「불안선사십가행중삼절(佛眼禪師十可行中三節)」 가운데 2. 경행(經行)의 문장이다. 원래 연좌(宴坐)·입실(入室)·보청(普請)·죽반(粥飯)·소지(掃地)·세의(洗衣)·경행(經行)·송경(誦經)·예배(禮拜)·도화(道話) 등 열 가지 항목으로 돼 있던 것을 안진호 편집본에는 예배·경행·송경 등 세 가지만 추려놓았다. 순서도 편자가 바꾸었다.

298 돌 위 숲 사이로 오솔길은 평탄하니.
鳥道(조도): 새가 이동하는 경로라기보다는 비유적으로 새나 다닐 만한, 산속에 좁고 험한 길을 말한다.

今日如何作麽生(금일여하작마생)고
"오늘날 어떠하며, 어떠냐? 네 공부가 어떠냐?"

수월(水月) 스님이 경허(鏡虛) 스님 수계 제자거든. 수월 스님이 여기 상원사(上院寺)에 계셨는데, 경허 스님이 오시는데 밭을 매고 있더라 말이야. 경허 스님이 올라오다가, '여보게 수월~' 이러니까 밭매다 말고 '스님~ 스님~ 오십니까?' 하고 괭이자루를 땅에 놓고 코가 땅에 닿게 절을 해. '나는 잘 먹고, 잘 산다네. …… 자네 요사이 소 먹이는 일이 어떠한고?' 마음 닦는 걸 소 먹이는 데다 비유했잖아? 「심우송(尋牛頌)」. '자네 소 먹이는 일이 어떤고?' 하니 '네~ 해가 서산에 다 저물어 갑니다.' 하니까, '그래! 자네가 나보다 낫네' 하고 칭찬했다는 거야.

재목됨과 재목되지 못한 그 사이[299]

장석(匠石) 도편수가 보지도 않고 그냥 지나가거든, 제자가 '왜 이렇게 큰 재목을 돌아보지도 않고 가십니까? 베어가지고 가지.' 이러니까,

不材之木也(부재지목야)라
"재목(材木)이 못 되는 나무야." 왜?

以爲舟則沈(이위주즉침)하고
"저걸 갖다가 배를 만들면 침몰돼버려."

以爲柱則蠹(이위주즉두)하고
"문지방을 만들면 좀이 나고,"

以爲棺槨則速腐(이위관곽즉속부)하고
"널을 맨들면 속히 썩어버리고,"

---

299 『장자』에서 '부재지목(不材之木)' 관련 기사를 원문에 구애되지 않고 자유로이 새겼다. 뜻이 통하도록, 녹취 파일에 누락된 앞부분을 인용하면 다음과 같다.
"장인(匠人) 석(石)이 제(齊)나라에 갔는데, 곡원에 이르러 사당 나무인 상수리나무를 보았다. 그 크기는 수천 마리의 소를 덮을 수 있고, 둘레는 백 아름이며, 높이는 산을 압도할 정도였다. …… (중략) …… 구경하는 사람들이 마치 저잣거리 같았다(匠石之齊, 至乎曲轅, 見櫟社樹。其大蔽數千牛, 絜之百圍, 其高臨山 …… (중략) …… 觀者如市。)."[『장자』「인간세(人間世)」]

無所可用(무소가용)이야

저거 "아무짝에도 쓰지 못하는 나무다." 그래서 안 본다.[300]

장자가 그걸 봤거든.[301] 도편수가 지나가면서 거 쓸데없는 나무라고 쳐다보지도 않고 그러는데, 장자가 자기 제자하고 산에 놀러 갔다가 그 꼴을 봤단 말이야. 산에서 내려와서 친구 집에 자는데, 그 친구가 친한 친구가 왔다고 게사니[302]를 잡아 대접해라, 닭 잡아 대접하라, 이러지. 그래 종이 하는 말이, "거위가 하나는 잘 울고, 하나는 잘 못 우니 어떤 놈을 잡아 대접을 하리이까?" 이러니까,

殺(살)이 不能鳴者(불능명자)

잘 못 우는 놈부터 잡아먹어라.

그래 그 이튿날 장자 제자가 묻는 거야. "선생님. 어저께 우리가 산중에 가서는 그 도토리나무, 세상에 몇 안 되는 그 큰 나무가 재목(材木)이 못 된다고 수천 년 제 명대로 살고, 오늘 아침에 이 게사니는 잘 울지 못해서 쉽게 죽었으니, '先生(선생)은 將何處(장하처)시니까?' 선생님은 어디에 처하실랍니까?" 장자가 있다가

---

300 해당 부분을 원문대로 옮기면 다음과 같다.
"배를 만들면 가라앉고, 관곽을 만들면 금방 썩고, 그릇을 만들면 금방 부서지고, 대문을 만들면 진액이 흘러나오고, 기둥을 만들면 좀먹으니, 재목이 못 되는 나무다. 쓸모가 없으므로, 이와 같이 장수할 수 있는 것이다(以為舟則沈, 以為棺槨則速腐, 以為器則速毀, 以為門戶則液樠, 以為柱則蠹。是不材之木也, 無所可用, 故能若是之壽。)."

301 이하 『장자』 「인간세」의 내용이다. 별개의 이야기이나 하나로 각색했다.

302 거위의 방언(강원, 북한).

吾將處夫材與不材之間(오장처부재여부재지간)하리라
"나는 재목과 그 재목 되지 않는 그 중간에 처하겠다."

雖然(수연)
"수연이나,"[303]

材與不材之間(재여부재지간)은
"재목과 재목 되지 않는 그 사이는"

似之而非也(사지이비야), 故未免乎累(고미면호누)
"비슷하지만, 아니다. 그래서 누를 면하지 못하는 것이다." 그것도 누(累)가 붙었어. 그것까지 맞아떨어져야 한다는 거야. 재미가 나지 법문이 응? 그거 말이야 세상에 운명은 반복하느니라. 허허, 운명은 …….

303 『장자』 원문에는 없다. 강의 중 '추임새'와 같이 삽입한 듯함. "비록 그러하나"로 새긴다.

거북이와 뽕나무[304]

座中談笑(좌중담소)는 愼桑龜(신상구)니라

"좌중에 담소할 때, 상구를 삼간다."[305]

아니 이 거북이라는 놈이 뭘 좀 아는 놈인데, 방정맞게 얘기를 다 했잖아.

"남산의 나무를 다 갖다 태워봐라. 내가 죽나."

나무를 백 수레를 갖다가 태워도 살아서 말을 그대로 해. 그런데 그놈이 나무하고 밤중에 얘기한 게 있잖아.

"이건 뽕나무를 갖다 태워야 죽는다."

그래서 뽕나무도 걱정을 했거든.

---

304 「물치주시(勿淄柱詩)」의 마지막 구절인 '座中談笑 愼桑龜(좌중담소 신상구)'를 강의한다. 「물치주시」란 우암 송시열이 유배 중에 발견한 작자 미상의 시이다. 시와 그 자세한 사연은 『송자대전(宋子大全)』 권51 「書(서)」 답김연지 을묘팔월이십일 별지(答金延之 乙卯八月二十日 別紙)에 전한다. 송시열이 양양에 유배되었을 때, 배소를 옮기던 중 폭우를 만나 물치리(勿淄理)의 한 민가에서 비를 피하게 되었다. 그 집 기둥에 이 시가 붙어있길래, 주인에게 연유를 물어보니 양반 같기도 하고 상놈 같기도 한 어느 과객이 이를 써주고 갔다는 것이었다. 송시열은 이상히 여겨 시를 간직하게 되었다. 시 전문은 다음과 같다.

三傳市虎人皆信 저자에 호랑이가 나왔다고 세 사람이 전하니 사람들이 다 믿었고
一掇裙蜂父亦疑 한 번 치마 속의 벌을 잡으니 아버지도 또한 의심한다.
世上功名看木雁 세상의 공명을 나무와 기러기 같이 보고
座中談笑愼桑龜 좌중의 담소에는 뽕나무와 거북을 삼가라.

305 녹음에는 다음 내용이 누락됐다. 어떤 사람이 신령한 거북이를 얻었는데, 삶아서 약으로 쓰려고 했다. 나무를 때서 거북이를 삶는데, 이때 거북이가 입이 싸서 비밀을 발설했다는 내용이다.

"그럼 너 때문에 나두 재앙을 받는다. 나를 베러 오면 그 재앙을 어떻게 면해야 하느냐?"

"야! 잠자코 있어."

이런 소리가 거북이 잡은 사람 귀에 들어갔단 말이야. 그래서 결국 거북이도 뽕나무도 죽었어. 그러니까 말이라는 건 삼가해야 된다. 생각하지 않고 저들끼리 밤중에 실컷 지껄인 소리가 샜다 이말이야.

지(止)를 닦는 방법: 『대승기신론』에서

마명 조사(馬鳴祖師)는 조사(祖師)다. 그냥 보살이 아니라 부처님 직견증명(直見證明)으로 내려오는 쟁쟁한 13세(世)306 조사란 말이야. 그러니 마명 조사 『기신론(起信論)』에307 참선하는 비결을 들어봐.

若修止者(약수지자)는
"만일 지(止)를 닦는 사람은," '그칠 지(止)' 자. 지가 참선하는 법이란 말이야.308

住於靜處(주어정처)하야 端坐正意(단좌정의)호대
"고요한 곳에 머물러서, 단정히 앉아 뜻을 바로잡되"

不依氣息(불의기식)하며 不依形色(불의형색)하며 不依於空(불의어공)하며 不依地水火風(불의지수화풍)하며 乃至不依見聞覺知(내지

306 '世(세)'와 '代(대)'의 차이에 주의해야 한다. 원 조상은 1세이며 0대가 되고, 원 조상의 아들은 2세이며 1대가 된다. 따라서 13세라 하면 12대가 된다.

307 이하 『대승기신론』(T32n1666, 0582a).

308 '지(止)'는 samatha(奢摩他)의 의역으로서 그침·고요·집중을 닦는 수행을 말한다. 통찰을 닦는 관(觀, vipassanā)과 함께 짝을 이루어 '지관이문(止觀二門)'이란 수행의 근본체계를 이룬다. 지(止)가 집중하여 탐욕과 번뇌 등의 작용을 그치게 하는 수행이라면, 관(觀)은 대상을 관찰하여 올바른 지혜를 터득하기 위한 수행이다. 이 둘은 상호보완적이며, 궁극적으로는 구분이 될 수 없는 것이기도 하다.

불의견문각지)하고
"기식(氣息) 숨에 의지하지 말며, 형색(形色)에도 의지 않으며, 공(空)한 데도 의지하지 말며, 지수화풍에도 의지하지 말며, 내지는 견문각지(見聞覺知), 보는 것이나 듣는 것이나 깨달는 것이나 아는 그 거기에 의지하지 말고,"

一切諸想(일체제상)을 隨念皆除(수념개제)호대 亦遣除想(역견제상)이니
"일체 모든 생각은, 생각을 따라 다 제(除)하되, 또한 제하는 생각까지도 마저 제해버리라."[309]

亦不得隨心(역부득수심)하야[310] 外念境界後(외염경계후)에 以心除心(이심제심)하고
"또 시러금[311] 생각을 따라서, 밖으로 경계를 생각한 뒤에, 생각으로써 생각을 제하려 하지 말고," '아! 요게 경계로구나.' 그렇게 생각에 따라서 경계를 제하지 말고,

心若馳散(심약치산)이어든 即當攝來(즉당섭래)하야 住於正念(주어

309 강의에는 이하에 구절이 빠졌다.
以一切法(이일체법)이 本來無相(본래무상)하야 念念不生(념념불생)이며 念念不滅(념념불멸)이니라.
"일체법이 본래 상이 없어서 념념히 불생이며 념념히 불멸이니라."

310 강의에서 '우부득수렴(又不得隨念)'이라 하였으나, 혼동으로 보인다. 뜻은 다르지 않다.

311 '得(득)' 자를 새기는 옛 방식이다. '得~'은 '시러금 ~하라'로, '不得~'은 '시러금 ~하지 말아라'로 새긴다. '시러금'은 '얻다'의 옛말인 '싣다'의 파생어로, 고어에서는 '시러곰'이라 썼다.

정념)이니
"마음이 만일 밖으로 흩어져 달리거든, 곧 마땅히 거두어 와가지고서, 바른 생각에 주(住)할지니,"

是正念者(시정념자)는 當知唯心(당지유심)이요 無外境界(무외경계)며
"이 바른 생각이라는 것은, 마땅히 알라, 유심(唯心)이요 바깥 경계가 없으며,"

即復此心(즉복차심)도 亦無自相(역무자상)하야 念念不可得(념념불가득)이니라
"곧 다시 차심(此心)도, 또한 자상(自相)이 없어서, 념념(念念)에 가(可)히 얻지 못 하나니라."

심심심(心心心) | 탄허, 1970년대
탄허 스님이 쓴 달마 스님의 혈맥론 부분

3장
서장

증시랑에게 답하다
세 번째 답장에서[1]

◉

老龐(노방)이 云(운)
방(龐) 거사가 이르되,

但願空諸所有(단원공제소유)언정 切勿實諸所無(절물실제소무)라하니
이것을 뭐라고 새기는고 하니, "다만 모든 있는 바를 비우려 원할지언정, 간절히 모든 없는 바를 진실을 꾀하지 말아라." 이렇게 본단 말이야. 이게 '진실 실(實)' 자로 말하는데, '메꿀 실(實)' 자로 보는 줄을 모른다. '허실(虛實),' 비고 차고, '찰 실' 자다. 여기도 '찰 실'이라. '공(空)' 자

---

1 『서장(書狀)』의 처음 「답 증시랑 천유(答 曾侍郎 天遊)」의 세 번째 답장이다(T47n1998A_025, 918a~c).
『서장』이라 부르는 이 문헌의 정식 이름은 『대혜보각선사서(大慧普覺禪師書)』이다. 대혜의 편지글들을 제자인 혜연(慧然)이 모으고, 황문창(黃文昌)이 거듭 엮은 것이다. 대혜 종고(大慧宗杲, 1089~1163)는 임제의 법맥을 이은 대선사로서 현재 한국불교의 주류라 할 수 있는 간화선(看話禪)을 확립한 장본인이다. 그의 영향은 불교뿐만 아니라 주희의 성리학에도 큰 영향을 미쳤다. 보조 지눌이 특별히 중요시한 이 책은 강원의 필수 교재로 채택됐다. 고려본 『대혜보각선사서』에서 목은 이색의 발문에는 '보조 국사는 일찍이 『단경(壇經)』으로써 스승으로 삼고, 『서장』으로써 벗을 삼도록 하였다(普照國師, 嘗以壇經爲師, 書狀爲友。)'고 말했다. 이 책은 고려시대에 보조 지눌이 활동하던 1200년경에 전래 됐는데, 이후 1387년(우왕 13)에 번각된 판본이 2010년 보물 제1662호로 지정됐다.

의 반대. 여기가 진실이라면 말을 어떻게 보는고 하니, '있는 바를 공하려 할지언정, 없는 바 그걸 또 진실을 꾀하지 말아라.' 이렇게 보면 잘 본 것 같지? 천만의 소리. 이게 윗말을 강조하는 말이다. 단원공제소유(但願空諸所有), '단지 모든 있는 바를 비우려고 원할지언정.' 그 말을 강조하는 말에 불과한 거야. 그 밑에 말은 '할지언정, 간절히 모든 없는 바를 메꾸려 하지 말어라.' 거기다 채울라고 하면은 있는 걸 비우는 건 정반대 아닌가. '채울 실' 자, '메꾸려 하지 말아라.' 이 뜻이다.

이 말이 의심스러우면 암두 스님의 말씀을 새겨보면 된다. 암두 스님이 말하기를,

卻物(각물)**이 爲上**(위상)**이오 逐物**(축물)**이 爲下**(위하)**라**[2]

"물건을 물리치는 것이 상이 되고 물건을 쫓아가는 건 하가 된다." '각물이 위상'이라는 게 곧 '단원공제소유'라는 말이고, '축물이 위하라는 것'은 곧 '절물실제소무'란 말이다. 이와 같이 '진실을 꾀할라고 하지 말아라'고 새겨서는 안 되는 것이다.

(다시 『서장』으로 돌아가서)

只了得遮兩句(지요득자양구)**하면 一生參學事畢**(일생참학사필)**이어늘**

2 『서장』에서 현재 강의의 앞에 나왔다. 「답 증시랑」의 두 번째 답장.

"다만, 이 두 글귀를 요달하면, 일생참학사가 마칠 것이어늘,"[3]

今時(금시)에 一種剃頭外道(일종체두외도) ㅣ
"금시에 일종 대가리 깎은 외도가," 머리를 깎아서 중이지만 외도다 이 소리야.

自眼(자안)이 不明(불명)하고 只管教人(지관교인)으로 死獦狚地休去歇去(사갈단지휴거헐거)라하나니 若如此休歇(약여차휴헐)인댄 到千佛(도천불)이 出世(출세)라도 也休歇不得(야휴헐부득)하야
"제 눈이 밝지 못하고, 다만 가말아[4] 사람으로 하여금 죽은 고슴도치처럼 쉬어가고 쉬어가라 이렇게 가르치나니, 만일 이와 같이 쉬려고 했을 땐 천불(千佛)이 출세(出世)함에 이를지라도 또한 쉬어 얻지 못한다." 곧 죽은 고슴도치처럼 가만히 앉아서 쉬는 게 그게 쉬는 겐가. 한 생각이 타파되어야, 끊어져야 완전히 쉬어지는 거지. 무슨 죽은 고슴도치처럼 가만히 앉았다고 쉬어지는 거 아니야. 그렇게 얻지 못해서,

轉使心頭迷悶耳(전사심두미민이)리라
"전전(轉轉)히 심두(心頭)로 하여금 미민이(迷悶耳)케 하니라."[5] 또 어떤

---

3 일생에 해야 할 공부를 마칠 것이어늘.

4 가말다: 헤아려 처리하다.

5 여기저기로 떠돌아다녀서 가슴과 머리에 미혹되고 답답함이 성하게 된다.
轉轉(전전): 여기저기로 떠돌아다님.
耳(이): 성하다.

외도는 이렇게 가르치고, 또 어떤 외도는 이렇게 가르친다고 자꾸 지금 열거하는 거야.

又敎人(우교인)으로 隨緣管帶(수연관대)하야 忘情默照(망정묵조)라하나니 照來照去(조래조거)하며 帶來帶去(대래대거)에 轉加迷悶(전가미민)하야 無有了期(무유요기)하리니
"또 사람으로 하여금[6] 연(緣)을 따라 늘어놓아서," 연 따라서 그대로 빠르게. "정(情)을 잊어 묵묵히 비추라하나니, 비춰 오고 비춰 가며, 늘어놓아 오고 늘어놓아 감에, 전전이 미민을 더해 가지고서 마칠 기약이 없으리니,"

殊失祖師方便(수실조사방편)하야 錯指示人(착지시인)하야 敎人(교인)으로 一向虛生浪死(일향허생낭사)로다
"자못 조사의 방편을 잃어 가지고, 그릇 사람을 지시해서, 사람으로 하여금, 일향에 헛되게 낳다 헛되게 죽게 하는구나." 그러니까 조사들도 일편 말이 있거든. 망정묵조(妄情默照)라는 것도 있고 조래조거(照來照去)에 대래대거(帶來帶去)라는 것도 있단 말이야. 소위 조사가 방편으로 한 그 본지를 잃어버리고 이 외도들이 거기에 집착해 가지고 잘못 가르친다는 소리다.

---

6 敎(교): 하여금, ~로 하여금 ~하게 하다.
敎人(교인): 사람으로 하여금(앞으로 '敎人'이 계속 나오는데, '종교의 교인'이나 '사람을 가르치다'의 뜻이 아니다).

更教人(경교인)으로 是事(시사)를 莫管(막관)하고 但只恁麼歇去(단지임마헐거)니 歇得來(헐득래)하야는 情念(정념)이 不生(불생)하리니 到恁麼時(도임마시)하야 不是冥然無知(불시명연무지)라 直是惺惺歷歷(직시성성역력)이라하나 遮般底(자반저)는 更是毒害(갱시독해)로 瞎卻人眼(할각인안)이라 不是小事(불시소사)로다

"또 어떤 사람은 이렇게 가르친다. 다시 사람으로 하여금, 이 일을 간섭하지 말고, 다만 이렇듯이 쉬어갈 테니, 쉬어 와서는 정념(情念)이 나지 않으리니, 이러한 때에 이르러서는 이 명연(冥然)[7]히 앎이 없는 것이 아니라, 바로 이 성성(惺惺)하고 역력(歷歷)하다[8] 하나니, 자반저(遮般底)는" 이것은, '이까지는'이란 말이다. "다시 이 독해(毒害)로 사람의 눈을 멀리는 것이라. 이 작은 일이 아니로다."

雲門(운문)이 尋常(심상)에 見此輩(견차배)하고 不把做人看待(불파주인간대)호라

"운문(雲門)이," 대혜 스님 별호가 운문도 있고, 묘희(妙喜)도 되고 여러 가지다.[9] "운문 내가, 대혜(大慧) 내가 이러한 무리를 보고서 주인(做人)[10]을 잡아보아 대접하지 않는다." 이런 인간은 공부하는 사람으로

---

7 어둡다, 무지하다.

8 惺惺(성성): 머리가 맑다, 총명하다.
歷歷(역력): 역력하다, 틀림없다.

9 운문종의 창시자 운문 문언(雲門文偃, 864~949)이 아니다. 대혜 종고가 자칭하는 별호이다.

10 做人(주인): 처세하다, 올바른 사람이 되다, 사람 됨됨이.

생각, 대접 않는다.

彼旣自眼(피기자안)**이 不明**(불명)**이라 只管將册子上語**(지관장책자상어)**하야 依樣敎人**(의양교인)**하나니 遮箇**(자개)**ㅣ 作麼生敎得**(작마생교득)**이리요**

"이런 외도들은 이미 제 눈이 밝지 못한지라, 다만 가말아 책자(册子) 위의 말을 가지고서 그 모냥을 의지해 사람을 가르치나니, 이것이 어떻게 사람을 가르칠 수 있느냐."

若信著遮般底(약신착자반저)**ㄴ댄 永劫**(영겁)**에도 參不得**(참부득)**하리라**

"만일 이까지를 신착(信著)[11] 한다면은, 영겁에도 참(參)해 얻지 못할 것이다." 이 외도의 말 이런 것을 신(信)하면 안 된다 이 소리야.

雲門(운문)**도 尋常**(심상)**에 不是不敎人坐禪**(불시불교인좌선)**호대 向靜處做工夫**(향정처주공부)**나 此是應病與藥**(차시응병여약)**이라 實無恁麽指示人處**(실무임마지시인처)**호라**

"대혜 나도" 심상(尋常)에, "여느 때에 이 사람으로 하여금 좌선하되, 정승처(靜勝處)[12]를 향해서 공부를 지으라고 가르치지 않음이 아니며," 나름 그렇게 가르치지 않은 듯 가르친다 이거야. "그러나 이것은 이 병을 인해서 약을 주는 것이라. 실로 이렇듯이 사람에게 지시하는 것이

---

11 信著(신저): 신용하다, 신뢰하다.

12 많이 고요한 경지.

없노라.” 그런데 외도는 그걸 실법(實法)으로 안다. 실법, 있는 법, 뭐 있는 걸로 알고 그렇게 가르친다.

不見(불견)가 黃檗和尙(황벽화상)이 云我此禪宗(운아차선종)은 從上相承以來(종상상승이래)로 不曾敎人(부증교인)으로 求知求解(구지구해)하고 只云學道(지운학도)라하니

“보지 못했는가? 황벽 화상이 말씀하시기를 우리의 이 선종은, 위로 좇아 서로 계승해 써옴으로, 일찍이 사람으로 하여금 지(知)를 구하며 해(解)를 구하지 않게 하고, 다만 이르되 도를 배우게 한다 하니,”

이게 황벽 스님 말이 여기 와서 떨어진 게 아니다. 그전 토가 잘못 달렸다. 그전 토는 여지가 없이 됐어. 어디 가서 떨어진지 모르게 됐어. 전부 『전등록』을 뒤집어 봐. 어디에 가서 떨어졌는가. 不可守名而生解也(불가수명이생해야)라,[13] 거기가 황벽 스님 법문이 떨어진 걸 발을 떼 버린 거라고. 그러니까 토를 분명히 뗄 줄 알아야 혀. 문맥이 어디 가서 떨어졌다는 것을.

그러면 이 황벽 화상이 하는 말이 ‘아차선종은 종상상승이래로 부증교인으로 구지구해하고, 다만 이르되 도를 배운다’ 하니, 황벽 스님이 옛날 사람 말을 인증해서 하는 말이야. 알아듣겠나? 황벽 스님 말이 거기서 떨어진 게 아니라니까. ‘그런다 하니(云)’ 황벽이 시방 하는 말이야.

---

13 이름에 얽매여 알음알이를 내지 말라.

早是接人之詞(조시접인지사)**라**

"벌써 이 접인(接引)[14]의 말이다." '不曾敎人(부증교인)으로 求知求解(구지구해)하고 只云學道(지운학도)라 하니' 이 말도 가서 방편으로 학자 접인하는 말이다 이거야.

然(연)**이나 道亦不可學**(도역불가학)**이니 情存學道**(정존학도)**하면 卻成迷道**(각성미도)**하니라 道無方所**(도무방소)**ㅣ 名大乘心**(명대승심)**이라 此心**(차심)**이 不在內外中間**(부재내외중간)**하야 實無方所**(실무방소)**하니 第一不得作知解**(제일부득작지해)**어다**

"그러나 도(道)라는 것은 아예 배울 수 없는 것이라. 정(情)을 도 배우는 데다 두면, 도리어 도(道)가 미(迷)함을 이루리니, 도는 방소(方所)[15]가 없는 것이니 이름이 대승심(大乘心)이야. 이 마음이 안팎이나 중간이 없어서, 실로 방소가 없으니, 제일(第一) 시러금 지해(知解)[16]를 쓰지 마라."

只是說汝(지시설여)**ㅣ 而今情量處**(이금정량처)**로 爲道**(위도)**하노니**

"다만 이[17], 네가 이제 정량처(情量處)[18]로 도(道) 삼음을 내가 설(說) 하노니."

---

14 접견하여 인도함.

15 方所=方位.

16 알음알이.

17 옛 방식에 따라 '是'를 '이'라 따로 새겼다. '只是(지시)'는 '다만'으로 해석하면 된다.

18 망정(忘情)으로 헤아리는 곳.

情量(정량)이 若盡(약진)하면 心無方所(심무방소)라 此道(차도)ㅣ 天眞(천진)하야 本無名字(본무명자)언마는 只爲世人(지위세인)이 不識(불식)하야 迷在情中(미재정중)일세 所以(소이)로 諸佛(제불)이 出來(출래)하야 說破此事(설파차사)하사대 恐你不了(공니불요)하야 權立道名(권립도명)하시니 不可守名而生解也(불가수명이생해야)라하시니

그 정량, 망정(忘情), "망량(忘量)이 만일 다할 것 같으면, 마음이 방소(方所)가 없는지라, 차도(此道)가 천진(天眞)하여 본래 명자(名字)가 없건마는, 다만 세인(世人)이 알지 못해서, 미(迷)해서 망정 가운데 있음이 될새, 소이(所以)로 제불(諸佛)이 출래(出來)하사, 이 일을 설파(說破)하시되, 네가 요달하지 못할까 두려워해서 권(權)[19] 으로 도(道)라는 이름으로 세우시니, 가(可)히 이름을 지켜서 해(解)를 내지 말아라." 이상 황벽스님 법문이다.

前來所說瞎眼漢(전래소설할안한)의 錯指示人(착지시인)이 皆是認魚目作明珠(개시인어목작명주)하야 守名而生解者(수명이생해자)라

"전래(前來)의 내가 설한 바"[20] 할안한(瞎眼漢), "눈 멀은 놈이, 그릇 사람을 지시한다는 것이, 가히 고기 눈깔을 알아서 명주(明珠)를 지어서, 이름을 지켜 해(解)를 낸 사람이야." 봐, 여기 이 경에서 황벽 화상의 말씀은 저기 떨어지는 거다, 이 말 아니냐. 이게 대의가 소통하는 말이다 이 말

---

19 權(권): 방편.

20 앞에서 내가 설한 바[앞에 체두외도(剃頭外道)들에 대해 설한 것].

이야. 황벽 화상이 자기가 해놓고 이게 이렇게 놓으면 말이 안 되잖아.

教人管帶(교인관대)는 **此是守目前鑑覺而生解者**(차시수목전감각이생해자)요

"사람으로 하여금 늘어놓으라 하는 것은, 이 목전감각(目前鑑覺)을 지켜가지고 해(解)를 내는 사람이고,"[21]

教人(교인)으로 **硬休去歇去**(경휴거헐거)는 **此是守忘懷空寂而生解者**(차시수망회공적이생해자)요

"사람으로 하여금 굳게 쉬어가고 쉬어가라 하는 것은, 이것은" 이 망회공적(忘懷空寂)[22]을 지켜서 해(解)를 내는 자야. 망회공적이 조사의 말씀이 있단 말이야. "생각을 잊어 공적하여 가는 거. 그걸 지켜서 해(解)를 낼라." 그래.

歇到無覺無知(헐도무각무지)하야는 **如土木瓦石相似**(여토목와석상사)니 **當恁麽時**(당임마시)하야 **不是冥然無知**(불시명연무지)는 또, "무각무지한[23] 자리에 쉬어 이르러서는, 토목와석과 같이 상사(相似)할 것이니,[24] 이러한 때를 당해서 '이 명연(冥然)히 앎이 없는 것이 아니니라' 하는 것은," 공적(空寂)에 떨어지는 것이 아니고, 명연히 앎이

21 눈앞의 감각을 고집하여 알음알이를 내는 것이고.

22 생각(懷)을 잊어 공적함.

23 깨달음이 없고 앎이 없는.

24 흙, 나무, 기와, 돌과도 비슷할 것이니.

없는 게 아니고, 거기서부터 성성(惺惺)하다고 이른다 말이야. 그렇게 …… 시키는 것은,

又是錯認方便解縛語而生解者(우시착인방편해박어이생해자)**요**
"또 이 방편으로 결박을 끊는 말을 착인(錯認)[25]해서 해(解)를 내는 자다." 방편해박으로 …… 사람 말이 응? 如土木瓦石(여토목와석)한 사람, 토목와석 같이 사는 사람, 이렇게 한 말도 많이 있거든. ……

教人(교인)**으로 隨緣照顧**(수연조고)**하야 莫教惡覺現前**(막교악각현전)**이라하니는 遮箇**(자개)**는 又是認著髑髏情識而生解者**(우시인저촉루정식이생해자)**요**
"'사람으로 하여금 연(緣)을 따라 조고(照顧)[26]하여 악각(惡覺)으로 하여금 현전(現前)치 말게 하라.'[27] 한 자개(遮箇)[28]는, 이것은 또 이 촉루정식(髑髏情識)을 인착(認著)[29]해서 해(解)를 낸 자(者)요." 촉루정식은 제팔식(第八識), 근본무명(根本無明)을 촉루정식이라 그래.

教人(교인)**으로 但放曠任其自在**(단방광임기자재)**하야 莫管生心動念**(막관생심동념)**이니 念起念滅**(염기념멸)**이 本無實體**(본무

---

25 錯認(착인): 잘못 봄, 잘못 판단, 오인.

26 照顧(조고): 비추어 관찰하다, 돌아보다.

27 사람으로 하여금 인연에 따라서 비추어 관찰하고, 그릇된 감각이 나타나지 않게 하라.

28 遮箇(차개): 이것.

29 認著(인저): 인식.

실체)라
"사람으로 하여금 다만 방광(放曠)[30]에 그 자재함에 맡겨서, 생심동념(生心動念)[31]함을 간섭하지 말지니, 생각이 일어나고 생각 멸하는 것이, 본래 실체가 없는지라."

若執爲實則生死心(약집위실즉생사심)**이 生矣**(생의)**라하니는 遮箇**(자개)**는 又是守自然體**(우시수자연체)**하야 爲究竟法而生解者**(위구경법이생해자)**니**
"만일 '집착해서 실(實)을 삼으면 생사의 마음이 난다'고 이렇게 가르치는 이는," 자개(遮箇)는, "이것들은" 말이야 "또 이 자연체(自然體)를 지켜 구경법(究竟法)을 삼아서 해(解)를 내는 자라."

如上諸病(여상제병)**은 非幹學道人事**(비간학도인사)**라 皆由瞎眼宗師**(개유할안종사)**와 錯指示耳**(착지시이)**니라**
여상제병은, 회통하는 말이야. "이와 같은 이 모든 병폐에는, 학도(學道)하는 사람의 일에 한 허물이 아니라, 다만 다 눈 멀은 종사의 그릇 지시함을 말미암아서 그렇게 된 것이다." 증개(曾開) 증천유(曾天遊), 자로 부르면 증천유 씨고, 이름으로 부르면 증개 씨고, 벼슬로 부르면 증시랑(曾侍郎) 대감이고 이렇게 되는 거야.

---

30 放曠(방광): 언행에서 거리낌이 없음.

31 마음이 나고 생각이 움직임을.

公(공)**이 旣淸淨自居**(기청정자거)**하야 存一片眞實堅固道向之心**(존일편진실견고도향지심)**하니 莫管工夫**(막관공부)**ㅣ 純一不純一**(순일불순일)**하고 但莫於古人言句上**(단막어고인언구상)**에 只管如疊塔子相似**(지관여첩탑자상사)**하야 一層了**(일층요)**고 又一層**(우일층)**이어다**

"공이, 당신이 이미 청정히 스스로 거(居)해서, 한 조각 진실하고 견고해 도에 향하는 마음을 두었으니, 공부가 순일(純一)[32]하고 순일치 않은 걸 간섭하지 말고, 다만 고인(古人)의 언구(言句) 위에, 다만 가말아 탑 쌓는 것과 상사(相似)해서, 한 층에 마치고 또 한 층에 마쳐라, 그런 일 하지 말아라." 고인 언구 상에 요렇게 생각해보고, 또 요렇게 생각해보고, 탑 한 층 쌓고 또 한 층 쌓는 집과 같이 그렇게 하지 말어라 이거야.

枉用工夫(왕용공부)**하야 無有了期**(무유요기)**하리라 但只存心於一處**(단지존심어일처)**하면 無有不得底**(무유부득지)**하리라 時節因緣**(시절인연)**이 到來**(도래)**하면 自然築著磕著**(자연축착합착)**하야 噴地省去耳**(분지성거이)**리라**

그렇게 할 것 같으면 "그릇 공부 써서, 요달(了達)할 기약이 없으니까" 마칠 기약이 없어. "다만 마음을 한곳에다 둘 것 같으면, 얻지 못할 게 없어. 시절인연이 도래하면, 자연히 축착합착(築著磕著)[33]하야," 시절인연이 도래하는 게 뭐인고 하니, 닭이 알을 품고 앉았으면 24일이면 뽀로

---

32 純一(순일): 다른 것이 섞이지 않고 순수함.

33 탄허 스님은 '성(城)돌 맞듯', '맷돌 맞듯 하여'라는 의역을 제시한다.

록 그 시절인연이 도래해. 하여, "분지(噴地)[34]에 성거(省去)할 것이다."[35]

不起一念(불기일념)**이 還有過也無**(환유과야무)**잇가 云須彌山**(운수미산)**이니라하시고**

화두의 말이다. 운문 스님한테 와서 묻기를 "'한 생각도 일으키지 않는 것이, 또한 허물이 있습니까, 없습니까?' '수미산(須彌山)이니라.' 하시고,"

一物(일물)**도 不將來時**(불장래시)**에 如何**(여하)**니잇고 云放下著**(운방하착)**하라하시니**

또, 조주(趙州) 스님한테 와서 묻기를, "한 물건도 가져오지 않을 때 어떱니까? 다 방하착하라!" 놓아 내려버려. 하시니,

遮裏(자리)**에 疑不破**(의불파)**어든 只在遮裡參**(지재자리참)**이언정 更不必自生枝葉也**(갱불필자생지엽야)**니 若信得雲門及**(약신득운문급)**인댄 但恁麼參**(단임마참)**이어다 別無佛法指似人**(별무불법지사인)**호라**

자리(遮裏)에, "여기서 의심을 파(破)하지 못했거든, 다만 이 속에 있어서 참구할 때면, 다시 반드시 지엽(枝葉)을 내지 말지니, 만일 당신이 운문(雲門) 나를 신(信)하여 미친다면, 다만 이렇게 참구할지어다. '별(別)[36]로 불법을 사람들에게 가리켜 바칠 것이 없노라.'"

---

34 문득.

35 살펴 가게 될 것이다, 깨달아 가게 될 것이다.

36 따로.

若信不及(약신불급)인댄 一任江北南(일임강북남)에 問王老(문왕로)하야 一狐疑了(일호의료)고 一狐疑(일호의)하노라

"만일 나를 신(信)해 미치지 못할 진댄, 한결같이 강북(江北)이나 강남(江南)에 가서 왕노(王老)[37], 선지식께 물어서 한번 호의(狐疑)[38]해보고 또 한 번 호의해봐라." 그렇게 마음대로 해보라고 맡긴다.

---

37 남전(南泉) 선사의 속성(俗姓)이 왕 씨로서, 후에 명안종사(明眼宗師)를 통칭하여 '왕로(王老)'라 한다.

38 狐疑(호의): 여우가 의심이 많다는 뜻. 여기서는 여우같이 의심해보라는 뜻.

증시랑에 답하다
네 번째 답장에서[39]

◉

承(승)호니 有前緣(유전연)이 駁雜(박잡)하야 今受此報之歎(금수차보지탄)하니

"편지를 받아보니까," 승(承)이란 '받아보니' 이 말이야. "전생 인연이 박잡(駁雜)[40]하여, 이제 이 과보를 받았다는 탄식이 있으니," 진실하게 그렇게 생각했다 이 말이야. 하니,

獨不敢聞命(독불감문명)이로라

"그런 말씀은 홀로 감히 내가 명령(命)을 듣지 못하겠노라." 그런 말은 타당치 않은 말이다. 저이는 높여서 명령이라 한다. 홀로 감히 그런 명령을 내가 듣지 못하겠다. 그런 말이 어디 있느냐, 너무 겸사(謙辭)한 소리다 이거야.

若動此念(약동차념)하면 則障道矣(즉장도의)리라

즉, "만일 그 생각을 동(動)할 것 같으면, 도(道)를 장애(障礙)한다."

---

39 『서장』「답 증시랑 천유」의 네 번째 답장이다(T47n1998A_025, 918c).

40 駁雜(박잡): 이것저것 뒤섞여 순수하지 못함.

細讀來書(세독래서)코사 乃知四威儀中(내지사위의중)에 無時間斷(무시간단)하야 不爲公冗(불위공용)의 所奪(소탈)하고 於急流中(어급류중)에 常自猛省(상자맹성)하야 殊不放逸(수불방일)하고 道心(도심)이 愈久愈堅固(유구유견고)하니[41]

여기 지금 첫 꼭대기에 "細讀來書(세독래서)코사" 이랬잖아? 여기서 '~코사', '이에~ 이에~' 할 데가 있기 때문에 '~코사' 그렇게 달은 거야. '세독래서코,' "자세히 온 편지를 읽고," '~코' 하는 게 '~코사'를 줄인 게지. 이에 내가 그런 것을 알았으니 이 말이야. 유구유견고를 알았으니

深愜鄙懷(심협비회)로다

'더러울 비(鄙)' 자는 '나'라는 뜻이야.[42] "깊이" 나의 소회(所懷), "내 생각과 맞았다."

---

41 이 부분은 따로 강의하지 않았다. 저서에서 역문은 다음과 같다.
"자세히 온 글을 읽고 이에 사위의(四威儀) 가운데에 때로 간단(間斷)함이 없어서 공용(公冗, 公務의 번잡)의 빼앗기는 바가 되지 않고 급히 흐르는 가운데에 항상 스스로 맹렬히 살펴서 자못 방일(放逸)하지 아니하여 도(道) 마음이 더욱 오랠수록 더욱 견고함을 알았으니,"(김탄허, 『현토역해 서장』, 화엄학연구소, 1976, 55~56)

42 鄙懷(비회): 자기 마음속에 품은 생각을 낮추어 이르는 말.

증시랑에게 답하다
다섯 번째 답장에서[43]

◉

承諭(승유)**호니 外息諸緣**(외식제연)**하고 內心無喘**(내심무천)**하야사 可以入道**(가이입도)**여 是**(시)**는 方便門**(방편문)**이라 借方便門**(차방편문)**하야 以入道則可**(이입도즉가)**어니와 守方便而不捨則爲病**(수방편이불사즉위병)**이라하니**

"편지를 받아보니, '밖으로 모든 연을 쉬고, 안 마음이 헐떡임이 없어야, 가히 써 도에 든다'[44]라 하신 말씀이여. 이것은 방편문이라. 방편문으로 차(借)하여 도에 들어가도록 하거니와, 이 방편문을 지켜가지고서 버리지 않고 있으면 그건 병이 된다." 증시랑이 거기까지 그렇게 말한 거야. 하니, 대혜(大慧)가 이제 이걸 면통하는 말이다.

誠如來語(성여래어)**로라**

"진실로 참 보낸 말과 똑같어." 어쩌면 그렇게 진리에 합하는 말을 했소.

---

43 『서장』「답 증시랑 천유」의 다섯 번째 답장이다(T47n1998A_025, 919a).

44 보리달마가 혜가에게 법문한 말이다.
"別記云。師初居少林寺九年。為二祖說法秖教曰外息諸緣內心無喘。心如牆壁可以入道。"(『경덕전등록』 권제3, T51n2076_003, 219c)

山野(산야) ㅣ 讀之(독지)에 不勝歡喜踴躍之至(불승환희용약지지)호라

산야(山野), 대혜 스님 별호거든. 자기 겸칭(謙稱)으로 못난 사람이라고 산야라 그려. "산야가 이걸 읽고 봄에 환희용약의 지극함을 이기지 못했어." 참 내가 펄펄 뛰었다 이 말이야. 얼마나 재미가 있는지, 진실함이 이렇게 도가 높다니, 이렇게 안목이 높다니. 참 좋아했다 이 소리야.

今諸方漆桶輩(금제방칠통배) ㅣ 只爲守方便而不捨(지위수방편이불사)하야 以實法(이실법)으로 指示人(지시인)하나니 以故(이고)로 瞎人眼(할인면)이 不少(불소)로다 所以(소이)로 山野(산야) ㅣ 作辨邪正說(작변사정설)하야 以救之(이구지)하노니

그런데 "요새 제방의 칠통배(漆桶輩)[45]는, 방편을 지켜서 버리지 않아서, 실법(實法)으로써 사람을 지시한다." 지시 아니면 못하잖아. "그래서 사람 눈을 멀게 하는 일이 적지 않다. 그러기 때문에 내가, 산야가 변사정설(辯邪正說), 사정(邪正)을 가리는 설을 지어서, 또 구원하노라." 이하를 '삼돌장(三咄狀)'[46]이라 한다.

夜夢(야몽)에 焚香(분향)하고 入山僧之室(입산승지실)하야 甚從容(심종용)이라하니 切不得作夢會(체부득작몽회)어다 須知

45 묵조선 수행자들을 비하하는 말로서, 칠을 담아놓은, 시커먼 통 같은 무리. 우리말로 하면 '먹통들'.

46 이하에 '咄(돌)'이 세 번 나옴.

是眞入室(수지시진입실)이니

"밤 꿈에 향을 사르고, 산승(山僧)의 실(室)에 들어와서," 대혜 스님 조실(祖室)[47]에 들어와가지고서 "심(甚)히 종용(從容)[48]히 해봤다." 그러니 "간절히 시러금 꿈 알음알이를 짓지 말아라. 모름지기 알라. 이 참으로 실(室)에 들어온 거야." 참으로 대혜의 방에 들어온거다 이거야.

不見(불견)가

"보지 못 했는가?" 역사를 두른 말이야. 이 사리불(舍利弗)하고 수보리(須菩提)가 문답한 것이 육백부(六百部)『반야경(般若經)』[49]에 있는 말이다.

舍利佛(사리불)이 問須菩提(문수보리)하사대 夢中(몽중)에 說六波羅密(설육바라밀)호니 與覺時(여교시)로 同(동)가 別(별)가

"사리불이 수보리에게 묻기를, 꿈 가운데 내가 육바라밀을 설해보았어. 하니 여교시(與覺時)로", '각(覺)' 자는 꿈 깬다면 '교(覺)'라 그런다. '깰 교'. '각'이라고 하면 망언되는 건 아니지만, 글 잘하는 사람이 보면 '꿈 깰 교' 자를 모르고 '깨어날 각' 자로 읽는다고 흉보겠지. …… 여교시로 동가 별가, "깰 때를 더불어 같으냐, 다르냐?" 사리불이 수보리한테 물었단 말이야. 그 꿈과 깬 것이 같으냐 다르냐 물으니까,

須菩提(수보리) ㅣ 云此義(운차의) ㅣ 幽深(유심)하야 吾不能說

47 祖室(조실): 조사가 기거하는 방.

48 從容(종용): 침착하고 덤비지 않음. 조용의 원말.

49 600권으로 이루어진『대반야바라밀다경(大般若波羅蜜多經)』을 말한다.

(오불능설)이로소니
수보리 답이야. "이 의(義)가 너무 깊고 깊어서, 나는 능히 설할 수가 없으니, 이 회(會)에 미륵 대사가 있으니, 네가 거기 가서 물어라.[50] 돌(咄)! 허물이 적지 않도다." 이게 다 가르치는 소리여. 경에는 교리적으로 참말로 내가 모르니까 미륵 대사한테 가서 물어라, 이런 것 같지만, 선문(禪門)에서 앉아서 보면 이게 다르단 말이야. 또 교리(敎理)라도 선문에 갖다 쓰면 선문이 되어버리는 거야. 알아듣겠어?

차의유심(此義幽深)하야 오불능설(吾不能說)이로서니, "이 뜻이 깊고 깊어서 나는 설할 수 없어." 말 다 해주는 소리야. 꿈과 깬 소식이 다르냐, 같으냐 물으니까, 몽교일여(夢覺一如)한 소식을 그 자리에서 …… 거란 말이야. 그건 말이 떨어진 자리야.

此會(차회)에 有彌勒大士(유미륵대사)하시니 汝往彼問(여왕피문)하라하시니 咄(돌) 漏逗不少(누두불소)로다
"이 회중에 미륵 대사가 계시니, 네가 거기 가서 물어라." 이렇게 가르쳐줬단 말이야. 수보리가 참말로 이걸 몰랐다면 말이 안 되잖아. 수보리는 뱃속에서부터 공리(空理)를 안 양반인데, 몽교가 일여한 소식을 몰랐다고 하면 말이 돼? 이건 '말 다한' 소리라니까. 이걸 무식하게 그냥 수보리도 몰랐다고 이러고 앉았거든. '이 뜻이 깊고 깊어 나는 말할 수 없다. 이 회중에 미륵 대사가 있으니, 네가 거기 가서 물어라.' 이게 답해준 거야. 그게 몽과 교가 같으냐 다르냐 하는 물음에 그 법을 아주

---

50 『대반야바라밀다경』 권제451 제2분「몽행품(夢行品)」(T07n0220_451, 274b~c).

시원하게 답을 해준 것이다. 선지(禪旨)로서 보면 그런 거다.

그러니까 "돌(咄)!" 하는 건 누구한테 돌 하는 거냐. 수보리에게 방망이를 내리는 것이다. 수보리가 너무 설파했다. '차의유심하야 오불능설이로서니 차회에 유미륵대사하시니 여왕피문하라'는 소리가 수보리가 너무 깨어났다 이거야 지금. 자세히 봐. 그러니까 …… 자세히 알고서 생각해보란 말이야. 그러면 하나도 속지를 않을 테니까.

雪竇(설두) ㅣ 云當時(운당시)에 若不放過(약불방과)ㄹ런든

"설두가 이르되, 당시에 만일 놓아 지내지 않았던들," 하는 말이 무엇인고 하니, 사리불이 어지간히 소견이 나서 알아들었으면 가서 묻지 않는 거야. 그만 답했을 텐데. 그런데 그 말 못 알아듣고 참말로 가서 물었단 말이야. 미륵 대사한테 가서 물었어. 내가 간밤 꿈에 육바라밀을 설한 것을 보았는데, 그게 깨었을 때와 같은 얘긴가 다른 얘긴가 물었다. 그래 '당시에 놓아 지내지 않고 와서 물었으면, 몽둥이질을 단단히 했어야 할 텐데.' 이 소리야. 놓아 지내지 않고 미륵 대사한테 가서 묻게 되면

隨後與一箚(수후여일차)이어늘

"뒤를 따라서 한 차(箚)!" 한 번 벽력같이 지르는 돌(咄)! 할(喝)! 이 '할법'으로 법문을 "했어야 할 것인데," 미륵보살 이 친구도 말이야 …… 되었다 이거야.

誰名彌勒(수명미륵)이며 誰是彌勒者(수시미륵자)여

육백부 『반야경』에 있는 소리다. 육백부 『반야경』에서는 이 말이 길어. 시방 이건 간략히 추린 말이지. 거기는 말이 여러 장이라고. 여기서 '~

여' 그랬단 말이야. 그거 따오는 말이기 때문에, 불입보살(佛入菩薩) 말씀은 따오는 말이기 때문에, "누가 미륵이라고 이름을 했으며, 누가 이 미륵인 자냐?" 하는 말씀이여. 어뗘? 토가 그래야 될 거 아니야? 배경이 그래야 될 거 아닌가 말여? 어뗘? 오케이 됐어. 이해가 안 가는 모냥이야. '수명이 미륵이오 수시미륵자오.' 한 말씀이여 이 말이야.[51]

便見冰銷瓦解(편견빙소와해)라하시니

설두 중현(雪竇重顯) 선사가 시방 평하는 소리다. '수명미륵이면 수시미륵자오.' 그것도 너무 봉망(鋒鋩)이 태로(太露)라, 칼날이 너무 드러나는 소리다. 선지로 앉아서 볼 것 같으면, 선문에서 보면 너무 설파한 소리여. 그러니까 '수명미륵이면 수시미륵자오.' 한 말씀이여, "문득" 빙소와해하면 보겠다. 미륵이 조금도 여유 없이 속이 확 뒤집어져서 다 드러나버렸다. "얼음이 녹고 기와 깨서 풀리는 걸 보겠다." 하시니, 설두 중현 선사가 끝까지 물어보는 거야.

咄(돌) 雪竇(설두)도 亦漏逗不少(역루두불소)로다

"돌(咄)!" 대혜가 설두를 또 몽둥이 내리는 거야. "설두 자네도 허물이 적지 않네." 설두 스님이 시방 이렇게 말해도, 설두도 자네도 허물이 적지 않네. 이렇게 해서 설파해놓은 것이 돌! 설두도 역루두불소다. 설두도 또한 봉망(鋒鋩)이 태로(太露). 석두도 또한 허물이 적지가 않구나! 이제 자돌(自咄)이 나온다. 하나는 수보리를 돌(咄) 주고, 하나는 설두를

51 안진호 본 등 다른 현토에서 '誰名彌勒이며 誰是彌勒者오'라 현토하는 것과는 달리 탄허 스님은 '誰名彌勒이며 誰是彌勒者여'라고 현토하고 있다. 그 이유에 대한 주장을 한 것이다.

돌 주고, 또 하나는 자돌(自咄), 대혜 자기를 몽둥이 때리는 거야. 자기도 허물이 적지 않다는 거.

或有人(혹유인)**이 問只如曾待制**(문지여증대제)**ㅣ 夜夢**(야몽)**에 入雲門之室**(입운문지실)**이라하니 且道**(차도)**하라 與覺時**(여각시)**로 同**(동)**가 別**(별)**가하면 雲門**(운문)**은 卽向佗道**(즉향타도)**호대 誰是入室者**(수시입실자)**며 誰是爲入室者**(수시위입실자)**며 誰是作夢者**(수시작몽자)**며 誰是說夢者**(수시설몽자)**며 誰是不作夢會者**(수시불작몽회자)**며 誰是眞入室者**(수시진입실자)**오 호리니 咄**(돌) **亦漏逗不少**(역루두불소)**로다**

"혹 어떤 사람이 와서 나한테 묻기를, 다만 여증대제(如曾待制), 증시랑이라는 사람이, 밤 꿈에 운문의 실(室)에 들어왔다 하니, 또 일러봐라. 깬 때로 더불어 같으냐, 다르냐?" 나한테 와 물으면, "운문 나는 곧 저 사람을 향해 이르되, 누가 이 실에 든 자며, 누가 이 실에 듦이 되는 자며, 누가 이 꿈을 지은 자며, 누가 이 꿈을 설하는 자이며, 누가 이 꿈 알음앓이를 짓지 않는 자며, 누가 이 참으로 실에 든 잔가? 이렇게 나는 답을 하겠으니,"

돌(咄)! 돌이라는 건 혀 차는 소리여. "쯧쯧!" 역루두불소로다. "나도 또한 허물이 적지 않네." 여기까지여. 얼마나 멋이 있누. 안목을 바로 가져서 뒷사람의 안목을 그르치지 않아야 한다. 선입지견(先入之見). 그런 걸 집어서 내버려야 한다. 선문을 그렇게 보면 이 선문을 망쳐버린다. 선문을 교리적으로 자꾸 따져서, '몰라서 가서 물으라고 그랬다. 가서 물으니까 또 미륵이도 모르고 답한 소리, 누가 미륵이라고 했으면 미륵이라고 이름한 놈은 누구냐?' 이랬잖아. 그건 아무것도 모르는 소리지.

증시랑에게 답하다
여섯 번째 답장[52]

◉

來書(내서)를 細讀數過(세독수과)호니 足見辨鐵石心(족견변철석심)하며 立決定志(입결정지)하야 不肯草草(불긍초초)로다 但只如此崖到臘月三十日(단지여차애도랍월삼십일)하면 亦能與閻家老子(역능여염가노자)로 廝抵(시저)하리니

"온 편지를 자세히 여러 번 읽어보니, 족히 철석같은 마음이라 판단하며, 결정한 뜻을 세워서, 즐거이 초초(草草)[53]하지 않음을 보겠도다. 다만 이같이 납월(臘月) 삼십 일에 닿아 가면, 또한 능히 염가노자(閻家老子)와 더불어 겨루어", 염라 천자한테 붙잡혀가지 않을 것이란 소리다. "생사를 마음대로 할 것이다."

更休說豁開頂門眼(갱휴설활개정문안)하고 握金剛王寶劍(악금강왕보검)하야 坐毗盧頂上也(좌비로정상야)어다

그러니 "다시 정문안(頂門眼)[54]을 활연히 열고, 금강왕보검(金剛王寶劍)

---

52 『서장』「답 증시랑 천유」의 여섯 번째 답장이다(T47n1998A_025, 919b).

53 草草(초초): 대강대강. 허둥지둥.

54 頂門眼(정문안): 정수리에 있는 제3의 눈으로, 특별한 지혜의 눈을 뜨라는 표현.

을 가지고, 비로정상(毘盧頂上)에 앉아야 한다고 그런 애기하지 말아라." 당신이 시방 이렇게만 공부해 가면 바로 그 소식이다 이 소리야.

某(모) **ㅣ 嘗謂方外道友曰今時學道之士**(상위방외도우왈금시학도지사) **ㅣ 只求速效**(지구속효)**호며 不知錯了也**(불지착요야)**라호니 却謂無事省緣**(각위무사성연)**하고 靜坐體究**(정좌체구)**하야 爲空過時光**(위공과시광)**으론 不如看幾卷經**(불여간기권경)**하며 念幾聲佛**(염기성불)**하며 佛前**(불전)**에 多禮幾拜**(다례기배)**하야 懺悔平生所作底罪過**(참회평생소작저죄과)**하야 要免閻家老子**(요면염가노자)**의 手中鐵棒**(수중철봉)**이라하나니 此是愚人所爲**(차시우인소위)**라하노라**

"내가 일찍이 방외도우(方外道友)들에게," 세간 밖의 사람을 방외도우라 그래. "말하기를 금시(今時)에 학도지사(學道之士)[55]가, 다만 속효를 구함이, 그릇됨을 알지 못한다고 하니, 도리어 자기 일없이 연(緣)을 덜어서, 고요히 앉아 체구(體究)하여[56], 헛되이 시광(時光)을 보내는 것보다는, 차라리 몇 권 경이나 보고, 몇 소리 부처님 염불이나 하고, 불전에 많이 절하는 예(禮)를 해서, 평생의 소작(所作)[57]한 죄업을 참회(懺悔)해서, 종요로이 염가노자(閻家老子)의 수중철방(手中鐵棒)[58]을 면하는 놈만 같지 못하다 하나니," 지금 뭔가 내가 이렇게 방외도우들에게 요

---

55 도를 배우는 선비.

56 체달해 연구하여.

57 지은 바.

58 염라대왕의 손에 들린 쇠몽둥이.

즘 학도지사들이 속효를 구하는 것이 그릇된 것인 줄 알지 못한다고 그러니까, 그 사람들이 도리어 이렇게 말한다 이거야. 하나니, "이것은 이[59] 우인(愚人)이 하는 바라 하노라."

而今道家者流(이금도가자류) ㅣ **全以妄想心**(전이망상심)으로 **想日精月華**(상일정월화)하며 **呑霞服氣**(탄하복기)라도 **尙能留形住世**(상능유형주세)하야 **不被寒暑**(불피한서)의 **所逼**(소핍)이어든 **況回此心此念**(황회차심차념)하야 **全在般若中耶**(전재반야중야)아

"지금" 도가자류들이, "도교 신선도 하는 사람들이, 전연히 망상심으로써, 일정월화(日精月華)를 생각하며, 노을을 삼키고 기운을 먹어도, 오히려 능히 형(形)에 머물러 세상에 주(住)해서, 한서(寒暑)의 핍박(逼迫)한 바를 입지 않거늘, 하물며 이 마음, 이 생각을 돌이켜서, 온전히 반야 가운데 있는 것이야 말할 거 뭐 있느냐." 그건 생사에 틀림없이 뛰어난다 이 소리야. 그 도교 사람들이 망상심으로써 그렇게 공부해도 어느 정도 생사를 좌우하는데, 하물며 이 생각, 이 마음이 생각이 끊어진 반야 가운데 있는 거야 말할 게 뭐 있느냐.

先聖(선성)이 **明明有言**(명명유언)하사대 **喩如太末蟲**(유여태말충)이 **處處能泊**(처처능박)호대 **唯不能泊於火燄之上**(유불능박어화염지상)인달하야 **衆生**(중생)도 **亦爾**(역이)하야 **處處能緣**(처처

59 옛 방식대로 '是'를 '이'로 새김. '이는 곧 우인이 하는 바이다'가 어법에 맞다.

능연)호대 **唯不能緣於般若之上**(유불능연어반야지상)**이라하시니**
"선성(先聖)이 명명(明明)히 말씀을 주기를 비유컨데," 태말충(太末蟲), 파리의 별명이야.[60] "태말충이 곳곳에 능히 대지만, 오직 능히 불꽃 위에는 대지 못하는 것과 같아서, 중생도 또한 그래서 곳곳에 능히 반연하지만은, 오직 능히 반야 위에는 반연하지 못한다."

苟念念不退初心(구념념불퇴초심)**하고 把自家心識**(파자가심식)**이 緣世間塵勞底**(연세간진로저)**하야 回來抵在般若上**(회래저재반야상)**하면 雖今生**(수금생)**에 打未徹**(타미철)**이라도 臨命終時**(임명종시)**에 定不爲惡業所牽**(정불위악업소견)**하야 流落惡道**(유낙악도)**하고 來生出頭**(내생출두)**에 隨我今生願力**(수아금생원력)**하야 定在般若中**(정재반야중)**하야 現成受用**(현성수용)**하리니 此是決定底事**(차시결정저사)**라 無可疑者**(무가의자)**니라**
그렇게 말씀하셨으니, "진실로 염념(念念)히 처음 마음을 퇴전치 않고, 자가(自家)의 심식(心識)이 세간진로(世間塵勞)[61]에 반연하는 것을 잡아 가지고서, 돌이켜와 반야 위에다 대어 둘 것 같으면, 비록 금생에 쳐 사

60 太末蟲(태말충): 의례문집과 의서에도 많이 인용되는 중요한 구절이다. 바이두백과(百度百科) 등의 중국 백과사전에서는 태말충을 미생물, 세균으로서 호충(戶蟲)과 동의어라고 한다(https://baike.baidu.com/item/太末虫/1162230). 그러나 바이두백과에서 불경상의 근거라고 제시한 것이 호충에 관한 것뿐이어서 태말충이 파리가 아닌 미생물이라 단정하기는 어렵다. 어쨌든 우리나라의 선인들은 태말충을 파리로 알아왔다. 대표적으로 완당 김정희의 한시에도 있고(『완당선생전집(阮堂先生全集)』 권10 「승(蠅)」), 또 특이하게 필사하여 편집한 작법예문에 『태말충』이란 이름을 붙인 사례도 있다. 작법(作法)을 바르게 하여 태말충이 되지 말자는 경책의 의미라 한다[이성운, 「불교(佛敎) 의례의문(儀禮儀文)의 명칭(名稱)에 대한 고찰(考察)」, 『기호학연구』 47, 한국기호학회, 2016, 269~298].

61 세간의 노고, 번뇌.

무치지 못할지라도, 임명종시(臨命終時)에 결정코, 악업(惡業)에 끌리는 바가 되어 악도(惡道)에 유락(流落)하지 않고,"[62] 내생(來生) 출두(出頭)에, "내생에 머리를 내서 태어남에, 나의 금생원력(今生願力)을 따라서, 결정코 반야 중에 있어서, 반드시 수용함을 이뤄," 내생에는 꼭 이렇게 태어날 거라 이거야. "하니, 이것은 이 결정한 일이라, 가히 의심할 게 없는 것이다."

62 흘러 떨어지지 않고.

이참정에게 답하다
두 번째 편지에 대한 답장[63]

◉

刳其正性(고기정성)하며 除其助因(제기조인)하며 違其現業(위기현업)이니

요것이 지금 고기정성하고, 제기조인하고, 위기현업이라는 게 『능엄경(楞嚴經)』에 나온 말이거든.[64] 고금(古今)에 도(道) 높은 선지식의 수행하는 방식이 여기서 벗어나지 않는 거야. 고기정성하고, 정성은 음진이성(淫瞋二性)을 정성이라고 하잖아, 바른 성이라. 그것이 올바른 성이란 말이 아니라 타고난 성품이라 이 소리야. 음심·진심, 음진이성을 정성. 조사선에 제일 방해되는 물건인 "정성, 음진이성을 깎아 내버리고,"

제기조인하며, "그 음진이성을 도와주는 이를 제(除)하니라." 조인(助因)은 오신채(五辛菜)를 조인이라 그려. 음진이성을 도와주는 조인. 왜 조인이라고 하는고 하니, 생조진심(生助瞋心)하고 선채(鮮菜)로 먹으면 자극성이 있어서 진심(瞋心)을 도와주고, 숙조음심(熟助淫心)이라 익

---

63 『서장』「답 이참정 한로(答 李參政 漢老)」의 두 번째 편지(又)에 대한 답장(T47n1998A_025, 920b~c).

64 『대불정여래밀인수증요의제보살만행수능엄경(大佛頂如來密因修證了義諸菩薩萬行首楞嚴經)』 권제8(T19n0945_008, 141b).

혀 먹으면 음심(淫心)을 도와줘. 양기를 도와준다 이 말이야. 그래서 오신채를 못 먹게 하는 거야. 위기현업이라. "그 번듯이 일어나는 업, 망상을 쫓아주지 말고 어겨라." 아까 淨除現流(정제현류)[65]라는 게 그 말이야.

此乃了事漢(차내요사한)**의 無方便中**(무방편중)**에 眞方便**(진방편)**이며 無修證中**(무수증중)**에 眞修證**(진수증)**이며 無取捨中**(무취사중)**에 眞取捨也**(진취사야)**니라**

"이것이 (이에 일 마친 놈의) 방편(方便) 없는 가운데 참 방편이며, 닦고 증(證)할 게 없는 가운데 참 닦고 증함이며, 취(取)하고 버릴 게 없는 가운데 참 취하고 버림이라."

……

如此說話(여차설화)**도 於了事漢分上**(어요사한분상)**엔 大似一臘月扇子**(대사일납월선자)**어니와**

"내가 지금 이렇게 하는 이 말은, 일 마친 놈 분상(分上)[66]에, 크게 한 자루 섣달 부채와도 같아." 섣달 부채 뭐 쓸데가 있나요? 추운데 말이야.

恐南地(공남지)**에 寒暄**(한훤)**이 不常**(불상)**하니**

---

65 이 답장을 하게 한 이참정의 질문 편지에 나온다.

66 分上(분상): 사전에 없는 단어인데 불전에서 심심치 않게 쓰임. 본분상, 신분상, 경지상의 뜻.

그렇지만, "혹 남쪽에 차고 더움이 떳떳지 않아서,"[67] 남쪽에 혹 여름같이 더울 때도 있다. 그런 때에 이 부채질 한 번 해 봐라 이거야. 내가 시방 편지해주는 이것이 섣달 부챈데, 당신 분상에는 필요가 없지만, 남지에 하늘이 불상해서 혹 더운 날도 있을런지 모르니까.

也少不得(야소부득)이니라

"또한 없을래야 얻지 못해." 섣달 부채도 거기서는 써먹을 데가 있을 것이다. 적을 소(少) 자를 없을 소라 새긴다. 없을래야 얻지 못해.

一笑(일소)하리라

"한 번 웃으리라." 이 소식을 알아들으면 한 번 웃으리라.

---

67 恐(공): 아마, 의심하건대. '남쪽에 차고 더움이 늘 그러하지 않으니.'

「강급사 소명에게 답하다」에서[68]

◉

譬牛駕車(비우가거)에 車若不行(거약불행)이어든 打車卽是(타거즉시)아 打牛卽是(타우즉시)아하아

"비컨데 소가 수레를 끄는데, 수레가 가지 않으면 수레를 때려야 옳으냐, 소를 때려야 옳으냐 하는 이 법문을"[69]

[馬師聞之(마사문지) 言下知歸(언하지귀) 這幾句兒言語(저기구아언어)]

諸方多少說法(제방다소설법)이 如雷如霆(여뢰여정)하며 如雲如雨底(여운여우저)호대 理會不得(리회부득)하고 錯下名言(착하명언)하야 隨語生解(수어생해)오

그냥 "제방(諸方)에 다소(多少) 설법이, 우레 같고 천둥같이 막 떨어져 쌓고, 구름 같고 비와 같이 떨어져 쌓고, 그리하되, 그 내용을 알지 못하고, 그릇 명언(名言)을 내려가지고, 말을 따라서 해(解)를 내는고?" 반박하는 말이다.

---

68 『서장』「답 강급사 소명(答 江給事 少明)」(T47n1998A_026, 920c~921a).

69 강의에서 생략했는데, 마조(馬祖)가 회양(懷讓)을 만나서 이 법문을 듣고 바로 돌아감을 알게 되었다, 즉 깨달음을 얻었다고 본문에 나온다.

見與舟峯書尾(견여주봉서미)에 **杜撰解注**(두찬해주)하고
"주봉(舟峯) 스님한테 준 글꼬리에 글을 보니까, 두찬(杜撰)의 주해(注解)한 걸 내가 보고", 두찬 장로라는 건 다른 사람의 아는 건 막아버리고, 자기 능한 건 뽑아내는 걸[70] 두찬 장로라 그래. 아만통이 된 걸 두찬 장로라 이러거든. 그래 두찬이 주해한 걸 내가 보고,

山僧(산승)이 **讀之**(독지)에 **不覺絶倒**(불각절도)호라 **可與說如來禪祖師禪底**(가여설여래선조사선저)로 **一狀領過**(일장영과)하야 **一道行遣也**(일도행견야)ㄹ러라
"내가 그 글을 읽음에 허리 부러질 뻔했다." 얼마나 우스운지. 되잖은 무리를 했더라. "가히 여래선(如來禪)은 어떻고, 조사선(祖師禪)은 어떻고 한 그 설명으로 더불어, 한 장에 다짐 둬가지고, 한 길로 모두 귀양 보낼[71] 놈들이더라." 이 말이야.

來頌(내송)을 **仔細看過**(자세간과)호니 **卻勝得前日兩頌**(각승득전일양송)이나 **自此**(자차)로 **可已之**(가이지)어다 **頌來頌去**(송래송거)에 **有甚了期**(유심요기)리오
"온 그 게송을, 자세히 읽어보니까, 전날 그 양송(兩頌)보단 훨씬 잘 지었다. 그러나 이제부터 쉬어라. 시를 지어 오고 시를 지어 가는데, 무슨 요달할 게 있겠느냐?"

---

70 한문구로 말하는 내용이 있는데, 녹음 내용이 분명하지 않아 삭제했다.

71 一狀(일장): 한 장의 고소장.
領過(영과): 조서를 꾸밀 때 따져 묻는 것,
一道行(일도행): 같은 죄목이기 때문에 같은 곳을 유배를 보냄.

如參政相似(여참정상사)니 渠(거) ㅣ 豈是不會做頌(개시불회주송)이리오마는 何故(하고)로 都無一字(도무일자)오 乃識法者(내식법자) ㅣ 懼耳(구이)니라 間或露一毛頭(간혹로일모두)하면 自然抓著山僧癢處(자연조착산승양처)하나니

"저 이참정과 같이 상사(相似)히 할지니,"[72] 이참정 "저가[73] 어찌 이 송(頌)을 지을지 모르리오마는, 하고로[74] 도무지 한 글자도 없느냐? 법 아는 사람이 무섭기 때문"에, 함부로 지껄이지 못하는 것이다. 이거야. "간혹 한 터럭 끝만치 말을 풀어내면, 자연히 산승의 가려운 곳을 시원하게 긁어준다." 가려운 곳 긁어주는 것같이 시원한 게 어디 있어? 하나니,

如出山相頌(여출산상송)에

"이와 같이 「출산상송」에," 부처님이 6년 고행하다가 49년 설법하러 나올 때 모습이 출산상(出山相)이거든. 이걸 이참정이 송(頌)을 지은 것인데,[75] 그 끝에 부분을 여기서 말한다.

云到處逢人驀面欺之語(운도처봉인맥면기지어)는 可與叢林(가

72 이참정을 닮아라.

73 渠(거): 그 사람.

74 何故(하고)로: 어찌하여.

75 이참정, 「출산상송(出山相頌)」

眼皮盖盡三千界하고	눈꺼풀로 삼천계를 다 덮었고
鼻孔에 盛藏百億身이라	콧구멍에 백억 몸을 채워 저장했네.
箇箇丈夫라 誰是屈이냐	하나하나 모두 장부라 누가 굽히리?
青天白日에 莫謾人저	청천백일에 사람 좀 속이지 마소.
咄	쯧!
到處逢人驀面欺라	이르는 곳 만난 사람을 보자마자 속이느니.

여총림)으로 作點眼藥(작점안약)이라
부처님이 "이르는 곳마다 사람을 만나매 문득 대면해 속인다," 중생을 속인다. "그 말씀은 가히 총림(叢林)으로 더불어 점안약(點眼藥)을 지은 말이다." 얼마나 말이, 법문이 잘 되었는지.

公(공)이 異日(이일)에 自見矣(자견의)리니 不必山僧(불필산승)이 注破也(주파야)니라
"공(公)이 다른 날에 스스로 볼 것이니, 꼭 굳이 산승(山僧), 내가 주석해 타파할 게 없다." '이다음에 이 소식을 알 것이다.' 이거야.

某(모)ㅣ 近見公(근견공)이 頓然改變(돈연개변)하야 爲此事甚力(위차사심력)일새 故作此書(고작차서)에 不覺縷縷(불각누누)하노라
"내가 요사이 공(公)이 돈연(頓然)히 개변(改變)하여,[76] 이 일을 위해 심히 힘쓰는 걸 봤다. 그러므로 이 편지를 짓는데," 누누이, "자세히 자세히 내가 이렇게 쓰노라." 이 말이야.

76 갑자기 고치고 변화하여.

임판원 소첨에게 답하다[77]

◉

대혜 스님이 뭐라고 송을 지었는고 하니,

荷葉(하엽)은 **團團團似鏡**(단단단사경)**이요**
"연 이파리는 둥글고 둥글러서 둥글기가 거울 같고"

菱角(능각)은 **尖尖尖似錐**(첨첨첨사추)**로다**
"마름 뾜딱지는 뾰족하고 뾰족해서 뾰족하기가 송곳 같다."

風吹柳絮毛毬走(풍취류서모구주)**하고**
"바램이 버들강아지를 부니까 털공이 달아나고"

雨打梨花蛺蝶飛(우타이화협접비)**라호니**
"비가 배꽃을 치니까 나비와 나비는 나르는구나."

그렇게 …… 대혜 스님이 그렇게 송을 지었는데 그걸 보고서 깨달은

---

77 『서장』「답 임판원 소첨(答 林判院 少瞻)」(T47n1998A_029, 936b).

거야. 대혜 스님이 이걸 들여다 놓고, 『원각경』 경하고 자기가 지은 송하고 위아래에다 놓고 보아라 이거야. 위아래에다 놓고 보면 …… 송이 경이요, 경이 송이니라.[78]

經(경)**에 云居一切時**(운거일체시)**하야 不起妄念**(불기망념)**하며 於諸妄心**(어제망심)**에 亦不息滅**(역불식멸)**하며 住妄想境**(주망상경)**하야 不加了知**(불가요지)**하며 於無了知**(어무요지)**에 不辨眞實**(불변진실)**이라하시니**

"『원각경』에 한 말이야.[79] 일체 시간에 거해서, 망념을 일으키지 말며, 모든 망념에, 또한 취해서 멸하려고도 하지 말며, 망상경계에 주(住)해가지고, 요달해 아는 걸 더하지도 말며, 요지할 게 없는 자리에, 진실을 분변(分辨)하지도 말라."

菱角(능각)**은 尖尖尖似錐**(첨첨첨사추)**로다**

마름을 봤어야지. 개따구니라고 그러지. 전라도 방죽에 있고 여기 이런 덴 없어. 마름 이름도 모르지? 멍충이들. 마름이라고 동그란, 연파리같이 쪼그만한 것들이 뻗어나가면서 열매가 열어. 여는데 세모졌단 말이야. 그걸 따먹으면 밤 모냥 맛이나. 세모져가지고 뾰쪽해. 찔리면 아프다고. 피가 나. "마름 뿔딱지는 뾰족하고 뾰족해서 뾰족하기가 송곳과 같거든.

---

78 '但將此頌하야 放在上面하고 却將經文하야 移來下面하면 頌却是經이요 經却是頌이리니.'

79 『대방광원각수다라요의경(大方廣圓覺修多羅了義經)』(T17n0842_001, 917b).

風吹柳絮毛毬走(풍취류서모구주)**하고**
"바람이 버들강아지를 부니까," 버들꽃을 강아지라 그려. 둥글둥글 굴러다니는 "터럭공이 달리고"

雨打梨花蛺蝶飛(우타이화협접비)**라호니**
"비가 배꽃을 치니까, 나비가 나비를 날린다." 나비가 훌훌 날아 댕기지.

내가 스물두 살까지 유교, 도교 사상을 연구하다가서 스물두 살에 중이 됐는데, 그 3년 동안 아주 졸고 앉아서 말이야 밤낮 속에서 싸워. '이건 유교가 낫지.' 그럴 거 아냐. 상식적이야. 유불선 삼교에 '이거는 유교가 낫지. 불교 뭐 그 더 나을 게 있나?' 속으로 거듭 싸우더니, 이 경(『원각경』)을 보면서 그 의심이 다 풀려버렸어. 제대로 풀려. 뭐이 낫고, 못하고, 옳고 그른 시비가 다. 유불선 사상이.

이렇게 위대하지를 않으면, 불교가 중국에 와서 뿌리를 못 박는 거야. 중국 사람같이 주체성이 강하고, 전통이 누만년을 내려오면서 한 번도 남한테 지배 안 받았어. 그렇게 주체성이 강하고 거시기한 사람들이 아만(我慢)통이 쎈, 그런 중국에 거기 가서 뿌리를 박아? 천만의 말씀, 불교 사상이 원체 위대하니까 거기 가서 뿌리를 박은 거야.

기독교 사상이 일본 와서 뿌리를 못 박잖아. 왜 그러느냐? 불교 사상이 꽉 잡아놔서 그러는 거야. 일본 와서는 기독교가 맥을 못 춘다 이 말이야. 동경 1,200만이 살아도 기독교 회관이 없어. 시중에 거의 볼 수가 없다고. 저 변죽으로 가야 어쩌다가 쪼그만한 거 하나씩, 그렇게 뿌리를 못 박아.

우리나라같이 기독교가 뿌리 잘 박는 건 왜 그러나? 평생 남의 집

종노릇만 하고, 이 비렁뱅이들이 많아서 주체성이 하나도 없어. 얼싸 좋다 하고 그냥 사대주의, 좀 크다, 좀 장하다 하면 그냥 막 쫓아가는 거야. 여그같이 기독교가 뿌리내린 데는 없어. 세계적으로 미국 다음이야. 우리 한국이 미국 다음이야. 불교 뿌리박은 것이 세계적으로 중국 같은 데여. 그다음이 일본이고. 그러니까 일본은 다른 교가 힘을 못 쓰지. 불교가 꽉 뿌리를 박고 그 큰 사상이 주체를 가지고 있으면은 작은 사상이 못 들어오는 거야.

호모시자 이야기[80]

또, 호모시자(呼毛侍者)라는 이는 당나라 때 대신(大臣)을 지내던 양반인데, 조각(照覺) 선사한테 가서 중이 됐어. 황제한테 "중이 되겠다" 그러니까, "아이고, 내가 경을 놓고서 어떻게 정치를 하느냐고, 경이 없으면 나는 정치를 못 해. 중이 되다니 말이 되느냐?"고. 그래서 한 3년 있었는데, 바짝 말라가지고 몸뚱이가 형편이 없거든. "아, 경이 몸뚱이가 왜 이렇게 됐냐?"고 물으니,

"폐하, 3년 전부터 제가 중이 될라고 했는데, 폐하께서 못하게 하셔서 마음이 괴로워서 그럽니다."

"아, 그럼 중이 되어야지. 몸뚱이가 못쓰게 될 바에야."

그래 허락을 받았어. 그래서 조각 선사에게 가서 모시는데 10년 시봉을 했어. 10년을 나무해오고, 밥 짓고, 그 대신 지내던 귀골이 얼마나 미련해. 곰 아니야? 10년 만에,

"스님 저는 갑니다."

"왜?"

"아 제가 불법을 배울라고, 그 벼슬도 다 버리고 이렇게 왔는데, 10년 동안 스님한테 아무것도 배운 것 없이 이렇게 있으니 실없습니다. 불법 배우러 갈랍니다."

"그래 불법을 배운다고? 그거 나한테도 할 수 있다."

---

80 구비문학으로 추정됨.

"그 어떤 것이 불법이옵니까?"

그랬더니, 깔고 앉았던 방석에서 터럭을 이렇게 꺼내고 훅 불어대. 거기서 홀연히 깨달았어. 그래서 호모시자(呼毛侍者)야. 참 미련하잖아. 그러니까 이 조사(祖師)들은 말이야, 그렇게 미련한 놈을 자꾸 찾는 거야. 좀 영리한 놈은 잔내비 새끼 모냥으로 요 생각했다, 조 생각했다 잠시도 쉬지를 못해.

공자님은 말씀이 없고,
부처님은 말하지 않으며

"공자님은 말씀이 없고 석씨(釋氏)는 말하지 않으며," 두 성인이 똑같은 말을 했어.

子(자) ㅣ 曰予欲無言(왈여욕무언)하노라
"공자는 내가 말이 없고자 한다."[81]

子貢(자공)이 曰子如不言(왈자여불언)이시면 則小子(즉소자) ㅣ 何述焉(하술언)이리잇고
"십대 제자 자공이가 하는 말이, 선생님이 만일 말씀을 안 하시면, 소자들이 뭘 기록할 게 있소?"

子(자)[82] ㅣ 曰天何言哉(왈천하언재)요 四時(사시) ㅣ 行焉(행언)하며 百物(백물)이 生焉(생언)하나니 天何言哉(천하언재)요
그래 공자 답변이여. "하늘이 어찌 말하느냐? 하늘이 말을 안 해도 사시(四

---

81 『논어』「양화」.

82 책마다 자구들이 조금씩 다른데, 이 구는 대개 '始從鹿野苑'으로 쓰고 있다. 『선문염송집』(한불전 K1505 v46, p.22b), 『백운화상어록』, 『금강경오가해설의』, 『석문의범』 등이 그러한 예이다.

時)가 운행하고 백물이 다 나나니." 천하언재(天何言哉)요, "하늘이 어찌 말하느냐?" 이렇게 답했거든. 그래 공자는 말이 없고, 석불설(釋不說)이요. 석씨는, 부처님은 뭐라고 했는고 하니,

自從鹿野苑(자종녹야원)으로
"내가 녹야원으로부터"

終至跋提河(종지발제하)에
"마침내 발제하[83]에 이르기까지, 49년 동안"

於是二中間(어시이중간)에
"이 두 중간에"

未曾說一字(미증설일자)라[84]
"어찌 한 구절을 말했더냐."[85] 그이도 말 한마디도 안 했다 이 말이야. 그걸 두고 이제 …… 조사가 시를 지은 거야. 석씨 공씨는 뭔 석 석 석이오. 공씨는 말이 없고 석씨는 말을 끊음이여. …… 그 속에 많은 경치를 누가 응모(凝眸)했더냐 응모, 응시(凝視)했더냐. 자세히 보는 걸 응시라 그래. '응(凝)' 자하

83 跋提河(발제하): ajitavatī, 아시다벌저하(阿恃多伐底河). 인도 우따르프라데시 주 꾸시나가르에 흘렀던 강이다. 부처님이 이 강 서안(西岸)에서 반열반했다.

84 『선문염송집(禪門拈頌集)』(1266) 제2권.

85 이 게송은 선서(禪書), 특히 한국 선서와 법문에 많이 등장하는데 출전 미상이다. 휴정의 『선교석(禪教釋)』에 '지도론(智度論)'이란 표시가 있는데 『대지도론』에서 찾을 수가 없다. 『선문염송집』(1266) 제2권에 보이기에, 고려 혜심이 지은 게송일 수 있다. 혜심과 비슷한 시기에 송 석묘륜(釋妙倫)이 이 구절이 포함된 게송을 짓기도 했다.

고 '시(視)' 자 그러면 문자가 안 맞으니까 '모(眸)' 자를 놓은 거여. 앵겨보면, 자세히 보자면 이렇게~. 이런 걸 응시라고 그래. '손 수' 밑에 '눈 목' 한 게 보따리 아니여? 요렇게 누구여? 누구여? 그 자세히 보는 거지. 그놈이.

그 속에 공자님 살림과 부처님 살림살이 그 속의 많은 경치를 누가 응모했더냐? 누가 자세히 보았더냐? 이 말이야. 아무도. 청심독객인 내가. 맑고 깊은 그 바다를. 공자의 바다와 석, 부처님의 바다, 그 바다 맑고 깊은 거기를, 돛대질 해가지고, 바다니까 돛대질 한다 이 소리야. 독견(獨見) …… 니 홀로 보아 …… 공자 살림살이 부처님 살림살이를 내가 다 배 타고 댕기며 다 봤다. 하니, 장천추수여주라 긴 하늘 가을 물에 빈 배만 남았어. 어떠 멋 있잖아?

……

「유보학 언수에게 답하다」에서[86]

◉

卽日烝溽(즉일증욕)호니 不審(불심)케라 燕處悠然(연처유연)하야 放曠自如(방광자여)하야 無諸魔撓否(무제마요부)아 日用四威儀內(일용사위의내)에 與狗子無佛性話(여구자무불성화)로 一如否(일여부)아 於動靜二邉(어동정이변)에 能不分別否(능불분별부)아 夢與[87]覺(몽여교)ㅣ 合否(합부)아 理與事(이여사)ㅣ 會否(회부)아 心與境(심여경)이 皆如否(개여부)아

"즉일[88] 찌는 더위에, 알지 못케라.[89] 고요히 처해 유연(悠然)[90]해서, 방광하여 자여,[91] 모든 마요[92]가 없느냐 마느냐? 일용(日用) 사위의(四威儀)[93] 안에, 구자무불성화(狗子無佛性話)와 더불어 일여(一如)하느냐 마

---

86 『서장』「답 유보학 언수(答 劉寶學 彦修)」(T47n1998A_027, 925a~926a).

87 與(여): 및.

88 卽日(즉일): 당일.

89 잘 모르겠지만.

90 悠然(유연): 느긋하다.

91 놓아 비워 스스로 그대로.

92 마(魔)의 흔들림.

93 네 가지의 몸 가짐 상태, 즉 行住坐臥(행주좌와).

느냐?[94] 동정이변(動靜二邊)[95]에 능히 분별치 않으냐 마느냐? 몽과 교(覺)[96]가 합하느냐, 않느냐? 이(理)와 사(事)가 회(會)하느냐 않느냐? 심(心)과 경(境)이 다 여여하냐 않느냐?"

老龐(노방)**이 云心如境亦如**(운심여경역여)**하니 無實亦無虛**(무실역무허)**로다 有亦不管**(유역불관)**하고 無亦不拘**(무역불구)**하니 不是聖賢**(부시성현)**이라 了事凡夫**(요사범부)**라하시니 若眞箇作得箇了事凡夫**(약진개작득개요사범부)**ㄴ댄 釋迦達磨**(석가달마)**는 是甚麼**(시심마)**오 泥團土塊**(니단토괴)**니라 三乘十二分教**(삼승십이분교)**는 是甚麼**(시심마)**오 熱盌鳴聲**(열완명성)**이니라**

"노방(老龐, 방거사)이 말씀하기를,"[97] '노(老)' 자는 높임말이야. "마음이 여여하고 경계도 또한 여여하니, 실한 것도 없고 또한 허한 것도 없다. 여기 있는 것도 관섭(管攝)치[98] 않고, 없는 것에도 또한 얽매이지 않나니, 이것이 성현(聖賢)이 아니라 일 마친 범부(凡夫)라 하시니, 만일 참으로 한낱 요사(了事) 범부를 작득(作得)했을진대,[99] 석가, 달마는 이게 뭐인고? 진흙덩이, 흙덩이다." 별게 아니다 이 말이야. "삼승십이분교 팔만대장경 교리는 무엇인고? 뜨거운 사발에 부글부글 물 끓는 소리

---

94 날마다의 행주좌와 안에 '개에게 불성이 있습니까? 없다!'의 화두가 일여한가, 아닌가?

95 동정 양단간에.

96 '각'이 아니라 '교'임을 전술하였다(「답 증시랑 천유, 우(사)」).

97 방거사 선생님이 말씀하시기를.

98 管攝(관섭): 여기서는 간섭과 같은 의미.

99 일 마친 범부가 되었을 진데.

다." 별거 아니다 이거야.

公(공)**이 既於此箇門中**(기어차개문중)**에 自信不疑**(자신불의)**하니 不是少事**(불시소사)**로다 要須生處**(요수생처)**는 放敎熟**(방교숙)**하고 熟處**(숙처)**는 放敎生**(방교생)**하야사 始與此事**(시여차사)**로 少分相應耳**(소분상응이)**리라**

"공이 이미 이 문 가운데에 스스로 신(信)하여 의심치 않으니, 이 작은 일이 아니야. 종요로이 모름지기 설은 것은, 놓아 하여금 익히고, 익은 것은 놓아 하여금 설게 하여야, 비로소 차사(此事)[100]로 더불어, 소분(少分)이나 상응(相應)하리라."[101]

往往(왕왕)**에 士大夫**(사대부)**ㅣ 多於不如意中**(다어불여의중)**에 得箇瞥地處**(득개별지처)**하면 卻於如意中**(각어여의중)**에 打失了**(타실요)**하나니 不可不使公**(불가불사공)**으로 知**(지)**라**

"가끔가끔 사대부가, 많이 불여의한 가운데에,[102] 그 별지처(瞥地處)를 얻으면," 별지처란 별안간 아는 곳이야. 깨달은 곳을 별지처라고 그려. 별안간(瞥眼間). 왜 별안간이라 그러는고 하니, 자라라는 놈이 눈을 깜짝깜짝하는 거야. 그걸 별안이라고 그래. 별안간, 자라 눈 사이라. 별지처를 얻으면, "도리어 여의한 가운데 타실요(打失了)하나니,"[103] ……

---

100 이 일로.

101 작지만 서로 응하리라.

102 뜻대로 안 되는 일이 많은 가운데.

103 쳐 잃어버리나니.

그러니, "가히 공(公)으로 하여금 알게 아니하지 못한다."[104] 분위기가고 안에 들었다 이거야.

在如意中(재여의중)하야 須時時以不如意中時節(수시시이불여의중시절)로 在念(재념)하야 切不可暫忘也(절불가잠망야)니
"여의중(如意中)에 있어서, 모름지기 때때로 불여의중(不如意中) 시절(時節)과 더불어, 뜻을 생각에 두어서, 간절히 가히 잠깐도 잊지 말라."[105]
오히려 불여의인 가운데는 한 번 참으면 그만이지만, 여의인 가운데는 몽땅 잊어버리잖아. 그렇지 않아? 우리가 여의한 가운데는 공생(空生)을 다 잊어버리거든.

但得本(단득본)이언정 莫愁末(막수말)하며 但知作佛(단지작불)이언정 莫愁佛不解語(막수불불해어)어다 遮一著子(자일착자)는 得易守難(득이수난)하니 切不可忽(절불가홀)이어다 須教頭正尾正(수교두정미정)하야 擴而充之然後(확이충지연후)에 推己之餘(추기지여)하야 以及物(이급물)이니 左右所得(좌우소득)이 既不滯在一隅(기불체재일우)하야 想於日用中(상어일용중)에 不著起心管帶(불착기심관대)하며 枯心忘懷也(고심망회야)리라
"다만 근본을 얻을지언정, 지말(枝末)을 근심하지 말며, 다만 부처 지을 줄 알지언정, 부처가 말 못할까봐 근심하지 말라. 이 일착자(一著子)[106]

---

104 알게 하지 않을 수 없다.

105 여의한 가운데에, 마땅히 항상 여의하지 않았을 때를 마음에 두고, 간절히 잠시도 잊지 말라.

106 이 하나, 이 한 물건.

로 말할 것 같으면 얻기는 쉽지만은 지키기가 어려우니, 간절히[107] 가(可)히 홀(忽)하게 말지어다.[108] 모름지기 하여금 머리도 바르고 꼬리도 바르게 해서, 넓혀서 채운 연후에, 자기의 나머지를 미루어서, 써 물건에 미치게 하는 것이니라. 좌우의 얻은 바가, 이미 한 모퉁이에 체(滯)해 있지 않으니, 아마 날로 쓰는 가운데에, 기심관대(起心管帶)[109]하며 고심망회(枯心忘懷)하지 함을 붙이지 않을 것이다."

기심관대와 고심망회가 정 반대 술어여. 마음을 일으켜가지고 늘어놓는다, 그건 막혀버린다 이 소리고, 마음을 말려가지고서 생각을 잊어버리는 것은 아주 공적한 데로 들어가는 것이니, 정 반대야. 근데 둘 다 공부가 아니거든. 당신은 그것을 붙이지 않겠다 이거야.

近年以來(근년이래)**로 禪道佛法**(선도불법)**이 衰弊之甚**(쇠폐지심)**이라 有般杜撰長老**(유반두찬장로)**ㅣ 根本**(근본)**이 自無所悟**(자무소오)**하야 業識**(업식)**이 茫茫**(망망)**하야 無本可據**(무본가거)**하야 無實頭伎倆**(무실두기량)**일새 收攝學者**(수섭학자)**하니 教一切人**(교일체인)**으로 如渠相似**(여거상사)**하야 黑漆漆地緊閉卻眼**(흑칠칠지긴폐각안)**하야 喚作默而常照**(환작묵이상조)**하나니**
"근년이래로, 선도(禪道)와 불법(佛法)이 쇠폐(衰弊)[110]함이 심해서, 한

107 강의는 '당초에'라 했으나 저서에 따라 수정했다.

108 절대 소홀히 하지 말라.

109 마음을 일으켜 늘어놓는다.

110 약해져서 지치다.

가지 많은[111] 두찬[112] 장로(杜撰長老) 배들이, 근본이 스스로 깨달은 바가 없어서, 업식(業識)이 망망(茫茫)하여, 근본 가히 의거할 것이 없어서, 실두(實頭) 기양(伎倆)[113]이 없을새, 학자(學者)를 수섭(收攝)[114]해서, 일체 사람으로 하여금, 저와 같이 상사(相似)케 해서[115], 시커먼 칠칠(漆漆)이," 형용사야. 칠은 검잖아. 칠칠이 "굳게 눈을 닫고 앉아," 그렇게 앉아 공부하라며 그걸 묵이상조다, "묵묵히 항상 비춘다." 조사의 말씀에 있다고, 그렇게 묵이상조 "묵이상조라고 불러 짓나니,"

彦沖(언충)**이 被此輩**(피차배)**에 教壞了**(고괴요)**라 苦哉苦哉**(고재고재)**로다 遮箇話**(자개화)**는 若不是左右**(약불시좌우)**ㅣ 悟得狗子無佛性**(오득구자무불성)**이면 徑山**(경산)**도 亦無說處**(역무설처)**니 千萬捺下面皮**(천만날하면피)**하고 痛與手段**(통여수단)**하야 救取遮箇人**(구취자개인)**이어다 至禱至禱**(지도지도)**하노라**

"언충[116]이가 이 무리, 사사배(邪師輩)의 가르쳐 괴(壞)함을 입어 마쳤어."[117] 이 사람들한테 선입주견(先入主見)이 잘못 들어왔다 이거야. "고

---

111 有(유): 많다
般(반): 가지(종류를 세는 단위)

112 杜撰(두찬): 근거나 출처가 확실치 못한 저술(을 하다), 허구·조작(하다).

113 實頭(실두): 확고하다, 실로, 틀림없이, 확실히, 정말.
伎倆(기량): 재주.

114 자기 밑에서 배울 사람들을 거두어 다스리고.

115 자기들같이 만들어서.

116 유보학 언수의 동생.

117 이 무리의 가르침에 무너짐을 당했다.

재고재(苦哉苦哉)로다.[118] 이까짓 말로 말할 것 같으면, 만일 이 좌우가 구자무불성 화두를 깨닫지 못했으면, 경산(徑山) 대혜도 또한 이 말을 설할 곳이 없나니, 천만이나 낯가죽을 잡아 내리고,[119] 매우 수단(手段)을 줘서,"[120] 이 언충이, 당신 계씨 "이 아우를 구원해 취할지어다. 지극히 빌고, 지극히 비노라." '구원하는 데는 방편이 있어야 된다.' 이 소리야. 방법까지 이야기한 거야.

然(연)이나 有一事(유일사)하야 亦不可不知(역불가부지)니
"그러나 한 일이 있어, 또한 알지 아니치 못할지니,"[121] 이 사람 함부로 다루면 큰일 난다. 보통 영리, 약아빠지고, 보통 천재가 아니다 이 말이야. 그 당시 제일가는 재주야 이 사람이.

此公(차공)은 淸淨自居(청정자거)하야 世味澹泊(세미담박)이 積有年矣(적유년의)라 定執此(정집차)하야 爲奇特(위기특)하리니
"이 공으로 말하면은," 유보학의 아우 언충이 말이야. "청정자거하고 세미담박한 지가 쌓아 해가 있는지라.[122] 결정코 이것을 집착해서," 청정자거함 "이걸 집착해가지고, 기특함을 삼을 것이니,"

---

118 괴롭고 괴롭도다[선재선재(善哉善哉)의 반대말].

119 체면불구하고, 인정사정없이.

120 痛與手段(통여수단): 아프도록 수단을 써서.

121 한 가지 사실이 있으니, 또한 알지 않으면 안 된다.

122 청정히 스스로 머물러 세간의 맛에 담박함이 오래되었는지라.
澹泊(담박): 욕심이 없고 마음이 깨끗함.

若欲救之(약욕구지)ㄴ댄 當與之同事(당여지동사)하야
"만일 구하려고자 할진대, 마땅히 더불어 동사(同事)를 해야 된다." 이거야. 그 사람하고 일을 같이해야 말 듣지. 그 사람 일 하는 걸 처음부터 반대하고 그러면 애초에 그 말이 안 들어간다 이거야.

令其歡喜(영기환희)하야 心不生疑(심불생의)하야사 庶幾信得及(서기신득급)하야 肯轉頭來(긍전두래)리니 淨名(정명)의 所謂先以欲(소위선이욕)으로 鉤牽(구견)하고 後令入佛智(후영입불지)ㅣ 是也(시야)라
그래서 "그로 하여금 환희케 해서, 마음에 의심을 내지 않게 하여야, 거의 신(信)해 미쳐서, 즐거이 머리를 전(轉)해 오리니,[123] 정명(淨名)[124]의 이른바 먼저 욕(欲)으로써 구견(鉤牽)하고, 그 사람 하고자 하는 걸로써 …… 이끌거든. 뒤에 하여금 불지(佛智)에 들게 한다[125] 하는 것이 이것이다."

그 사람 좋아하는 대로 그렇게 해야 할 것 아니야? 그 사람이 술 먹기 좋아하면 나도 같이 술 먹으러 댕기는 척 해줘야 인도가 되지. '에이~ 술 먹으면 못써.' 처음부터 반대해버리면 말 안 듣는 거야.

黃面老子(황면노자)ㅣ 云觀法先後(운관법선후)하야 以智分別

123 거의 믿고 생각을 돌리려고 할 것이니.

124 유마(維摩).

125 "先以欲鉤牽, 後令入佛道。"[『유마힐소설경(維摩詰所說經)』 권제2 「불도품(佛道品)」, T14n0475_002, 550b]

(이지분별)하며 是非審定(시비심정)하야 不違法印(불위법인)하고 次第建立無邉行門(차제건입무변행문)하야 令諸衆生(영제중생)으로 斷一切疑(단일체의)라하시니 此乃爲物作則(차내위물작즉)하는 萬世楷模也(만세해모야)라"

"황면노자가 말하기를, 법의 선후를 봐서, 지(智)로써 분별하며, 시비를 분별해서, 법을 어기지 말고, 차제로 모든 행문(行門)을 건립해서, 모든 중생으로 하여금, 일체 의심을 끊게 한다 하시니, 이것이 이에 물건을 위해 법칙을 짓는 만세의 확연한 법이다."

이게 동사섭(同事攝)하는 법을 말하는 거란 말이야.

況此公(황차공)은 根性(근성)이 與左右(여좌우)로 逈不同(형부동)하니

"하물며 차공(此公) 언충이는, 근성이 좌우로 더불어 형제간이지만, 멀리 같지가 않아." 왜 그러느냐? 다음 이 따온 말같이 이런 존재다.

生天(생천)은 定在靈運前(정재영운전)이어니와 成佛(성불)은 定在靈運後者也(정재영운후자야)라

맹애(孟顗)라는 사람이, 아까 맹의라고 자꾸 읽데. 맹애야. 맹애라는 사람이 진실하게 불사(佛事)를 얼마나 잘하는지. 사영운(謝靈運)이는 참 재주 있는 총명재사란 말이야. 사영운이가 맹애를 조롱하는 말이야. 야 임마! "네가 천당에 가는 것은 내 앞에 갈 수 있지만, 성불하는 것은 결정코 영운이 후에 일이다." 네가 성불은 내 뒤에 하지 나 앞에 못해. 불상을 조성하고 좋은 일을 자꾸 하니까 조롱하는 거라.[126] 이 언충이가 자기 재주를 믿고 그러는 존재다 이 말이야. 하니,

此公(차공)은 決定不可以智慧(결정불가이지혜)로 攝(섭)이니 當隨所好攝(당수소호섭)하야 以日月(이일월)로 磨之(마지)하면 恐自知非(공자지비)하야 忽然肯捨(홀연긍사)어니와 亦不可定(역불가정)이니 若肯轉頭來(약긍전두래)면 卻是箇有力量底漢(각시개유역량저한)이라

"차공(此公)은 결정코 가히 지혜로써 섭하지 못할지니, 마땅히 그 좋아하는 바를 따라서 좇아서 섭해야 한다." 즉, 동사섭으로 해야 한다 이거야. 일월로써 마지(磨之)하면,[127] "해가 가고 달이 가도록 오래오래 하면은, 혹 스스로 그른 것을 알아서, 홀연히 즐겨버리려니와. 또한 가히 그것도 결정할 수가 없어. 만일 즐겨이 머리를 전(轉)해 온다면 도리어 이 한낱 역량 있는 놈이야." 참 잘난, 훌륭한 사람이라.

左右(좌우)도 亦須退步(역수퇴보)하야 讓渠出一頭(양거출일두)하야사 始得(시득)다

좌우(左右)는 '당신' 이 소리야. '귀하'. "당신도 또한 모름지기" 퇴보(退

126 사영운(謝靈運, 385~433)은 중국 동진(東晉)·유송(劉宋)의 시인이다. 명문가 출신으로 정치에 야심을 품고 있었으나, 동진이 망하고 유송이 들어서자 작위를 강등당하고 중요한 관직에도 나아가지 못해 항상 불만을 가지고 있었다. 이 불만을 산수(山水)를 벗하여 시로 달래며 여러 명시를 남겼다. 사영운은 낙향해있을 때 회계군(會稽郡) 태수(太守) 맹의(孟顗)와 사사건건 부딪치며 앙숙이 되었는데, 위의 조롱도 그중 하나다. 결국 맹의가 무고했지만 송(宋) 문제(文帝)가 영운의 결백을 믿고 임천내사(臨川內史)에 앉혀 좌천시키는 것으로 마무리 지었다. 하지만 그 이후에도 계속 다른 여러 시비를 일으키고, 결국 모반사건에 연루되어 유배 중 처형됐다. 사영운은 여산(廬山)의 혜원(慧遠)에게 법을 묻고 심복하여 머물며, 여러 불교 저술과 논주에 참여하기도 했다. 그러나 불교에 조예는 있었지만, 몸소 체득하는 수행을 하였던 것은 아니다. 또 불손한 태도와 계율과는 무관한 삶을 산 사람으로서 불자로서의 평가는 높지 않았다.

127 해와 달로 문지르면.

步), "물러 걸어서, 저에게 한 머리 냄을 양보해야 함이 옳다." 머리만 전(轉)해 올 것 같으면 당신은 형제간이지만 당신 아우는 못 당한다 이거야. 일품을 칭찬하는 말이야 재주일품.

比(비)에 暐禪(위선)이 歸(귀)에 錄得渠(녹득거)의 答紫巖老子一書(답자암노자일서)어늘

"요사이에, 위선(暐禪)이라는 사람이," '위(暐)' 자 이름 하나만 따온 거야. 위선자가 "돌아올 적에," 저 언충이가 "자암노자(紫巖老子)에게 답한 그 편지 일서(一書)를 기록해 왔는데," 위선이가 대혜 스님한테 갖다 주더라 이거야. '언충이가 자암노자한테 한 편지를 제가 베껴 왔습니다.' 하! 그 문장이 하도 좋으니까 베껴왔다 이거지.

山僧(산승)이 隨喜讀一徧(수희독일편)하고 讚歎歡喜累日(찬탄환희누일)호니

"산승이 수희(隨喜)해 읽기를 한 편하고, 찬탄하기를 여러 날 했어." '햐~ 참 과연 문장이로구나!' 칭찬을 매우 했다 이거야.

直是好一段文章(직시호일단문장)이러라

"바로 이 좋은 일단 문장이더라." 참 잘 지었다. 글 잘 된 걸 보면 누구든지 감탄 안 하지 않는 거야.

又似一篇大義(우사일편대의)하고

"또 일 편의 대의를 내가 바치고," '같을 사(似)' 자를 '바칠 사' 그러는 거여. 이 언충의 편지 내용의 일 편의 대의를 내가 바치고, 왜 바치고 새겼는가를 자꾸 의심하지 말고, '같을 사(似)' 자를 잘못 새겼다고 이러지 말고, '아~ 바칠 사자로 하는구나.' 이렇게 알아야 돼. 이해를 해야 돼. 바치고,

末後(말후)에 **與之下箇謹對**(여지하개근대)호리니
"말후(末後)에, 더불어" 내가 그 근대(謹對), "한 가지 배대(配對)하는 걸 내가 내리겠다."[128]

不識(불식)케라 **左右**(좌우)는 **以謂如何**(이위여하)오
"알지 못하나 좌우는, 당신은 써 이르는데 어떻다고 생각하느냐?" 귀하는 어떻다고 생각하느냐?

昔(석)에 **達磨**(달마) ㅣ **謂二祖曰汝但外息諸緣**(위이조왈여단외식제연)하고 **內心無喘**(내심무천)하야 **心如墻壁**(심여장벽)하야사 **可以入道**(가이입도)라하신대
"예전에 달마 스님이, 이조(二祖)에게 말씀하기를 네가 다만 밖으로 모든 반연(攀緣)을 쉬고, 안 마음이 헐떡임이 없어서, 마음이 담벽과 같이 되어야만, 가(可)히 써 도(道)에 든다고 하신대,"

二祖(이조) ㅣ **種種說心說性**(종종설심설성)하사대 **俱不契**(구불계)러시니

---

128 언충 편지의 대의에 대하여 말미에 삼가(정중히) 짝을 이루게 하겠다.

처음에 “이조가, 갖가지 마음을 설하고 성(性)을 설하시되,” 달마의 이 법문에 대해서, “다 계합하질 않아.” 달마 스님이 다 찢어버려. ‘아니다. 아니다.’ 자꾸 이런다 말이야.

一日(일일)에 忽然省得達(홀연성득달)의 所示要門(소시요문)하시고 遽白達磨曰弟子(거백달마왈제자)ㅣ 此回(차회)에 始息諸緣也(시식제연야)니이다

그랬더니 “하루만에, 홀연(忽然)히 달마의 보이신 바, 요문(要門)을 살펴보고서, 급히 달마께 사루어 하는 말씀이, 제자가 이번에,” 회(回)라는 건 이번에 이 소리야. 일회(一回)하면 한 번이라는 이 말이고 차회(此回)하면 이번 이 말이야. 이번에 “비로소 모든 반연을 쉬었습니다.”

達磨(달마)ㅣ 知其已悟(지기이오)하사 更不窮詰(갱불궁힐)하시고 只曰莫成斷滅去否(지왈막성단멸거부)아 曰無(왈무)니이다 達磨(달마)ㅣ 曰子(왈자)ㅣ 作麽生(작마생고) 曰了了常知故(왈요요상지고)로 言之不可及(언지불가급)이니이다 達磨(달마)ㅣ 曰此乃從上諸佛諸祖(왈차내종상제불제조)의 所傳心體(소전심체)니 汝今旣得(여금기득)이라 更勿疑也(갱물의야)하라하야시늘

“달마가 그 이조가 이미 깨달은 것을 아사, 다시 더 부인하지를 않으시고,” 다시 얘기 안 하시고, “다만 이르되 ‘그러면 네가 그 도를 깨달았다니 단멸(斷滅)을 이루어가는 것이 아니냐?’” 그렇게 묻는다 말이야. 왜? 심의 장벽이라고 그랬으니까. 마음이 담벽과 같다 했으니, 그 단멸이 된 거 아니냐, 이렇게 묻는단 말이야?

그러니까 이조가 하는 말씀이 “아닙니다. 달마가 이르시되, ‘그러

면 자네가 어떠한고?'"[129] 경계가 어떤고? 그 단멸이 안 되고 어떻게 되었느냐? 이조가 하는 말이, 그렇게 심(心)의 장벽, 만일 담벽과 같이 망상이 다 끊어졌으면, "요요(了了)히[130] 항상 아는 고로." 요요히 항상 안다 이거야. 생각 없이 아는 도리가 있어야지. "말로 다 미칠 수 없습니다." 그게 마음 본체(本體)여. 망상 없이 요요히 아는 것.

달마가 말씀하시기를 "'이것이 이에 위로조차 모든 부처님과 모든 조사의, 전하신 바 심체(心體)이니, 네가 이게 이미 얻은지라, 다시 의심치 말라.' 하셨거늘." 이렇게 달마하고 이조하고 법문을 했는데, 언충이가 여기에 대해서 탁! 한마디 뜻 받아서 자기 견해를 붙였다 이 소리야 지금.

彦沖(언충)**이 云夜夢晝思十年之間**(운야몽주사십년지간)**에 未能全克**(미능전극)**이나 或端坐靜默**(혹단좌정묵)**하야 一空其心**(일공기심)**하야 使慮無所緣**(사여무소연)**하고 事無所託**(사무소탁)**코사 頗覺輕安**(파각경안)**이라하니**

"언충이 말하기를," 언충이 편지 속에, "밤으로 꿈꾸고 낮에 생각한 지 10년 사이에, 능히 온전히 내가 극복하지는 못했어," 망상을 극복하지는 못했으나, "혹 단정히 앉아 정묵(靜默)[131]해서, 한 번 그 마음을 비워서, 하여금 생각으로 반연하는 바가 없고, 일이 어디 기탁한 바가 없게 되고야, 자못 경안(輕安)[132]함을 깨달았다." 이렇게 편지를 했다 이 말

---

129 作▪生(작마생): 어째서, 왜, 무엇 하러.

130 또렷이.

131 靜默(정묵): 고요히 침묵.

132 輕安(경안): 가볍고 편안함.

이야. 거기 달마 스님 그 말을 따라 한 거거든. 하니,

讀至此(독지차)에 **不覺失笑**(불각실소)호라
언충이 편지를 "읽다가 여기에 이름에, 불각에 몰랐는데, 웃음이 확 터졌다." '어허! 이 사람 보게. 일없어.' 실소가 나왔다 이 말이야.

何故(하고)오 **旣慮無所緣**(기려무소연)은 **豈非達磨所謂內心無喘乎**(개비달마소위내심무천호)며 **事無所託**(사무소탁)은 **豈非達磨所謂外息諸緣乎**(개비달마소위외식제연호)아
"무슨 까닭이냐? 이미 생각이 반연하는 바가 없다는 그 말은," 언충이 말은, "어찌 달마의 이른바 안 마음이 헐떡임이 없어야 된다는 그 말이 아니냐?" 그 말을 따온 게라 이 말이야. 함이며, "일이" 기탁한, "의탁한 바가 없다는 것은, 어찌 달마의 이른바 밖으로 모든 반연을 쉬게 한다는 그 말이 아니냐?"

二祖(이조)ㅣ **初不識達磨**(초불식달마)의 **所示方便**(소시방편)하사 **將謂外息諸緣**(장위외식제연)하고 **內心無喘**(내심무천)을 **可以說心說性**(가이설심설성)하며 **說道說理**(설도설리)라하야
"이조(二祖) 스님이, 당초에 달마의 보이신 바의 방편을 알지 못하고, 장차 이르기를 밖으로 모든 반연을 쉬고, 안 마음이 헐떡임이 없는 것을, 가히 써 마음을 설하고 성(性)을 설하며, 도(道)를 설하고 이(理)를 설한 바이다."

引文字證據(인문자증거)하야 **欲求印可**(욕구인가)하실새 **所以**

(소이)로 達磨(달마) ㅣ 一一列下(일일열하)하사
"문자를 이끌어서 인증하여 인가를 구하고자 하실새, 쓴 바로 달마께서 낱낱이 찢어 내려가지고서,"

無處用心(무처용심)코사
"마음을 쓸 데가 없고야." 이게 우리 현대 말로 한다면 '마음 쓸 곳이 없고야'라 해야 되는 건데, 문법대로 하니까 '곳' 자를 먼저 새긴 거야. '고대 곧'이 아니라 '장소 곳', '마음 쓸 곳이 없다'고 문장을 만들려면 無用心處(무용심처)로 문장 만들면 되지. 뜻은 통하지만, 문법을 알아두라 이 말이여. 문법을 안다면 '곳' 자를 먼저 새겨요.

方始退步(방시퇴보)하야 思量心如墻壁之語(사량심여장벽지어) ㅣ 非達磨實法(비달마실법)하시고 忽然於墻壁上(홀연어장벽상)에 頓息諸緣(돈식제연)호니 卽時(즉시)에 見月亡指(견월망지)하고
"바야흐로 비로소 퇴보해서, 마음이 장벽과 같다는 그 말씀이, 달마의 실법(實法)이 아닌 것을 사량(思量)하시고, 홀연히 담벽 위에서, 몰록 모든 반연을 쉬고서, 즉시에 달을 보고 손가락을 잊고," 달을 볼라면 손가락을 잊어버려야 된다 이거여. 그 법문은 잊어버려야 되는 거여. 달마스님 말씀을 잊어버리지 못하면 그건 절대 달마 스님 뜻을 모르는 거야.

便道(편도)하사대 了了常知故(요요상지고)로 言之不可及(언지불가급)이라하시니 此語(차어)도 亦是臨時(역시임시)하야 被達磨(피달마)의 拶出底消息(찰출저소식)이요
"문득 이르기를, 요요(了了)히 항상 아는 고로, 말로 가(可)히 미치지 못

한다 하시니, 이 말씀도", 이조가 이렇게 한 말도, "또한 이 임시(臨時)해서"[133] 달마의 찰출(摋出)[134], "달마가 부딪쳐 낸 그것을 입은 소식이요." 찰출해 놓으니까 어찌할 수 없어서 나온 말이다 이거야.

亦非二祖(역비이조)의 實法也(실법야)어늘

"또한 이조의 실법이 아니다." 이조가 또 실로 이런 걸 얻은 게 있는 게 아니다.

杜撰長老輩(두찬장로배) ㅣ 旣自無所證(기자무소증)일새 便遂旋捏合(편수선날합)하야

그런데 "두찬 장로배들이, 이미 스스로 증(證)한 바가 없을새, 문득 가끔가끔 주워 모아가지고," 축선(逐旋)이라는 게 가끔가끔 이 말이야. 좇아 이어서 하니까 가끔가끔 이 소리거든. 가끔가끔 주워 모아서, 조사의 말씀을 이말저말 주워 모아가지고,

雖教他人歇(수교타인헐)이나 渠自心火熠熠(거자심화습습)하야 晝夜不停(주야부정)호미 如欠二稅百姓相似(여흠이세백성상사)로다

"비록 다른 사람으로 하여금 쉬게 하나, 제가 스스로 마음 불이 습습[135]해가지고, 낮과 밤으로 머물지 않고 있는 것이, 마치 두 때 세금을," 국

---

133 때가 임하여, 때가 닥쳐.

134 짓눌러, 압박해서 나옴.

135 熠熠(습습): 활활.

세를 "포흠(逋欠)[136]낸 백성과 상사(相似)하도다." 한때 세금을 못 내도 속이 조릴 텐데, 두 때 세금을 못 냈으니 얼마나 속이 타겠노?

彥沖(언충)**이 卻無許多勞攘**(각무허다노양)**이언마는 只是中得毒**(지시중득독)**이 深**(심)**일새 只管外邉亂走**(지관외변난주)**하야 說動說靜**(설동설정)**하며 說語說默**(설어설묵)**하며 說得說失**(설득설실)**하며 更引周易內典**(갱인주이내전)**하야 硬差排和會**(경차배화회)**하나니**

거 비판을 하는 말이야. "언충이 도리어 허다한 노양(勞攘), 망상이 없다만은, 다만 사사배(邪師輩)한테 독을 맞음이 깊었다. 중독된 것이 깊다. 다만 가말아 외변(外邊)으로 나뉘어서 동(動)을 설하고 정(靜)을 설하며, 어(語)를 설하고 묵(默)을 설하며, 득(得)을 설하고 실(失)을 설하며, 다시 『주역(周易)』이니 내전(內典)이니 글을 모두 이끌어서, 굳게 차배화회(差排和會)[137]하나니," 『주역』에 이 말은 불경에 이 말이고 불경에 이 말은 『주역』에 이 말에 비견한다 이거야. 하니,

眞是爲他閑事長無明(진시위타한사장무명)**이로다**

"참으로 이 저 부질없는 일을 위하여 무명(無明)을 기름이로다."

殊不思量一段生死公案(수불사량일단생사공안)**을 未曾結絶**(미

136 逋欠(포흠): 관청의 물건을 사사로이 써버림, 세금을 내지 않음.

137 억지로 다른 것을 맞추어 모아놓으니.

증결절)**이면 臘月三十日**(납월삼십일)**에 作麼生折合去**(작마생절합거)**오하나니**

자못, 불사량(不思量), 이 동사를 나중에 새겨야 말이 된다니까 알아듣겠어? 동사가 석 줄 뒤에 새기는 것도 있고, 넉 줄 뒤에 새기는 것도, 열두 줄 뒤에 새기는 것도 있고 이러는 거야. 殊不思量(수불사량), '자못 뭘 사량(思量)하지 않는다.' 동사를 아래 새겨야 말이 되잖아. "자못, 일단 생사공안[138]을, 일찍이 결절(結絶)[139]하지 못했으면, 납월삼십일(臘月三十日)[140]," 죽을 때 가서 "어떻게 맞아 갈고[141]를 생각하지 못하나니(不思量)." 동사를 여기에 새긴단 말이야.

不可眼光(불가안광)**이 欲落未落時**(욕락미락시)**에 且向閻家老子**(차향염가노자)**하야 道**(도)**호대 待我澄神定慮少時**(대아징신정려소시)**하야 卻去相見**(각거상견)**이니 得麼**(득마)**아**

"가히 눈 광명이, 떨어지고자 하되 떨어지지 않을 때에," 죽을락 말락 할 때 말이여. "또 염가노자를 향해서 이르되, '내가 정신을 좀 맑히고 생각을 안정하는 걸 잠시 기다려서, 도리어 가 서로 보자'[142]고 그렇게는 못할 거라." 이거야.

---

138 한 토막 생사의 공안.

139 結絶(결절): 맺고 끊음.

140 죽는 날.

141 合去(합거): 맞추어서 가다.

142 다시 가서 서로 만납시다.

當此之時(당차지시)하야 縱橫無礙之說(종횡무애지설)도 亦使不著(역사불착)이며 心如木石(심여목석)도 亦使不著(역사불저)이니 須是當人(수시당인)의 生死心(생사심)이 破(파)하야사 始得(시득)다

"이때를 당하여, 종횡무애의 설도 또한 쓸래야 붙이지 못하며, 마음이 목석과 같음도 또한 쓸래야 붙이지 못함이니, 모름지기 이 당인(當人)[143]의 생사심을 파하여야 비로소 옳다."[144]

若得生死心(약득생사심)을 破(파)하면 更說甚麼澄神定慮(갱설심마징신정려)며 更說甚麼縱橫放蕩(갱설심마종횡방탕)이며 更說甚麼內典外典(갱설심마내전외전)이리요 一了一切了(일요일체요)하며 一悟(일오)에 一切悟(일체오)하며 一證(일증)에 一切證(일체증)호미 如斬一結絲(여참일결사)에 一斬(일참)에 一時斷(일시단)하야 證無邊法門(증무변법문)도 亦然(역연)하야 更無次第(갱무차제)니라

"만일 생사심(生死心)을 파(破)함을 얻을진대. 다시 무슨 징신정려(澄神定慮)[145]를 설하며, 다시 무슨 종횡방탕(縱橫放蕩)[146]을 꺼내며, 다시 무슨 내전(內典)이니 외전(外典)이니 그런 걸 설할 게 있느냐. 하나를 요달(了達)하면 일체를 요달하며, 하나를 깨달으면 일체를 깨닫고, 하나를

---

143 당사자.

144 녹음이 누락돼 저서에서 보충했다.

145 澄神定慮(징신정려): 정신을 맑게 하고 생각을 안정시키는 수행.

146 종횡으로 막힘이 없는 말.

증득하면 일체를 증(證)하니, 마치 한 타래의 실을 끊음에 한 번 벰에 한때에 끊어지는 것과 같아서, 무변법문(無邊法門)[147]을 듣는 것 또한 그러해서 다시 차제(次第)가 없느니라."

左右(좌우)ㅣ 旣悟狗子無佛性話(기오구자무불성화)ㄴ댄 還得如此也未(환득여차야미)아 若未得如此(약미득여차)ㄴ댄 直須到恁麽田地(직수도임마전지)하야사 始得(시득)다 若已到恁麽田地(약이도임마전지)ㄴ댄 當以此法門(당이차법문)으로 興起大悲心(흥기대비심)하야 於逆順境中(어역순경중)에 和泥合水(화니합수)하야 不惜身命(부석신명)하며 不怕口業(부파구업)하고 拯拔一切(증발일체)하야 以報佛恩(이보불은)하야사 方是大丈夫(방시대장부)의 所爲(소위)어니와 若不如是(약부여시)ㄴ댄 無有是處(무유시처)니라

좌우가 당신, "귀하가 이미 구자무불성화(狗子無佛性話)를 깨달았음에, 또한 이와 같음을 얻었느냐 못했느냐? 만일 이와 같은 걸 얻지 못했을진댄, 바로 모름지기 이러한 전지(田地)[148]에 이르러야 비로소 옳다. 만일 이미 이런 경지에 이르렀을진댄, 마땅히 이 법문(法門)으로써 대비심(大悲心)을 흥기(興起)해서, 역순경중(逆順境中)[149]에, 진흙을 화(和)하고 물을 합해서, 신명(身命)을 아끼지 않고,"

진흙을 화하고 물을 합한다는 것은 중생을 교화한다면 자신은 물

---

147 가없는 법문, 한계 없는 법문.

148 경계(境界), 경지.

149 역경계, 순경계 모두.

에 빠지고 진흙에 빠지고 이런 걸 의미하는 거야. 신명을 아끼지 말며, "구업(口業)을 두려워하지 말고," 중생 교화하는 데는 구업 짓는 걸 두려워하지 말라 이거야. 좀 옳은 소리도 하고 이래야 된다 이 소리라. "일체를 건져서 불은(佛恩)을 갚아야, 바야흐로 이 장부(丈夫)의 할 바어니와, 만일 이 같지 못할진대, 옳은 곳이 없나니라."

彦沖(언충)이 引孔子(인공자)의 稱易之爲道也(칭역지위도야) ㅣ 屢遷(누천)하야

"언충이 공자의 '역(易)의 도(道)됨이 자주 옮긴다.' 일컬으심을 이끌어서" '칭역지위도야누천(稱易之爲道也屢遷)하야'는 『주역』에 공자의 말씀인데,[150] '주역의 도(道)가 됨이 자주 옮긴다.' 이렇게 말씀을 했다.

자주 옮긴다는 건 뭐인고 하니 吉凶悔吝(길흉회린)이 生乎動(생호동)[151]이니까 내가 거기 주석을 붙였잖아. 거기 하기(下記)에. 길흉회린이 생호동이니까 길하고 흉하고 회하고 린이라는 것이 동하면서 난다 이거야. 길흉회린. 회(悔)는 뭐냐 회는 길(吉)한 데로 가는 초점이고, 처음 가는 경지[152]인데, 내가 주석 붙였어. 인(吝), '인색할 인' 자는 흉(凶)한 데로 가는 기초다. 그러니까 인을 없애지 않으면 인이라는 것은 '인색할 인'이 아니라. '모자랄 인'이다. 자기 양심에 가책되면 많이 모자라잖아 ……. 인(吝)이 커지면 흉(凶)이 되고, 회(悔)가 커지면 길(吉)이 된다. 그러니 길흉회인이 동(動)하는 자리에서 나나니, 역지위도야누

---

150 『주역』「계사하」.

151 『주역』「계사하」.

152 녹음 내용이 분명하지 않아 '경지'로 추정했다.

천이라는 것은 반상합도(返常合道)를 말한 것이다. 길흉회인이 일어난 데서 상(常)에 돌이켜가지고 도(道)에 합하는 걸 말한 것이다. 그러니까 용(用)에서 하는 말이다. 용에서 체(體)로 돌이켜라 이렇게 한 말이다.

和會佛書中(화회불서중)**에 應無所住而生其心**(응무소주이생기심)**하야 爲一貫**(위일관)**하며**

"불서(佛書) 가운데 응당 주(住)하는 바가 없이 그 마음을 낸다는 데에 화합하여 한 꿰미를 삼으며," 언충이가 체(體)를 이끌어다가 『금강경(金剛經)』에 '應無所住而生其心(응무소주이생기심),' '응당 주(住)하는 바가 없이 그 마음을 내라'는 거기다가 화(和)를 내가지고 한 꿰미를 삼았어. '똑같은 소리다.' 이런다 말이야.

又引寂然不動(우인적연부동)**하야 與土木無殊**(여토목무수)**라하니 此尤可笑也**(차우가소야)**로다**

또 『주역』에 "'적연부동(寂然不動)이라 감이수통천하지고(感而遂通天下之故)'[153]라는 구절에서 적연부동을 이끌어가지고서 토목(土木)으로 더불어 다름이 없다고 하니, 이는 더욱 빨리 가소로운 이야기로다."

向渠道(향거도)**하노라 欲得不招無間業**(욕득불초무간업)**인댄 莫謗如來正法輪**(막방여래정법륜)**이어다 故**(고)**로 經**(경)**에 云不應住色生心**(운불응주색생심)**하며 不應住聲香味觸法生心**(불응

153 "고요히 움직이지 않다가, 느껴서 천하의 연고에 통하나니."(『주역』「계사상」)

주성향미촉법생심)이라하시니 謂此廣大寂滅妙心(위차광대적멸묘심)은 不可以色見聲求(불가이색견성구)라

"저를 향해 이르노니," 언충이를 향해 이르노니, "무간지옥(無間地獄)의 업을 부르지 않음을 얻고자 할진댄, 여래의 법을 비방하지 말지어다. 고로 경에 말씀하기를, 응당 색(色)에 주(住)하여 마음을 내지 말며, 응당 성향미촉법에 주하여 마음을 내지 말라 하시니, 이 광대적멸(廣大寂滅)한 마음은 가이(可以) 써 색으로 보거나 소리로 구하지 못함을 말한 것이니,"

應無所住(응무소주)는 謂此心(위차심)이 無實體也(무실체야)요

"응무소주는, 이 마음이 실체가 없다는 말을 했어." 근본자리에서 하는 말이라. 공자의 말씀은 용(用)자리에서 하는 말이고 …… 실체가 없다는 말이고.

而生其心(이생기심)은 謂此心(위차심)이 非離眞而立處(비리진이입처)라 立處(입처) ㅣ 卽眞也(즉진야)니라

"이생기심, 마음을 내라는 말은, 이 마음이 진리를 여의고 선 곳이 아니다. 선 곳이 곧 진(眞)이다." 이렇게 하는 말이다. 당체(當體)에 선(禪)에서 하는 말이다. 그게 굉장히 크지 않아?

孔子(공자)의 稱易之爲道也(칭역지위도야) ㅣ 屢遷(누천)은 非謂此也(비위차야)라

"공자가 『주역』의 도(道)도 됨이 자주 옮겨 간다고 칭(稱)한 건 맞지만, 이것을 말하는 게 아니다." 당체(當體)에 근본자리에서 하는 말이 아니

다 이거여. 길흉회린(吉凶悔悋)이 일어난 자리에서 하는 말이지. 길흉회린이 일어난 자리에서 길흉회린을 돌이켜서 근본자리로 합하라. 이렇게 하는 말이지.

屢者(누자)**는 薦也**(천야)**요 遷者**(천자)**는 革也**(혁야)**니 吉凶悔悋**(길흉회린)[154]**이 生乎動**(생호동)**하나니**
"누(屢) 자는 '자주 천(薦)' 자야. 천(遷)이라는 것은 고친다(革)는 말이니, 길하고 흉하고 회하고 인하는 것이 사람의 마음이 움직이는 것을 말하니"

屢遷之旨(누천지지)**는 返常合道也**(반상합도야)**어늘 如何與應無所住而生其心**(여하여응무소주이생기심)**으로 合得成一塊**(합득성일괴)**리요**
"자주 옮긴다는 뜻은, 상(常)에 돌이켜 도(道)로 합하도록 하는 것이다."[155] 용(用)에서 그러는 것인데, 어떻게 응무소주이생기심 당체(當體)에서 …… 그 말하고 같으냐 이 말이야. "어찌 [응무소주]이생기심으로 합해서 한 뭉탱이를 이루리오."

---

154 '길흉회린(吉凶悔悋)'에 있어서 앞에 나온 '길흉회린'은 '吝(린)' 자를 썼다. 원출전인 『주역』에 '吝' 자를 쓰기 때문이다. 그래서 탄허 스님의 주석에도 '吝' 자를 썼다. 또한 『대정신수대장경』의 본 부분도 '吝' 자로 돼 있다. 그러나 우리나라의 『대혜보각선사서』의 판본은 고려본(보물 제1662호) 이래로 현행 강원교재 『서장』에 이르기까지 모두 '悋(린)' 자를 쓴다. 이런 사정으로 앞뒤의 글자가 달라진 것이다.

155 '늘 그러함(常)'으로 돌아가 도에 합하도록 하는 것이다.

彦沖(언충)이 非但不識佛意(비단불식불의)라 亦不識孔子意(역불식공자의)로다
"언충이 다만 부처님 뜻을 알지 못할 뿐만 아니라, 또한 공자의 뜻까지도 모른다." 이 말이야. 그렇지 않아?

左右(좌우)는 於孔子之敎(어공자지교)에 出沒(출몰)을 如遊園觀(여유원관)하며 又於吾敎(우어오교)에 深入閫域(심입곤역)하니 山野(산야)의 如此杜撰(여차두찬)이 還是也無(환시야무)아
좌우는, 당신은, "귀하로 말하면 공자의 교(敎)에 출몰하기를" 원관(園觀), "공원에 가서 놀 듯 했어. 또 오교(吾敎)에 깊이 곤역(閫域)[156]에 들어와서," 우리 불교에도 조예가 깊다 하니, "산야가 이같이 두찬(杜撰)하는 것이 또한 옳으냐 마느냐."[157]

故(고)로 圭峯(규봉)이 云元亨利貞(운원형이정)은 乾之德也(건지덕야)니 始於一氣(시어일기)하고
"고로 규봉 스님이 말하기를 원형이정 …… 『주역』에.[158] 그건 건(乾)의 덕(德)이라," 하늘의 덕이라, "한 기운에 비롯해."

常樂我淨(상락아정)은 佛之德也(불지덕야)라 本乎一心(본호일

---

156 집안.
閫(곤): 문지방

157 옳은가, 그른가?

158 『주역』「역경」 ☰ 건.

심)하니 專一氣而致柔(전일기이치유)하고 修一心而成道(수일심이성도)라하시니
"상과 진락, 진아, 진정은 부처의 덕이라. 한마음에 비롯했으니, 한 기운을 오로지 하여 유(柔)[159]를 이루고, 한마음을 닦아서 도를 이룬다 하시니," 『원각경』 서분(序分)[160]에 있는 말이여.

此老(차로)의 如此和會(여차화회)라사 始於儒釋二教(시어유석이교)에 無偏枯(무편고)하며 無遺恨(무유한)이리라
"이 늙은이, 규봉의 이같이 화회(和會)한 것이라야만 비로소, 유교·석교 두 교에 편고(偏枯)[161]가 없으며 유한(遺恨)[162]이 없는 것이니라." 이렇게 화회해야 옳다, 조금도 어긋나지 않게 화회하자 이거야.

彦沖(언충)이 以應無所住而生其心(이응무소주이생기심)과 與易之屢遷大旨(여역지누천대지)로 同貫(동관)은 未敢相許(미감상허)니
"언충이 응무소주이생기심으로써 기심과, 자못 역지누천대지로써, 한 꿰미를 삼은 것은, 감히 내가 허락치 못하겠으니,"

若依彦沖(약의언충)의 差排則孔夫子與釋迦老子(차배즉공자여

---

159 허(虛)가 극(極)하고 정(靜)이 돈독한 경계(탄허 스님 간주).

160 종밀(宗密), 『대방광원각경대소(大方廣圓覺經大疏)』, 본서.

161 偏枯(편고): 반신불수, 불공평하다.

162 생전에 못다 이룬 한. 여한(餘恨).

석가노자)를 **殺著買草鞋**(쇄착매초화)하야사 **始得**(시득)다
"만일 언충의, 차배(差排)[163]를 의해서 말한다면, 공부자(孔夫子)와 자못 석가노자(釋迦老子)를, 한층 내려뜨려서", 여기서 '죽일 살(殺)'이 아니고 '내릴 쇄(殺)' 그런다. 한층 내려뜨려가지고 "풀신을 사 신겨야 옳다."

何故(하고)오 **一人**(일인)은 **屢遷**(누천)하고 **一人**(일인)은 **無所住**(무소주)니새니
왜? "어째서 그러느냐? 한 사람은 자주 옮기고, 한 사람은 주하는 바가 없으니" 자꾸 걸어가는 거 아니야. 허허, 대혜 스님도 장난꾼이지. 그러니까 두 분을 풀신 사 신겨야 옳지 않으냐 이 말이야. 하니,

想讀至此(상독지차)에 **必絶倒也**(필절도야)리라
아마 당신 유보학이 말이야. "내 편지를 읽다가 여기에 이르면, 반드시 허리가 부러지게 웃을 것이다." 허허허. 법문도 좋지만, 글이 문장이여.

---

163 差排(차배): 배정하다, 배치하다. 그러니 언충이 '정리해놓은 것'이란 의미.

한암 스님의 서신

내가 한암 스님한테 스무 살부터 한 3년 동안 편지를 썼다. 두 번째 편지를 했더니 스님 답장이 그려.

蒙賜書(몽사서)하야 披讀再三(피독재삼)하니 好一段文章筆法(호일단문장필법)이라
"편지를 받아가지고 펼쳐 읽기를 여러 번 해보니. 좋은 일단 문장이요, 필법이라."

當此舊學問破壞之時(당차구학문파괴지시)하야
"이 구학문이 파괴할 때를 당해서"

其文辭之機權意味(기문사지기권의미)가 何若是魅佛耶(하약시매불야)아 竝前書(병전서)하야 留爲山中之寶藏耳(유위산중지보장이)로라
"어찌 그 문사(文辭)의 기권(機權) 의미가 이와 같이 거룩하냐. 전 편지까지, 아무데서 산중에 보장(寶藏)으로 삼고 내가 꼭 간직해 두겠노라."

如公之才德(여공지재덕)은 雖古聖(수고성)이 出來(출래)라도 必贊美不已也(필찬미불이야)로대
공(公)과 같은, 내가 겸사(謙辭)는 …… 초면이니까 공이라고 썼어. "공과 같은 재덕(才德)으로 말하면, 비록 옛 성인이 출래할지라도 반드시 찬미하기를

마지않을 텐데,"

而能從事於有若無實若虛(이능종사어유약무실약허)하니 孰不景仰其高風哉(숙불경앙기고풍재)아

"있어도 없는 듯하고 꽉 찼어도 빈 것같이 하는 거기에 종사(從事)를 하니, 누가 그 높은 풍도를 크게 우러르지 않겠느냐."

衲素不能於吟詠而已爲心月(납소불능어음영이이위심월)이 相照(상조)하야 不可以默然故(불가이묵연고)로 玆構荒辭而呈(자구황사이정)하니 幸賜一笑焉(행사일소언)이니라[164]

"납자가 평소에 음영은 하지 않지만 이미 마음달이 서로 비추었으니, 묵묵히 있음은 옳지 않기에, 문장을 엮어 보내니, 받아보고 한 번 웃을 지로다."

이렇게 종이를 갖다가 편지를 내놓고서 대중에 낭독을 하시드래. 그때 인제 …… 스님도 …… 했고 …… 했거든 안 그런가? 아 이 젊은 선비가 이 사람이 까딱하면 중이 될 거 같다고 그러더라나.

164 이 구절이 강의에는 누락됐다.

「진국태 부인에게 답함」에서[165]

◉

국태부인(國太夫人)이라는 것은 나라에서 귀인으로 봉한 거여. 평소에 염불도 많이 하고, 글도 잘하고 이런 양반인데, 대혜 스님더러 자기 뒷방에 와서 한 석 달 있으면서 공부 좀 가르쳐 달라. 그런데 대혜 스님이 '야, 내가 갈 수 있나?' 자기 상좌 도겸(道謙) 보고서 '네가 가라' 그래, 도겸 스님이 대신 간 거야.

대신 갔는데 도겸 스님이 부인하고 이런 애기, 저런 애기 하다가 대혜 스님은 무자화두(無字話頭)를 늘 보유한다고 하니까, 그 부인이 무자 화두를 보다가 밤중에 닭이 꼬끼오~ 우는 소리를 듣고서 그렇게 홀연히 타파해. 그래 시(詩)를 뭬라고 지었는고 하니[166]

夢跨飛鸞上碧虛(몽과비란상벽허)하니
여기 저 …… "꿈에 나는 난조(鸞鳥)[167]를 끌어안고서 벽허(碧虛), 푸른 허공으로 올라가보니"

---

165 『서장』「답 진국태 부인(答 秦國太 夫人)」(T47n1998A_027, 926c~927a).

166 이 게송은 『대혜선사어록(大慧禪師語錄)』「서」에 수록된 것이 아니고, 안진호 편, 『현토역해 서장』(만상회, 1940)의 주석에 수록되어 있다.

167 중국 전설에 나오는 봉황과 비슷한 새. 깃은 붉은빛에 다섯 가지 색채가 섞여 있으며, 소리는 오음(五音)이라고 한다.

始知身世一蘧廬(시지신세일거려)로다
"비로소 몸뚱이와 세상이 쑥대집 같은 것을 알겠도다." 다 헛개라 이 말이여.

歸來錯認邯鄲道(귀래착인한단도)니
"꿈을 깨고서 돌아올 적에 한단(邯鄲) 길인가 그릇 인식했더니." 한단이란 조(趙)나라 서울을 한단이라고 그려.

山鳥一聲(산조일성)에 春雨餘(춘우여)로구나
"산새 한 소리에 봄비의 나머지구나."

시가 멋지잖아? 또 한 수는

逐日看經文(축일간경문)이로되
"내가 종일토록" 축일(逐日), "하루 종일 경문을 보니"

如逢舊識人(여봉구식인)이라
"예전에 아는 사람 축문 같다."

莫言頻有礙(막언빈유애)하소
"자주 거리낌 있다 말 마소." 경보면 거리낀다고 하잖아? 그런 소리 하지 마소.

一擧(일거)에 一回新(일회신)일제

"한 번 들어서 보면, 한 번 더 새롭네."

그래 대혜 스님이 …… 처음엔 의심했단 말이야. '그 부인이 그렇게 금방 될 수가 있나?' 했는데, 도겸 상좌한테 자세히 묻고 나서 보니까 틀림없더라 이거야.

山野(산야) | **爲國太**(위국태)**하야 歡喜累日**(환희누일)**에 寢食**(침식)**을 俱忘**(구망)**호라**

그러니, "산야가 국태부인을 위해서, 환희를 누일해서," 열락해가지고서 "밥 먹고 잠자는 것까지 다 잊어버렸다." 이거야. 얼마나 재미가 있던지.

兒子(아자) | **作宰相**(작재상)**하고 身爲國夫人**(신위국부인)**은 未足爲貴**(미족위귀)**어니와**

"당신 아드님이 재상이 되고 일국 재상이 되고, 당신 몸뚱이가 국태부인, 귀부인이 된 것은 족히 그리 귀한 게 아니다."

糞掃堆頭(분소퇴두)**에 收得無價之寶**(수득무가지보)**하야 百劫千生**(백겁천생)**에 受用不盡**(수용부진)**이 方始爲眞貴耳**(방시위진귀)**이니라**

"똥쓰레기 무데기 머리에서," 분소퇴두란 비유여. 똥쓰레기 무데기라는 건 우리 몸뚱이, 이 똥쓰레기 무데기 아니야. 그 드러운 데, 가죽 주머니를 벗겨보면 똥오줌 피고름뿐이야. "거기에서" 무가지보(無價之

寶), "값없는[168] 보물을 얻었다. 그래서 백겁천생(百劫千生)에 수용부진(受用不盡)은 그것이 비로소 진귀(眞貴)가 되는 것이니라."[169]

---

168 無價(무가): 값을 매길 수 없을 정도로 귀한.

169 백겁 천생토록 받아다 써도 다함이 없어야 비로소 참 귀함이라.

「답왕내한(答汪內翰)」에서[170]

◉

雪峯眞覺(설봉진각)이 云(운)

"설봉진각이 이르시되," 설봉 선사[171]의 시(詩)여.

光陰(광음)이 倏忽暫須臾(숙홀잠수유)라

"광음이 숙홀해 잠깐 수유라"[172]

浮世(부세)에 那能得久居(나능득구거)아

"부세(浮世)[173]에 어찌 오래 머물렀겠느냐"

出嶺(출령)에 年登三十二(연등삼십이)러니

"영에서 나갈 때에 나이 32에 올랐더니"

---

170 『서장』「답 왕내한 언장(答 汪內翰 彥章)」(T47n1998A_027, 928c).

171 설봉 진각(雪峯眞覺, 821~908): 당나라의 선사. 천주(泉州) 남안(南安) 사람. 속성은 증(曾), 법명은 의존(義存). '진각(眞覺)'은 당 희종이 내린 시호이다. 동산 양개(洞山良价)에게 법을 배우고, 덕산 선감(德山宣鑑)에게 인가를 받고 그 법을 이었다.

172 시간이 너무 빨라서 잠시 잠깐이라.

173 뜬 세상.

入閩(입민)에 早是四旬餘(조시사순여)로다
"민(閩) 땅에 들어가니까 벌써 이 40 나머지로구나"[174]

佗非(타비)는 不用頻頻擧(불용빈빈거)하고
"다른 사람 그른 건 재우재우[175] 들은 걸 쓰지 말고"

已過(기과)를 還須旋旋除(환수선선제)어다
"자기 허물을 도리어 모름지기 가끔가끔 제(除)할지어다"

爲報滿城朱紫道(위보만성주자도)하노라
"성(城)에 가득한 주자(朱紫)에게 내가 아뢰어 이르노니." 이를 보(報) 자, 말할 도(道) 자. 주자는 뭐인고 하니 울긋불긋한 비단옷 입고 저 벼슬하는 부귀공명한 사람들.[176]

閻王(염왕)은 不怕佩金魚(불파패금어)라하시니
"염라대왕은 금어 찬 거 두려워 않는다." 이거야. 금어라는 거는 주인이 응? 벼슬하는 사람이 띠에다가 금고기 그린 거 차는 거.[177]

---

174 민(閩)은 고대에 푸젠(福建)성에 살았던 선주민족의 이름으로서, 오대십국(五代十國)의 하나이기도 했고, 푸젠성의 다른 이름이기도 하다. 원래 민의 땅에 자리 잡았던 설봉은 비원령(飛猿嶺)을 넘어서 공부하러 갔다가 다시 민의 상수산(象首山)으로 돌아온 것을 시로 읊고 있다.

175 '자주자주'의 강원도, 함경도 사투리.

176 설봉 자신도 그중 하나였다. 황제에게 호와 자가사(紫袈裟)를 하사받았다.

177 금어(金魚)는 벼슬아치가 패용하는 물고기 모양의 도금한 패이다. 병사를 동원할 수 있는 권한을 나타낸다.

제오륜 이야기[178]

제오륜(第五倫)이라는 사람이 한(漢)나라 때 유명한 정승인데 성이 '제오(第五)' 가(家)야. '차례 제(第)' 자, '다섯 오(五)' 자, '인륜 윤(倫)' 자, 第五倫(제오륜). 그이가 천하에 공인(公人)이라고 소문이 높아. 그래 누가 와서 칭찬을 '대감은 지금 공인이라고 소문났습니다' 이러니까, 그게 무슨 소리냐고, 자기가 공인이 아니라는 것을 고백하는 거야. 그이가 진정한 공인이지.

고시를, 요즘 말로 고등고시를 보는데, 대신(大臣)이니까 고등고시 시관(試官)도 할 것 아니야? 그런데 어떤 놈이 천리마(千理馬)를 하나 갖고 와서 길르라고 그래. 나 좀 합격시키라 그 소리지. 뇌물. "떽!" 안 받았어. 안 받았는데도 해마다, 고등고시 볼 때마다 그 사람이 고마운 생각이 들어. 어찌 내 마음이 공인이냐 이 거지. 그래 내 마음이 삿되고 공정치 못하다.

또 한 가지는 내 조카놈이 아파 드러누웠는 데는 열 번이라도 가서 들여다본다 말이여. 형수씨 형님 체면 때문에. 아 걔 병이 어떠냐고. 열 번이라도 가서 물어보는데, 그러고는 자기 사채로 돌아오면은 잠이 잘 와. 쿨쿨 아주 코를 골면서 잔다 말이야. 일어나서 보는 건 체면이고, 돌아오면 아무 걱정 없다 이 말이야. 내 자식이 아파 들어눕는 데는 한 번도 안 가봐. 그런데 밤새도록 잠이 안 온다 이거야. 하니, 내 조카자식하고 내 자식하고 그렇게 차이를 주니, 내 마음이 어찌 공정(公正)이냐 이거야. 제오륜이가 한 말이야.

---

178 원출전은 『후한서(後漢書)』「열전」 제오종리송한열전(第五鍾離宋寒列傳)이다. 이를 『소학(小學)』「선행(善行)」에서 인용하여 대중적으로 유명한 구절이 됐다.

왕장원 성석에게 답함
첫 번째 답장[179]

◉

呂居仁(여거인)은 **比**(비)에 **連收兩書**(연수양서)호니 **書中**(서중)에 **皆云夏中**(개운하중)에 **答隆禮書**(답융예서)를 **常置座右**(상치좌우)하야 **以得爲期**(이득위기)라하며 **又聞嘗錄呈左右**(우문상녹정좌우)라하니 **近世貴公子**(근세귀공자)로 **似渠者**(사거자)는 **如優曇鉢花**(여우담발화) ㅣ **時一現耳**(시일현이)로다

"여거인이라는 사람이" 말이야. "요사이에 연(連)해서 내가 그 두 그 편지를 받아보니까, 서중(書中)에 다 말하기를, 여름 가운데에 융례(隆禮)에 회답한 그 편지를," 그렇게 열심히 답한 편지를, "늘 좌우(座右)[180]에다 놔두고, 얻음으로써 기약을 한다[181] 하며, 또 들으니까 일찍이" 좌우(左右)한테, "당신한테 그 내 편지를 기록해서 바쳤다고 하니, 근세에 귀공자로 저와 같은 사람은 우담발화(優曇鉢華)가 때에 한 번 나타나는 거와 같이 그렇게 존귀한 사람이다." 이 말이여. 천하재사(天下才士)니까.

---

179 『서장』「답 왕장원 성석(答 汪狀元 聖錫)」(T47n1998A_028, 0932a).

180 좌석 오른쪽.

181 그렇게 얻는 것을 목표로 한다.

頃在山頭(경재산두)하야 每與公(매여공)으로 說遮般話(설자반화)에 見公(견공)의 眼目定動(안목정동)하니
"저 때에 산두에 있어서, 매양 공으로 더불어, 이 얘기를 설할 적에, 공의 안목이 동(動)함이 정(定)해진 걸 내가 보고," 이치를 본 사람은 안목이 동(動)하는 것이 정(定)해진 거야. 청량 국사(淸涼國師) 같은 이는 '目光(목광)이 夜發(야발)에 晝乃不眴(주내불순)'이라.[182] 주내불순, 낮엔 깜짝이지[183] 않고, 목광이 야발이라, 밤에는 불이 훤해. 그런 양반도 있지만, 그냥 보통 안목이 동(動)함이 정(定)해졌다 하면, 생각이 쉬면은 정동(定動)이 되는 거야. 일찍 되는 거 아니거든. 동함이 정해졌다니까. 생각이 벌써 도(道)를 아는 거야. 그 사람 태도, 눈 가진 걸 봐도 생각을 쉰 사람은 눈이 좀 정해졌다 이거야. 눈이 동하는 것이 흔들리지 않고 정해졌다 이 소리라. 그걸 보니까 당신이 이치를 봤다 이거야.

領覽得九分九釐(영람득구분구리)요 只欠囮地一下爾(지흠화지일하이)라
"구분구리, 십분에서 구분구리를 알아봤고,[184] 다만 화지(囮地)[185]에 한 번 지른 소식이 모자랐다." 화지에 한 번만 탁 튀어나면 된다. 이렇게 칭찬하는 말이야.

---

182 『화엄경현담(華嚴經玄談)』「청량국사소초연기(淸涼国師疏鈔緣起)」.

183 녹음 내용이 분명하지 않아 '깜짝이지'로 추정했다.

184 領覽(영람): 깨닫다, 이해하다.
九分九釐(구분구리): 99%.

185 囮(화): 소리 화.

"若得囫地一下了(약득화지일하요)하면 儒卽釋(유즉석)이요 釋卽儒(석즉유)며 僧卽俗(승즉속)이며 俗卽僧(속즉승)이며 凡卽聖(범즉성)이며 聖卽凡(성즉범)이며 我卽爾(아즉이)며 爾卽我(이즉아)며 天卽地(천즉지)며 地卽天(지즉천)이며 波卽水(파즉수)요 水卽波(수즉파)라 酥酪醍醐(소낙제호)를 攪成一味(교성일미)하며 鉼盤釵釧(병반채천)을 鎔成一金(용성일금)이 在我(재아)요 不在人(부재인)이리니

"만약 화지에 한 번 톡 치는 소식을 얻는다면, 유교(儒教)가 곧 불교(佛教)요, 불교가 유교며, 중이 속(俗)이요, 속이 승(僧)이며, 범(凡)이 성(聖)이요, 성이 범이며, 내가 너요, 네가 나이며, 하늘이 땅이요, 땅이 하늘이요, 물결이 물이요, 물이 물결이라. 소(酥)니 낙(酪)이니 제(醍)니 호(醐)니[186] 하는 것은 전부 한 맛을 만들고, 병(鉼)이니 소반이니 비녀니 가락지니[187] 하는 것을 전부 녹여서 한 금을 만드는 것이, 내 손에 있고 다른 사람 손에 있지 않다."

---

186 유제품을 발효 정도와 형태에 따라 여러 가지로 구분한다. 소락(酥酪)은 요구르트 또는 치즈에 해당한다. 제호(醍醐)는 최상으로 정제하고 발효시킨 최고의 유제품을 말한다. 비유적으로 최고 정법(正法)을 가리킨다.

187 鉼(병): 떡 모양의 금·은괴.
盤(반): 큰 접시.
釵(채): 비녀.
釧(천): 팔찌.

『서장』, 탄허 주 강의[188]

◉

又狀(우장) 大旨(대지)는 日用中(일용중)에 話頭(화두) 봄을 勸(권)함이다. 腰纏云云(요전운운)은 慶快(경쾌)를 意味(의미)한 것이니 太平廣記(태평광기)에 이르되 四人(사인)이 한가지 모여서 各各(각각) 그 뜻을 말하되 一人(일인)은 돈 十萬貫(십만관) 가지기를 願(원)하니 富(부)를 貪(탐)한 것이요 一人(일인)은 鶴(학) 타고 天上(천상)에 오름을 願(원)하니 壽(수)를 貪(식)한 것이요 一人(일인)은 楊州牧使(양주목사)를 願(원)하니 貴(귀)를 貪(탐)한 것이요 一人(일인)은 돈 가지고 鶴(학) 타고 楊州(양주)에 오름을 願(원)하니 三人(삼인)의 願(원)을 兼(겸)함이다

"우장 대지는 일용 중에 화두 봄을 권함이다."[189] 그 총체로 하는 말이고, 그다음 "요전운운은 경쾌를 의미하는 것이니," 요전은 허리에다 돈을 둘렀다는 것, 운운은 그 말을 줄인 말이고, '이렇고 저렇고 하는 말,' 이 말이야. 따온 말이야.

"『태평광기』라는 책에 말하기를, 사인(四人)이 모여 앉아서 각각 그

---

188 『서장』「답 왕장원 성석, 우(答 汪狀元 聖錫, 又)」의 탄허 스님 주석을 강의.

189 이 장, 즉「답 왕장원 성석, 우」장의 큰 뜻은 일상생활에서 화두 보기를 권장하는 것이다.

뜻을 말하되, 한 사람은 '돈 10만 관을 가지고 장안에 가서 한 번 실컷 마셔봤으면 좋겠다.' 이렇게 말하고, 그러니까 그건 부자를 탐하는 이야기고, 한 사람은 '나는 학 타고 천상에 올라가기를 원한다.' 이건 오래 사는 걸 탐하는 이야기고, 한 사람은 '나는 양주목사 되기를 원한다.' 그러면 귀를 탐하는 놈이다. 최후의 한 놈은 앉았다가 '나는 돈 10만 관 가지고, 학 타고, 양주목사가 되는 게 원이다.' 세 가지 다 겸했다." 이거야.

그래서 그 문자를 뭐라고 쓰는고 하니 '요전십만관(腰纏十萬貫)하고 기학상양주(騎鶴上揚州)'라 쓰는 거야. 여기 저 원문에 한 번 나올걸? 요전십만관하고 허리에다 십만관을 두르고, 학 타고, 양주목사로 올라간다. 셋 다 다하면 얼마나 좋아. 부귀공명 다 있잖아. 삼인 소원을 개겸(蓋兼)이다.

楊文公(양문공)의 名(명)은 億(억)이니 北宋(북송) 眞宗(진종) 때 사람이다. 처음 廣慧寺(광혜사) 元璉禪師(원연 선사)를 뵙고 밤에 談話(담화)하는 次(차)에 公(공)이 묻되 "두 범이 서로 싸울 때에 어떠하니잇고?" 璉(연)이 코 끄는 모양을 지어 이르시되 이 畜生(축생)이 또 팔조([趴-八+孛][趴-八+兆])하도다. 公(공)이 言下(언하)에 크게 깨달아 偈(게)를 지어 이르되

양문공은 명은 억인데, 양억인데 말이야. 북송 진종 때 사람이다. 처음 광혜사에 갔다가 원연 선사를 뵈었고, 밤에 담화하는 차에 공이 묻되 '두 범이 서로 싸울 때 어떠하냐?' 이렇게 물으니까, 원연 선사가 그 호랑이 코를 이렇게 끄는 모양을 지어서, '이놈에 축생! 또 팔조하도다.' 이 축생이 왜 이렇게 뛰나? 거 싸우니까 그러는 거 아냐. 싸움을 형용한 거. 공이 언하에 크게 깨달았다. 거기서 게를 지어 이르기를,

八角磨盤空裡走(팔각마반공리주)하고
"八角磨盤(팔각마반)[190]은 虛空(허공) 속에 달아나고"

金毛獅子變作狗(금모사자변작구)로다
"金毛獅子(금모사자)[191]는 變(변)하여 개가 되도다"

擬欲藏身北鬥中(의욕장신북투중)인댄
"생각에 몸을 北鬥(북투) 가운데 감추고자 할진대"

應須合掌南辰後(응수합장남진후)니라
"응당 모름지기 南辰(남진)[192] 뒤를 향하여 合掌(합장)할지니라"

이렇게 이야기했다 이 말이여. 북두성은 북쪽에 있고, 남쪽 별은 남쪽에 있잖아? 생각에 북두성 가운데에 몸을 간직하고자 한다면은, 그 남쪽 별을 향해서 해야 된다. 거꾸로.

仁義禮智信等(인의예지신등) 五常(오상)은 生序元理(생서원리)로 말하면 水火木金土(수화목금토)가 되는 것이니 天一生水(천일생수) 地二生火(지이생화) 等(등)이 이것이요

---

190 八角磨盤(팔각마반): 팔각의 맷돌. 식품 가공용이 아니라 모든 것을 부숴버린다는 고대 인도의 무기이다.

191 金毛獅子(금모사자): 뛰어난 인물을 이름.

192 南辰(남진): 남십자성. 호주 국기에 있는 큰 별이며, 우리나라에서는 볼 수 없는 남반구의 별이다.

"인의예지신 등 오상은," 이것이 인자 생서오행(生序五行), 상생오행(相生五行), 상극오행(相克五行). 오행이 말이야 여러 가지가 있어 뭐뭐 저 그 뭐, 이게 수 써놓은 것 같으면 무슨 오행, 무슨 오행 뭐 온갖 잡동사니가 다 있지만, 총체적으로 요 세 가지는 알아두어야 돼.

그럼 인자 그 우주 만법의 "생서오행(生序五行)의 원리로 볼 것 같으면, 수화목금토가 되는 것이니." 왜 그러느냐? 일육수(一六水), 이칠화(二七火), 삼팔목(三八木), 사구금(四九金), 오십토(五十土), 『주역(周易)』에 있는 말이야. 그럼 인자 그걸 사람을 기준으로 하면, 사람이 처음에 날 때에 …….

그전에 내가 그 지나간 얘기를 한마디 하면, 신태영 씨 자유당 때 국방장관 하던 사람 있었지?[193] 그가 나를 한 번 만나고 싶다고 자꾸 졸라 싸서 말이야. '응~ 나 종로에 가 안 만난다.' 내가 피난 중에 저 망월사(望月寺)에 가서 한 달 있었어. '망월사로 온나. 길이 불편한데, 올라면 오던지 갈라면 가던지, 네 마음대로 해.' 국일관(國一館)[194] 주인이랑 한 20여 명이 왔어. 국일관 주인은 카드 치기 하거든, 왔는데 신태영 씨가 수염을 빳빳하게 기르고 있었어. …… 그런데 불교를 좋아하는 사람이야. 그리고 그 귀골들이 시오리를 걸어 올라왔다 이거야. 올라와가지고 나한테 뭘 물어. 내가 염주를 척 퉁기면서 '알겠느냐?' 그러니까 모르겠다고. 그래서 내가 장쾌한 설명을 했어. 내가 이렇게 깨

193 신태영(申泰英, 1891~1959). 대한민국 제3대 육군참모총장과 제4대 국방부 장관을 역임했다. 일제강점기에 일본육사를 졸업하고 최종 계급은 소좌였다. 죽어서 야스쿠니 신사에 들어가기를 소원하였던 친일파로서, 『친일인명사전』에 아들과 함께 수록되어 있다.

194 국일관: 일제강점기와 해방 이후까지 근현대기에 명성을 떨친 고급 요정이다. 여러 사건에 얽혀있어서 그 시대를 다룬 드라마에서 자주 등장한다.

트리는 건 아니지만은, 이거 깨트리는 것이 불법(佛法)이라고 …… 얘기를 해야 돼. 오늘날 신태영 씨가 일인지하(一人之下)요 만인지상(萬人之上), 한 사람 밑에 제일가는 사람이고, 만 사람 꼭대기에 앉은 사람이다. 그러면 신태영이가 신태영이 되지 않았단 말이야. 신태영이 처음 될 때에 뭐가 되느냐? 피 한 방울이 뭉쳤다 이 말이야.

천일생수(天一生水) 아냐. 피 한 방울, 물 한 방울. 천일생수가 그 말이여. 생서오행, 생서(生序), 나는 순서. 사람을 기준으로 해서 하는 말이야. 천일생수, 하늘이 먼저 물을 냈다 이거야. 피 한 방울 물 한 방울. 둘째 번, 지이생화(地二生火). 물이 그냥 크는 게 아니야. 물이, 불기운이 오지 않으면 썩어버리는 거라. 불이 와서 비가 따뜻하게 되면 크거든. 그러니 땅이 불을 내는 거야.

그다음에 셋째 번에 천삼생목(天三生木). 하늘이 목을 내는 거야. 목은 키가 크면서 힘줄이 생기는 거야. 목 기운은 퍼런 힘줄을 말하는 거야. 그다음에 넷째 번, 지사생금(地四生金). 땅이 금을 낸다는 건 이 뼈따구가 생기는 거야. 다섯째 번에 천오생토(天五生土). 하늘이 토를 낸다는 건 살이 생긴다, 피부가 생겨서 뱃속에서 '오옹~' 하고 나오잖아. 그걸 생서오행이라 그래.

그러니까 내가 그이 보고 한 소리야. 피 한 방울이 뭉쳐가지고서 신태영이가 나왔는데, 그러면 수화목금토 그 오행을 다 분산시킬 것 같으면 오늘날 신태영이라는 존재가 어디에 있소? 그러니까 멍~해. 허허. 그래도 재미는 있어서 국일관 주인이 말이야, 카드를 무진장 앉아서 치고 있었는데 …… 말이야, '하이고 스님 법문에 내가 다리 아픈 걸 다 잊어버렸소' 이러는 거야.

그런 다음 영은사(靈隱寺)[195] 가서 또 있었는데, 신태영 씨가 영은사에 또 찾아왔어. 영은사 동구에 백성들 소문이 어떻게 났는지, 너무 지나치게 소문이 났어. 차가 못 올라오니까 중간에다 차를 놓고 와서, 마당에서 인자 서로 만났단 말이야. 그이가 굽신 절을 하는데 나는 뻣뻣이 서 있더라고. 허허. 그런데 그이가 나하고 딱 30분 동안 이야기하고 갈려는데, 담배를 그렇게 좋아했다는구먼. 내가 담배 먹으라 할 걸 갖다가, 나는 담배 먹으라 소리도 않고 얘기만 했는데, 30분 동안 담배를 꾹 참았어. 그래 가지고 거기 가서 이러데. '스님 만나서 말씀을 들어야 속이 좀 시원하니 …….'

그래서 그걸 생서오행(生序五行)이라고 그려. 수화목금토. 사람을 기준으로 해서 하는 말이야. 생서오행. 이것은 천일생수(天一生水), 지이생화(地二生火).[196] 『주역』에 있는 말이여. 천일생수(天一生水), 지이생화(地二生火), 천삼생목(天三生木), 지사생금(地四生金), 천오생토(天五生土). 하나만 알면 다 알 거 아니야.

相生元理(상생원리)로 말하면 木火土金水(목화토금수)가 되는 것이니 木生火(목생화) 火生土(화생토) 等(등)이 이것이요

또 상생오행(相生五行)이라는 건 뭐냐? "상생의 원리로 말할 것 같으면, 목화토금수" 그런단 말이야. 상생은 "목생화(木生火), 화생토(火生土), 토생금(土生金), 금생수(金生水), 수생목(水生木)." 알아듣겠어?

그러면 이것은 그냥 알기 쉽게 말하면, 목(木)은 봄이다. 목, 목생

195 강원도 삼척시 근덕면 영은사를 말한다.

196 『서경집전』「주서」 홍범(洪範)의 주석.

화. 봄에 나무에 꽃부터 먼저 피는 게 뭐냐? 불기운이 오기 때문에. 그래 알아듣겠어? 화생토. 그다음에 이파리 피잖아. 이파리는 겨울에 흙이 되는 거야. 토, 토생금. 그다음에 열매가 맺잖아. 금이 열매야. 금생수. 그 금 속에, 열매 속에 물이 담겨 있잖아. 수생목. 그러니 또 나무를 내잖아. 그것을 상생오행이라 그려. 서로 생해주는 오행.

이런 걸 알아야 관상도 보고, 사주도 보고, 뭣도 하고, 뭣도 하는 거야. 시주 구하러 다니려면 이런 것도 좀 알아야지. 시주들 좋아한다고. …… 희한하지. 굉장히 좋아한다고. 여기만 좋아하는 게 아니라 미국 코쟁이들도 좋아하데. 미지수는 좋아하거든. 다음 내일 문제가 어떻게 되는지 모르니까 궁금해지니까 좋아하지.

相克元理(상극원리)로 말하면 水火金木土(수화금목토)가 되는 것이니 水克火(수극화) 火克金(화극금) 等(등)이 이것이어니와

그다음에 상극오행(相克五行). 상극, 서로 극하는 오행. "상극오행으로 말할 것 같으면 수화금목토 수극화(水克火), 화극금(火克金), 금극목(金克木), 목극토(木克土) 이러잖아 그러는 것이니"

만일 人事(인사)에 配對(배대)한다면 仁義禮智信(인의예지신)이 되는 것이니 卽(즉) 父子有親(부자유친) 君臣有義(군신유의) 等(등)이 이것인 同時(동시)에 仁(인)은 木(목), 義(의)는 金(금), 禮(예)는 火(화), 智(지)는 水(수), 信(신)은 土(토)에 配對(배대)가 된다

이 오행을 "인사에다 대면 인의예지신이여." 그때 말했잖아. 우리 장부에다가 대면은 간심비폐신(肝心脾肺腎) 오장(五臟)이 되고, 오장육부(五

臟六腑). 그런데 심술보 있는 놈은 칠부가 돼. 일곱 가지 있으면 칠부 되는 것이니.[197]

인의예지신은 뭐냐 "부자유친(父子有親), 군신유의(君臣有義), 부부유별(夫婦有別), 장유유서(長幼有序), 붕우유신(朋友有信). 동시에 인은 목에 속하고, 의는 금에 속하고, 예는 화에 속하고, 지는 수에 속하고, 신은 토에 속한다. 배대가 되는 것이다." 그러니까 토는 중앙에 있으니까 사실은 다 맞대가 있는 거야.

그래서 사계(四季) 말하는 거야. 봄에 정월·이월·삼월 하면 삼월에 토가 맞대가 있는 거야. 또 여름에 사월·오월·유월, 유월에 토가 맞대가 있는 거야. 칠월·팔월·구월, 구월에 토가 맞대가 있는 거야. 시월·동지·섣달, 섣달에 토가 맞대 있는 거야. 진술축미(辰戌醜未), 삼월이 진월(辰月)이거든. 구월이 술월(戌月)이거든. 십이월 동지 섣달이 축월(醜月)이거든. 유월이 미월(未月)이란 말이야. 그렇게 사계에 말하는 거야.

그러니까 인자 이런 걸 가지고서 인(人)은 인은 어떻다 …… [관상(觀相)에 대한 강의] 오행(五行) 형(形)이 생긴 것이 금형(金形)은 대개 단단한 것이 금형이야. 단정하고 대체로 깔끔한 것이 쪼그만하게 생긴 것이 금형. 딴딴하고 색깔은 희고 그걸 금형이라고 그래. 그리고 인자 그럼 목형(木形)은 기다랗게 생긴 거야. 팔도 기다랗고, 다리도 기다랗고, 얼굴도 기다랗고, 전부 기다란 그게 목형이야.

그다음에 화형(火形)은 삐쭉삐쭉한 거야. 눈도 째지고, 코도 삐뚤

---

197 오장육부란 한의학에서 인간의 내장을 통틀어 표현할 때 사용되는 말이다. 육부는 대장, 소장, 위장, 담낭, 방광, 삼초(三焦, 해부학상의 기관이 아닌 기의 기관)이다.
"사람마다 오장육부로되 놀보는 오장칠부인 것이 심사부(心思腑) 하나가, 왼편 갈비 밑에 병 부주머니를 찬 듯하여 ..."(신재효, 판소리 〈홍보전〉)

하고, 눈썹도 삐쭉하고 뒤로 까지고 말이야 …… 그건 화형이야. 수형(水形)은 비대한 거야. 뚱뚱하면서도 아주 엄청나게 큰 것이 수형이여. 그건 대표적인 수형이 향신이 같은 이가 그 수형이야. 향목 스님, 그리 뚱뚱하면서도 크고 엄청나게 그걸 수형이라고 그래. 여기 그전에 이룡 스님 같은 그게 다 수형이지.

그다음에 토형(土形)은, 토형과 수형이 비스름한데 토형은 자그마하면서 똥똥하고, 조금 더 똥글똥글 요건 토형이야. 근데 인자 그놈이 옳케만 배겼다면은, 금목화수토 오행에 옳케만 타고 났다면은 …… 하는 인간이여.

그렇지만 옳케 타고난 사람이 드물거든. 놈이 혼재가 돼가지고 말이야 목형에 가서 금이 쉽게 떨어져서 금극목(金克木)하니 지랄 아니여. 그래 자꾸 목을 치니까. 또 목형 가진 사람은 금반지 같은 것도 해로운 거야. 금니 같은 것도 해로운 거야. 목형 가진 사람은 금소속을 자기 몸에다 붙이면 금극목 금극목 그러니까 해되는 거야.

그럼 인자 또 수형을 가진 사람이 토가 임했다 할 것 같으면 토가 수를 극하니까 그것도 또 장애가 될 것 아니야? 그렇지만 또 장애 되는 것만 말고, 상생이 되는 원리도 있는 거여. 목극토(木克土) 그러잖아 나무가 흙을 극하지? 그렇지만 나무가 흙을 의지해서 사는 원리도 있다 이거여. …… 그런 것도 참작해서 생각해야지 일향에 딱 국집해서 한 가지만 생각하면 몰라. 안 통하는 거야. 근데 신도들한테는 무조건 좋다고 해야지. 그러면 배대가 되는 것이다

圭峰(규봉)이 이르신 바 仁義(인의)의 義(의)가 아니라는 것은 卽(즉) 儒敎(유교) 五倫(오륜) 配屬(배속)된 하나의 義(의)가 아

니란 말씀이요, 大慧(대혜)의 가리신 바 虛空(허공)을 두 조각 내었다는 말씀은 五常(오상)이 비록 未發(미발, 五德)、已發(이발, 五端)의 다름이 있으나 自性(자성)을 여의고 行動(행동)할 수 없는 때문이다

"규봉이 이르신 바 인의의 의가 아니라는 것은. 이건 인의의 의가 아니요," 의리(義理)의 의라고 했잖아? 곧 유교 오륜에 배속된 하나의 의가 아니라는 말씀이고, 대혜 스님이 허공을 두 조각냈다고 규봉 스님 말을 반박해버렸잖아. "가리신 바, 그 간택한 바 허공을 갖다 두 조각냈다"고 반박한 그 말씀은, "비록 오상이 발하기 전(未發), 또 발한 뒤(已發) 이런 것의 다름이 있지만, 이것이 자성을 여의고 행동할 수 없기 때문이다." 전부 자성에서 일어난 것 아니냐 이거지. …… 의리의 의니, 무슨 저 도의(道義)의 의니 조각낼 게 뭐 있어? 이 말이야.

道(도)는 學(학)을 말미암아 밝아지고 學(학)은 道(도)를 알기 爲(위)한 것이거늘 士大夫(사대부)가 두 見(견)을 지어 仁義(인의) 等(등)으로 옅음을 삼고 格物(격물) 等(등)으로 깊음을 삼나니 어찌 統萬歸一(통만귀일)의 宗旨(종지)를 엿보랴

"도는 학을 말함이니 말미암아 밝아지고 학은 도를 알기 위한 것이어늘, 사대부들이 이 두 견을 지어서 인의 등으로 옅음을 삼는다"는 말이야. 삼고, "격물치지(格物致知), 성의정심(誠意正心)을" 깊은 걸로 알거든. "깊음을 삼나니, 어찌 통만귀일(統萬歸一)의 종지를 알까보냐." 그렇게 소견이 막혀가지고 만법을 통합해서 하나로 돌아가는, 이 불교 소식을 알겠느냐 이 말이야. 統萬法明一心(통만법명일심)이 화엄학의 종지여. 통만법명일심이 『화엄경』 대지(大旨)여

格物(격물)**은 大學**(대학)**에 王陽明**(왕양명)**의 解注**(주해)**를 依**(의)**하면 格**(격)**은 바로잡는다는 뜻이니 卽**(즉) **孟子**(맹자)**에 임금의 마음을 바로잡는다는 格字**(격자)**로 본다**

이걸 잘 알아둬. 지금 말하는 격물, 격물치지 이건 그 정자(程子), 주자(朱子)의 500년 동안 숭상해 온 그 주(註)가 아니여. 왕양명이 …… 밝어. 왕양명 주석을 내가 갖다놓은 거야. "격물은 『대학』에 왕양명 선생의 해주에 의하면, 격물이라는 격(格) 자는 바로잡는다는 뜻이니, 곧 맹자의 임금의 마음을 바로 잡는다는 그 격자로 본다" 이거야 격주빈지객 …… 라는 격이 있어. 그 격자로 봐라. 왕양명이 이 애기를 했어.

대개 마음 밖에 理(이)**가 없고 마음 밖에 事**(사)**가 없고 마음 밖에 物**(물)**이 없는 것이니, 一切**(일체) **事物**(사물)**을 接**(접)**할 때에 全體**(전체)**가 唯心**(유심)**인 줄 보아 하나도 다른 物件**(물건)**이 없는 것이 곧 格物**(격물)**이다**

"대개 마음밖에 이치가 없고, 마음밖에 일이 없고, 마음밖에 물건이 없는 것이니, 전부가 마음이다."

왕양명의 말씀이여. 일체 사물을 접할 때, 전체가 유심인 줄 보아, 전체가 오직 마음인 줄 본다 이 말이지. 예를 들면, 이 앞에 놓인 이것을 볼 때 유심인 줄 봐, 마음으로 봐버리거든. 우리 마음이라는 것은 시간관이 끊어졌거든. 형체가 없잖아. 무형이니까. 이 물건이라는 이 모양도 없고, 이 관념도 없단 말이야. 이 물건이 생각도 그 주관 …… 이 끊어져 버리잖아. 일체 사물을 유심으로 대할 때, 그게 격물이다. 왕양명이가 이렇게 말해. 불교 거시기하고 비슷하지? 참선하는 도. 마치 달마 스님이 법문과 비슷하게 나와 있잖아. 접할 때 전체가 유심임을 보아 하나도 다른 물건이 없는 것이 곧 격물이다.

그러므로 善(선)도 없고 惡(악)도 없음은 이 마음의 體(체)요, 善(선)도 있고 惡(악)도 있음은 이 마음의 用(용)이요, 善(선)도 알고 惡(악)도 앎은 이 良知(양지)요, 善(선)만 行(행)하고, 惡(악)을 버림은 格物(격물)이라 하였다. 이렇기 때문에 格物(격물) 二字(이자)가 誠意(성의)、正心(정심)、修身(수신)、齊家(제가)、治國(치국)、平天下(평천하)의 根本(근본)이 되는 것이다

이다음에 이제 유교사상 얘기할 때같이 다 얘기해줄 거야. 결론 …… 격물이 근본이다 이 말이야. '수신제가 치국평천하'의 근본이 격물이야.

박미자라는 것은 ......[198]

198 여기서 녹음이 중단됐다.

게송 「오온산두고불당(五蘊山頭古佛堂)」[199]

五蘊山頭古佛堂(오온산두고불당)에

"오온산 머리 고불당에" 색신(色身), 몸뚱이라 이 소리야. 옛 불당 안이 ……

毘盧晝夜放毫光(비로주야방호광)이라

"비로자나 부처님 법신불이 낮과 밤으로 백호광명을 놓는다." 색신 속에.

若知此處(약지차처)가 非同異(비동이)하면 만일

"이것이 동이가 아닌 소식을 알면," 거 뭔 소린고 하니, 오온색신 우리 이 몸뚱이와 비로자나 부처님이 방광하는 그것이, 같고 다른 것이 아닌 소식을 알면은, 오온색신과 부처 자리가 같고 다른 것이 아니란 소식을 알면은,

199 이 게송은 『종경록(宗鏡錄)』과 언기(彥琪) 『증도가주(證道歌註)』 등에 전하는데, 작자를 혼동하고 있다. 『종경록』에는 관계 지한(灌溪志閑)이 운(云)한 것으로 나오고(『종경록』 권98. T48n2016_098, 0943c), 언기의 『증도가주』에는 말산 요연(末山了然) 비구니의 작이라 한다(X63n1241, 271c). 그래서 대중에게 혼동이 이어지며, 심지어 일본 비구니 료우넨(了然, 1646~1711)의 작품이라 소개되기까지 한다. 문헌의 편찬 연대로 보건대 『종경록』은 961년, 언기 『증도가주』는 1097년으로 『종경록』이 훨씬 앞선다. 『종경록』과 언기주는 자구가 조금 다른데 『종경록』이 보다 고전적인 자구를 쓰고 있어, 게송은 이것이 원형으로 보인다(후술). 그렇다고 이것만으로 반드시 지한의 작이라 단정하기도 어려운 점이 있다. 지한은 비구니 요연에게 법을 배운 제자이므로 두 사람의 공부가 근본적으로 지향이 같았고, 작자를 혼동하게 된 근본 이유도 거기서 찾을 수 있겠다.

卽是華嚴(즉시화엄)이 遍十方(변시방)이라

"곧 이 화엄경," 여기도 화엄이라 했잖아. 사사무애 소리가 "시방세계에 두루 할 소식이라."[200]

……

도포를 입고 큰 갓을 쓰고서는 '자~ 화장 나무 준비해라.' 화장 나무 여러 짐 장작을 쌓아놓고서는 척 올라서서, 제자들 보고 "불 질러." 불이 붙기 전에 가버린 이여. 그렇게 힘이 장한 이여.[201] 근데 요연(了然) 비구니한테 가서 3년을 시봉해서 하니까[202] ……

---

200 언기 『증도가주』의 원문은 자구가 이와 조금 다르며, 『종경록』은 또 다르다. 비단 몇 자 다른 것만이 아니라 의미 또한 조금씩 차이가 있으므로 살펴봄이 좋겠다.
『종경록』 "灌溪和尙偈云。五陰山中古佛堂。毘盧晝夜放圓光。箇中若了非同異。卽是華嚴遍十方。[관계화상이 계를 말하되, 오음(五蘊의 옛 말)산 중에 옛 불당은, 비로자나가 낮밤으로 원광을 발하니, 그 중에 만약 같고 다름 아님을 이룬다면, 곧 화엄이 시방세계에 두루하리라]."
언기 『증도가주』 "五蘊山頭古佛堂。毗盧晝夜放毫光。若能於此非同異。卽是華嚴遍十方。(오온산 머리 고불당에, 비로자나가 주야로 백호광명을 발한다. 만약 이 같고 다름 아님에 능하다면, 곧 화엄이 시방세계에 두루하리라)."

201 『직지심체요절(直指心體要節)』, 『연등회요(聯燈會要)』 등에 전하는 지한의 임종 모습은 이와 많이 다르다. "스님이 시적(입적)의 때 임하여, 시자에게 물었다. '앉아서 화한 자가 누구냐?' '승가입니다.' 스님이 말하길, '서서 화한 자가 누구냐?' '승회입니다.' 스님은 곧 일곱 걸음을 걷고, 손을 내려놓더니 마치었다.(師臨示寂時。問侍者。坐化者誰。云僧伽。師云。立化者誰。云僧會。師卽行七步。垂手而終。)."(『연등회요』 권10, X79_10 n1557, 95c)

202 지한은 요연과 법거량해서 안목을 열고 요연 밑에서 3년 동안 원두(園頭) 소임을 살면서 법을 배웠다. 비구가 비구니의 수법 제자가 된다는 것은 현재도 있기 힘든 파격이다.

이(蟲) 뒷다리 앓는 소리에

…… 일심 …… 육신통에 하늘귀가 열렸어. 그러니 중국에 당나라 때 도선 선사가 유명하단 말을 듣고 찾아왔는데, 저녁에 객실에서 자는데 도선 선사가 밤에 툇마루를 훔치다가 보리만한 이를 하나 잡아가지고, 그 죽이려고 그런 게 아니라 이것을 만지작하면 재미가 있거든. 만지작만지작하다가 밖에다 내버렸는데, 그 뒷다리가 부러졌단 말이야. 부러졌는지 모르지.

그 묘수원 대이삼장(大耳三藏)이 천이통이 열렸기 때문에 이가 뒷다리 앓는 소리에 잠을 못 잤단 말이야. 그래서 그 이튿날 아침에 도선 선사한테 와서, '나는 말이지, 네 도덕이 장하다고 해서 인도에서 여기까지 왔는데 말이야, 네가 간밤에 이 뒷다리 분질러서, 이 뒷다리 앓는 소리에 내가 잠을 못 잤다.' 이러고 있어. 그러니까 함부로 하는 게 아니여.

소강절이 소동파에게 점을 봐준 방법[203]

소동파가 귀양살이를 갈 때, "에라~ 소강절한테 점이나 한 번 봐야겠다." 하고 점을 보러 갔거든. "내가 귀양살이 언제쯤 풀리겠는가, 점을 한 장 해주게." 하니까 막 꾸부리고 앉아가지고서 준책(峻責)204을 한단 말이야.

"어? 자네가 6개월 읽은 그 평소의 그 사상이 언(言)도 아니냐? 국명(國命)을 받아서 가는 사람이, 나라 어명을 받아서 가는 사람이 언제 풀릴까 그걸 물어? 고얀 사람! 때가 되면 그냥 그뿐이지!"

그렇게 꾸지람을 했어. 그건 대의적으로는 하는 말이거든. 가는데 저기 안 뵐 만치 가니까,

"여보게~ 동파, 동파. 우리 아버지 자(字)는 아무개야. 우리 할아버지 자는 아무개야. 우리 증조부 자는 아무개일세!"

그러고 집으로 들어가. 동파는 그게 뭔 소린지 몰라. 할아버지 자는 아무개, 증조부 자는 아무개 …… 다 기억했잖아.

동파가 귀양살이 간지 얼마 안 돼서 소강절이 돌아갔거든. 그런데 나라의 들먹하는 선생님이라고 3대를 출연을 시키는데, 참 인천명귀(人賤名貴)야. 사람이 천하니까 이름이 귀해. 얼마나 천했던지 그 이웃 동네 놈들도 증

---

203 역사적 사실과는 상관없는 구비문학에 해당하는 이야기다. 소강절(邵康節), 즉 소옹(邵雍)은 탄허 사상에 있어서 비중이 높은 선현이다. 전술한 소옹(邵雍)의 「자여음」 관련 각주와, 『마의상법』 「달마조사상결비전(達摩祖師相訣秘傳)」 관련 각주를 참조하라.

204 준엄한 꾸짖음.

조부, 조부 자를 아는 놈이 없어. 소강절이 그렇게 천한 집에서 났어. 그 이름을 모르니 명정(銘旌)205을 쓸 수 있어야지. 하다하다 아 동파가 박식이라니 동파를 한 번 불러다 물어보자. 동파를 불러다가

"소강절 아버지 자 아느냐?"

"예! 아무개입니다."

그때 들었던 것이 있잖아.

"조부 자 아느냐?"

"예! 아무개입니다."

"증조부자 아느냐?"

"예! 아무개입니다."

그래서 참 박식군자라고, 동파 이름이 높아지고, 귀양살이가 풀려. 그게 점 해준 거여. 허허. '자네가 이것만 기억하고 있으면 귀양살이는 풀리네.' 그렇지만 처음에 꾸지람한 것은 대의명분으로서 꾸지람한 것이지.

---

205 銘旌(명정): 죽은 사람의 관직과 성씨 따위를 적은 기. 일정한 크기의 긴 천에 보통 다홍 바탕에 흰 글씨로 쓰며, 장사 지낼 때 상여 앞에서 들고 간 뒤에 널 위에 펴 묻는다.

부열(傅說) 이야기[206]

그러니까 이렇게 저 부열이 같은 존재가 말이야, 이런 경천위지(經天緯地)207 하는 학문도덕을 가진 훌륭한 양반이 노다가꾼을 했다 이거야. 담 쌓아주고 품팔이하는, 흙 품팔이, 제일 하찮은 직업을 일본말로 노가다라 그러잖아.

그렇게 천하게 사니까 이름을 아는 놈이 있어야지. 부열이를 누가 알아? 그림만 가지고 찾으려고 했는데, 그래 찾다, 찾다 찾을 수가 없다고 그러다 부험에 가보니까 그림하고 똑같은 사람이 있거든. 부험(傅險)이라는 땅에 살아서 부열(傅說)이다. 부험 땅의 열(說)이라 이 말이다. 이름이 열이야.

그림을 보니까 똑같거든. 그래 모셔다가 당장 국사 겸 총리를 내준 거다. 시험은 무슨 놈의 시험을 봐? 옛날 사람은 다 그렇게 출세를 한 거라고. 상(商)나라 고종(高宗) 황제가 국정을 맡기면서, 내가 음식이 되걸랑은 당신은 소금이 되어 달라. '원료가 되어라.' 이 소리야. 음식에 소금이 없으면 아무

---

206 중국 상(商)나라 왕 무정(武丁, 高宗)과 부열에 관한 이야기이다. 중국 역사상 최초의 성인이라 하며, 『상서(尚書)』「상서(商書)」 열명(說命)을 원출전으로 하고 있다. 무정은 즉위하여 자신을 보좌해줄 적임자를 찾지 못하였는데, 정치는 총재에게 다 맡기고 3년 상을 치르다가 꿈에 이름이 열(說)이라는 성인을 만난다. 꿈에 본 모습으로 초상화를 그리게 하여 그 사람을 찾아오라고 명을 내린다. 관리들이 초상화를 들고 방방곡곡을 헤매다 성벽 쌓는 공사장에서 막노동하는 부열을 찾아냈다. 무정은 부열을 재상으로 삼아 상 왕조의 전성기를 이룰 수 있었다. '유비무환(有備無患)'이 바로 부열이 한 말이며, 『천자문』에는 '說感武丁(부열은 무정을 감동시켰다)'라고 나온다.

207 하늘을 날줄로 삼고 땅을 씨줄로 삼다, 천하를 경륜하여 다스리다, 일을 계획적으로 준비하고 다스림, 재능이 매우 뛰어나다.

것도 못 먹는 거야. 아무 맛 없잖아? 그렇지? 내가 밥이 되 걸랑은 당신은 우메보시, 국이 되어라. 이렇게 해서 국정을 맡겨. 그래서 잘 다스렸지. 그러니까 성인들도 꿈이 없는 건 아니다. 꿈이 있지마는 성인은 꿈과 생시를 둘이 아닌 걸로 봐버려. 그게 다른 게지.

황지현 자여에게 답하다[208]

◉

無常(무상)이 迅速(신속)하고 生死事大(생사사대)하니 過了一日(과요일일)하면 則銷了一日好事(즉소요일일호사)라 可畏可畏(가외가외)니라

"무상이 신속(迅速)하고 생사의 문제가 크다. 하룻날을 지내버릴 것 같으면, 하룻날 좋은 일을 벌써 녹여버린다. 그런 것이니, 가히 무섭고 가히 무섭도다."

左右(좌우)가 春秋鼎盛(춘추정성)이라

"당신은" 춘추가, "연세가 바야흐로 성해." 성(盛)은 많다는 말이 아니여. 젊은 걸 성하다 그려. 성하다니까 나이 많다는 걸로 알지 말어. 나이 젊다 이 소리여. 나이 젊으니까 쨍쨍하잖아. 춘추가 바야흐로 성해가지고 "나이 젊어가지고,"

正是作業(정시작업)호대 不識好惡時(불식호오시)에

"정히 이 죄업을 짓되, 좋고 나쁜 걸 모를 때라" 이 말이야. 나이가 젊

---

208 『서장』「답 황지현 자여(答 黃知縣 子餘)」(T47n1998A_029, 936c).

으니까. 알아듣겠어? 나이가 늙은 놈이 이걸 모른다면 말이 안 되잖아. 나이가 시방 한창 젊을 때 팔팔 의기발발한 때이기 때문에 죄를 지어도 모를 때라 이거야.

能回此心(능회차심)하야 **學無上菩提**(학무상보제)하니 **此是世界上**(차시세계상)의 **第一等難容靈利漢**(제일등난용영리한)이라

그런 때에 "능히 이 마음을 돌이켜 가지고서, 위없는 보리, 부처님 법을 배우니, 이것은 이 세계상의, 제1등 용납하기 어려운 영리한 놈이로다." 참 잘난 놈이다 이 말이야.

엄교수 자경에게 답하다[209]

◉

眞實到不疑之地者(진실도불의지지자)는 如渾鋼打就(여혼강타취)와 生鐵鑄成(생철주성)하야 直饒千聖(직요천성)이 出頭來(출두래)하야 現無量殊勝境界(현무량수승경계)라도 見之(견지)에 亦如不見(역여불견)이어든 況於此(황어차)에 作奇特殊勝道理耶(작기특수승도리야)아

“진실히 의심치 않는 땅에 이른 자는, 혼강으로 쳐 만듦과,[210] 생철로 부어 만든 것과 같아서,[211] 바로 넉넉히 천성(千聖)이 머리를 내어 와서, 한량없는 수승한 경계를 나타낼지라도, 저 사람은 보기에 또한 본체만 체한다.[212] 하거든, 하물며 여기에 기특하고 수승한 도리를 낼 리가 있

---

209 『서장』「답 엄교수 자경(答 嚴教授 子卿)」(T47n1998A_029, 936c).

210 탄허 스님 저서에 ‘渾鋼(혼강)’을 ‘순수한 강철’이라 하였으나, 여기서 ‘渾(혼)’은 순수하다기보다는 ‘가공되지 않은’으로 보는 것이 맞을 것으로 보인다. 옛날에 강철을 만들 때 풀무질 제련으로 탄소 함유량이 적은 철을 만든 다음, 두드려서 불순물(쇠똥)을 빼내는 작업을 하여 강철 제품을 만들었다. ‘가공되지 않은 강철을 두드려 완성함’이란 의미로 파악할 수 있다.

211 앞 구절은 강철에 비유한 것이고, 이 구절은 주철(鑄鐵)에 비유한 것이다. 옛날에 풀무질 제련으로 탄소 함유량이 많은 선철을 뽑아낸 다음 몇 번의 용해 정련 과정을 거쳐 거푸집 주조를 위한 쇳물을 만드는 데 그것을 ‘생철(生鐵)’이라 한 듯하다.

212 봐도 안 본 것같이 한다.

느냐?" 이 사람 본인이 수승한 도리를 낼 리가 있느냐 이거야. 천성이 와서 온갖 경계를 나타내도 본체만체 할 텐데. 그렇기 때문에 이것 봐라 이거야.

昔(석)에 藥山(약산)이 坐禪次(좌선차)에 石頭(석두)ㅣ 問子在遮裡(문자재자리)하야 作甚麼(작심마)오 藥山(약산)이 云一物(운일물)도 不爲(불위)하노이다 石頭(석두)ㅣ 云恁麼則閑坐也(운임마즉한좌야)로다 藥山(약산)이 云閑坐則爲也(운한좌즉위야)니이다

"예전에 약산(藥山) 스님이 좌선하는 차에, 석두(石頭)가 묻기를 '자네 여기서 뭐하나?' 약산이 하는 말이 '한 물건도 않습니다.'" 한 물건도 하는 게 없습니다. "석두가 말씀하시기를 '그렇다면' 한 물건도 않는다니까 '한가로이 앉아있구나.'" 그러니까 "약산이 말씀하기를 '한가히 앉았다면 벌써 하는 게 붙었습니다.'" 멱살을 콱 물어버리는 거야.

근데 이것을 왜정 때 『불교시보』[213]에 누가 이걸 번역을 해서 냈는데 말이야. 내가 누구라고 이름을 밝히진 않겠어. 전혀 참선을 안 해 본 사람이 선문에 깜깜해서 내용이 어떻게 되는 건지 잘 모르는 거야. 이걸 어떻게 번역했는고 하니, 석두가 묻기를 '이러하면 하루 종일 앉았구나.' 하니까, 약산이 말씀하기를 '예 한가로이 앉은 것을 하고 있습니다.' 하하하 죽어버리잖아. 그런 뇜이 있겠어?

---

213 일제강점기 말기에 발행되었던 타블로이드판 불교 월간지. 김태흡이 주도했으며, 1935년 8월호부터 1944년 4월호까지 발행됐다. 다른 모든 불교 정기간행물이 휴, 폐간된 공백 상태에서 발행된 유일한 불교계의 정기간행물이었고, 일본 제국주의 극성기의 친일 잡지였다.

생각을 해봐. 한가로이 앉은 것을 하고 있다면 죽었잖아. '한 물건도, 아무것도 않습니다.' '아 그럼 너 한가히 앉았구나.' '한가히 앉았다면 벌써 하는 게 붙었습니다, 벌써 하는 게 있습니다. 한가히 앉는다는 것도 거기 붙지 않습니다.' 이 소리야.

石頭(석두)ㅣ **然之**(연지)하시니 **看他古人**(간타고인)컨댄 **一箇閑坐**(일개한좌)도 **也奈何他不得**(야나하타부득)이어늘 **今時學道之士**(금시학도지사)는 **多在閑坐處打住**(다재한좌처타주)하나니 **近日叢林**(근일총림)에 **無鼻孔輩**(무비공배)를 **謂之默照者**(위지묵조자)ㅣ **是也**(시야)라

"그래 석두가" 연지(然之).[214] 석두가 옳게 알았다고 "인가했다." 그러니 "저 고인(古人)을 보건대, 일개(一箇) 한가히 앉은 것도, 또한 저를 어찌 할래야 어찌 못하거늘, 금시에 도를 배우는 선비는, 많이 한가히 앉은 곳에 있어 쳐(打) 주(住)하노니, 근일 총림에, 콧구멍 없는 놈(無鼻孔輩)을," 깨닫지 못한 사람을 '콧구멍 없는 놈'이라 그래. 우리는, 사람 생길 때 코가 제일 먼저 생기는 거야. 그런 근본을 비공이라 그래. "묵조라 말하는 것이 이것이다."

又有一種腳跟(우유일종각근)이 **元不曾點地**(원부증점지)하고 **認得箇門頭戶口光影**(인득개문두호구광영)하야 **一向狂發**(일향광발)하야 **與說平常話**(여설평상화)하나니 **不得盡作禪會了**(부득

214 석두가 그러히 여기시니.

진작선회요)로다 似遮般底(사자반저)는 喚業識(환업식)하야 作本命元辰(작본명원진)이니 更是不可與語本分事也(갱시불가여어본분사야)니라

"또 한 가지가 있어 각근(腳跟)[215]이, 원래 땅에 미치지 못하고, 나 그 문두호구광영(門頭戶口光影)을 갖다가 인식해가지고서, 일향(一向)이 광발(狂發)하여,[216] 더불어 평상화(平常話)[217]를 설하나니, 시러금 선(禪)의 알음알이를 짓지 못하겠도다. 이까짓 이놈들이 말이야, 업식(業識)을 불러가지고, 본명원진(本命元辰)[218]을 짓나니, 다시 이 가히 더불어 본분사(本分事)를 말하지 못할지니라."[219] 문두호구광영(門頭戶口光影)이 뭐냐고? 문두 '문머리' 방에 들어오기 전의 문머리, 호구 문에 들어오는 어구에 빛 그림자 그걸 가지고 진(眞)인 줄 알았다 이거야. 방 안에 들어오지도 못하고.[220]

昔(석)에 黃蘗(황벽)이 問百丈(문백장)하사대 從上古人(종상고인)이 以何法(이하법)으로 示人(시인)이니잇고 百丈(백장)이 只據坐(지거좌)하신대

---

215 脚跟(각근): 발꿈치, 입장, 행적, 내막.

216 한결같이 광분하면서.

217 보통 늘 하던 말.

218 '本命元辰(본명원진)'은 명리학의 용어로서 비유적으로 쓴 말이다.
本命(본명): 태어난 해의 간지.
元辰(원진): 사람의 운명을 좌우하는 음양의 두 별.

219 다시는 그들과 더불어 본분의 일을 말할 수 없다.

220 다음 '不見~我飽未飽'의 한 문단 누락.

"옛날에 황벽이 백장에게 묻기를, '종상(從上)[221] 고인(古人)이, 무슨 법으로써 사람을 제도했습니까?' 백장이 다만 돌아앉아." 아무 말도 없이 척 주저앉아버린다 이거야. 돌아앉는다는 거는 주저앉아버리는 거야.

黃檗(황벽)이 云後代兒孫(운후대아손)을 將何傳授(장하전수)리잇고 百丈(백장)이 拂衣便起云(불의변기운)하사대
"황벽 스님이 말하기를 후대아손[222]을, 뭘 가지고 전수하겠습니까?" 스님이 아무 말씀도 없이 그렇게 그냥 침묵을 해버리니, 그러면 후대아손을 뭘 가지고 전수할랍니까, 이런 말이야. 그래 "백장이 옷을 떨치고 문득 일어나 하는 말이,"

我將謂汝是箇人(아장위여시개인)일러니라하시니
"내가 장차 네가 이 그 사람이라고 내가 일렀더니라 하시니."[223] 뭔 소린지 알겠어? 이런 것이 알기 어려운 거야. 내가 장차 네가 이 그 사람이라고, 즉 훌륭한 사람이라고 일렀더니라. 그런데 지금 보니까 이놈 아무것도 아니구나, 서푼 가치가 없구나 이 소리야. 스승이 밟는 소리야. 어때? 이해가 가?

遮箇(자개)ㅣ 便是爲人底樣子也(변시위인저양자야)라 但向自

---

221 위로 좇아, 위로부터.

222 후대의 자손.

223 "問曰。從上宗承如何指示。百丈良久。師云。不可教後人斷絕去也。百丈云。將謂汝是箇人。"(『경덕전등록』 권9, T51_n2076, 266a)

信處看(단향자신처간)**하라 還得自信底消息**(환득자신저소식)**이 絶也未**(절야미)**아 若自信底消息**(약자신저소식)**이 絶則自然不取他人**(절즉자연불취타인)**의 口頭辦矣**(구두판의)**리라**

"이것이 문득 이 사람을 위하는 모양이라. 다만 스스로 신(信)하는 곳을 향해보라. 또한 자신(自信)하는 소식이 끊어짐을 얻었느냐 못하느냐. 만일 스스로 신하는 소식이 끊어졌다면 자연히 다른 사람의, 구두로 판단함을 취하지 않을 것이다."

臨濟(임제) **ㅣ 云汝若歇得念念馳求心**(운여약헐득염염치구심)**하면 與釋迦老子**(여석가노자)**로 不別**(불별)**이라하시니 不是欺人**(불시기인)**이니라 第七地菩薩**(제칠지보살)**이 求佛智心**(구불지심)**이 未滿足故**(미만족고)**로 謂之煩惱**(위지번뇌)**니 直是無爾安排處**(직시무이안배처)**하야 著一星兒外料不得**(저일성아외료부득이)**니라**

"임제가 말씀하시기를 '네가 만일 염념치구심[224]을 쉰다면, 석가노자와 더불어 다르지 않다'[225] 하시니, 이 사람을 속이지 않은 것이니라. 제7지 보살이, 불지를 구하는 마음이, 만족치 못한고로, 번뇌라고 한다." 참선 중에 하는 말이야. 번뇌라고 하나니, "바로 이 너의 안배[226]할 곳이 없어서, 한 별만한," 아(兒) 자는 안 새기는 거다. 한 별만한 "바깥 생각을 붙일래야 얻지 못하는 소식이니라."

---

224 念念馳求心(염념치구심): 한 생각, 한 생각(한순간) 치달려 구하는 마음.

225 "爾若能歇得念念馳求心, 便與祖佛不別。"[『진주임제혜조선사어록(鎮州臨濟慧照禪師語錄)』, T47_n1985, 497b]

226 安排(안배): 안배하다, 배치하다.

數年前(수년전)에 有箇許居士(유개허거사) ㅣ 認得箇門頭戶口(인득개문두호구)하고 將書來呈見解云日用中(장서내정견해운일용중)에 空豁豁地(공활활지)하야 無一物作對待(무일물작대대)코사 方知三界萬法(방지삼계만법)이 一切元無(일체원무)하야 直是安樂快活(직시안락쾌활)하야 放得下(방득하)라하야늘

"수년 전에, 그 허 거사가 있어서, 그 문두호구를 인식해가지고, 글을 가져와서" 대혜 스님한테 인가를 보더라 이 말이야. "견해를 바쳐 말하기를 일용중(日用中)에,[227] 비어(空) 활활(豁豁)해서,[228] 한 물건도 대대(對待)[229] 지을 것이 없고야, 바야흐로 삼계만법이, 일체가 원무(元無)함을 알아서, 바로 이 안락쾌활하여 놓아 내렸다." 이렇게 자기 견처를 바쳤더라 이거야. 하거늘,

因示之以偈曰(인시지이게왈)

대혜 스님이 "이내 게송으로 써[230] 보여 하는 말이,"

莫戀淨潔處(막연정결처)하라 淨處(정처) ㅣ 使人困(사인곤)이니라

"정결한 곳은 생각지 마소. 정결은 사람으로 하여금 곤하게 만드노니."

莫戀快活處(막연쾌활처)하라 快活(쾌활)이 使人狂(사인광)이니라

---

227 일상생활 중에.

228 空豁豁(공활활): 텅텅 비어서. 『애국가』 3절에 나오는 '공활'과 같다.

229 對待(대대): 상대적인 상황에 처하다, 대우하다, 다루다.

230 以: 한문을 새기는 옛 방식에 따라 '써'를 따로 띄웠다.

"쾌활한 곳을 생각지 말라. 쾌활이 사람으로 하여금 미치게 하노니."

如水之任器(여수지임기)하야 隨方圓短長(수방원단장)이니
"물을 그릇에 맡김과 같아서, 방원장단을 따라서 물이 차노니."

放下不放下(방하불방하)를 更請細思量(경청세사량)하라
"방하하고 방하하지 못함을,[231] 다시 청컨대 자세히 사량[232]해봐라." 방하가 바로 됐나 안됐나를 다시 생각해봐라.

三界與萬法(삼계여만법)이 匪歸何有鄕(비귀하유향)이니
"삼계와 만법이, 하유향으로 돌아가는 건 아니다." 하유향이란 것은 장자(莊子) 『남화경(南華經)』에서 나온 문자야. 본래 무하유향(無何有鄕)이라 이렇게 쓴 거야.[233] 아무것도 있는 것이 없는 시골, 무하유향, 적막지향이다 이 소리야. 적멸궁, 그 하유향, 아무것도 없는 시골로 돌아가는 건 아니다 이거야.

若只便恁麽(약지변임마)ㄴ댄 此事(차사)ㅣ 大乖張(대괴장)이라
"만일 다만 문득 이럴진댄,[234] 이 일이 크게 어긋나느니라." 허거사 이

---

231 놓아버리고 놓아버리지 못함을.

232 思量(사량): 생각하여 헤아림.

233 『남화경(南華經)』이란 『장자』인데 존경하여 높여 부르는 말이다. '하유향(何有鄕)'은 『장자』「소요유」,「응제왕(応帝王)」,「열어구」 등에 '無何有之鄕'이란 구절로 등장한다.

234 무하유향으로 가는 것이라면.

사람한테 하는 말이지. 또 덮어놓고 그것만 지켜가지고서, '그러면 아무것도 없는 시골로 돌아가지 않고, 있는 시골로 돌아가는 가?' 이러지 말어.

爲報許居士(위보허거사)하노니 家親(가친)이 作禍殃(작화앙)이라
"위하여 허거사에게[235] 내가 아뢰옵느니", 가친, "자네 어르신네가 화앙을 지었다." 죄가 지 애비 때부터 잘못됐다, 근본이 잘못됐다 이 소리라. 말이 멋지잖아. '앙화(殃禍)'라고 할텐데 화앙이라 한 건 운(韻)을 맞추느라고 그런거야. 시(詩)니까. 장(張), 앙(殃), 양(禳), 향(鄉) 같은 운이다.

豁開千聖眼(활개천성안)이언정 不須頻禱禳(불수빈도양)이라호라
"활연히 천 성인의 눈을 열지언정, 모름지기 자주 빌지 말아라."

偶晨起稍涼(우신기초량)에 驀然記得(맥연기득)호니 子卿道友(자경도우)ㅣ 初得箇入頭時(초득개입두시)에 尙疑恐是光影(상의공시광영)인가하야 遂將從來所疑公案(수장종내소의공안)하야 拕照(타조)코사 方見趙州老漢(방견조주노한)의 敗闕處(패궐처)라하고 不覺信筆(불각신필)하야 葛藤如許(갈등여허)하노라

235 옛 방식대로 직역한 것이다. '허거사를 위하여 아뢰나니.'

"우연히 새벽에 일어나서 적이 서늘할 제, 맥연히[236] 내가 기억해보니, 자경도우[237]가 처음에 그 입두처를 얻었을 때,[238] 오히려 혹 이 광영[239]인가 의심해서, 드디어 종래의 의심한 바 공안을 가져와서, 나한테 타조코야,[240] 바야흐로 조주노한의 패궐처[241]를 봤다고 할새, 내가 몰란결[242]에 붓 좇아서, 갈등을 저렇듯이(如許) 하노라."

편지로 내가 이렇게 저렇게 한다, 말을 많이 한다 이 소리여. 갈등은 말 많이 하는 걸 갈등이라 그래.

---

236 갑자기, 문득.

237 자경(子卿)은 엄교수의 자(字)이다.
道友(도우): 같은 도를 닦는 친구를 부르는 말.

238 그 머리 들음을 얻었을 때; 입문하였을 때.

239 빛 그림자.

240 끌어서 비추어보고서야.

241 조주 늙은이의 실패한 곳.

242 모르는 결, 모르는 새.

누 추밀에게 답하다
두 번째 답장에서[243]

◉

如善牧牛者(여선목우자)하야 索頭(색두) ㅣ 常在手中(상재수중)이어니 爭得犯人苗稼(쟁득범인묘가)리오

"소 잘 먹이는 자와 같아서, 소고삐가 항상 자기 수중에 있거니, 어찌 시러금 다른 사람의 묘가[244]를 범할 리가 있느냐." 소가 길들여져서 다른 사람 곡식밭에 안 들어갈 거 아녀.

驀地(맥지)에 放卻索頭(방각색두)하야 鼻孔(비공)을 無撈摸處(무로모처)하면

"별안간, 고삐를 방각해서[245], 콧구멍을 잡을 곳이 없으면," 인제 그 바로 됨을 말하는 거야. 처음에는 코를 꿰뚫고서 끈을 잡아당기지만, 나중에 맥지에 노끈을 놓아 방하해서 콧구멍을 잡을 곳이 없게 되면

---

243 『서장』「답 누추밀 우(答 樓樞密 又)」(T47n1998A_029, 938b).
'추밀(樓樞)'이란 무관 벼슬 이름이며, 이 사람의 자는 '중훈(仲暈)'으로 대혜와 동갑이라 한다.

244 苗稼(묘가): 곡식, 밭.

245 놓아서.

平田淺草(평전천초)에 一任縱橫(일임종횡)하리니
“평전천초[246]에 한결같이 종횡에 맡겨,” 제멋대로, 맘대로 소가 왔다, 갔다 해도 아무 거시기 할 게 없다 이거야.

慈明老人(자명노인)의 所謂(소위)
“자명노인[247]의 이른바,” 소 먹이는 것을 두고 한 말이야.[248]

四方放去休欄遏(소위사방방거휴란알)하고
“사방으로 놓아감에 막을 게 없고,” 길이 다 들어서 제멋대로 돌아다니게 가만둔다 이거야. 소는 맘대로 뛰노는 거 아니야?

八面無拘任意遊(팔면무구임의유)니
“8면으로 얽매임이 없이 뜻에 맡겼노라.” 제멋대로 놀게.

要收只在索頭撥(요수지재색두발)이니라
“종요로이 거두려 할진댄 다만 고삐를 떼치는데 있어.” 고삐를 한 번

---

246 平田(평전): 평평하고 넓은 논밭, 높은 곳에 있는 평지.
淺草(천초): 어린 녹초, 싹트기 시작한 연한 풀.

247 석상 초원(石霜楚圓, 986~1039): 북송(北宋) 시대, 임제종 승려. 속성은 이(李), 광서성(廣西省) 전주(全州) 사람이다. 22세에 삭발하고, 여러 곳으로 고승을 찾아 배우러 다니다 나중에는 담주(潭州) 석상산(石霜山) 숭승사(崇勝寺)에 주석하였다. 인종(仁宗) 때 자명선사(慈明禪師)라는 시호를 내렸다. 유명하지 않으나 선종사에 있어서 비중이 결코 가볍지 않은 사람이다(https://baike.baidu.com/item/楚圓 참조). 또 한 가지 주의할 점은 『속전등록(續傳燈錄)』 권3(T51n2077, 0482a)에 등장하는데 '全州李氏子'라 나온다. 이는 중국 광서성 전주를 말하는 것이지, 한국의 전주 이씨 자손이 아니다.

248 『석상초원선사어록(石霜楚圓禪師語錄)』「목동가(牧童歌)」(X69_n1338, 196b).

잡아 댕기면 그만 홱 돌아온다 이거야. 자명노인 말이 거기까지 떨어진 거야.[249]

未能如是(미능여시)ㄴ댄 當緊把索頭(당긴파색두)하야
"능히 이와 같이 이루지 못했을진댄," 이렇게 되지 않았으면, "마땅히 그 고삐를 단단히 잡고서 잡도리해야 된다." 이 소리여.

且與順摩將淹浸(차여순마장엄침)이니 工夫旣熟(공부기숙)이면 自然不著用意堤防矣(자연불착용의제방의)리라 工夫(공부)는 不可急(불가급)이니 急則躁動(급즉조동)하고
"또 더불어 순하게 마장(摩將)하고[250] 엄침(淹浸)[251] 할지니, 공부가 이미 익으면, 자연히 뜻을 써서 제방[252]함을 붙이지 않을 것이니, 공부는 급하게 하지 말지니, 급하면 마음이 조동(躁動)[253]해서," 상기가 되고

又不可緩(우불가완)이니 緩則昏怛矣(완즉혼달의)라 忘懷著意(망회착의)ㅣ 俱蹉過(구차과)니 譬如揮劒擲空(비여휘검척공)에 莫論及之不及(막론급지불급)이니라

249 『석상초원선사어록』「목동가」(X69_n1338, 196b).

250 어루만지고.

251 점점 젖음.

252 隄防(제방): 둑.

253 躁動(조동): 조급히 움직이다.

"또 누그렇게 말지니, 누그렇게[254] 하면" 혼달(昏怛)해서, "혼침(昏沈)[255]에 빠져가지고" 꾸벅꾸벅 졸고 앉았다 이거야. 그러니까 망회착의(忘懷著意)가, "생각을 잊어버리는 것(忘懷)"은 완(緩)한 거, 누그렇게 하는 게고, 착의(著意)는 "급하게 하는 것이"고, "다 비끌어지게 맹글었으니, 비(譬)컨데 칼을 둘러가지고 허공에 둘 때,[256] 미치니 미치지 않느니를 의론할 게 없음과 같다."[257]

---

254 '緩(완)'의 번역으로 '누그러지다'의 파생형.

255 昏怛(혼달)=昏沈(혼침) 또는 惛沈(혼침). 정신이 기운이 없고 혼미한 상태.

256 칼을 휘둘러 허공을 칠 때.

257 『경덕전등록』 권7에 나오는 반산 보적(盤山寶積) 선사의 말이다.
"비유컨대 칼을 들어 허공을 치는 것과 같으니, 미칠까 미치지 못할까를 논하지 말라. 이에 허공은 자취가 없고, 칼날에 이지러짐이 없는 것이다. 만약 능히 이와 같이 할 수 있으면, 마음과 마음은 앎이 없어서, 온 마음이 곧 부처요, 부처가 곧 사람이다. 사람과 부처가 다르지 않아야 비로소 도라 할 수 있다(譬如擲劍揮空。莫論及之不及。斯乃空輪無迹劍刃無虧。若能如是心心無知。全心即佛全佛即人。人佛無異始為道矣。)."(T51_n2076, 253b)

영시랑 무실에게 답하다[258]

◉

近年以來(근년이래)로 叢林中(총림중)에 有一種(유일종)의 唱邪說爲宗師者(창사설위종사자) ㅣ 謂學者曰但只管守靜(위학자왈단지관수정)이라하나니 不知(부지)케라 守者(수자)는 是何物(시하물)이며 靜者(정자)는 是何人(시하인)고
"근년 이래로 총림 중에, 한 가지 일종의 사설(邪說)을 불러[259] 종사(宗師)된 사람이 있어서, 학자[260]들에게 말하기를, '다만 잡아라. 정(靜)을, 고요함을 지키라.' 하나니, 알지 못케라. 지키는 것은 이 무슨 물건이며, 고요하다는 건 어떤 사람이냐."

卻言靜底(각언정저)를 是基本(시기본)이라하고 卻不信有悟底(각불신유오저)하야 謂悟底(위오저)는 是枝葉(시지엽)이라하며
"도리어 말하되 고요한 것은 기본이라 하고, 도리어 깨닫는 소식이 있는 걸 믿질 않아서," 이 사사배(邪師輩)가 그렇단 이 말이야. "깨닫는다는 것은 지엽이라 말하며,"

---

258 『서장』「답 영시랑 무실(答 榮侍郎 茂實)」(T47n1998A_030, 939b~c).

259 唱(창): 주장하다.

260 學者(학자): 배우는 사람.

更引僧(갱인승)이 問仰山曰今時人(문앙산왈금시인)도 還假悟也無(환가오야무)잇가 仰山(앙산)이 曰悟則不無(왈오즉불무)어니와 爭奈落在二頭(쟁나락재이두)아하나니

"다시 예전 사람 말을 인용한다. 승(僧)이 앙산(仰山) 스님께 묻기를 '금시인이 도리어 또한 깨달음을 가차(假借)합니까 안 합니까?'[261] 라 물으니까, 앙산 스님이 말하기를, '깨닫는 것이 없지 않지만, 제2두에 떨어져 있는 걸 어찌하랴.'" 어쩌다 깨닫는다면 제2두 소식이라. 사사배들이 이걸 인용한다 이 말이지. 하나니,

癡人面前(치인면전)에 不得說夢(부득설몽)이로다

"어리석은 놈 앞에서 꿈 얘기 못허것구나."

꿈이라는 게 본래 헛것인데, 어리석은 놈한테 꿈 얘기하면, 옳으니 그르니 이것이니 저것이니 한단 말이야. 앙산 스님 말씀은 치인면전에 꿈 얘기한 거란 말이야. 이런 사사배들이 앙산 스님 뜻을 몰랐다 이 소리여. 이 말이 깨닫는 것을 뒷전에 두고 한 말이 아니거든. '오즉불무(悟則不無)어니와,' 깨닫는 것은 없지 않지만, '쟁나락재이두(爭奈落在二頭)아,' 제2두에 떨어져 있는 걸 어찌하랴. 그게 '깨닫는다면은 제2두다.' 이렇게 한 말인데, 사사배들은 그걸 작회(作會)한다, 잘못 안다 이 소리야. 그래서 치인면전에 부득설몽이로다.

便作實法會(변작실법회)하야 謂悟是落第二頭(위오시락제이두)

261 요즘 사람도 도리어 깨달음을 빌립니까?

라하나니 殊不知僞山(수부지위산)의 自有警覺學者之言(자유경각학자지언)하야 直是痛切曰硏窮至理(직시통절왈연궁지리)는 以悟爲則(이오위칙)이로다

"문득 실법의 알음알이를 지어서," 이 사사배들이. 이 앙산 스님 말을 실법의 알음알이를 지어가지고, "깨닫는 것을 제2두에 떨어져 있는 것이라고 하나니, 자못 위산이," 위산 스님은 앙산 스님의 법사잖아. 위산이 "스스로 학자를 경각한 말이 있어," 바로 이 통절히, "아주 아프게 말씀하시기를, 지극한 이치를 연궁(硏窮)하는 것은, 깨닫는 것을 법칙으로 삼는다는 그 말을 모르고 하는구나." 그 말이야. 그럼 앙산 스님의 법사가 이렇게 할라면, 볼 데가 없다 이 말이다. 에? 깨닫는 것을 둘째로 한다면.

此語(차어)는 又向甚處著(우향심처착)고 不可僞山(불가위산)이 疑誤後人(의오후인)하야 要教落在第二頭也(요교락재제이두야)니라

"이 말은 또 어디다 붙일 게냐? 가히 위산이, 후인을 의심해 그르쳐서, 종요로이 제2두에 떨어져 있게 했다고 말 못 할지니라."

손지현에게 답하다[262]

◉

蒙以所修金剛經(몽이소수금강경)으로 相示(상시)하야 幸得隨喜一徧(행득수희일편)호라 近世士大夫(근세사대부)ㅣ 肯如左右(긍여좌우)하야 留心內典者(유심내전자)ㅣ 實爲希有(실위희유)라 不得意趣則不能如是信得及(부득의취즉불능여시신득급)하며 不具看經眼則不能窺測經中深妙之義(불구간경안즉불능규측경중심묘지의)하리니 眞火中蓮也(진화중연야)로다

"당신이 닦은[263] 바 『금강경』으로써, 서로 보임을 내가 입어서,[264] 다행히 수희하기를 한 번 함을 얻었노라. 근세에 사대부가, 즐겨 좌우와 같이, 마음을 내전(內典)에 머무는 자가, 실로 희유함이 되는지라." 참 장헌 일이다. "의취[265]를 얻지 못하면, 능히 이와 같이 신해에 미치지 못할 것이며, 간경안(看經眼)[266]을 갖추지 못한다면은 능히 경중(經中)의 심

262 『서장』 「답 손지현(答 孫知縣)」(T47n1998A_030, 940a~941a). 이 장은 처음부터 끝까지 전체를 강했다.

263 修(수): 수정한.

264 나에게 보여주니.

265 意趣(의취): 뜻과 취향.

266 경 보는 안목.

묘(深妙)한 의(義)를 규칙(窺測)[267]하지 못할 것이다. 하니, 참으로 불 속의 연꽃이로다."

희유한 것을 화중련(火中蓮)이라 그려.[268] 참으로 손지현 같은 사람은 불 속의 연꽃이라. 뜨거운 불 속에 연꽃이 핀 거란 말이야.

詳味久之(상미구지)에 **不能無疑耳**(불능무의이)니 **左右**(좌우) **ㅣ 詆諸聖師**(저제성사)의 **翻譯失眞**(번역실진)하야 **而汨亂本眞**(이골난본진)하고 **文句增減**(문구증감)하야 **違背佛意**(위배불의)라하며

"자세히 내가 이 경계를 맛보기를 오래 함에, 의심이 없지를 못해, 좌우가 '모든 성사(聖師)의 번역이 진(眞)을 잃어서, 본진(本真)에 골란(汨亂)하고,[269] 문구가 증감되어서, 불의(佛意)에 위배됐다'고 꾸짖으며,"

아주 굉장히 신랄하게 비판했더라 이 말이지.

又云自始持誦(우운자시지송)으로 **即悟其非**(즉오기비)하고 **欲求定本**(욕구정본)하야 **是正舛差**(시정천차)나 **而習僞已久**(이습위이구)라 **雷同一律**(뇌동일율)이러니

"또 이르되, 처음에 내가 가져 외움으로부터, 곧 그 그름을 깨닫고, 정본(定本)[270]을 구해서, 잘못된 것을 시정하고자 했으나, 그릇 쓴 걸 익힌

---

267 窺測(규측): 엿보아 추측하다.

268 "火中生蓮華, 是可謂希有。"(『유마힐소설경』 권2 「불도품」, T14n475_2, 550b4)

269 본래의 참을 어지럽히고.

270 定本(정본): 고전의 여러 이본 가운데, 검토하고 교정해서 원본과 가장 가깝다고 판단한, 표준이 될 만한 책.

지가 이미 오래라, 고만 일률로 뇌동해."

뇌동일률이란 건 전 세상이 그만 다 그대로 알고 있더란 말이야.[271] 그러니 고칠 수가 있나.

暨得京師藏本(기득경사장본)**코사 始有據依**(시유거의)**라하며 復考繹天親無著論頌**(복고역천친무착론송)**호니 其義脗合**(기의문합)**하야**

"'경사[272]장본을 얻음에 미치고사, 비로소 거의(據依)[273]가 있었다.' 하며", 경사장본을 보니까 자기가 의심했던 그것, 『금강경』에 '아닐 불(不)' 자를 빼야 옳다는 그 증거를 얻었다 이 말이야. "다시 천친과 무착의 논송을 내가 구해다 보니까, 그 의가 문합해서" 입술 문(脗) 자를 입술 합하듯 한다고 잘 합하는 것을 문합이라고 그러는데, 나중에는 문합이라는 게 그냥 합한다는 뜻이 되어버리는 거야.

遂泮然無疑(수반연무의)**라하며 又以長水孤山二師**(우이장수고산이사)**는 皆依句而違義**(개의구이위의)**라하니 不識**(불식)**커라 左右**(좌우)**ㅣ 敢如此批判則定詳見六朝所譯梵本**(감여차비판즉정상견육조소역범본)**하야 盡得諸師**(진득제사)**의 翻譯錯謬**(번역착류)**하야사 方始泮然無疑**(방시반연무의)**리라**

---

271 '雷同(뇌동)'이란 『예기』「곡례상(曲禮上)」에 나오는 말이다. 천둥이 치면 만물이 동시에 따라서 울리는 것처럼, 주관이 없이 남의 의견을 좇아서 따라간다는 뜻. 나중에 부화뇌동(附和雷同)이란 말도 생겼다.

272 京師(경사): 서울, 중앙 정부가 있는 곳.

273 據依(거의): 의지할 근거.

"'드디어 반연(泮然)히[274] 의심이 하나둘 사라졌다'고 하며, 또 '장수(長水)와 고산(孤山) 이사(二師)[275]는 다 문구만 의지했지 의(義)에는 위배됐다'고 하니, 알지 못케라. 좌우가 감히 이와 같이 비판한다면 결정코 일찍이 육조(六朝)의 번역한 바[276] 범본(梵本)을 보아서, 다 제사(諸師)의, 번역이 착오됨을 얻어야만, 바야흐로 비로소 반연(泮然)히 의심이 없을 것이다."

既無梵本(기무범본)이어늘 便以臆見(변이억견)으로

"이미 범본이 없거늘, 이미 문득 억견으로써," 자기 소견을 억견이라 그려. 가슴 억(臆) 자. 억지(臆持)라고 하잖아. '지킬 지(持)' 자. 억측(臆測), 제 가슴 속으로 헤아린다. 억탁(臆度), 가슴으로 헤아린다.

刊削聖意則且未論招因帶果(간삭성의즉차미논초인대과)하야 毁

274 얼음이 녹는 것같이.

275 장수 자선(長水子璿, 965~1038): 북송(北宋) 시대 임제종 선사로서 교학에도 밝았다. 특히 『능엄경(楞嚴經)』에 밝았다. 현존하는 저술로는 『수능엄경의소주경(首楞嚴經義疏注經)』, 『기신론소필삭기(起信論疏筆削記)』, 『금강반야경찬요간정기(金剛般若經纂要刊定記)』 등이 있다.
고산 지원(孤山智圓, 975~1022): 북송(北宋) 시대 천태종의 고승. 『치문』 면학 「고산지원법사면학」 강의 주석 참조.

276 여섯 시대에 걸친 『금강경』과 그 주석의 번역을 말한다. 그 시기, 번역자, 장소, 경명 및 겸역한 주석은 다음과 같다.

1. 後秦(402)	鳩摩羅什三藏	長安 草堂寺	『金剛般若波羅密經』
2. 後魏(535)	菩提流支三藏	洛陽	『金剛般若經』
3. 南陳(566)	眞諦三藏	金陵	『金剛能斷經』
4. 隋(590)	笈多三藏	洛陽	『金剛斷割經』
5. 唐初(648)	玄奘三藏	玉華宮	『能斷金剛經』
6. 唐武周(695)	義淨三藏	佛授記寺	『能斷金剛經』

주석 겸역 사항 – 鳩摩羅什·菩提流支 『天親論』, 眞諦·笈多 『無着論』, 玄奘·日照 『功德施論』, 義淨 『天親論』 再譯.

謗聖教(훼방성교)하야 墮無間獄(타무간옥)이어니와

"성인을 뜻을 간삭[277] 한 즉 초인대과[278] 하야, 성교(聖教)를 비방하여, 무간지옥에 떨어지는 것은 내가" 논할 게 없어. 그까짓 것 "말할 게 없지만은," 말할 게 없다는 그건 틀림없이 무간지옥에 떨어진다 이 소리여. 하지만,

恐有識者見之(공유식자견지)면 卻如左右(각여좌우)ㅣ 檢點諸師之過(검점제사지과)하야 還著於本人矣(환저어본인의)ㄹ까하노라 古人(고인)이 有言(유언)호대 交淺而言深者(교천이언심자)는 招尤之道也(초우지도야)라하니

"식견 있는 사람이 보면, 도리어 당신이, 모든 스님네의 허물을 검점[279] 함과 같이 하여, 도리어 당신 본인에게 붙일 것이다. 이러니까 내가 두려워하노라. 고인(古人)이 말을 주기를, 교제는 옅은데 말이 깊은 사람은, 허물을 부르는 도라 하니,"

某與左右(모여좌우)로 素昧平生(소매평생)이나 左右(좌우)ㅣ 以此經(이차경)으로 求認證(구인증)하야 欲流布萬世(욕유포만세)하야 於衆生界中(어중생계중)에 種佛種子(종불종자)하니 此是第一等好事(차시제일등호사)요 而又以某(이우이모)로 爲箇中人(위개중인)하야

"평생에 모르는 사람[280] 이지만은, 좌우(左右)가 이 경(經)으로써, 나한

277 刊削(간삭): 깎음, 지우거나 덜어냄.

278 아직 인을 부르고 과를 띠어서.

279 檢點(검점): 낱낱이 검사함.

테 인증을 구해서, 만세에 유포하고자 해서, 중생계 중에, 불종자(佛種子)를 심고자 하니, 이것이 이미 제1등 좋은 일이고, 또 나로서도, 개중인(箇中人)이라고 했어."

그 가운데 사람이라고. 자기와 아주 뜻이 같은 사람이라고.

以箇中消息(이개중소식)**으로 相期於形器之外**(상기어형기지외)**할새 故**(고로 不敢不上稟(불감불상품)**이로라**

"그 가운데 소식으로써, 서로 형기(形器)[281]의 밖에 기약할새, 그러므로 내가 감히 올려 품(稟)[282]하지 아니치 못하노라." 그러니까 부득이 내 속에 있는 말을 해보겠다 이거야.

昔(석)**에 淸涼國師**(청량국사)**ㅣ 造華嚴疏**(조화엄소)**하실새 欲正譯師**(욕정역사)**의 舛訛**(천와)**호대 而不得梵本**(이부득범본)**하야 但書之於經尾而已**(단서지어경미이이)**시니**

"예전에 청량 국사가 『화엄소』를 지었을 때, 번역한 스님네의 와천(訛舛)[283]된 것을 바로잡고자 호대, 범본(梵本)을 얻지 못해서, 다만 경 꼬리에 쓸 따름이라." 경 꼬리에 '무슨 자, 문장이 잘못된 것 같다.' 이렇게 주석을 내붙였지, 고치질 못했다 이거야.

---

280 素昧平生(소매평생): 서로 만난 일이 없는 사람. 즉, 편지로만 교제하는 사이.

281 몸.

282 '稟(품)' 자는 판본에 따라 글자가 다르다. 대정장에는 '稟'으로, 안진호 본과 탄허 본에는 '禀'으로 돼 있다. 보통 '답장'이라 번역한다. '당신과는 일면식도 없지만, 뜻이 훌륭하므로 깊은 이야기를 해보겠다'는 뜻이다.

283 訛舛(와천): (문자의) 착오, 틀림.

如佛不思議法品中(여불부사의법품중)에 所謂一切佛(소위일체불)이 有無邉際身(유무변제신)하사 色相(색상)이 淸淨(청정)하야 普入諸趣(보입제취)호대 而無染著(이무염저)이라하야시늘

그러니 "예를 들면 저 「불부사의법품」 중에, 소위 일체불이, 유무변제신하야,[284] 색상이 청정하며, 널리 제취[285]에 들되, 염착이 없다고 경에 말씀했는데,"[286]

淸涼(청량)이 但云佛不思議法品上卷第三葉第十行(단운불부사의법품상권제삼엽제십행)에 一切諸佛(일체제불)이어늘 舊脫諸字(구탈제자)라하며 其餘經本脫落(기여경본탈락)도 皆注之於經尾(개주지어경미)하시니

"청량이 다만 말씀하시기를 「불부사의법품」 상권 제3엽 제10행에, 일체제불(一切諸佛)인데" 제(諸) 자가 빠졌다. 이렇게 주석을 냈다, 거기다가 고쳐 넣질 않았다 이 말이야. 일체제불이어늘 "구본(舊本)에 제(諸) 자가 빠졌다고,[287] 이리 주석을 내며, 그 나머지 경본에 탈락된 것도, 다 경 꼬리에 주석을 냈으니,"

---

284 가없는 몸을 두사.

285 諸趣(제취): 육도윤회(六道輪廻)의 다른 이름.

286 T10n0279, 242a28~b1.

287 『대방광불화엄경수소연의초(大方廣佛華嚴經隨疏演義鈔)』 권23(T36n1736, 179b-5). 『고려대장경』의 해당 부분에는 '諸(제)' 자가 빠져있지 않다(K0080 v8, 710a03). 『대정신수대장경』의 80 『화엄경』은 고려본을 모본으로 했으므로 역시 그러하다. '所謂一切諸佛有無邊際身.'(T10n0279, 242a28) 청량 징관(淸凉澄觀, 738~839)이 보았던 판본에는 '諸' 자가 빠져있었을 터인데, 대장경이 성립되기 전에 정리된 듯하다. 대장경이 최초로 성립된 것은 971~983년 북송의 『촉판대장경(蜀版大藏經)』이기 때문에 징관의 시대보다 훨씬 나중 일이다.

清涼(청량)**도 亦聖師也**(역성사야)**라 非不能添入及減削**(비불능첨입급감삭)**이오대 止敢書之於經尾者**(지감서지어경미자)**는 識法者懼也**(식법자구야)**니라**

"청량도 성인 지위에 간 스승이라. 능히 첨입(添入)하고 및 감삭(減削)하지 않을 것이 아니지만," 얼마든지 그렇게 할 수 있는 안목이지만, "다만 감히 경 꼬리에 써 둔 것은, 법 아는 사람이 두렵기 때문인 것이다."

又經中(우경중)**에 有大琉璃寶**(유대유리보)**어늘 淸涼**(청량)**이 曰 恐是吠琉璃**(왈공시폐유리)**를 舊本**(구본)**에 錯寫**(착사)**라호대 亦不敢改**(역불감개)**하고 亦只如此注之經尾耳**(역지여차주지경미이)**시니라**

"또 경중(經中)에, 대유리보(大瑠璃寶)라는 것이 있거늘,[288] 청량이 말씀하시기를 의심컨대 이 폐유리(吠瑠璃)[289]를, 구본(舊本)에 그릇 썼다고 하되, 또한 감히 고치지 않고, 또한 다만 이같이 경 꼬리에 주(注) 냈을 뿐이었다."

자, 당신이 말이야 함부로 경을 뜯어고쳐? 몽둥이질하는 거야.

六朝翻譯諸師(육조번역제사)**도 非皆淺識之士**(비개천식지사)**라 翻譯塲**(번역장)**에 有譯語者**(유역어자)**하며 有譯義者**(유역의자)

---

288 T10n0279, 355b13.
琉璃(유리)=瑠璃(유리).

289 吠瑠璃(폐유리): vaiḍūrya의 음역. '毘瑠璃(비유리)', '毘頭梨(비두리)'라고도 한다. 보석의 일종이다. 또한 '약사유리광여래[藥師琉璃光如來(Bhaiṣajya-guru-vaiḍūrya-prabhā-rājāya)]'의 이름에도 들어있는 말이다.

하며 有潤文者(유윤문자)하며 有證梵語者(유증범어자)하며 有正義者(유정의자)하며 有唐梵相校者(유당범상교자)어늘
"육조에 번역한 모든 스님도, 다 천식(淺識)[290]의 선비가 아니라, 번역하는 마당[291]에, 말을 번역하는 자도 있었으며, 의(義)를 번역하는 자도 있었으며, 글을 윤택케 하는 자도 있었으며, 범어를 증명하는 자도 있었으며, 의를 바로잡는 자도 있었으며, 당나라 말과 범어를 서로 교량하는 자도 있었거늘,"

而左右(이좌우)ㅣ 尙以爲錯譯聖意(상이위착역성의)라하니 左右(좌우)ㅣ 既不得梵本(기부득범본)하고 便妄加刊削(변망가간삭)하야 卻要後世人諦信(각요후세인체신)이 不亦難乎(불역난호)아
"당신이 말이야, 오히려 써 성의(聖意)를 그릇 번역했다고 하니, 좌우가 이미 범본을 얻지 못하고, 문득 망령되이" 거기다 간삭을 해서, "제멋대로 깎아 내버리고 붙이고 한다면, 도리어 후세인에게 자세히 믿음을 요하는 것이, 또한 어렵지 않느냐?" 말이야.

如論長水(여론장수)호대 依句而違義(의구이위의)라하니 無梵本證(무범본증)이어늘 如何便決定以其爲非(여하변결정이기위비)리오 此公(차공)은 雖是講人(수시강인)이나 與他講人(여타강인)으로 不同(부동)하니 嘗參瑯琊廣照禪師(상참낭야광조선사)하야 因請

290 얕은 앎.

291 강본엔 '塲(장)'으로 되어있으나, 대부분의 판본에 '場'으로 되어있다(T47n1998A_30 940b). 뜻은 같다.

益瑯琊首楞嚴中(인청익낭야수릉엄중)에 **富樓那**(부루나) **ㅣ 問佛**(문불)**하사대 淸淨本然**(청정본연)**커니 云何忽生山河大地之義**(운하홀생산하대지지의)**한대 瑯琊**(랑야) **ㅣ 遂抗聲云淸淨本然**(수항성운청정본연)**커늘 云何忽生山河大地**(운하홀생산하대지)**오하니** "저 장수(長水)를 논하되, 손지현이가, 글귀만 의지해 뜻에 어긋났다고 그러니, 범본의 증거가 없거늘, 어떻게 문득 결정코 그로써 글을 다하랴." 이 공(公)은, "이 장수 스님은, "비록 이 강(講)하는 사람이나, 다른 강하는 사람하고 같지 않아." 왜? "일찍이 낭야 광조 선사를 참례하여," 시방 장수 선사가 낭야께 묻는 거야, "『수능엄경』 가운데, 부루나(富樓那)가 부처님께 묻기를, '청정본연한데, 어째서 홀연히 산하대지가 낳소?'"[292] 한 그 일을 청익(請益)[293]컨데 …… 장수가 낭야 선사께 그걸 물었다 이 말이야.

"낭야 선사가 드디어 소리를 꽥! 지르면서, '청정본연한데 어찌해서 산하대지가 나왔는고?' 그렇게 한 말을 인(因)해서," 여기 동사를 마지막에 새기는 거야 알아듣겠나? '인할 인(因)' 자를. 그래 이 뭔소린고 하니, 장수가 낭야 선사한테 묻는 것은, '청정본연커니 운하홀산하대지?' 이건 청정본연하고 산하대지를 두 조각으로 놓고서 물은 거여. 그러니 낭야가 소리를 꽥! 지르면서 답하는 '청정본연커늘 어찌해서 산하대지가 나왔는고?' 하는 것은 청정본연과 산하대지가 둘인 게 아니라서 한 번 소리를 벽력같이 지른 거야.

---

292 『대불정여래밀인수증요의제보살만행수능엄경(大佛頂如來密因修證了義諸菩薩萬行首楞嚴經)』(T19n945, 120a2~3).

293 법문을 청함.

長水(장수) ㅣ 於言下(어언하)에 大悟(대오)하야 後方披襟(후방피금)하고 自稱座主(자칭좌주)하시니 蓋座主(개좌주)는 多是尋行數墨(다시심행수묵)이라 左右所謂依句而不依義(좌우소위의구이불의의)어니와 長水(장수)는 非無見識(비무견식)이며 亦非尋行數墨者(역비심행수묵자)니라

"장수가 그 언하에 대오하야, 뒤에 바야흐로" 그 피금(披襟), "옷깃을 딱 펼치고," 자칭 좌주(座主)라고, "'내가 강주(講主)다.' 하니, 대게 좌주는 많이 이 글줄이나 찾고 먹이나 세는 사람이라. 좌우의 이른바 '문구를 의지하고 의를 의지하지 않음'이어니와, 장수는 견식이 없는 사람 가운데 또한" 심행수묵(尋行數墨)하는, "글줄이나 찾고 먹이나 세는 사람은 아니다." 이 말이여. 장수를 함부로 평가하냐? 아니니라.

不以具足相故(불이구족상고)로 得阿耨菩提(득아뇩보리)아하신 經文(경문)이 大段分明(대단분명)하니

"구족상을 쓰지 않는 고로 아뇩보리를 얻느냐 하신 ……" 이건 『금강경』 「무단무멸분(無斷無滅分)」에 있는 거야. 끄트머리에. "'구족상을 쓰지 않는 고로 아뇩보리를 얻었느냐?' 하신 경문이 대단[294]이 분명하니"

此文(차문)이 至淺至近(지천지근)이어늘 自是左右(자시좌우) ㅣ 求奇太過(구기태과)하야 要立異解(요립이해)하야 求人從己耳(구인종기이)니라

294 大段(대단): 대강, 개략.

"차문(此文)이 지극히 옅고 지극히 가깝거늘, 스스로 이 좌우 당신이, 기특함[295]을 구함이 너무 지나쳐서, 종요로이 이해(異解)[296]를 세워서, 다른 사람이 자기 좇기를 구하는 것이다."

左右(좌우) ㅣ 引無著論(인무착론)에
"좌우가 『무착론』에 이르기를," 『무착론』의 말을 이끄는 말이여.

云以法身(운이법신)으로 應見如來(응견여래)요 非以相具足故(비이상구족고)여 若爾(약이)ㄴ댄 如來(여래)를 雖不應以相具足(수불응이상구족)으로 見(견)이나 應相具足(응상구족)으로 爲因(위인)하야사 得阿耨菩提(득아뇩보리)라할새 爲離此著故(위리차저고)로 經(경)에 言須菩提(언수보리)야 於意云何(어의운하)오 如來(여래) ㅣ 可以相成就(가이상성취)로 得阿耨菩提(득아뇩보리)아 須菩提(수보리)야 莫作是念等者(막작시념등자)는 此義(차의) ㅣ 明相具足(명상구족)이 體非菩提(체비보리)며 又不以相具足(우불이상구족)으로 爲因也(위인야)니 以相是色自性故(이상시색자성고)라하니
"'법신으로써 응당 여래를 보고, 상구족(相具足)[297]으로 쓰지 않는 연고라.'" 함이여, "하는 말이여, 만일 그렇다면 여래를 비록 응당 상구족으

295 특출함.

296 다른 해석.

297 상이 구족됨.
具足(구족): 충분히 갖추어 있음.

로써 보지 못하나, 응당 상구족으로 인(因)을 삼아야 아뇩보리를 얻는다 할새, 이 집착을 여의기 위한 고로, 경에 말씀하되, '수보리야, 뜻이 어떠하냐? 여래가 가히 상성취로써[298] 아뇩보리를 얻었다 하느냐? 수보리야 이 생각을 짓지 말라.' 등이라 한 것은, 차의(此義)[299]가, 상구족이 체가 보리가 아니며 또한 상구족으로써 인을 삼지 못함을, 밝히는(明) 것이니, 상이 이 색의 자성인 연고라 하시니."

『무착론』에 이끄니 말이야.[300] 동사 '이끌 인(引)' 자를 여기까지 새겼지. 이것을 갖다가서 손지현이가 이렇게 이끌었다 이 소리여. 이 문장이 보기가 좀 힘들다 말이여. 그래서 여간 힘들어서 어디가 끝인지 코인지 눈인지 모르게 했어. 손지현이가 시방 이 말을 이끈 거여.

此論(차론)이 大段分明(대단분명)이어늘 自是左右(자시좌우)ㅣ 錯見錯解爾(착견착해이)라 色是相緣起(색시상연기)며 相是法界緣起(상시법계연기)ㄹ새

"이 논은 대단이 분명하거늘, 스스로 이 좌우가,[301] 그릇 보고 그릇 안 것이다. 색은 이 상의 연기며, 상은 이 법계의 연기일새,"

---

298 상을 성취하여.

299 이 뜻.

300 무착의 『금강반야론(金剛般若論)』 권2에 해당 내용이 있으나 문구가 그대로 일치하지 않는다. 그리고 내용 중 무착이 인용한 『금강경』 부분도 문구 그대로 일치하지는 않는다. "得顯示以法身應見如來, 非以相具足故。「若爾, 如來雖不應以相具足見, 應以相具足為因, 得阿耨多羅三藐三菩提。」為離此著故, 經言「須菩提! 於意云何? 如來可以相具足於阿耨多羅三藐三菩提正覺也」如是等。"(T25n1510a, 765b5~10)

301 좌우가 스스로.

梁昭明太子(양소명태자)ㅣ 謂莫作是念(위막작시념)호대 如來(여래)ㅣ 不以具足相故(불이구족상고)로 得阿耨菩提(득아뇩보리)를 三十二分中(삼십이분중)에 以此分(이차분)으로 爲無斷無滅分(위무단무멸분)하니

"양 소명태자[302]가 '막작시념(莫作是念)호대 여래불이구족상고(如來不以具足相故)로 득아뇩보리(得阿耨菩提)'를, '구족상을 쓰지 않는 고로 아뇩다라삼먁삼보리를 얻었다고 하느냐?' 32분(分) 가운데 이 분(分)으로써 「무단무멸분(無斷無滅分)」을 삼으니,"

恐須菩提(공수보리)ㅣ 不以具足相則緣起(불이구족상즉연기)ㅣ 滅矣(멸의)니 蓋須菩提(개수보리)ㅣ 初在母胎(초재모태)에 即知空寂(즉지공적)하야 多不住緣起相(다부주연기상)일새니라

"(아마) 수보리가, 상구족을 쓰지 않으면 연기가 멸할까 두려운 것이니, 대게 수보리가, 처음 어머니 태 속에 있을 때에, 곧 공적한 줄을 알아서, 많이 연기상에 주(住)하지 않음일세니라." 그게 '아니 불(不)' 자를 빼자고 시방 손지현이 주장한다 이 소리여. '상구족을 쓰지 않는 고로 아뇩다라삼먁삼보리를 얻었다'고 하느냐, '상구족을 쓴 고로 아뇩다라삼먁삼보리를 얻었다'고 하느냐? 이게 옳다 그 소리여. 얼핏 생각하

302 소명태자 소통(蕭統, 501~531): 양무제의 아들로, 어렸을 때부터 총명하여 3살 때 『논어』와 『효경(孝經)』을 읽었고 5살 때 오경(五經)을 독파했다고 한다. 성인이 되어 국정에 참여하여 백성에게 어진 정치를 펼쳤으며, 문장가로서도 유명하며 3만여 권의 장서들을 소장해서 주변에는 항상 유명한 문인들이 모였다. 문인들과 함께 여러 유명한 문장을 모은 『문선(文選)』을 편찬했다. 『금강경』의 과판(科判)으로 유명하다. 그러나 뱃놀이하다 배가 전복돼 물에 빠지는 사고로 병을 얻었고, 531년 5월 30일 향년 31세로 사망했다.

면 그렇지. 상을 전부 뚜드려 깨는 건데, 여기는 상을 내세우게 되잖아. '상구족을 쓰지 않으므로(不) 아뇩다라삼먁삼보리를 얻었다고 하느냐? 이 생각 짓지 말아라.' 상구족을 내세우는게 되거든. 그러니까 이 손지현이 말이 『금강경』 대의에 어긋났다, 그러니까 '아니 불(不)' 자는 빼야 옳다 이 소리야. 이게 옳다 이 소리여. '여래가 상구족을 쓰는 고로 아뇩다라삼먁삼보리를 얻었다고 네가 하느냐? 이 생각을 짓지 말아라.' 이래야 옳다 이 소리여. 그게 상을 뚜드려 뿌시는 게잖아. 그러니까 「무단무멸분」이란 말이야 그것이. 반맥에 떨어질까 봐, 반맥이 없는 문구인 줄 모르고, 손지현이는 뚜드려 깨는 것만 자꾸 주장해서, '아니 불(不)' 자 잘못했다, 그리 주장하는 거야. 그러니까 대혜 스님이 그걸 이렇게 밝히는 말이야. 대의가 그거여.[303]

後引功德施菩薩論末後(후인공덕시보살론말후)에 若相成就(약상성취)ㅣ 是眞實有(시진실유)ㄴ댄 此相(차상)이 滅時(멸시)에 即名爲斷(즉명위단)이니

"또 뒤에 인증(後引)," 손지현이가 또 인증한다는 말이야, "『공덕시보살

303 그러나 『금강경』의 구마라습 최초 번역 이후에 나온 다른 모든 번역이 손지현의 주장과 같이 '不(불)' 자를 빼고 있다. 『금강경』 제 번역의 해당 부분은 다음과 같다.
菩提流支, T08n236a, 756b24~26, T08n236b, 761b8~11; 真諦, T08n237, 766a8~11; 笈多, T08n238, 771a29~b2; 玄奘, T07n220, 985a27~b1; Edward Conze, Buddhist Wisdom Books: The Diamond Sutra, The Heart Sutra. Allen & Unwin, Ltd., 1958. p.63. 더욱이 산스크리트 원전을 쉽게 볼 수 있는 오늘날 관점에선 구마라습의 해당 번역이 오역인 것에 더 이상 이론의 여지가 없다. 옛 번역에서도 이미 매번 수정됐음에도, 『금강경』 「무단무멸분」의 오역 논란은 현대에 이르기까지 심심치 않게 계속되고 있다(http://www.ibulgyo.com/news/articleView.html?idxno=45279).

론』[304] 말후(末後)에, 만일 상성취가[305] 이 진실로 있는 것이라면, 이 상(相)이 멸할 때에, 곧 이름이 단(斷)이 되는 것이니." 이거 상성취를 깨버린 거 아냐. 그래 손지현이는 자기 생각이 옳다고 주장할 만도 하단 말이여.

何以故(하이고)오 以生故(이생고)로` 有斷(유단)이라하시며 又怕人不會(우파인불회)하사 又云何以故(우운하이고)오 一切法(일체법)이 是無生性(시무생성)일새 所以(소이)로 遠離斷常二邉(원리단상이변)이니 遠離二邉(원리이변)이 是法界相(시법계상)이라하니

하이고, "어째서 이런 거냐? 남이 있는 고로, 끊어짐이 있다고 하시며, 또 사람이 알지 못할까 두려워서, 또 이르길 어찌 쓴 연고뇨? 일체법이, 이 남이 없는 성(性)일 때, 소이로, 멀리 단상이변을 여윔이니, 이변을 멀리 여읜 것을," 이 법계상이라 하니, "법계상이라 함을 이끄니." '뒤에 인증(後引)'을 여기까지 이끌어 왔다. 손지현이가 아까는 무착 스님 논을 갖다 이끌어서 증거를 대고, 여기는 또 『공덕시보살론』을 갖다가 이끌어서 그렇게 말을 했다. 이끄니,

不說性而言相(불설성이언상)은 謂法界(위법계)는 是性之緣起故也(시성지연기고야)며 相(상)은 是法界緣起故(시법계연기고)로

---

304 공덕시가 짓고 지바하라(地婆訶羅)가 번역한 『금강반야바라밀경파취착불괴가명론(金剛般若波羅蜜經破取著不壞假名論)』이다. 공덕시는 인도 사람일 터인데 그 외 알려진 것이 없다. 해당 내용은 T25n1515, 895c19~23에 있다.

305 상을 성취하는 일이.

不說性而言相(불설성이언상)이시니 梁昭明所謂無斷無滅(양소명소위무단무멸)이 是也(시야)라 此段(차단)이 更分明(경분명)이어늘 又是左右(우시좌우)ㅣ 求奇太過(구기태과)하야 強生節目爾(강생절목이)니라 若金剛經(약금강경)을 可以刊削則一大藏敎(가이간삭즉일대장교)를 凡有看者(범유간자)ㅣ 各隨臆解(각수억해)하야 都可刊削也(도가간삭야)니라

이제 대혜가 비판하는 말이여.

"성(性)이라고 말하지 않고 상(相)이라 말한 것은, 법계는 이 성(性)의 연기인 까닭이며, 상(相)은 이 법계의 연기인 까닭인 고로, 성을 말하지 않고 상이라고 말한 것이니, 양[나라] 소명[태자]의 이른바 무단무멸[306]이란 것이 이것이니, 이 단이 다시 분명하거늘, 또 이 좌우가 기특함을 구함이 지나쳐서, 억지로 절목(節目)[307]을 낸 것이니라. 만일 『금강경』을, 가이 써 간삭할 수 있다면 일대장교(一大藏敎)를, 무릇 봄이 있는 자가,[308] 각기 제 억해를 따라서, 모두 가히 간삭해서."

근데 아주 누더기 경이 될 거 아냐? 한 100년 전에서 한 백 놈이 한 자씩 빼놓으면 100자가 빠지고 …… 그러니 함부로 못하는 것이다 이 말이야.

如韓退之(여한퇴지)ㅣ 指論語中畫字(지론어중화자)하야 爲晝

306 끊어짐도 없고, 멸함도 없다. 현재 『금강경』은 거의 다 구마라습 역본을 소명태자가 나눈 32분 과판으로 유통되고 있다. 이 구절의 부분을 '무단무멸분(無斷無滅分)'으로 이름 지었다는 말이다.

307 마디: 조목.

308 대장경을 본 모든 사람이.

字(위주자)하고 謂舊本(위구본)이 差錯(차착)이라하니 以退之之見識(이퇴지지견식)으로 便可改了(변가개요)어늘 而只如此論在書中(이지여차론재서중)은 何也(하야)오 亦是識法者(역시식법자) ㅣ 懼爾(구이)니라

"예컨대 한퇴지가,"[309] 또 증거를 대는 말이여. 당나라 때 천하문장 한퇴지가, "논어 가운데 '화(畫)' 자를 가리켜 '주(晝)' 자를 만들고," 宰予晝寢(재여주침)이어늘 한 데가 그 주(晝)로 됐단 말이야.[310] "이르되 구본이 그릇됐다고 하니, 퇴지의 견식으로써 문득 가히 고쳐버릴 것이어늘, 다만 이와 같이 그 글 가운데 논해둔 것은 무어냐? 또한 이 법 아는 자가 두렵기 때문에 그렇다."

圭峰密禪師(규봉밀선사) ㅣ 造圓覺疏鈔(조원각소초)하실새 密(밀)이 於圓覺(어원각)에 有證悟處(유증오처)코사 方敢下筆(방감하필)하시니 以圓覺經中(이원각경중)에 一切衆生(일체중생)이

---

309 한유(韓愈, 768~824): 자(字) 퇴지(退之), 호 창려(昌黎), 시호는 문공(文公)이다. 당(唐)을 대표하는 문장가, 사상가, 정치가로서 당송팔대가(唐宋八大家)의 한 사람이다. 아이 때 부모와 형을 모두 잃고 형수에게 길러지고, 과거에 몇 차례 낙방한 끝에 겨우 입조한 전기로 유명하다. 사상적으로는 유교 근본주의자로서 자신이 맹자의 도통(道統)을 계승했다고 자부하였고, 불(佛)과 도(道)를 맹렬히 공격하였다.

310 "宰予晝寢。子曰:「朽木不可雕也, 糞土之牆不可杇也, 於予與何誅。」子曰:「始吾於人也, 聽其言而信其行; 今吾於人也, 聽其言而觀其行。於予與改是。(재여가 낮잠을 자니, 선생님이 말씀하셨다. '썩은 나무로는 조각을 할 수 없고, 거름흙으로 쌓은 담장은 흙손질을 할 수 없다. 재여에게 어찌 꾸지람을 하겠느냐')."(『논어』「공야장」)
지금 볼 수 있는『논어』는 모두 '晝' 자로 되어있다. 과거에 '晝(주)'와 '畫(화)'가 혼용되기도 했고, "'畫' 자가 맞고, '재여가 침실을 장식하다'라는 뜻"이란 설도 있었다 한다[모자수주역(毛子水註譯), 왕운오주편(王雲五主編),『논어금주금역(論語今註今譯)』, 대만상무인서관(臺灣商務印書館), 2009, 74)].

皆證圓覺(개증원각)**이라하야시늘 圭峰**(규봉)**이 改證爲具**(개증위구)**하고 謂譯者之訛**(위역자지와)**라호대 而不見梵本**(이불견범본)**일새 亦只如此論在疏中**(역지여차론재소중)**하고 不敢便改正經也**(불감변개정경야)**러시니**

"규봉밀 선사가 『원각경소초』를 지으실 때. 밀이 원각(圓覺)에 증오처(證悟處)가 있고야, 바야흐로 감히 써 내리시니,[311] 『원각경』 중에 일체중생이 다 원각을 증했다 하셨거늘,[312] 규봉이 증(證) 자를 고쳐서 구(具) 자를 만들었다."

일체중생이 다 원각을 증득했다고 하는 것은 모두 성불했단 말인데 너무 과하지 않느냐 이 말이야. '갖추었다.' 원각의 진리를 '갖출 구(具)' 자로 만들고, 그래도 고치진 않았다 말이야. 역자지와(譯者之訛), "번역한 사람이 그릇, 잘못했다[313] 이렇게 말하되, 범본(梵本)을 보지 못할새,[314] 또한 다만 이와 같이 소(疏) 가운데 논해두고, 감히 문득 정경(正經)을 고치지 못하셨더니,"

---

311 원각에 증득해 깨달은 곳이 있고서야 비로소 감히 붓을 대니.

312 "선남자야, 일체중생은 모두 원각을 증하였다. …… (중략) …… 여래의 위없는 보리의 바른 수행 길을 만나면, 근기의 대소를 막론하고 모두 불과를 성취하리라(善男子! 一切衆生皆證圓覺, ...中略... 若遇如來無上菩提正修行路, 根無大小皆成佛果;)."[『대방광원각수다라요의경』(T17n842, 916b)]

313 "'선남자야! 일체중생이 모두 원각을 증하였다'라 하였는데, 심신이 본래 갖추어(具) 있다로 분명히 알아야 한다. 이미 증지하였다면 일체 유정들이 곧 깨닫지 못함이 없다. 경 번역이 틀렸다. 응당 '모든 중생에게 원각이 있음을 증하라'로 말해야 한다('善男子! 一切衆生皆證圓覺', 定知身心本來具有, 以已證知一切有情無不是覺, 譯經訛也。應云: 證諸衆生皆有圓覺。)."[『대방광원각수다라요의경약소(大方廣圓覺修多羅了義經略疏)』 권2, T39n1795, 552c23]

314 그러나 잘 알려진 바와 같이 『원각경』은 중국산 위경이라는 것이 정설이다. 즉, 산스크리트 원본은 원래 없다.

後來(후래)에 溈潭眞淨和尙(늑담진정화상)이 撰皆證論(찬개증론)하사 論內(논내)에 痛罵圭峰(통매규봉)하야 謂之破凡夫臊臭漢(위지파범부조취한)이라

"후래[315]에 늑담 진정 화상이," 규봉 300년 후에 사람이야.[316] "『개증론(皆證論)』[317]을 지었다." '일체중생(一切衆生)이 개증원각(皆證圓覺)'이라는 논을 지었다. "논내(論內)에 매우 규봉을 꾸짖어서 깨진 범부, 비린내 나는 놈이라고 그랬다."

若一切衆生(약일체중생)이 皆具圓覺(개구원각)이요 而不證者(이부증자)ㄴ댄 畜生(축생)은 永作畜生(영작축생)하고 餓鬼(아귀)는 永作餓鬼(영작아귀)하야 盡十方世界(진시방세계)ㅣ 都盧是箇無孔鐵鎚(도로시개무공철추)라 更無一人(갱무일인)도 發眞歸元(발진귀원)이요 凡夫(범부)도 亦不須求解脫(역부수구해탈)이니

"만약 일체중생이, 다 원각을 갖추기만 하고, 증(證)하지 못했다면, 축생은 영원히 축생이요, 아귀는 영원히 아귀가 되어서, 온 시방세계가 모두 이 한낱 구멍 없는 철추[318]라, 다시 한 사람도 진(眞)을 발해서 근원에 돌

---

315 後來(후래): 나중에.

316 진정 극문(眞淨克文, 1025~1102): 북송(北宋), 임제종 황룡파의 선사. 법명은 '극문'이며, '진정'은 주석한 곳의 사명(寺名)이다. 그래서 운암 극문(雲菴克文), 늑담 극문(溈潭克文), 보봉문(寶峯文) 등 여러 이름이 있다.

317 현재는 전하지 않는다[무저도충(無著道忠), 『대혜보각선사서고로주(大慧普覺禪師書栲栳珠)』, 경도(京都): 선문화연구소(禅文化研究所), 1997, 501)].

318 鐵鎚(철추): 철퇴. 쇠몽둥이. '無孔鐵鎚(무공철추)', '구멍 없는 쇠몽둥이'는 선서(禪書)에서 심심치 않게 등장하는데, 여기서는 '변통할 수 없는', '방편을 쓸 수 없는', '쓸모없는' 등의 의미로 쓰였다.

아가는 이가 없고, 범부도 또한 모름지기 해탈을 구할 것이 없으리니,"

何以故(하이고)오 一切衆生(일체중생)이 皆已具圓覺(개이구원각)이라 亦不須求證故(역부수구증고)라하시니라
"어찌 쓴 연고뇨? 일체중생이 다 이미 원각을 갖춘지라, 또한 모름지기 증함을 구할 게 없는 까닭이라 하니라."

그렇게 늑담 진정 화상이 규봉 스님을 방맹이질을 했다 이거야. 함부로 엇다가 경을 고치느냐 이 말이야.

左右(좌우)ㅣ 以京師藏經本(이경사장경본)으로 爲是(위시)하야 遂以京本(수이경본)으로 爲據(위거)어니와 若京師藏本(약경사장본)이 從外州府納入(종외주부납입)인댄 如徑山兩藏經(여경산양장경)도 皆是朝廷全盛時賜到(개시조정전성시사도)라 亦是外州府經生(역시외주부경생)의 所寫(소사)니 萬一有錯(만일유착)이면 又卻如何改正(우각여하개정)이리오
"좌우가 경사(서울)의 장경본으로써 옳음을 삼아서, 드디어 경본으로써 의거(依據)[319]를 삼거니와, 만일 경사장본이 외주부(外州府)[320]로 부터 납입했다면, 저 경산[321]의 두 장경도 다 이 조정 전성 시[322]에 주어

319 근거.

320 지방.

321 '徑山(경산)'은 대혜 종고가 주석했던 항저우(杭州)의 경산사(徑山寺)를 말한다. 편지를 쓰던 1158년 당시에는 북송(北宋)이 여진족 금(金)나라에 의해 멸망하고, 북송의 마지막 황제 흠종(欽宗)의 아우 조구[(趙構, 뒤에 고종(高宗)]가 남쪽으로 도주하여, 임안(臨安, 현재 항저우 서측)에 도읍을 정하여 남송(南宋)을 건국한 상태였다. 대혜 종고는 소흥(紹興) 7년(1137)

이른 것이다.[323] 또한 이 외주부 경생(經生)[324]의 쓴 바니, 만일 또 그릇된 것이 있으면, 또 도리어 어떻게 개정하리요.[325]"

左右(좌우)ㅣ 若無人我(약무인아)ㄴ댄 定以妙喜之言(정이묘희지언)으로 爲至誠(위지성)하야 不必泥在古今一大錯上(불필니재고금일대착상)이어니와 若執己見爲是(약집기견위시)하야 決欲改削(결욕개삭)하야 要一切人唾罵(요일체인타매)ㄴ댄一任刊削印行(일임간삭인행)하노니 妙喜(묘희)도 也只得隨喜讚歎而已(야지득수희찬탄이이)로라

"좌우가 만일 인아[326]가 없을진대, 결정코 묘희[327] 나의 말로써 지성(至誠)을 삼아서,[328] 반드시 고금의 일대착상(一大錯上)에 빠져있지 않으리니와[329], 만일 자기의 견해를 집(執)하여 옳음을 삼아서, 결정코 꼭 개

재상 장준(張浚)의 청으로 경산사의 주지가 되어 계속 주석하게 된다.

322 조정이 번성할 때.

323 북송에서 처음으로 한역대장경을 간행(蜀版, 971~983)한 이래, 몇 차례 더 새로운 대장경을 간행했는데, 이즈음에 고려와 거란도 대장경을 간행했다. 북송이 망하고 남송에서도 두어 차례 새 장경을 발간한다. 이때 대장경들은 모두 지방에서 만들었다. 그리고 경산사와 수도 임안의 직선거리로 17km에 불과하고, 대장경을 조정에서 줬기에 경산사의 대장경이 '시골 장경'은 아닌 것이다.

324 經生(경생): 대장경 판각을 위해 같은 필체로 경을 서사하는 사람.

325 경사장경본(京師藏經本)도 지방에서 만든 것이다. 경사장본에 오류가 있다면 또 뭘 근거로 해서 개정을 하겠는가.

326 아상(我相).

327 妙喜(묘희): 대혜 종고의 호.

328 지극한 정성이라 여겨서.

329 필히 과거와 현재의 거대한 그릇됨 위에 얽매여 있지 않으려니와.

삭하고자 할진대, 개삭해서 일체 사람의 타매[330]함을 요(要)하고자 할진대, 한결같이 간판(刊版)[331]해서 인행(印行)하라." 깎아서 글자 빼라면 빼고서 인행함을 맽기노라. "묘희도 또한 다만 실어금 수희찬탄할 따름이로다."

公(공)이 既得得遣人(기득득견인)하야 以經(이경)으로 來求印可(내구인가)할새 雖不相識(수불상식)이나 以法爲親故(이법위친고)로 不覺忉忉怛怛(불각도도달달)하야 相觸忤(상촉오)하노니 見公至誠(견공지성)이라 所以(소이)로 更不留情(갱불유정)이로라

"공이 이미" 득득(得得)이, "특별히 사람을 보내서, 경으로써 와서 인가를 구할새, 비록 내가 당신하고 알지는 못하나, 법으로써 친하게 된 고로,[332] 도도달달[333]히 서로 대질러 거스르노니," 잘못했다고 하니까 거스르는 것, 당신의 뜻을 거스른다. "공의 지성(至誠)을 본지라 소이(所以)로 다시 정(情)[334]에 머물지 않겠노라." 속에 있는 대로 다 한 말이야.

左右(좌우) ㅣ 決欲窮敎乘造奧義(결욕궁교승조오의)ㄴ댄 當尋一名行講師(당심일명행강사)하야 一心一意(일심일의)로 與之參詳(여지참상)하야 敎徹頭徹尾(교철두철미)하면 一等是留心敎網

---

330 침 뱉어 비난함.

331 판에 새겨.

332 모르는 새에.

333 忉怛(도달): 장황한 잔소리. 더욱 강조하여 '忉忉怛怛'.

334 여기서 '情(정)'은 정분이나 체면.

也(일등시유심교망야)며
"좌우가 결코 교승[335]을 연구하고 오의[336]에 나가고자 할진대, 마땅히 한 명행[337]강사를 찾아서, 일심일의[338]로 더불어 참상[339]하야, 하여금(教) 철두철미할 거 같으면, 일등으로 이 마음을 교망[340]에 머무름이며,"

若以無常(약이무상)이 迅速(신속)하고 生死事大(생사사대)하야 己事(기사)를 未明(미명)인댄 當一心一意(당일심일의)로 尋一本分作家(심일본분작가) ㅣ 能破人生死窠窟者(능파인생사과굴자)하야 與伊(여이)로 著死工夫廝崖(저사공부시애)하야 忽然打破漆桶(홀연타파칠통)하면 便是徹頭處也(변시철두처야)어니와
"만일 무상이 신속하고, 생사의 일이 커서, 자기 일을 밝히지 못함으로써 할진대, 마땅히 한마음 한뜻으로, 한 본분작가[341]가 능히 사람 생사의 과굴[342]을 파(破)하는 자를 찾아서, 저로 더불어 죽을 공부를 붙여 겨루어 닿아서, 홀연히 칠통[343]을 쳐 파하면, 문득 이 머리를 사무치는

---

335 교학.

336 奧義(오의): 매우 깊은 뜻.

337 이름난.

338 한마음 한뜻으로.

339 參詳(참상): 자세히 연구하다.

340 가르침의 큰 줄거리.

341 本分作家(본분작가): 본분, 즉 본성을 이끌어줄 수 있는 사람.

342 생사의 소굴.
窠窟(과굴): 소굴.

343 옻칠을 담아둔 시커먼 통, 즉 어리석은 마음.

곳이려니와,"

若只是要資談柄道(약지시요자담병도)호대 我(아)는 博極群書(박극군서)하야 無不通達(무불통달)하야 禪我也會(선아야회)하고 教我也會(교아야회)라하며 又能檢點得前輩諸譯主(우능검점득전배제역주)와 講師(강사)의 不到處(부도처)하야 逞我能我解(령아능아해)ㄴ댄 則三教聖人(즉삼교성인)을 都可檢點(도가검점)하리라 亦不必更求人印可然後(역불필갱구인인가연후)에 放行也(방행야)니라 如何如何(여하여하)오

"만일 다만 이 종요로이 말 자루[344]나 도와서 이르되, '널리 군서(群書)를[345] 내가 다 봤어, 통달치 못하는 바가 없으며, 선(禪)도 또한 내가 알며, 교(教)도 또한 내가 또한 알며, 또 능히 전배[346]의 모든 역주와 강사의 이르지 못한 곳을 검증해왔어. 나의 능한 것과 나의 아는 것을 펼칠진댄, 유불도 삼교 성인을 도무지 다 가히 검증하리니, 또한 반드시 다시 사람의 인가를 구한 연후에 놓아 행할 것이 아니니라.'[347] 어떠하고 어떠냐 내 말이."

---

344 談柄(담병): 이야깃거리, 화제.

345 많은 책.

346 前輩(전배): 선배.

347 그렇게 자기 능력과 앎을 과시한다면, 삼교의 성인을 모조리 다 검증할 수 있을 것이니, 누구에게 인가를 구한 다음에 할 필요가 없지 않은가.

여자와 소인은 기르기 어렵다[348]

그러기 때문에 공자의 말씀이 뭐라고 했는고 하니

唯女子與小人(유여자여소인)은 爲難養也(위난양야)니
"여자와 소인 놈은 기르기 어렵다."

여자와 소인을 동등시해버린 거야. 공자의 말씀에 무조건 여자는 소인과 똑같이 봐버렸어. 여자와 소인은 기르기 어려우니, 그러니 여자와 소인을 딱 못 박았지. 어째 그렇던고?

近之則不孫(근지즉불손)하고 遠之則怨(원지즉원)이라
가까이 하면은 …… 맞먹어. 공손치 않고. 좀 멀리해서 놔두면 원망해. "아이고 나를 왜 집 밖에 놔둬." 거 도대체 불가원불가근(不可遠不可近)이란 거여. 멀리 둘 수도 없고 가까이 둘 수도 없고.

그런데 전부 여자에 대한 비판이 말여, 공자님이나 부처님이나, 예수는 너무 지독히 말을 했고, 남자 갈빗대 하나를 떼어다 가서 여자를 만들었다고 해놨으니 말이야. 그건 너무 혹독한 소리고. 하여간 부처님 말씀이나 공자의 말씀이나 말이야 다 여자를 좋게 안 평했어.

근데 저~ 서울에 진실행이란 보살이 있는데, 왈패지. 그러니까 인자 그

348 『논어』「양화」.

~ 애기를 하다가서 부처님도 이러고 공자도 그랬다고 이를라치면 말이야, 부처님이나 공자나 뭐 사내자식이니까 그렇지. 사내자식들이니까 결국 사내 편만 들어가지고 서리 …… 음~ 모두 사내자식들이거든 예수도 사내자식이고 말이야. 그러니까 맨 사내 편만 들어서 ……

그러나 그편만 드는 것이 아니라는 것은 왜 그러냐 할 거 같으냐면 내가 아까 그 큰 소리 한 번 하면 말이야. 여자들 꽉 잡혀 가지고 말이여, 자기도 설득됐다고. 희안해.

판치생모(板齒生毛) | 탄허, 1980년대 초
앞니에서 털이 났다는 것은 말하지 않고 정진함. 불교의 오랜 화두.

4장

선요

대중에게 보임(2)[1]

◉

三世諸佛(삼세제불)과 歷代祖師(역대조사)의 留下一言半句(유하일언반구)ㅣ 惟務衆生(유무중생)으로 超越三界(초월삼계)하야 斷生死流(단생사류)라 故(고)로 云爲一大事因緣(운위일대사인연)하야 出現於世(출현어세)라하시니 若論此一大事(약론차일대사)ㄴ댄 如馬前相撲(여마전상박)하며

"삼세 제불과 역대 조사의, 머물러 내리신 일언반구가, 오직 중생으로, 삼계에 초월하여, 생사류[2]를 끊게 함을 힘쓰신지라. 고로 이르되 일대사인연을 위해서 세상에 출현했다고 하시니, 만일 이 일대사를 논한다면" 무엇과 같으냐? "말 앞에 서로 부딪히는 것과 같다." 말 앞에 서로 부딪히면 어떻게 될 거여? 한 명이 죽어야 말 거 아냐?

又如電光影裏(우여전광영이)에 穿針相似(천침상사)하야 無你思量解會處(무니사양해회처)하며 無你計較分別處(무니계교분별처)라 所以(소이)로 道(도)호대 此法(차법)은 非思量分別之所

---

1 『고봉원묘선사선요(高峰原妙禪師禪要)』 시중(示衆) 기이(其二)(X70n1401, 703c). 이 장은 처음부터 끝까지 전체를 강했다.

2 生死流(생사류): 생사의 흐름.

能解(비사량분별지소능해)라하시니라

"또" 광영리(光影裏), "번개 그림자 속에, 바늘귀 뚫는 것과 같이 상사(相似)해서, 너의 사량해회[3]할 곳이 없으면, 너의 계교[4]하고 분별할 곳이 없느니라. 쓴 바로 이르되, 이 법은 사량분별로써 능히 알 바가 아니라 하시니라."

是故(시고)로 世尊(세존)이 於靈山會上(어영산회상)에 臨末梢頭(임말초두)하사 將三百六十骨節(장삼백육십골절)과 八萬四千毛竅(팔만사천모규)하야 盡底掀翻(진저흔번)하시니

"이런 고로 세존이 영산회상에, 끄트머리에 임하여, 360골절과 8만 4,000모규[5]를 가져서, 밑구멍까지 다 들어 뒤쳐버렸다." 이거야. 그게 무슨 소린고 하니, 이심전심한 격외선지를 세 번 보인 것을 그걸 가지고서.

雖有百萬衆(수유백만중)이 圍繞(위요)나 承當者(승당자)는 惟迦葉一人而(유가엽일인이)니 信知此事(신지차사)ㅣ 決非草草(결비초초)로다

하시니, "비록 100만 중이 위요[6]함이 있었으나, 잡아 당한[7] 자는, 오직

---

3 思量解會(사량해회): 생각해서 알음알이로 알다.

4 計較(계교): 서로 견주어 살핌.

5 毛竅(모규): 털구멍.

6 圍繞(위요): 둘러쌈. 빙 둘러앉음.

7 承當(승당): 받아들여 감당함.

가섭 한 사람일 따름이니, 진실로 알라. 이 일은 결코 초초(草草)[8]한 것이 아니로다." 영산회상에 다자탑전(多子塔前)에 분반좌(分半座)할 때도 좌복 반을 가섭존자한테 나눠줬잖아. 그걸 가섭존자만 알아들은 게고, 영산회상에 거염화(擧拈花), 꽃가지를 들어준 것도 가섭이 …… 이렇게 빙그레 웃었다고. 곽시쌍부(槨示雙趺)도 가섭존자가 가서 우니까 곽시 쌍부를 했거든. 그것도 말하자면 가섭이만 알아들은 거야.

若要的實明證(약요적실명증)인댄 須開特達懷(수개특달회)하며 發丈夫志(발장부지)하야
"만일 종요로이 적실[9]히 밝게 증(證)하려 할진대, 모름지기 특달[10]한 회포를 열며 장부의 뜻을 발해서,"

將從前惡知惡解(장종전악지악해)와 奇言妙句(기언묘구)와 禪道佛法(선도불법)과 盡平生(진평생)인 眼裏所見底(안이소견저)와 耳裏所聞底(이이소문저)하야
"종전 악지 악해[11]와 기언묘구[12]와 선도(禪道)니 불법(佛法)이니 하는 것과 온 평생에 눈 속에 본 바와 귓속에 들은바, 이것을 가져다가(將),"

---

8 草草(초초): 간략한 모양. 바빠서 거친 모양.

9 的實(적실): 틀림없이 확실함. 꼭 그러함.

10 特達(특달): 특별히 재주가 뛰어남.

11 從前惡知惡解(종전악지악해): 그 전의 나쁜 지식과 견해.

12 奇言妙句(기언묘구): 기이한 말과 교묘한 글귀.

莫顧危亡得失(막고위망득실)**과 人我是非**(인아시비)**와 到與不到**(도여부도)**와 徹與不徹**(철여불철)**하고**

"위망득실과 인아시비[13]와, 이르고 이르지 못할 것과 사무치고 사무치지 못할 것을, 돌아보지 말고(莫顧),"

發大忿怒(발대분노)**하며 奮金剛利刃**(분금강리인)**하야 如斬一握絲**(여참일악사)**에 一斬**(일참)**에 一切斷**(일체단)**이라 一斷之後**(일단지후)**에 更不相續**(갱불상속)**하야**

"대분노를 발하며, 금강 같은 날카로운 칼날을 떨쳐서, 한 주먹 실을 벨 적에, 한 번 베면은 일체가 끊어진 것과 같이, 한 번 떨어진 데에는 다시 상속하지 않으면서"

直得胸次中(직득흉차중)**에 空勞勞地**(공로로지)**하며 虛豁豁地**(허활활지)**하야 蕩蕩然無絲毫許滯礙**(탕탕연무사호허체애)**하야 更無一法可當情**(갱무일법가당정)**호미 與初生**(여초생)**으로 無異**(무이)**하야**

"바로 흉차," 흉중을 흉차라 그러는 거야. 가슴을 흉금이라고도 하고, 흉차라고도 하고, '생각 회(懷)' 자 흉회라고도 하고, "바로 가슴 속이, 비어 노노하며," 노노(勞勞)는 형용사 빈 모양이야. "비어 활활해서,[14] 탕탕연[15]히" 사호허(絲毫許), '허(許)' 자가 '만치도' 이런 뜻이야. 사호허

---

13 危亡得失(위망득실), 人我是非(인아시비): 위급함과 죽음, 득과 실, 남과 나, 옳음과 그름.

14 豁豁(활활): 활짝 열려서.

15 蕩蕩然(탕탕연): 넓은 모양.

는 사호만치도, "실터럭만치도 체애[16]가 없어서, 다시 한 법도 가히 정에 당할 게 없는 것이, 마치 초생으로 더불어 다름없다." 처음 난 놈이 뭘 알아 개 콧구녁이나, 젖이 뭐인지 아나, 똥이 뭐인지 아나, 어데서 똥도 먹데.

喫茶不知茶(끽다부지다)**하고 喫飯不知飯**(끽반부지반)**하며 行不知行**(행부지행)**하고 坐不知坐**(좌부지좌)**하야 情識**(정식)**이 頓淨**(돈정)**하고 計較都忘**(계교도망)**호미 恰如箇有氣底死人相似**(흡여개유기저사인상사)**하며 又如泥塑木雕底相似**(우여니소목조저상사)**하리니**

그래서 "차를 먹어도 차를 알지 못하고, 밥을 먹어도 밥을 알지 못하며, 행해도 행하는 줄도 모르고, 앉아도 앉아있는 걸 알지 못해서, 정식[17]이 몰록 깨끗해지고, 계교가 모두 잊혀지니, 마치 한낱 기식이 있는," 숨은 아직 안 떨어졌지만 "죽은 거와 같이 살아 있더라," 이 말이여. "하며, 또는 진흙덩이로 만든 소상과 나무때기로 깎아 만든 등상과 같이 상사(相似)하리니." 이 좋은 걸 하면 이렇게 될 거란 말이야.

到者裏(도자이)**하야는 驀然腳蹉手跌**(맥연각차수질)**하면 心華頓發**(심화돈발)**하야 洞照十方**(동조십방)**호미 如杲日**(여고일)**이 麗天**(이천)**하고**

"이 속에, 여기에 이르러서는," 여기 '놈 자(者)' 자는 '이 저(這)' 자 통용

16 滯礙(체애): 막힌 장애.

17 情識(정식): 감정과 지식.

이다. 그런 걸 속지 마라. 중국말로 하면 쯔어리(這裏 zhèlǐ). '쯔어리'라면 '여기'라는 뜻인데, 우리가 글로 새기니까 '이 속에'라 그러지. 이걸 글로 새길 때는 '이 속', 이래야 분명한 게 있거든. 중국말로는 '쯔어리' 여기. '쫑 쯔어리(從這裡)' 여기서. '아이 아(兒)' 자, 쯔얼(這兒 zhèr)이나 '쯔어리'나 다 똑같은 소리야. …… 쫑 쯔얼 다오 한청(從這裡到韓城 Cóng zhèlǐ dào hánchéng). …… 여기서부터 서울까지 얼마나 되느냐? 언제든지 그 '놈 자(者)' 자와 '이 저(這)' 자가 통용한다는 걸 알아둬.

"이 속에 이르러서, 맥연[18]히 다리가 미끄러지고 손이 미끄러지면, 심화가 돈발하여 시방을 동조하니[19], 마치 밝은 날이(해가) 하늘에 걸린 것과 같고." 걸린다면 뭐라 그랬지? '고울 려(麗)' 자를 걸린다고 쓰면 뭐라 그랬지? 전장(前章)에서 몇 번 얘기 했잖아. '걸릴 리(麗)' 그런단 말이야. '고일여천'이라 읽으면 작대기 긋는 일만 하는 거야. '저 놈 글 잘못 읽는구나, 글 …… 뜻 모르는구나.' 당장 그런 사람이라고 여겨. '고일리천(杲日麗天)'이라고 읽어야 돼지.

又如明鏡(우여명경)**이 當臺**(당대)**하야 不越一念**(불월일념)**하고 頓成正覺**(돈성정각)**하며 非惟明此一大事**(비유명차일대사)**라 從上若佛若祖**(종상약불약조)**의 一切差別因緣**(일체차별인연)**을 悉皆透頂透底**(실개투정투저)**하며**

"또 명경이 경대에 다 당한 거 같아서,[20] 한 생각도 넘지 않고,[21] 몰록

---

18 驀然(맥연): 갑자기, 문득.

19 마음의 빛이 문득 나와 시방세계를 환히 비추니.

20 밝은 거울이 경대에 놓인 것과 같아서.

정각을 이루며, 오직 이 일대사만 밝힐 뿐만 아니라, 그를 좇아 불(佛)과 조(祖)의, 일체차별인연(一切差別因緣)을, 모두 이마를 뚫고 밑을 뚫으며,"[22] 내가 꼭 기독교 목사 포교하는 식으로 하네. 공자 빽이 얼로 가 있어?

佛法世法(불법세법)을 **打成一片**(타성일편)하야 **騰騰任運**(등등임운)하고 **任運騰騰**(임운등등)하며 **灑灑落落**(쇄쇄락락)하고 **乾乾淨淨**(건건정정)하야 **做一箇無事出格眞道人也**(주일개무사출격진도인야)리니 **恁麽出世一番**(임마출세일번)하야사 **方曰不負平生叅學之志願耳**(방왈불부평생참학지지원이)어니와

"불법(佛法)과 세법(世法)을 쳐서 한 조각을 만들어서,"[23] 등등임운하고, 등등(騰騰)이란 것은 우리 방언으로 시방 어록을 새길라면 '홍뚱홍뚱'. 아무것도 하는 것이 없는 짓이여. 하는 것 없는 시간에 홍뚱홍뚱 그렇게 노라리 타는 거. "홍뚱홍뚱 뜻 좇고, 뜻 좇아 홍뚱홍뚱하며,"[24] 온전하게 맡긴다는 그 뜻을 좇아, 뜻 좇는다는 말이야.

쇄쇄(灑灑)하고 낙락(落落)하고, "보풀까지 깨끗하고 아주 흐드러지게 낙락하고, 건건(乾乾)하고 정정(淨淨)해서," 여기는 '간간'이 아니야 '건건'이 돼야 해. 『주역』에 있는 문자야. 저기 있는 문장에 …… 하는 걸 건건이라 그래.[25] "하는 것도 없고 일도 없는 격에 뛰어난 참 도

---

21 어긋나지 않고.

22 처음부터 끝까지 모두 통달하며.

23 반죽해서 하나로 만들고.

24 무애자재하여 움직임에 맡기고, 움직임에 맡겨 무애자재하며.

25 『주역』「역경」 ䷀ 건. 끊임없이 노력하는 모양을 상징한다.

인을 지어줄 것이니, 이렇게 출세[26]를 한 번 하고야, 바야흐로 평생 참학[27]하는 지원(志願)[28]을 저버리지 않았다고 하려니와,"

若是此念(약시차념)이 輕微(경미)하야 志不猛利(지불맹리)하야 [毛+畏][毛+畏][毛+崔][毛+崔](외외최최)하면 魍魍魎魎(망망량량)하야
"만일 이 생각이 경미해서 뜻이 맹리[29]하지 못하여," 외외최최는 뭐인가 하니, 삽살개 뒷다리처럼 너절하게 ……. 그게 형용사야. 망망양양은 도깨비처럼, 낮에는 도깨비 형편없잖아. 그것도 형용사야. "삽살개 뒷다리처럼 너절하게, 도깨비처럼 해가지고서,"[30]

今日也恁麽(금일야임마)하고 明日也恁麽(명일야임마)ㄴ댄 設使三十年二十年用工(설사삼십년이십년용공)이라도 一如水浸石頭相似(일여수침석두상사)하야 看看逗到臘月三十日(간간두도납월삼십일)하면 十箇有五雙(십개유오쌍)이 懡[儸]而去(마라이거)하야
"오늘 또 이렇게 보낸다, 명일도 이렇게 보낼진대, 설사 30년, 20년 공부를 할지라도, 한결같이 물이 돌 위에 잿기는 것과 같이 상사(相似)해서," 물이 돌 위에 암만 적시되 젖어지나? 간간(看看)이란 건 얼른얼른이란 거야. "얼른얼른 납월 30일에 닿아 이루고 보면, 10개의 5쌍이 있

---

26 出世(출세): 세상에서 벗어나기. '세상으로 나옴'을 의미하는 일상 용어의 '출세'가 아니다.

27 參學(참학): 공부에 참여함.

28 志願(지원): 뜻과 소원.

29 猛利(맹리): 맹렬하고 날카롭다.

30 혼침을 비유한 것이라 한다.

어," 10개의 5쌍이면 몇이여? 어여 계산해봐. …… 그럴 줄 알고 내가 물어보는 거야. 20이야? 5쌍이 20이여? 다섯을 쌍으로 하면 열 아니야! 이런~ 열에 열 놈이 다 잘못된다 이 소리야. 10개의 5쌍, "열에 열 놈이 정신 못 차리고 간다. 마라(㦞[㰍])는 벌벌 떤다는 말이야."

致令晚學初機(치령만학초기)**로 不生敬慕**(불생경모)**하리니 似者般底漢**(사자반저한)**이 到高峰門下**(도고봉문하)**ㄴ댄 打殺萬萬千千**(타살만만천천)**인들 有甚麼罪過**(유심마죄과)**리오**

"만학초기로 하여금 경모(敬慕)를 내지 않도록 하리니,[31] 사자반저한(似者般底漢)," 여기서 '자(者)'도 '이 저(這)' 자 통용이야. 속지 말어. 자반이라 저한이라, '이까짓 놈, 요따우 놈 새끼는' 이 말이여.

지금 이 고봉 스님이 ……[32] 빨라. "이까짓 놈이 만일 고봉 문하에 올 거 같으면, 만만천천 이놈을 때려죽이는 건, 무슨 죄과가 있으리오." 이런 놈은 때려 죽여버려야 돼. 허허허.

今日我之一衆(금일아지일중)**은 莫不皆是俊鷹快鷂**(막불개시준응쾌요)**며 如龍若虎**(여룡약호)**라**

굳이 이 단락을 내준 건 장하다고 한 번 치켜세우는 것이다. 그래야 될 거 아니야? 자기 대중들도 오쌍 같이 다 못된 놈들이라고 해놓으면 곤란하잖아. 지금 공부한다는 사람들이 오쌍 같이 다 잘못된 놈들이지

---

31 늦게 공부를 시작하는 사람과 처음 공부를 시작하는 사람으로 하여금 공경하고 사모하는 마음을 내지 못하게 하리니.

32 녹음 내용이 분명하지 않아 판독이 어렵다.

만, "오늘 이 대중으로 말하면, 일중으로 말하면, 다 이 준응(俊鷹)과 쾌요(快鷂)[33] 처럼 장한 놈들이고, 용과 같고 호랑이 같은 놈들이 아닌 것이 없다." 아주 훌륭한 사람들이라 이거야.

擧一明三(거일명삼)이며

"하나를 들으면 셋을 안다." 공자의 말씀에 있는 거야.[34] '擧一隅(거일우)에 不以三隅反(불이삼우반)이어든 則不復也(즉불부야)니라.' 한 모퉁이를 들으면, 세 모퉁이로 볼 줄 모르는 사람이면, 내가 가르치지 말아야 한다. 거일명삼이란 말이 거기서 나온 말이여.

目機銖兩(목기수량)이리니 豈肯作者般體態(개긍작자반체태)하야 兀兀度時(올올도시)리오 然雖如是(연수여시)나 正恁麼時(정임마시)에 畢竟喚甚麼(필경환심마)하야 作一大事(작일대사)오 若也道得(약야도득)이라도 汝與三十拄杖(여여삼십주장)이요 若道不得(약도부득)이라도 亦與三十拄杖(역여삼십주장)하리니 何故(하고)오 [卓拄杖一下云(탁주장일하운)][35] 高峰門下(고봉문하)에 賞罰(상벌)이 分明(분명)이니라

"수(銖)[36]와 양을 보아 관찰하리니, 어찌 즐거이 이런 체태[37]를 지어서,

---

33 준걸 같은 용맹한 매와 날쌘 새매.

34 『논어』「술이」.

35 고서를 보면 간주처럼 작은 글씨로 쓰여 있다.

36 銖(수): 저울 눈, 무게의 단위.

37 태도.

올올[38]히 때를 지내리오? 비록 이와 같으나, 정(正)히 이러할 때, 필경에 무얼 불러서 일대사를 짓는고? 만일 너희들이 이 말을" 할지라도, "일러 얻더라도, 너희한테 30 주장자를 내가 줄 것이고," 몽둥이 30번 맞아야 하겠고, "만일 일러 얻지 못하더라도, 또한 30 주장자 몽둥이를 맞아야겠다." 하고(何故)냐? "어째 그러냐? [주장자를 한 번 세워서, 한 번 내려 하는 말이] 고봉 문하에 상벌이 분명하기 때문에 그렇다." 여기[39] 동그라미 쳐놓은 것은, 이 고봉 스님 시중 윗단에 붙은 것인데, 본 책에 단이 떨어진 것을 요렇게 표시한 거야. 삼각형으로 표시한 건 내가 문단을 떼 논거야. 문단이 너무 기니까. 그걸 알아둬.

予假此來(여가차래)로 **二十四年**(이십사년)을 **常在病中**(상재병중)하야 **求醫服藥**(구의복약)에 **歷盡萬般艱苦**(역진만반간고)호니 **爭知病在膏肓**(쟁지병재고황)이라 **無藥可療**(무약가료)리오
"내가 이 몸을 가차해 옴으로,[40] 24년 동안을," 그때 24세란 말이야. "늘 병중에 있어서,[41] 의사를 구하고 약을 먹음에,[42] 만 가지 간고[43]를 내가 다 지냈었다 하니, 어찌 병이 고황(膏肓)에 있는지라," 고맹이 아

---

38 兀兀(올올): 머리가 멍한 모양.

39 도서출판 교림(教林) 간, 『선요』.

40 몸을 빌려 세상에 나옴으로.

41 고봉 원묘는 24세에 확철대오 했다. 그 이전을 병든 상태로 말한 것이다. 여기서 병이란 번뇌를 말한다.

42 '斷橋和尙(단교화상)의 곳에서 生從何來(생종하래) 等(등) 話頭(화두)를 받고 仰山處(앙산처)에서 無字話(무자화)를 받음이다.'(탄허 스님의 주석)

43 艱苦(간고): 가난하고 고생스러움.

니야 황이여. 그게 까딱하면 착각하는 거여. '눈 목(目)'을 하면 '눈멀 맹(盲)' 자지만은 '달 월(月)' 했잖아. 우리 360혈에 고황혈이라는게 있어. 동양 의서(醫書)에 있는 말이, 병이 고황혈에 들어가면, 병귀신이 그놈을 고향으로 알고서, 그 고황에 숨어서 가만히 엎드려 있으면 화타, 편작이 같은 이가 침놓아도 안 되고 약 써도 안 되는 혈이여. 죽어. '병재고황(病在膏肓)에 편작(扁鵲) …… ' 그래 지금 이 말이 그 말이야. "어찌 병이 고황 속에 들어있음에, 약으로 가히 다스릴 수 없는 그 소식을 내가 알았으리요?" 말이 '내가 고질병이 들었었다' 이렇게 겸사하는 말이야.

後至雙徑(후지쌍경)하야 夢中(몽중)에 服斷橋和尙(복단교화상)의 所授之丹(소수지단)하고

"뒤에 쌍경이란 땅에 이르러서, 몽중에 단교 화상의, 주신 바 단(丹)을 내가 먹고," 단교 화상의 주신 바 단이란 게 뭐인고 하니, 단교 화상한테 가니까 萬法歸一(만법귀일) 一歸何處(일귀하처) 화두를 참구하라고 말씀을 해 주셨거든, 근데 이 고봉 스님이 3년 동안 무자 화두를 했어. 그러니 단교 화상이 '너 만법귀일 일귀하처 해라.' 그 약을 먹었다. 주신 바 단을 먹고, 죽을 시간이 일주일 남았는데, 밤에 꿈에 그이 생각이 났어.

至第六日(지제육일)하야 不期觸發仰山老和尙(불기촉발앙산노화상)의 所中之毒(소중지독)호니

"제6일에 이르러서," 불기(不期)에 "기약지 않아"서 말이야, 불기에, '모르는 결에' 이 말이지. "앙산 노화상의 맞은바 독(毒)을 내가 촉발(觸發)[44]

44 觸發(촉발): 어떤 일을 당하여 감정, 충동 따위가 일어남.

했다"는 말이야. 앙산 노화상의 맞은 바 독이란 게 뭔 소린고 하니, '너 이놈의 죽은 송장 끌고 다니는 게 뭐냐?' 이거야. 그 법문한 그게 앙산 노화상의 소중지독(所中之毒)이여. 나한테 탁! 막 때리는 거, 맞춘 바 독이란 말이야. 그것을 내가 촉발했다, 그걸 알았다 이거야. 허니,

直得魂飛膽喪(직득혼비담상)**하야 絶後再蘇**(절후재소)**라 當時**(당시)**에 便覺四大輕安**(변각사대경안)**호미 如放下百二十斤一條擔子相似**(여방하백이십근일조담자상사)**러라**

"바로 시러금 혼이 날고 담이 상하여, 끊어진 뒤에, 죽은 뒤에 다시 한 번 살았어. 당시에 문득 4대가 경안[45]함을 깨달음이, 마치 120근 한 가닥 짐을 방하하는 것과 상사(相似)하더라." 120근이면 한 짐 아니여.[46] 한 짐 짊어지고 가다가 그놈을 턱! 지게 놓은 거같이 시원하다 이 말이야. 그러니까 이 양반은 평생 말 놓고 '일귀하처'만 가르쳤어. 다 자기 경각한 대로 가르친 거야. 대혜 스님은 무(無)자 화두를 제일 많이 주장했지? 이 어른은 '만법귀일 일귀하처'만 자꾸 나오지.

今將此丹(금장차단)**하야 布施大衆**(보시대중)**하노니 汝等**(여등)**이 服之**(복지)**ㄴ댄 先將六情六識**(선장육정육식)**과 四大五蘊**(사대오온)**과 山河大地**(산하대지)**와 萬象森羅**(만상삼라)**하야 摠鎔作一箇疑斷**(총용작일개의단)**하야 頓在目前**(돈재목전)**하면 不假**

45 輕安(경안): 가볍고 편안함.

46 송(宋)나라의 '1근(斤)'은 약 600~640g 정도로 추정된다. 이종봉, 「한·중·일 중세시기 도량형제 비교 연구」, 『석당논총』 73집, 동아대학교 석당학술원, 2019, 369.

一鎗一旗(불가일쟁일기)라도 靜悄悄地(정초초지) ㅣ 便似箇淸平世界(변사개청평세계)하야

"이제 내가 이 단, 이 약을 대중에게 널리 보시하노니, 너희들은" 먹어라, "먹을진대 먼저 6정 6식과 4대, 5온과 산하대지와 만상삼라, 이것들을 갖다가, 모조리 녹여서 한낱 의단[47]을 지어서, 몰록 목전에다 떠억~ 둘 거 같으면, 일창일기(一鎗一旗)를 가차(假借)하지 않고," 한 창과 한 깃대 싸울 때 창과 깃대를 가지고 나가는 거 아니야. 전쟁 안 해도 된다 이 소리여. "고요해 초초하니, 문득 그 청평한 세계와 같아서," '초초(悄悄)히' 고요하다는 형용사야.

如是行也(여시행야)에도 只是箇疑團(지시개의단)이며 坐也(좌야)에도 只是箇疑團(지시개의단)이며 著衣喫飯也(착의끽반야)에도 只是箇疑團(지시개의단)이며 屙屎放尿也(아시방뇨야)에도 只是箇疑團(지시개의단)이며 以至見聞覺知(이지견문각지)히 總只是箇疑團(총지시개의단)이라 疑來疑去(의래의거)하야 疑至省力處(의지성력처) ㅣ 便是得力處(변시득력처)니

"이와 같이 행함에도 다만이나 의단이, 앉음에도 다만이나 의단이, 옷 입고 밥 먹을 때에도 다만이나 의단이, 똥 누고 오줌 눌 때에도 다만이 한낱 의단이, 써 듣고 깨달아 아는 데 이르기까지, 총(總)히 다만이나 의단이라, 의심해오고 의심해가서, 의심하여 힘 덜리는[48] 곳에 이르는 것이, 문득 이 힘 얻는 곳이니,"

---

47 疑團(의단): 속에 늘 풀리지 않는 의심.

48 省力(성력): 힘을 덜다; 수월하다.

不疑自疑(불의자의)하며 不擧自擧(불거자거)하야 從朝至暮(종조지모)히 粘頭綴尾(점두철미)하야 打成一片(타성일편)하야 無絲毫縫罅(무사호봉하)라 撼亦不動(감역부동)하고 趂亦不去(진역불거)하야

그때 가서는 "의심하지 않아도 저절로 의심이 되며," 화두를 "들지 않아도 저절로 들려서, 아침으로부터 저녁에 이르기까지, 머리를 딱 붙이고 꼬리도 딱 얽어서," 두미가 딱 같이 붙어있단 말이야 떨어지지 않고. "쳐서 한 조각으로 쟁이고서, 실 터럭만큼 그저 틈이 없어. 흔들어도 또한 동치 않고, 암만 쫓아도 또한 가지 않아서,"

昭昭靈靈(소소영령)하야 常現在前(상현재전)이 如順水流舟(여순수류주)에 全不犯手(전불범수)하리니 只此便是得力底時節也(지차변시득력저시절야)니라

"소소영령[49]하야 항상 목전에 있으니, 마치 순한 물에 배 떠지는 것같이," 배를 쩌억~ 띄우는 것같이 일렁일렁 배를 잘 띄워 갈 거란 말이야. 그려서 "온전히 손을 범하지 않아," 손은 애쓸 게 없다 이 소리야. 그러하니, "다만 이것이 문득 힘 얻는 시절이라."

更須慤其正念(갱수각기정념)하야 愼無二心(신무이심)하며 展轉磨光(전전마광)하며 展轉淘汰(전전도태)하야 窮玄盡奧(궁현진

---

49 昭昭靈靈(소소영령): 밝고 또 밝고, 신령스럽고 신령스럽다. 임제 의현이 말한 것인데, '무위진인(佛性)의 밝고 신령스러운 성질'을 가리킨다. 같은 계열의 가르침임을 이렇게 확인할 수 있다.

오)하고 至極至微(지극지미)하야 向一毫頭上安身(향일호두상안신)하야 孤孤逈逈(고고형형)하며 卓卓巍巍(탁탁외외)하야 不動不搖(부동불요)하고 無來無去(무래무거)하며

"다시 모름지기 그 정념을 진실히 다져서, 삼가 이 두 마음을 내지 말아서, 전전(展轉)히 광(光)을 바루며,[50] 전전히 도태(淘汰)[51]해서, 현리를 다하고 오묘한 이치를 다하고, 극(極)에 이르고 미(微)에 이르러서, 한 터럭 머리 위를 향해서 몸을 두어서, 고고(孤孤)하고 형형(逈逈)하며 탁탁(卓卓)하고 외외(巍巍)해서[52] 부동불요(不動不搖)하고 무래무거(無來無去)하야."[53]

一念不生(일념불생)하야 前後際斷(전후제단)하면 從玆(종자)로 塵勞(진로)ㅣ 頓息(돈식)하고 昏散(혼산)이 勦除(초제)하야 行亦不知行(행역부지행)하고 坐亦不知坐(좌역부지좌)하며 寒亦不知寒(한역부지한)하고 熱亦不知熱(열역부지열)하며 喫茶不知茶(끽다부지다)하고 喫飯不知飯(끽반부지반)하야 終日獃憃憃地(종일애용용지)ㅣ 恰似箇泥塑木雕底(흡사개니소목조저)하리니 故(고)로 謂墻壁無殊(위장벽무수)라하시니라

---

50 展轉(전전): 되풀이하다.
磨光(마광): 갈아서 광을 내다.

51 淘汰(도태): 물에 일고 씻어서 깨끗하게 한다.

52 외롭고 멀며, 우뚝하고 높아서.

53 움직이지도 흔들리지도 않고, 옴도 감도 없으며.

"일념이 나지 않아서, 전후제[54]가 끊어지면, 이를 좇아 진로[55]망상이 몰록 쉬고, 혼침산란이 모두 썩고 제해져서, 행할 때도 또한 행하는 걸 알지 못하고, 앉을 때도 또한 앉음을 알지 못하며, 차가워도 또한 차가운 것도 알지 못하고, 더울 때 또한 더운 걸 알지 못하며, 차를 마실 때도 차 마시는 걸 알지 못하고, 밥을 먹을 때에도 밥을 먹는 걸 알지 못해서, 종일토록 어리석어서 용용(惷惷)한 것이, 마치 진흙으로 만든 소상과 나무를 깎아 만든 조상과 같으리니, 고로 장벽과 같이 다름이 없다고 말씀하셨느니라."

纔有者境界現前(재유자경계현전)이면 則是道家之消息也(즉시도가지소식야)라 決定去地不遠也(결정거지불원야)니 把得搆也(파득구야)하며 撮得著也(촬득착야)하야 只待時刻而已(지대시각이이)라

"겨우 이 경계가 현재 전(前)에 있으면," 여기 '자(者)' 자도 '이 저(這)' 자를 통용한 거야. "곧 이도 자기의 본가에 이르는 소식이라. 결정코 땅에 가기가 멀지 않았느니, 잡아 얽으매 움켜 붙여서, 다만 시각을 기다릴 따름이니라."

又卻不得見恁麼說(우각부득견임마설)하고 起一念正眞心求之(기일념정진심구지)하며 又卻不得將心待之(우각부득장심대지)하

---

54 前後際(전후제): 앞뒤의 경계.

55 塵勞(진로): 번뇌, 세속적인 노고.

며 又卻不得要一念縱之(우각부득요일념종지)하며 又卻不得要一念棄之(우각부득요일념기지)하고 直須堅凝正念(직수견응정념)하야 以悟爲則(이오위칙)이어다

"또 도리어 이렇게 설하는 것을 보고, 한 생각 정진하는 마음을 일으켜서" 구한다면, 그럼 또 못 쓴다 이거야. "구하지 말며, 또 도리어 마음을 가져서 기다리지도 말며, 또 도리어 종요로이 한 생각을, 그러면 놓아버린다고 하지도 말고, 또 도리어 종요로이 한 생각을 버리려고도 하지 말고, 바로 모름지기 굳게 정념을 엉켜 가지고서, 깨달음으로써 법칙을 삼을지어다."

當此之際(당차지제)하야 有八萬四千魔軍(유팔만사천마군)이 在汝六根門頭伺候(재여육근문두사후)하야

"이 연을 당해서,[56] 8만 4,000 마군이 너의 육근문두(六根門頭)에 있어서 엿본다." 여기는 기후 후자가 아니야. '엿볼 후(候)', '기다릴 후', '엿볼 후'.

所有一切奇異殊勝 (소유일체기이수승)한 善惡應驗之事(선악응험지사)를 隨汝心設(수여심설)하며 隨汝心生(수여심생)하며 隨汝心求(수여심구)하며 隨汝心現(수여심현)하야 凡有所欲(범유소욕)을 無不遂之(무불수지)하리니

"있는 바 일체 기이하고 수승한, 선악응험의 일(事)을 너의 마음을 따라 외치며, 너의 마음을 따라 내며, 너의 마음을 따라 구하며, 너의 마음을

56 이쯤 되면.

따라 나타내서, 무릇 하고자 하는 바가 있는 것을, 다 이뤄주지 않음이 없다." 마구니가 뭐든지 다 원대로 들어준다 이거야.

汝若暫起毫釐差別心(여약별기호리차별심)하며 **擬生纖塵妄想念**(의생섬진망상념)하면 **即便墮他圈樻**(즉변타타권궤)하며 **即便被他作主**(즉변피타작주)하며 **即便聽他指揮**(즉변청타지휘)하야 **便乃口說魔話**(변내구설마화)하며 **心行魔行**(심행마행)하야 **反誹他非**(반비타비)하고 **自譽真道**(자예진도)하야 **般若正因**(반야정인)이 **從茲永泯**(종자영민)하며 **菩提種子**(보리종자)ㅣ **不復生芽**(불부생아)하야 **劫劫生生**(겁겁생생)에 **常爲伴侶**(상위반려)하리라

"네가 만일 별안간 호리(毫釐)[57]의 차별심을 일으키며, 의탁해 섬진[58]의 망상념을 내면, 곧 문득" 권궤(圈樻)[59], 마구니 경계, 권궤에 떨어져, "그 우리에 울타리 속에 떨어진다.[60] 곧 문득 저의 주제(主帝) 지음을 입으며," 마구니한테 끌려다닌다 이 말이야. "곧 문득 저의 지휘함을 듣게 될 거란 말이야. 그래서 이에 입으로 마구니 말을 설하며, 마음으로는 마구니 행동을 행해서, 도리어 다른 이 그르다 비방하고, 스스로 자기가 참 도(道)를 가졌다고 자기를 칭찬해서, 반야의 정인(正因)[61]이 이를 좇아 영원히 없어져서, 보리(菩提)의 종자(種子)가 다시 싹이 나지 않

57 毫釐(호리): 자 또는 저울눈의 '毫(호)'와 '釐(리)'; 매우 적은 분량.

58 纖塵(섬진): 아주 자디잔 티끌.

59 圈樻(권궤): 중국 사전을 검색하면 '圈套(권투)'와 같은 말이라 한다(바이두백과 https://baike.baidu.com/item/圈樻). 즉 올무·덫 같은 것. 남을 속이는 수단.

60 '圈樻'를 위와 같이 해석한다면, '곧 문득 저 올가미에 걸려든다.'

61 正因(정인): 바른 인자.

아서, 겁겁생생(劫劫生生)에 항상 반려가 되리라."

當知此諸魔境(당지차제마경)이 皆從自心所起(개종자심소기)며 自心所生(자심소생)이니 心若不起(심약불기)면 爭如之何(쟁여지하)리오

"마땅히 알라 이 모든 마경(魔境)이, 모두 자심(自心)으로 좇아 일어나는 바이며, 자심으로부터서 나는 바니, 만일 마음이 일어나지 않으면은 어떻게 하려니." '어찌 쟁(爭)', 여지하(如之何)는 어떻게 하겠느냐. 같은 얘기잖아. 그래서 '어찌 어떻게 하려니.'

天台(천태) ㅣ 云汝之伎倆(운여지기량)은 有盡(유진)이어니와 我之不采(아지불채)는 無窮(무궁)이라하시니 誠哉(성재)라 是言也(시언야)여

"천태 대사가 말하기를," 마구니 보고 하는 소리여. "'너의 기량(伎倆), 너의 재주피우는 거는 다함이 있거니와," 네가 온갖 재주를 피워봐라. 나를 유혹할테면 해봐라. "내가 채택하지 않아. 내가 간섭 않는 것은 무궁이다.'" 너 아무 온갖 재주 다 피워봐라. 내 간섭 않는다. 그러니, "진실하다. 이 말씀이여!" 그게 마구니 대처하는 방법이라 이 말이여.

但只要一切處(단지요일체처)에 放教冷冰冰地去(방교냉빙빙지거)하며 平妥妥地去(평타타지거)하며 純清絕點去(순청절점거)하며 一念萬年去(일념만년거)하야 如箇守屍鬼子(여개수시귀자)하야 守來守去(수래수거)에 疑團子(의단자) ㅣ 欻然爆地一聲(훌연폭지일성)하면 管取驚天動地(관취경천동지)하리니 勉之勉

之(면지면지)어다

"다만 종요로이 일체처에, 놓아 하여금 차서 빙빙(冰冰)해 가며," 얼음처럼 싸늘하게. "평탄해 타타(妥妥)[62]히 가서, 순전히 맑아 점하(點瑕)[63]가 끊어져 가며, 한 생각이 만년이나 해가며, 한낱 송장을 지키는 귀신과 같이 해왔었지. 지켜오고 지켜감에, 의단자(疑團子)[64]가 훌연(欻然)[65]히 폭지(爆地)[66]에 한 소리 나면, 경천동지하는 소식을 가말아 취하였으니, 힘쓰고 힘쓸세라."

---

62 온당하고 온당하게.

63 티.

64 疑團子(의단자): 의심덩어리.

65 欻然(훌연): 갑자기, 문득.

66 爆地(폭지): 忽地(홀지), 갑자기.

만공 선시

만공(滿空) 스님께서 반야암에다 써서 현판 써 붙인 게,

山無山(산무산) 水無水(수무수)ㄴ데
"산은 산이 없고, 물은 물이 없는데"

月面過(월면과) 吐金剛(토금강)이라
"월면이 가다가 금강산을 뱉어놨다."

자기 이름이 월면이거든. 중 이름이. 어때?

板齒生毛(판치생모)
판치생모(板齒生毛)를 모두 저 그냥 판대기에 이빨 자국이라 그래. 앞니를 판치라고 하는 거여. 이 앞니에서 터럭이 난다 이 소리여.

대중에게 보임(7)[67]

◉

東西(동서)는 十萬(십만)이요 南北(남북)은 八千(팔천)이라
동서로는 10만 리고 남북으로는 8,000리다. 이건 중국 지리를 가지고 하는 소리여.[68] 미국 가니까 그렇게 되겄드만. 미국이 로스안젤레스에서 뉴욕까지가 비행기가 말야. 940키로를 달리는 비행기를 가지고서 다섯 시간 이상 여섯 시간을 거의 간다. 그러니까 여기서 동경까지 600. 얼마나 그노무 땅이 크노? 그러니 동서는 10만이오 남북은 8,000이라 이렇게 되지. 그러니 중국 대륙이나 거의 같으니까.

纖塵不立(섬진불입)하고 寸草不生(촌초불생)하야 往來無礙(왕래무애)하야 妙用從橫(묘용종횡)이니 直饒親到者裏(직요친도자리)라도 正是棄本逐末(정시기본축말)이며 引禍招殃(인화초앙)이니라 且道(차도)하라 如何是本(여하시본)고 [擲主丈云(척주장운)] 抛出輪王三寸鐵(포출윤왕삼촌철)이라도 分明遍界是刀鎗

67 『고봉원묘선사선요』 시중 (기칠)(X70n1401, 706a).

68 당나라의 1리는 323m로 추산된다. 남송 시대의 중국이 남북 8,000리라는 것은 대략 맞지만[북방은 여진(金)이 차지하여 줄어들었다], 동서가 10만 리라는 설정은 과장이다(지구 전체 둘레가 4만 km이므로 10만 리라 할 수도 있다).

(분명편계시도창)이로다

"섬진[69]도 세우지 않고, 촌초[70]도 나지 않아서, 왕래무애하야,[71] 묘용이 종횡이니,[72] 바로 넉넉히 친히 이런 경지에 이를지라도, 정(正)히 이 본(本)을 버리고 말(末)을 좇음이라. 화를 이끌고 재앙을 부를 것이다. 또 일러라. 어떤 것이 근본이냐? [주장자를 집어 내버리면서 하는 말이] 전륜왕의 삼촌 쇠를,"[73] 철 방망이여. 그것을 "던져낼지라도, 분명히 온 세계에 두루한 이 도창(刀鎗)이다."

低頭覓天(저두멱천)이요 仰面尋地(앙면심지)라 跛跛挈挈(파파설설)하야 遠之遠矣(원지원의)로다 驀然撞著徐十三朗(맥연당저서십삼랑)하고 嗄(사) 元來只在者裏(원래지재자리)로다 [以手(이수)로 拍膝一下云(박슬일하운)] 在者裏(재자리)라도 臘月三十日(납월삼십일)이 到來(도래)하면 也是開眼見鬼(야시개안견귀)하리라

"머리를 낮게 해서 하늘을 찾고, 낯을 우러러서 땅을 찾는지라, 파파(波波)"는 다리 저는 게고, "설설(挈挈)"은 꼬리 끄는 모양. ……[74] 하여, "멀

---

69 纖塵(섬진): 아주 자디잔 티끌.

70 寸草(촌초): 작은 풀.

71 往來無礙(왕래무애): 왕래에 걸림이 없어.

72 妙用從橫(묘용종횡): 신묘한 작용이, 종횡을 자유롭게 누비니.

73 전륜성왕이 '삼촌철(三寸鐵)'로써 천하를 이겼다는 설화. 여기서 삼촌철은 세 치 혀에 관한 비유라 하기도 한다.

74 앞의 강의에 '삽살개 뒷다리'가 나왔다. 다시 정정하시는데, 다 생략하고 저서에서 꾸어 간략히 한다.

고 멀도다. 맥연히" 서십삼랑을 당착하면,[75] 서십삼랑이란 건 뭐인고 하니 서씨의 열셋째 아주 영리한 놈이여.[76] 그래서 문장을 이렇게 쓰는 거야. "서씨의 열셋째 아들놈을 당착하면 '사(嗄)!'" 외자 법문이여. "원래에 다만 이 속에 있도다. [손으로써 무릎을 한 번 탁! 쳐 한 번 내려 이르되]" 이 속에 있더라도, "여기에 있더라도, 납월 30일이 도래하면, 또한 이 눈을 열고 귀신을 볼 것이다."[77] 아직 멀었다 이 소리여. 허허허.

---

75 '문득, 서십삼랑을 만나면.'
撞著(당저): 맞부딪히다. 만나다.

76 전국시대에 서씨가 열셋째 아들을 잃었다가, 뒤에 군대에서 만난 고사로써 이렇게 이른다.

77 사람이 눈을 열고 귀신을 본 즉 죽음을 말한다.

대중에게 보임(9)[78]

◉

參禪(참선)에 若要剋日成功(약요극일성공)인댄 如墮千尺井底相似(여타천척정저상사)하야 從朝至暮(종조지모)하며 從暮至朝(종모지조)히 千思想萬思量(천사상만사량)이 單單只是箇求出之心(단단지시개구출지심)이요 究竟決無二念(구경결무이념)이니

"참선에 만일 극일에 성공을 요할진댄," 극일은 당일 이 말이야. 하루 당일에 성공을 요할진대, "천척(千尺) 우물 밑에 떨어져 있는 것과 같이 상사해서, 아침으로 좇아 저물에 이르며, 저묾으로 좇아 아침에 이르기까지, 천사상만사량(千思想萬思量)이, 홑으로 홑으로 다만 이 한낱 나오기를 구하는 마음이요, 구경(究竟)에 결코 두 생각이 없게 되었나니," 우물에 빠진 놈이 그럴 거 아냐.

誠能如是施工(성능여시시공)하야 或三日或五日或七日(혹삼일혹오일혹칠일)에 若不徹去(약불철거)면 西峰(서봉)이 今日(금일)에 犯大妄語(범대망어)라 永墮拔舌犁耕(영타발설리경)하리라

"진실로 능히 이와 같이 공부를 지어서 혹 3일, 혹 5일 혹 7일에, 만일

---

78 『고봉원묘선사선요』 시중 (기구)(X70n1401, 706b).

사무쳐가지 못한다면, 서봉이 금일에 대망어를 범하니라. 영원히 내가 발설지옥에 떨어질 것이다."

내가 느덜한테 거짓말했으니까 발설지옥, 혓바닥을 빼가지고 보습 쟁기를 맨들어서 밭 가는 그런 지옥에 빠진다 이 말이야. 맹세하는 말씀. 이렇게 되고서 그럴 거 아냐. 이렇게 간절히 됐으면 그렇지 …… 나는 거야. 이렇게 깜이 열리면.

有時(유시)엔 熱鬨鬨(열홍홍)하고 有時(유시)엔 冷氷氷(냉빙빙)하며 有時(유시)엔 如牽驢入井(여견려입정)하고 有時(유시)엔 如順水張帆(여순수장범)이라 因此四魔(인차사마)의 更相殘害(경상잔해)하야

"어느 때에는 뜨거워 호호하기도 하고", 공부가 그렇잖아? "어느 때에는 차가워서 빙빙(氷氷)하기도 하는 거야. 어느 때에는 나귀를 붙들고서 우물에 들어가는 것 같기도 하고, 어느 때는 순한 물에 돛을 단 것같이 잘되는 것도 같다. 그런지라 이 사마(四魔)의 서로서로 잔해(殘害)[79] 함을 인하여," '서로서로' 하면 경상(更相)이라 그래. 갱상이라 읽지 않고 '서로 경(更)' 그러는 거야.

致使學人(치사학인)으로 忘家失業(망가실업)하나니

"학인으로 하여금 집을 잊고 업을 이 잃게 하나니"

79 殘害(잔해): 아주 모질게 굴고 해침.

西峰(서봉)이 今日(금일)에 略施一計(약시일계)하야 要與諸人(요여제인)으로 掃蹤滅跡(소종멸적)호리라 [良久云(양구운)] 捷(첩)하시다

"서봉이 금일에 간략히 한 꾀를 베풀어서, 종요로이 제인(諸人)으로 더불어, 자취를 쓸고 자취를 멸하게 하리라. [한참 있다 하는 말씀이] 첩(捷)!" 이래 버렸어.

兄弟家(형제가) ㅣ 成十年二十年(성십년이십년)토록 撥草瞻風(발초첨풍)호되

"형제가(兄弟家)가 10년 20년이 되도록, 풀을 헤치고 바람을 불되," 이것은 공부하러 다니는 것을 의미하는 거여.

不見佛性(불견불성)하고 往往(왕왕)에 皆謂被昏沈掉擧之所籠罩(개위피혼침도거지소농조)라하나니 殊不知只者昏沈掉擧四字(수부지지자혼침도거사자) ㅣ 當體即是佛性(당체즉시불성)이로다

"불성을 보지 못하고, 왕왕(往往)에 다 혼침도거(昏沈掉擧의) 농조(籠罩)[80]한 바를 입었다고 말하나니, 자못 다만 이 혼침도거 네 글자가, 당체(當體)가 곧 이 불성인 줄을 알지 못하는구나."

堪嗟迷人(감차미인)이 不了(불료)하야 妄自執法爲病(망자집법

80 籠罩(농조): 덮어씌우다, 포위.

위병)이라 以病攻病(이병공병)하야 致使[81]佛性(치사불성)으로 愈求愈遠(유구유원)하며 轉急轉遲(전급전지)하나니
"매우 슬프다, 미(迷)한 사람이, 요달하지 못하여 망령되이 스스로 법을 집착하여 병을 삼느니라. 병으로써 병을 다스려서, 불성으로 하여금 더욱 구할수록 더욱 멀어지며, 더욱 급히 할수록 더욱 더디게 됨을 이루나니,"

設使一箇半箇(설사일개반개) ㅣ 回光返照(회광반조)하야 直下知非(직하지비)하야 廓然藥病兩忘(곽연약병양망)하고 眼睛露出(안정노출)하야 洞明達磨單傳(통명달마단전)하며
"설사 일개반개(一箇半箇)[82]가 회광반조(回光返照)[83]하여, 직하(直下)에 그른 줄 알아서,[84] 확연(廓然)히 약과 병을 둘 다 잊고, 안정(眼睛)[85]이 노출해서, 달마의 단전(單傳)을 훤출히 밝히며," '고을 동(洞)' 자를 '크다' 하면 '클 통(洞)'이라 그래. 洞明. 이런 거 '동명'이라고 읽으면 못써. '통명'이라고 그래야지.

徹見本來佛性(철견본래불성)이라도
"본래의 불성을 사무쳐 볼지라도"

---

81 致使(치사): ~한 결과가 되다.

82 一箇半箇(일개반개): 한 사람이나 반 사람이라도.

83 빛을 돌이켜 비추어 보아.

84 바로 그릇된 줄 알아서.

85 眼睛(안정): 눈동자.

若據西峰(약거서봉)의 點檢將來(점검장래)ㄴ댄 猶是生死岸頭事(유시생사안두사)라 若曰向上一路(약왈향상일로)ㄴ댄 須知更在青山外(수지갱재청산외)니라
"만일" 서봉(西峰), 고봉 스님 별호가 또 서봉이여. 서봉에 계시다고 서봉이라 그래. "서봉의 점검해 가져옴을 의거할 진대, 오히려 이 생사안두(生死岸頭)의 일이다.[86] 만일 저 향상일로(向上一路)를 말한다면, 모름지기 다시 청산 밖에 있는 줄 알아야 한다."

향상일로라는 건 법신(法身) 꼭대기에 이르는 길을 향상일로라 그래.

若論此事(약론차사)ㄴ댄 正如逆水撑船(정여역수탱선)하야 上得一篙(상득일고)에 退去十篙(퇴거십고)하고 上得十篙(상득십고)에 退去百篙(퇴거백고)하야 愈撑愈退(유탱유퇴)라 退之又退(퇴지우퇴)하야 直饒退到大洋海底(직요퇴도대양해저)라도 掇轉船頭(철전선두)하야 決欲又要向彼中撑上(결욕우요향피중탱상)이니
"만일 이 일을 논할진댄, 정히 거스르는 물에 배를 끄는 것과 같아서, 한 삿대를 올리매 열 삿대가 물러가고, 열 삿대를 올리매 백 삿대가 물러가고, 더욱 당길수록 더욱 물러가느니라. 물러가고 물러가서, 바로 넉넉히 물러가 큰 바다 밑구녕에 이르더라도, 선두(船頭)를 저어내서,[87] 결코 또 종요로이 저 가운데를 향해서 끌어 올리고자 할지니."

그 놈이 큰 태평양 한바다로 내려갔어도, 그냥 그 선두를 잡아서

---

86 여전히 삶과 죽음 두 물가의 일이다.
岸頭(안두): 물가. 生死岸頭(생사안두)는 삶과 죽음을 가르는 강의 양쪽 물가.

87 뱃머리를 끌어 돌려서.

한 번 잡아올릴 생각해야 된다 이거야.

若具者般操志(약구자반조지)ㄴ댄 即是到家消息(즉시도가소식)이라 如人上山(여인상산)에 各自努力(각자노력)이니라

"만일 이러한 조지(操志)[88]를 갖췄다면, 곧 이는 집에 이르는 소식이라. 이는 사람이 산에 올라갈 때 각각 스스로 힘씀과 같으니라."

此事(차사)의 的實用工切處(적실용공체처)는 正如搭對相撲相似(정여탑대상박상사)니 纔有絲毫畏懼心(재유사호외구심)과 纖塵差別念(섬진차별념)을 蘊於胸中(온어흉중)이면 何止十撲九輸(하지십박구수)리요 未著交時(미저교시)에 性命(성명)이 已屬他人了也(이속타인료야)어니와

"이 일의 적실(的實)히 공부를 쓰는 간절한 곳은, 정히 마주 대해서 서로 합을 부딪치는, 박치기하는 것같이 상사(相似)하다." 요새 권투 선수같이. "겨우 실 터럭 끝만 한 의구심과," 박치기하는 놈이 의구심이 있어가지고 박치기할 수 있어? "섬진(纖塵)의 차별념(差別念)이,[89] 흉중(胷中)에 쌓임이 있으면, 어찌 열 번 박치기 하는데 아홉 번 지는 데 그칠 뿐이리요. 사귐을 붙이기 전에 벌써, 성명(性命)이 이미 저 사람에게 붙어 그쳤어." 저놈한테 벌써 성명을 맡겼다 이거야. 죽었다 이 소리야.

---

88 操志(조지): 지조(志操).

89 아주 자디잔 차별념이.

若是鐵眼銅睛(약시철안동정)인댄 憤憤悱悱(분분비비)하야 直要一拳打碎(직요일권타쇄)하며 一口呑劫(일구탄겁)이니
"만일 쇠로 만든 눈 구리로 만든 동자라면, 그렇게 딴딴한 놈이라면, 분분(憤憤)하고 비비(悱悱)해서," 이건 공자의 말씀이야.

不憤(불분)이어든 不啓(불계)하며 不悱(불비)어든 不發(불발)호대 擧一隅(거일우)에 不以三隅反(불이삼우반)이어든 則不復也(즉불부야)니라[90]
논어에 분(憤)은 마음으로 알 듯, 알 듯하면서도 채 아직 알아지지 않는 거고, 비(悱)는 입으로 말할 듯 말할 듯하면서도 아직 말 못 하는 거. 그 경계여. 분분하고 비비해서, "바로 종요로이 일권(一拳)으로 타쇄(打碎)하며,[91] 한입으로 삼켜버릴지니."

假使喪身失命(가사상신실명)하야 以至千生萬劫(이지천생만겁)이라도 心亦不忘(심역불망)이니라
"가사 몸을 잃고 명을 잃어서, 써 천생만겁(千生萬劫)에 이를지라도, 마음이 또한 잊지 말아야 할지니."

諸上座(제상좌)야 果能如是知非(과능여시지비)하며 果能如是

90 "알락, 말락 할 정도가 아니면 가르쳐주지 않고, 말 할락, 말락 할 정도가 아니면 말해주지 않으며, 한 꼭지를 보여줄 때 세 꼭지를 알아내지 못하면 더 이상 가르쳐주지 않는다."(『논어』「술이」) 분(憤)과 비(悱)의 의미를 설명한 공자의 말씀을 추가로 강설한 것이다.

91 한 주먹으로 때려 부수며.

著鞭(과능여시저편)이면 剋日成功(극일성공)이 斷無疑矣(단무의의)리니 勉之勉之(면지면지)어다

"모든 상좌야. 과연 능히 이같이 그른 줄을 알며, 과연 능히 이같이 채찍을 붙이면, 극일성공(剋日成功)이 단정(斷定)코 의심이 없으리니, 힘쓰고 힘쓸지어다."

팔도평(八道評)[92]

경상도는 太山喬嶽(태산교악)이라 큰 산 높은 산 ……과 같다.
함경도는 泥田鬪狗(이전투구)라. 진흙 가운데 싸우는 개라. …… 싸우다가 말이야 그믐날 되면은 내년에 싸우자 이런다는데.
평안도는 猛虎山林(맹호산림). 사나운 맹호가 수풀 밖으로 나오는 거. 그러니까 성질이 급하지. 한 번 치고 보는 거야.
전라도는 風前細柳(풍전세류)라. 바람 앞에 가는 버들, 간들간들하잖아.
충청도는 淸風明月(청풍명월)이라. 맑은 바람에 밝은 달이다. 양반같이. 허허허.
경기도는 鏡中美人(경중미인)이라. 거울 속에 미인이라.
황해도는 石田耕牛(석전경우)라. 황해도는 돌밭 가는 소. 마음이 충(忠)해. 강원도하고 비슷해.
강원도는 岩下老佛(암하노불). 바위 밑에 늙은 부처님.

팔도평을 그렇게 했어.

92 민담(民譚)에 정도전이 이와 같이 평했다 하는데, 「사자평(四字評)」 또는 「팔도강산 칠언시(八道江山 七言詩)」 등으로 전한다. 구비문학으로서, 이것이 정도전의 평이란 것은 근거가 없다.

대중에게 보임(12)[93]

◉

兄弟家(형제가) ㅣ 十年二十年(십년이십년)으로 以至一生(이지일생)히 絕世忘緣(절세망연)하고 單明此事(단명차사)호대 不透脫者(불투탈자)는 病在於何(병재어하)오

"형제가(兄弟家)가 10년, 20년으로, 써 일생에 이르기까지, 세상을 끊고 연을 잊고, 홑으로 이 일만 밝히되, 뚫어 벗지 못하는 것은, 병이 어디에 있느냐?"

本分衲僧(본분납승)은 試拈出看(시념출간)하라 莫是宿無靈骨麼(막시숙무령골마)아 莫是不遇明師麼(막시불우명사마)아 莫是一暴十寒麼(막시일폭십한마)아

"본분납승(本分衲僧)[94]은 시험해 잡아내봐라. 이,[95] 숙세(宿世)에 영골(靈骨)이 없어서 그런 것이 아니냐?[96] 이, 명안종사[97]를 만나지 못해서 그

---

93 『고봉원묘선사선요』 시중 (기십이). X70n1401, 707b.

94 本分衲僧(본분납승): 본분을 지키는 승려.

95 '是(이)' 자를 새기는 옛 방식인데, 뒤에 있는 명사를 꾸미기 위한 관형사가 아니라, 전술한 상황을 가리키는 것이다. 여기서는 '병이 어디에 있느냐(病在於何)?'를 가리키는 것이다.

96 전생으로부터 신령한 기골을 타고나지 못해서 그런 것이 아니냐?

97 明師(명사): 명안종사(明眼宗師), 눈 밝은 스승.

런 것이 아니냐? 이, 일폭십한(一暴十寒)하는 것이 아니냐?" 일폭십한이란 『맹자』에 있는 유교학설인데

一日暴之(일일폭지)요 十日寒之(십일한지)면 未有能生者也(미유능생자야)니[98]
"하루 볕이 나고, 열흘 비가 오면, 이 우주만물이 생장할 것이 하나도 없잖아." 반대로 열흘 지나고 하루 비가 오면 우주만물이 저 생장하지 만은. 그렇게 공부 잘못하는 것들을 일폭십한이라 그래.

莫是根劣志微麼(막시근렬지미마)아 莫是汩沒塵勞麼(막시율몰진노마)아 莫是沈空滯寂麼(막시침공체적마)아 莫是雜毒入心麼(막시잡독입심마)아 莫是時節未至麼(막시시절미지마)아 莫是不疑言句麼(막시불의언구마)아 莫是未得謂得(막시미득위득)하며 未證謂證麼(미증위증마)아
"이, 근기가 열(劣)하고 뜻이 미약한 것이 아니냐? 이, 진노(塵勞)에 골몰해서 그런 것이 아니냐? 이, 공(空)에 잠기고 적(寂)에 체한 것이 아니냐? 이, 잡독(雜毒)이 마음에 들어가서 그런 것이 아니냐? 이, 시절인연이 아직 이르지 못해서 그런 것이 아니냐? 이," 언구(言句), 조사(祖師)의 언구여. 화두. "언구를 의심하지 않는 것이 아니냐? 이, 얻지 못하고 얻었다고 이르며, 증(證)하지 못하고 증했다고 이르는 것이 아니냐?" 아

98 『맹자』「고자상(告子上)」. 일폭십한(一暴十寒)을 추가로 강설한 내용.

만퉁이. 그 자기 증상만(增上慢)에 드는 거야.

若論膏肓之疾(약론고황지질)**인댄 總不在者裏**(총부재자리)**니라 既不在者裏**(기부재자리)**ㄴ댄 畢竟在甚麼處**(필경재심마처)**오**
"만일 고황(膏肓)의 병을 논한다면, 총히 이 속에 있지 않아 이런 건 아니다. 이미 이 속에 있지 않을진댄, 필경에는 뭐 어느 곳에 있는고?"

咄(돌) **三條椽下**(삼조연하)**와 七尺單前**(칠척단전)**이로다**
돌(咄)! "혀를 차면서. 삼조연하(三條椽下)와 칠척단전(七尺單前)이라." 너 이놈 앉아있는 자리에 있어. 삼조연하와 칠척단전이라는 게 앉아서 공부하는 자리야. 세 가닥 서까래 아래. 서까래 밑에 자기 하나 평상 가지고 앉았는 게 삼조연하거든. 칠척단전 일곱 자되는 단, 단이란 건 평상이야.

若論此事(약론차사)**ㄴ댄 如登一座高山相似**(여등일좌고산상사)**하니 三面**(삼면)**은 平夷**(평이)**하야 頃刻可上**(경각가상)**이라 極是劣力**(극시열력)**이며 極是利便**(극시리변)**이어니와**
"만일 이 일을 논할진대, 일좌(一座)[99] 높은 산에 오르는 것과 같이 상사(相似)하니, 삼면(三面)은 평이해서 경각[100]에 가히 오르는지라. 극히 이 힘이 덜리며,[101] 급히 이 이편(利便)하거니와," 이롭고 편리하다 이 말

---

99 一座(일좌): 한 자리.

100 頃刻(경각): 잠깐.

101 극히 힘이 안 든다.

이야. 거꾸로 붙이면 편리(便利) 아냐. 편안함은 편(便), 똥이라는 변(便), 오줌이라는 변(便), 문득이라는 변(便). 그러니까 발편(撥便)이라는 편(便) 그러잖아. 편리하다는 편자고 보니까.

若曰回光返照(약왈회광반조)하야 點檢將來(점검장내)ㄴ댄耳朵(이타)는 依前兩片皮(의전양편피)요 牙齒依舊一具骨(아치의구일구골)이니 有甚交涉(유심교섭)이며 有甚用處(유심용처)리오
“만일 회광반조(回光返照)[102]해서 점검해 가져옴을 말할진대, 귓수이[103]는 전(前)을 의지해서 두 조각 가죽이지 별거 없다 이 말이여. 이빨은 예(舊)를 의지해서 한 갖춘[104] 뼉따구지” 별거 없다 이거야. “무슨 교섭(交涉)이 있으며 무슨 용처가 있으리오.”[105]

若是拏雲攫霧底漢子(약시라운확무저한자)ㄴ댄 決定不墮者野狐窟中(결정불타자야호굴중)하야 埋沒自己靈光(매몰자기영광)하며 辜負出家本志(고부출가본지)하고 直向那一面懸崖峭壁無棲泊處(직향나일면현애초벽무서박처)하야 立超佛越祖心(입초불월조심)하며 辦久久無變志(판구구무변지)하야 不問上與不上(불문상여불상)과 得與不得(득여부득)하고
“만일 이 구름을 잡고 안개를 움키는 그런 놈일진대, 결정코 이 야호굴

102 빛을 돌이켜 비추다.

103 방언으로 추정됨. ‘耳朵(이타)’는 귀와 귓불인데, 중국어에서 일반적으로 ‘귀’를 말한다,

104 一具(일구): 한 틀의.

105 무슨 상관이며 무슨 쓸데가 있겠느냐.

(野狐窟)[106] 중에 떨어져서, 자기의 영광을 매몰하며, 출가의 본질을 져버리지 않고,[107] 바로 저 일면(一面) 현애초벽[108] 달린 벼랑 높은 벽 서박(棲泊)[109]할 수 없는 도저히 올라갈 수 없는 그곳을 향해서, 초불월조(超佛越祖)[110]의 마음을 세우며 오래, 오래 해서 변형이 없는 뜻을 판단해서, 올라가고 다만 올라가지 못하는 것과 얻고 다만 얻지 못하는 것을 묻지 않고,"

今日也拚命跳(금일야변명도)**하며 明日也拚命跳**(명일야변명도)**하야 跳來跳去**(도래도거)**에 跳到人法俱忘**(도도인법구망)**하며 心識路絶**(심식노절)**하야 驀然踏翻大地**(맥연답번대지)**하며 撞破虛空**(당파허공)**하면 元來山即自己**(원래산즉자기)**며 自己即山**(자기즉산)**이라 山與自己**(산여자기)**도 猶是冤家**(유시원가)**니라**

"오늘도 명(命)을 버리고 뛰어 올라가고, 내일에도 명을 버리고 뛰어 올라가서, 뛰어오고 뛰어감에, 뛰어서 인법구망(人法俱忘)[111]하고, 심식의 길이 끊어짐에 이르러서, 맥연히 대지를 답번(踏翻)하고,[112] 허공을 당

---

106 여우굴. 선가(禪家)에서 깨닫지 못했으면서 깨달았다고 자부하는 그릇된 선(禪)을 '野狐禪(야호선)'이라고 한다.

107 '決定不'이 여기까지 걸린다.

108 懸崖峭壁(현애초벽): 깎아지른 듯한 절벽.

109 棲泊(서박): 주거, 머무름.

110 超佛越祖(초불월조): 부처를 뛰어넘고 조사를 앞지르는.

111 뛰어서 사람과 법을 다 잊고.

112 갑자기 대지를 밟아 뒤엎고.

파(撞破)[113]하면, 원래 산은 곧 자기고, 자기가 곧 산이다. 산과 자못 자기도 오히려 이 원가(冤家)[114]어니와."

그것도 웬 구라냐 이거야. 산과 자못 자기도 원순데 그 원수를 누가 볼라 그러나? 자기도 그 바깥에 뭐이 친할 게 있었나. 어니와,

若要究竟衲僧(약요구경납승)의 向上巴鼻(향상파비)ㄴ댄 直須和座(직수화좌)하야 颺在他方世界(양재타방세계)하야사 始得(시득)다
"만일 구경납승(究竟衲僧)[115]의 향상파비(向上巴鼻)[116]를 요할 진대, 바로 모름지기 자기 앉아있는" 자리까지, 화(和)라는 건 자리까지 이 말이야. "자리까지 겹쳐서, 타방세계로다가 드나듦을 집어 내버려야야만 옳다."

一二三四(일이삼사)와 四三二一(사삼이일)이 鉤鎖連環(구쇄연환)하야 銀山鐵壁(은산철벽)이니 覰得破跳得出(처득파도득출)하면 大千沙界海中漚(대천사계해중구)요 一切聖賢(일체성현)이 如電拂(여전불)이어니와
"일이삼사와 사삼이일이 구쇄연환(鉤鎖連環)[117]하야 은산철벽(銀山鐵

113 撞破(당파): 쳐서 깨뜨림.
114 冤家(원가): 원수. 미워하는 것 같지만 실은 사랑하여 마음속에 번민을 가져오는 사람.
115 究竟衲僧(구경납승): 구경각을 성취한 승려.
116 巴鼻(파비): 근거, 자신(自信).
117 鉤鎖(구쇄): 갈고리 사슬,
連環(연환): 이어진 고리.

壁)[118]이니, 엿봐 파(破)하고 뛰어나 나면, 대천 모랫게 같은 세계[119]가 바다 가운데 거품 같은 거지" 별게 없어. "일체 성인이니 현인이니 하는 존재가 번갯불처럼 쏴 떨어지도다."

若是覰不破跳不出(약시처불파도불출)인댄 切須翻天覆地(체수번천복지)하며 離巢越窟(이소월굴)하고 便就一歸何處上(변취일귀하처상)하야

"만일 이 엿봐 파하지 못하고 뛰어나지 못할진대, 간절히 모름지기 하늘을 뒤치고 땅을 엎으니, 둥지를 여의고 굴을 넘고, 문득 일귀하처(一歸何處)[120] 위에다," 꼭 이렇게 일귀하처를 많이 가르쳤잖아. 자기 득력한 데야.

東擊西敲(동격서고)하며 橫拷豎逼(횡고수핍)하야 逼來逼去(핍래핍거)에 逼到無棲泊不柰何處(핍도무서박불내하처)하야 誠須

---

118 銀山鐵壁(은산철벽): 화두에 자주 등장하는 말로서, 더 이상 기어오를 수도 뚫고 지나갈 수도 없는 극한의 관문을 말한다. 이런 은산철벽이 무너지도록 극한으로 화두를 의심할 것을 수행자에게 강권한다. 은산철벽은 그냥 비유적인 표현이 아니라, 실재하는 장소이다. 베이징(北京)에 있는 불교 성지로서, 마조 도일(馬祖道一)의 제자 등은봉(鄧隱峰)이 주석했고 그와 일가를 이룬 제자들의 영묘탑이 탑림(塔林)을 이루어 '은산탑림(銀山塔林)'이라 불리게 됐다. 겨울에 눈과 얼음으로 뒤덮여 은빛으로 빛나기 때문에 은산이라 했고, 거기에 검은 암벽이 쇠벽 같다 해서 은산철벽이 된 것이다.

119 大千(대천): 4대 주와 해와 달, 수미산과 육욕천, 초선천 등을 하나의 세계라 한다. 여기에 1,000배를 곱한 것이 소천(小千) 세계, 소천을 다시 1,000배 한 것이 중천(中千) 세계, 중천을 1,000배 한 것이 대천(大千) 세계이다(『구사론』, T29n1559, 218b). 흔히 말하는 '삼천대천세계(三千大千世界)'에서 '삼천(三千)'이란 3,000이 아니라 $1{,}000^3$을 의미한다.
沙界(사계): 갠지스 강의 모래알(恒河沙) 만큼 많은 세계.

120 一歸何處(일귀하처): '하나는 어디로 돌아가는가?'라는 화두.

重加猛利(성수중가맹리)하야 翻身一擲(번신일척)하면 土塊泥團(토괴이단)이 悉皆成佛(실개성불)이어니와
"동으로 치고 서로 두드려, 횡(橫)으로 치고 수(竪)를 핍박해서,[121] 핍박해오고 핍박해가매, 핍박해 서박(棲泊)[122]할 수도 없고 어찌할 수도 없는 그곳에 이르러서, 진실로 모름지기 거듭 거기에 맹리(猛利)[123]를 더해서, 몸을 뒤쳐 한 번 던지면, 흙덩이 진흙 덩이가 다 성불하려니와",

若是不尷不尬(약시불감불개)하며 半進半出(반진반출)하야 蛇呑蝦蟆(사탄하마)인댄 西峰(서봉)은 敢道驢年(감도려년)에야 始得(시득)다호리라
"만일 이 샘킬래야 샘키지도 못하고 뱉을래야 뱉지도 못하고, …… 그러니까, 반은 나가고 반은 나와서, 뱀이 머구리[124], 개구리[125]를 삼키는 것과 같이, 그렇게 할진대 서봉은 감히 이르되 네 따위 같은 놈은 여년(驢年)[126] 해가 되어야 비로소 얻는다고 내가 말하겠다."

---

121 가로로 치고 세로를 핍박해서.

122 棲泊(서박): 주거, 머물다.

123 猛利(맹리): 사납고 날카로움, 기세가 맹렬함.

124 『훈몽자회(訓蒙字會)』에서 참개구리, 맹꽁이 두꺼비 등을 모두 '머구리'라고 칭함. '머구리'란 '먹-울-이'의 붙임말로, '목으로 우는 것'을 뜻한다.

125 蝦蟆(하마): 두꺼비라 번역하기도 하고, 중국 측 자료를 보건대 특정한 종의 개구리(Rana limnocharia)를 가리키기도 하지만, 개구리목의 양서류 전체를 구분하지 않고 통칭하는 경우도 많다. 탄허 스님은 저서에서 '머구리'라 했고, 강의에서 머구리와 개구리를 함께 쓰고 있다. 머구리는 오늘날에는 낯선 말로서, 잠수부를 뜻하는 속어로서나 듣게 되지만, 『훈몽자회』에서 개구리 관련 자(字)에 모두 '머구리'란 명칭을 쓴 것을 볼 수 있다.

126 당나귀띠 해.

자축인묘진사오미신유술해 그건 알아? 자(子)는 쥐, 축(丑)은 소, 인(寅)은 범, 묘(卯)는 토끼, 진(辰)은 용, 사(巳)는 뱀, 오(午)는 말, 미(未)는 염생이, 신(申)은 잔내비, 유(酉)는 닭, 술(戌)은 개, 해(亥)는 돼지. 나귀는 어떻게 알아? 어? 여기에 나귀는 없단 말이여. '나귀해(驢年)에 가서야 너 이놈 얻을 것이다.' 하면은 '천만 년을 해봐라 너 이놈 얻을 날이 있는가.' 이 소리여. 허허허허. 그것도 잘 알아들어야 해. 누구한테 문장 쓸라면 '나귀해에 가서나 얻어봐~.' 재미나지?

대중에게 보임(18)[127]

◉

이여송십인(李如松十人)이 불능당항우일인(不能當項羽一人)이요,
"이여송 나 열 사람이 항우 한 사람을 못 당하고,"

항우십인(項羽十人)이 불능당숙량흘일인(不能當叔梁紇一人)이요,
"항우 열 사람이 숙량흘이 한 사람을 못 당하고," 공자의 아버님

숙량흘십인(叔梁紇十人)이 불능당하우씨일인(不能當夏禹氏一人)이라.
"숙량흘 열 사람이 하우씨 한 사람을 못 당한다." 이랬어. 그게 이여송이 표현이야.[128] …… 거정기백(擧鼎氣魄)이라는 것은 하우씨가 큰 솥을 든 것을 두고 하는 말이야.[129] …… 솥을 …… 손바닥에 들고서 그냥 한

---

127 『고봉원묘선사선요』 시중 (기십팔)(X70n1401, 708c).

128 실제 이여송의 말이라기보다는 설화로 추정된다. 이여송은 구비문학의 주요한 소재이기도 했다.

129 원래 하우씨(夏禹氏)는 솥을 만들게 한 사람이다. 하우씨는 하(夏)나라 우왕으로서, 치수에 성공하여 제순(帝舜)으로부터 양위를 받아 왕이 되어 하 왕조를 열었다, 이에 9주로부터 청동을 모아서 거대한 세 발 솥을 만들어 권력의 상징으로 삼았는데 이를 '구정(九鼎)'이라 한다. 또는 9주로부터 1개씩 솥을 바치게 하여 그 아홉 개의 솥을 구정이라 한다는 설도 있다. 이 구정은 이후 춘추전국 시대의 진나라에까지 전해지다가 혼란 중에 분실됐다. 이

바퀴 돌아버리는 것. 거정발산(擧鼎拔山), 항우는 산을 빼는, 역발산기개세(力拔山氣蓋世)로다 노래도 있지.[130]

若非擧鼎拔山之力(약비거정발산지력)**이면 卒難剿除**(졸난초제)**니 未免借拄杖子威光**(미면차주장자위광)**하야 特爲諸人出熱去也**(특위제인출열거야)**니라** [卓主丈一下(탁주장일하)하고 喝一喝云(할일할운)] **勞而無功**(노이무공)**이로다**

"만일 솥을 들고 산을 빼는 힘이 아니면, 마침내 끊어 제(除)하기 어려울지니, 주장자의 위광(威光)을 빌어서, 특히 모든 사람을 위해서 열을 내어감을 내가 면치 못할지니라." 시방 열 내는 거야. 이게 지금 에? 한번 열을 어떻게 내는고 하니 "[주장자를 한번 탁 세워 한번 내리고, 땅! 이렇게 해 놓고 한 '할'을 해 이르시면서,]" 노(勞)이 무공(無功)이로다.[131] "암만 뚜드려 깨봤자 아무 소용이 없어."

若論此事(약론차사)**의 的的用工**(적적용공)**인댄 正如**[132]**獄中當死罪人**(정여옥중당사죄인)**이 忽遇獄子**(홀우옥자)**의 醉酒睡著**(취주수저)**하야 敲枷打鎖**(고가타쇄)**하고 連夜奔逃**(연야분도)**호대**

를 들어 올려 용력을 자랑한 사람들이 몇 있다. 먼저 진(秦) 무왕(武王)으로 정복 군주로서 이름을 떨쳤으나 구정을 들다가 그만 깔려 죽고 마니, 향년 23세였다. 그리고 항우 역시 구정을 들었다는 설화가 있다.

130 '거정발산(擧鼎拔山)'은 항우에서 유래된 고사성어이다. 솥을 드는 것도 산을 뽑는 것도 모두 항우에 관한 고사이다. 이 고사까지 탄허 스님은 해당 강설에서 참조할 만한 고사를 언급했다.

131 수고롭되 공이 없다.

132 正如(정여): ~에서처럼. 여기서는 문단 끝까지 대하여 적용된다.

於路(어로)에 雖多毒龍猛虎(수다독룡맹호)라도 一往直前(일왕직전)하야 了無所畏(요무소외)니

"만일 이일의 적적(的的)히 용공(用工)함을 논할진대,[133] 정히 옥중에서 죽음에 당한 죄인이, 홀연히 옥자(獄子)가 술에 취해서 조는 걸 만났어.[134] 가(枷)를 두드리고 쇄(鎖)를 뚜드려 부셔 내버리고서[135]" 밤을 연해,[136] "밤새도록 도망간다"는 말이야. "길 가운데 비록 독룡맹호(毒龍猛虎)를 만나더라도,[137] 일왕(一往)에 앞에 바로 나가지," 딴생각이 없다 이거야. 왜? 뒤쫓아 오는 놈 때문에. …… 급하다 이거야. 그래서 "마침내 두려워하는 바가 없어." 오직 뒤쫓아 오는 놈 피할 생각뿐이지 옆에는 돌아보지 않는다 이 말이야.

何故(하고)오 只爲一箇切字(지위일개절자)니라

"뭣 땜에 그러느냐? 다만 한낱 간절(切) 자가 됨이니라."

---

133 확실히 공부하는 방법.

134 옥중에서 사형당할 죄인이, 어쩌다 간수가 술에 취해서 자는 기회를 만났다.

135 목의 칼을 두드려 부수고 쇠사슬을 쳐서 깨부수고.

136 連夜(연야): 여러 날 밤.

137 雖多毒龍猛虎(수다독룡맹호): 독룡맹호가 우글거려도.

직옹거사의 편지에 답장하다(27)[138]

◉

儻或不然(당혹불연)인댄 古云莫道無心云是道(고운막도무심운시도)하라 無心猶隔一重關(무심유격일중관)이라하사니 何止一重(하지일중)이리오 更須知有百千萬重在(갱수지유백천만중재)니라 苟不發憤志精進(구불발분지정진)하야 下一段死工夫(하일단사공부)면 豈於木石之有異乎(개어목석지유이호)아

"만일 혹 이렇지 못할진댄, 예전 사람이 말하기를 무심을 일러서 이 도라고 말하지 말아라." 무심도 오히려 일중관을 격(隔)해.[139] "아직 무심도 중간에 하나 겹쳤다." 이거야. 그러니 "어찌 일중에[140] 그칠 뿐이리요. 다시 모름지기 백천만 중이 있는 소식을[141] 알아야 한다. 진실로 분지를 발하야 정진해서, 일단 죽을 공부를 한 번 내리지 않으면, 어찌 목석과 다름이 있으랴?"

凡做工夫(범주공부)하야 到極則處(도극칙처)하면 必須自然入

---

138 『고봉원묘선사선요』 답직옹거사서(答直翁居士書) (기이십칠)(X70n1401, 711c).

139 무심은 오히려 관문과 한 겹 새가 벌어져 있다.

140 한 겹에.

141 백천만 겹이 있다는 소식을.

於無心三昧(필수자연입어무심삼매)**하리니 卻與前之無心**(각여전지무심)**으로 天地相遼**(천지상요)**리라**

"무릇 공부를 지어서, 극칙처[142]에 이르면, 반드시 모름지기 자연히 무심삼매에 들리니, 도리어 전의 무심으로 더불어 천지상요다."[143] 아까 '막도무심운시도하라.' 하는 그 무심과 다르다 이 소리여.

老胡云(노호운)**ㅣ 心如墻壁**(심여장벽)**이라하시며 夫子**(부자)**는 三月忘味**(삼월망미)**하시고 顏回**(안회)**는 終日如愚**(종일여우)**하며 賈島**(가도)**는 取捨推敲**(취사퇴고)**하니 此等**(차등)**이 即是無心之類也**(즉시무심지류야)**라**

"노호(老胡)가 말씀하시기를," 부처님이,[144] 달마를 노호라 그러고 부처님도 노호라 그런다. 늙은 인도 사람이라고, 여기서 '노(老)' 자는 높이는 말이다. "마음이 장벽과 같다 하시며, 공자께서는[145] 3월 동안 맛을 잊어버리시며,[146] 공자의 수제자 안연(顏淵)이는, 종일토록 어리석은

---

142 極則處(극칙처): 지극한 곳.

143 卻(각): 도리어, 반대로. '반대로 전의 무심과는 하늘과 땅 만큼 서로 멀다.'

144 여기 '老胡(노호)'는 보통 달마(達磨)로 새기는데, 탄허 스님은 '부처님'이라 하고 있다. 의문이다.

145 夫子(부자): 스승 특히 공자를 높여 부르는 말. 여기서 달마를 '노호(老胡)'라 부른 것과 대비되게, 공자는 '부자(夫子)'로 극히 높여 부르고 있는 점이 흥미롭다. '老(노)' 자는 높임과 존경의 의미지만 '胡(호)'는 비하의 호칭이다. '존경스러운 오랑캐' 정도의 호칭이다.

146 "선생님께서 제(齊) 나라에 계실 때 소(韶)를 들으시고, 석 달 동안 고기 맛을 몰랐다. 말씀하시길, 음악으로 여기에 이를 줄 생각하지 못했다(子在齊聞韶, 三月不知肉味。曰:「不圖為樂之至於斯也!」)."(『논어』「술이」)
韶(소): 중국 고대의 기악을 말하는데, 주석에는 순(舜) 임금이 작곡한 음악이라 한다.
三月(삼월): 『사기』에는 삼월 앞에 '學之(학지)'가 있다. 따라서 '음악을 배우는 석 달 동안'이란 뜻이다.

것 같았으며,[147] 가도는 '퇴' 자 '고' 자를 갖다가서 취하고 버렸으니, 차등이[148] 곧 이 무심의 류다.[149]"

到者裏(도자리)**하야는 能擧所擧**(능거소거)**와 能疑所疑**(능의소의)**ㅣ 雙忘雙泯**(쌍망쌍민)**하며 無無亦無**(무무역무)**하리니 香嚴**(향엄)**의 聞聲**(문성)**과 靈雲**(영운)**의 見色**(견색)**과 玄沙**(현사)**의 蹴指**(축지)**와 長慶**(장경)**의 卷簾**(권렴)**이 莫不皆由此無心而悟也**(막불개유차무심이오야)**니라**

"이 속에 이르러서는, 능거(能擧)와 소거(所擧)가 능의(能疑)와 소의(所疑)가,[150] 쌍으로 잊어지고 쌍으로 없어서," '없을 무(無)' 자 밑 글자부터 새기는 거여. '무' 자를 먼저 새기지 말어. 무무(無無)라, 밑의 것 "없는 것 없다는 것까지도 또한 없으리니, 향엄이 소리를 듣고," 격죽성(擊竹聲), '대 치는 소리'를 듣고 오도한 것과 "영운의 복사꽃 피는 것 보고서" 그리 한 것과 영운은 그 빛깔이 고우니까 복사꽃 본 거여. "현사의 발가락이 채인 것과 장경의 발을 갖다가 한 것이, 다 이 무심을 말미암아서 깨닫지 않음이 없는 것이니라.

---

147 "선생님께서 말씀하셨다. '내가 안회와 종일토록 이야기했는데, (잠자코) 거스르지 않는 것이 바보 같았다. 물러간 뒤에 그 사생활을 살펴보니, 도리어 (자기 뜻을) 충분히 드러내고 있었다. 안회는 바보가 아니구나(子曰:「吾與回言終日, 不違如愚。退而省其私, 亦足以發。回也, 不愚。」)."[『논어』「위정(爲政)」]

148 이것 등이.

149 뒤에 가도의 퇴고 이야기를 설명한다. 전술된 내용을 뒤에 배치했다.

150 能所(능소): 불교 용어로서, 능동과 수동, 주체와 객체, 주관과 객관의 두 법칙을 말한다. 能擧所擧(능거소거), 能疑所疑(능의소의): 드는 주체와 들려지는 대상, 의심하는 주체와 의심을 받는 대상.

到者裏(도자리)하야 設有毫氂待悟心生(설유호리대오심생)하며 纖塵精進念起(섬진정진념기)하면 即是偷心(즉시투심)이 未息(미식)이며 能所未忘(능소미망)이니 此之一病(차지일병)은 悉是障道之端也(실시장도지단야)니라

"이 속에 이르러서, 설사 호리(毫氂)의[151] 깨닫기를 기다리는 마음이 나면, 섬진(纖塵)의[152] 정진하는 생각이 일어날 것 같으면, 곧 이는 투심(偷心)이 미식(未息)이여.[153] 아직 달리는 맘이 쉬지 못했다. 능소미망[154]이니, 이 한 병이, 다 이 도를 장애하는 끝[155]이다."

若要契悟真空(약요결오진공)하야 親到古人地位(친도고인지위)ㄴ댄 必須真正至於無心三昧(필수진정지어무심삼매)하야사 始得(시득)다 然此無心(연차무심)을 汝譬頗明(여비파명)이어니와 吾復以偈證之(오복이게증지)호리라

"만일 종요로이 진공에 계오(契悟)[156]하여, 친히 고인(古人)의 지위에 이르려 할진대, 반드시 모름지기 진정코 무심삼매에 이르러라. 그러나 이 무심을 너한테 내가" 깨우쳐준 건, '비할 비(譬)' 자가 깨우쳐줬다 소리여. "깨우쳐준 것이 자못 밝거니와, 내가 다시 게(偈)로써 증명하리라." 이 그 밑에는 게송이야.

---

151 털끝만큼이라도.

152 아주 작은.

153 훔치는 마음이 쉬지 않은 것이다.

154 能所未忘(능소미망): 능소를 잊지 못한 것이다.

155 端(단): 단서. 원인.

156 契悟(계오): 뜻에 어긋남이 없이 정확히 깨달음.

不得者箇(부득자개)면 爭得那箇(쟁득나개)리오
"이것을 얻지 못하면, 어찌 저것을 얻었겠나."

既得那箇(기득나개)하야는 忘卻者箇(망각자개)니라
"이미 저것을 얻어서는, 이것을 잊어버렸느니라."

然雖如是(연수여시)나
"그러히 비록 이 같으나,"

更須知道(갱수지도) 者箇那箇(자개나개) ㅣ 總是假箇(총시가개)니
"다시 모름지기 이것과 저것이, 모두 이 거짓인 줄로, 이를 줄 알아야 할지니," '갱수지도(更須知道)'에서 '길 도(道)' 자는 이른다는 뜻이다. '이를 도(道)' 자. 이것을 얻으면 저것을 잊어버리고 저것을 얻으면 이것을 잊어버리는데, 그러나 "다시 모름지기 이것저것이 모두 이 거짓이라고 이를 줄 알아야 할지니," 이거야

的的真底(적적진지)[157]는 聻(이)[158] 咄(돌) 陽燄空華(양염공화)로다
"적적히[159] 참된 것은 이(▪), 돌(咄)! 양염공화[160]로다."

---

157 底(지): 이룰 지.

158 ▪(니): 어조사 니(이). 문장 끝에 써서 분위기를 표현함. 여기서는 '的的眞底(적적진지)'를 강조.

159 的的(적적): 명백한 모양.

160 아지랑이와 허공에 피는 꽃.

가도(賈島)의 퇴고(推敲) 이야기[161]

가도(賈島)[162] 이 사람이 중노릇 하다가서 글 바람에 나가버렸어. 그러다 과거를 보러가는 도중에 시를 짓다가 그만 시삼매(詩三昧)에 들었단 말이야.

鳥宿池邊樹(조숙지변수)하고 僧[敲][推]月下門(승[고][퇴]월하문)이라
"새는 못가에 나무에서 자고, 중은 달 아래 문을 '두드린다 敲(고)' '밀친다 推(퇴)'."[163]

---

161 원출전은 『당시기사(唐詩紀事)』 권40.

162 가도(賈島, 779~843): 당나라의 시인. 자(字)는 양선(浪仙) 또는 낭선(閬仙). 범양(範陽, 현 베이징 근처) 사람으로 생계가 어려워 일찍이 출가해 법호를 무본(無本)이라 했다. 한유(韓愈)가 그의 재능을 알아보고 글을 가르쳤고, 가도는 환속해서 과거를 치렀으나 번번이 실패하다가 겨우 진사(進士)에 오르게 됐다. 벼슬살이는 여러 차례 강등을 당하는 등 보잘것없었으나 시인으로서 큰 이름으로 남겼다. '퇴고(推敲)'라는 말을 지은 사람으로서 유명하며, 이 강의는 그에 관한 것이다.

163 시의 전편은 다음과 같다(『당시기사』 권40).
「題李凝幽居」 제목: 이응의 은둔처
閒居少鄰並 한적히 사니 이웃도 적구나
草徑入荒村 풀 우거진 오솔길로 황량한 동네에 들어간다.
鳥宿池中樹 새는 못 속, 나무에서 잠들고
僧敲月下門 중은 달 아래 문을 두드린다.
過橋分夜色 다리를 건너메 들의 색이 나뉘고
移石動雲根 돌을 옮기니 구름 뿌리가 움직인다.
暫去還來此 잠시 떠났다 여기 다시 돌아왔으니
幽期不負言 은밀한 약속은 말을 져버리지 않은 게지

'달 아래 문을 밀친다(推)? 달 아래 문을 두드린다(敲)?' 아 …… '고(敲)' 자를 넣느냐, '퇴(推)' 자를 넣느냐?' '퇴(推)', '고(敲)' 두 글자를 가지고서, '퇴' 자를 넣어야 옳으냐, '고' 자를 넣야 옳으냐 생각하다가 삼매에, 시삼매에 들었어. 멍~ 하니, 그만 주관객관, 시 짓는 것도 잊어버리고, 자기 가는 것도 …… 잊어버리고, 멍하니.

이렇게 됐는데 한퇴지(韓退之)가 지나다가 보니까 사람이 멍하니 등신같이 앉았거든. "야 이 사람아 뭘 하나?" 깨어나니까, 아이 내가 시를 한 번 생각하다가 이렇게 시삼매에 들은 거라고, '퇴' 자가 나은가, '고' 자가 나은가 이거 생각하다가 이랬다고. "'고(敲)' 자가 낫네. 승고월하문이라." 가도(賈島)의 …… 무심의 경지다 이 소리야.[164]

이응은 가도의 친구로 보이나, 다른 알려진 것이 없다.

164 원출전인 『당시기사』에서 전하는 줄거리는 다음과 같다.
"도(島)가 과거 보러 가다가 서울에 이르러, 나귀를 타고서 시를 짓는데, '僧推月下門(승추월하문)'이라는 구절을 얻었다. '推(추)'를 바꾸어 '敲(고)'로 지을까 하여, 손을 당겨 밀고 두드리는 몸짓을 했는데, 결정하지 못했다. 그러다 모르고 대윤(大尹) 한유(韓愈)와 부딪쳤다. 이에 그 이야기를 모두 했다. 유(愈)가 말하길, "'敲'가 좋다." 그리하여 고삐와 재갈을 나란히 하고 시를 논하며 오래도록 갔다(島赴擧至京, 騎驢賦詩, 得「僧推月下門」之句, 欲改「推」作「敲」, 引手作推敲之勢, 未決, 不覺衝大尹韓愈, 乃具言。愈曰:「敲字佳矣。」遂並轡論詩久之。)."(『당시기사』 권40)

향상일로(向上一路) | 탄허, 1970년대 초
깨달았지만 그 깨달은 경지도 초월하는 선승의 본분.

5장

도서

『선원제전집』이란 책 제목에 관하여[1]

◉

禪源諸詮集者(선원제전집자)는 寫錄諸家所述詮表禪門根源道理(사록제가소술전표선문근원도리)한 文字句偈(문자구게)하야 集爲一藏(집위일장)하야 以貽後代故(이이후대고)로 都題此名也(도제차명야)니라

"『선원제전집』이라는 것은, 제가(諸家)의 소술(所述)한[2] 선문(禪門) 근원 도리를 전표(詮表)[3]한 문자귀게(文字句偈)를 사록(寫錄)해서[4], 집(集)해서 한 장(藏)을 만들어서,[5] 후대에 내가 끼친다. 그렇기 때문에 '모두에'[6] 이 이름을 썼다." 대체[7] 『선원제전집』이라 했다 이 소리야.

---

1 『선원제전집도서(禪源諸詮集都序)』 권상지일(卷上之一)(T48n2015, 399a).

2 여러 학파가 지은 바.

3 詮表(전표): 설명과 표현.

4 베껴 기록해서.

5 모아서 한 책을 만들어서.

6 都(도): 모두, 전체.

7 『선원제전집』은 원래 101권에 달하는 책인데 현존하지 않고, 그 총서(總序)만이 잔존하여 『선원제전집도서』이란 이름으로 전해진 것이다. 여기서 제목을 붙였다 함은 당시의 101권짜리 『선원제전집』에 제목을 붙였다는 말이다.

禪是天竺之語(선시천축지어)니 具云禪那(구운선나)어든 中華(중화)에 飜云思惟修(번운사유수)며 亦云靜慮(역운정려)니 皆是定慧之通稱也(개시정혜지통칭야)요

"선(禪)은 천축의 말인데, 구체적으로 말하면 선나(禪那)라. 중화의 말로 번역하면 사유수," 생각해 깨닫는다, "또는 정려," 고요히 생각한다. "그러니 모두 정혜[8]의 통칭이다." 정(定)은 정(靜)이고 혜(慧)는 여(慮)고 그렇잖아.

源者(원자)는 是一切衆生(시일체중생)의 本覺眞性(본각진성)이니 亦名佛性(역명불성)이며 亦名心地(역명심지)라 悟之名慧(오지명혜)요 修之名定(수지명정)이니 定慧(정혜)를 通名爲禪(통명위선)이라 此性(차성)이 是禪之本源故(시선지본원고)로 云禪源(운선원)이리니

"원(源)이라는 것은, 이 일체중생의 본각진성이니, 또한 이름이 불성이며, 또한 이름이 심(心)의 지(地)니라. 깨닫는 것을 혜(慧)라 하고, 닦는 것을 정(定)이라 하느니, 정혜를 통(通)히 이름해 선(禪)이라 한다. 이 성(性)이 선의 본원(本源)이기 때문에 선원(禪源)이라 했다."

亦名禪那理行者(역명선나리행자)는 此之本源(차지본원)이 是禪理(시선리)요 忘情契之(망정계지) ㅣ 是禪行故(시선행고)로 云理行(운리행)이니라

---

8 선정과 지혜.

"또한 이름이 선나이행(禪那理行)이라 하는 것은," 이자, 행자를 붙인단 말이야. 그건 뭐냐? "이 선의 본원이, 이 선리(禪理)요, 정(情)을 잊어서 계합하는 것이 이 선의 행(行)인 고로, 그래서 이행(理行)이라 그랬다."

然(연)이나 今所集諸家述作(금소집제가술작)이 多談禪理(다담선리)하고

"그러나 이제 집(集)한 바 제가의 술작[9]이 많이 선리만 말하고," 이 선문의 술작이, 규봉 스님 이전에 수백 가(家)의 조사들 문집이 전부 선리(禪理)만 얘기하지 선행(禪行)을 그렇게 말했다 이 말이야.[10]

少說禪行故(소설선행고)로 且以禪源(차이선원)으로 題之(제지)하노라

"선행은 적게 말했다. 그러기 때문에 또 선원(禪源)으로써 제목을 했다."

---

9 諸家述作(제가술작): 여러 학파의 저술들.

10 위산 영우(潙山靈祐, 771~853)는 규봉 종밀(圭峰宗密, 780~841)과 거의 같은 시대를 살았고 앙산 혜적(仰山慧寂, 803~887)은 조금 나중 사람이기 때문에 위산·앙산의 어록이 규봉 종밀 이전의 문집은 아니다. 그러나 종밀 이전뿐만 아니라 그 이후에도 계속해서 선리만 중시하는 풍조는 현대에 이르도록 계속됐던 것이다.

앙산과 위산의 문답

우선 앙산 스님이 위산 스님에게 묻기를 뭐라 했는고 하니,

悟後(오후)에 如何行履(여하행리)하오리까

“깨달은 뒤에 어떻게 행리(行履)[11], 행동해야 옳습니까?” 하니까 위산 스님 답변이지.

只貴子眼淨(지귀자안정)이오

“다만 자네 눈 바로 뜬 것만 귀히 허지,”

不貴子行履處(불귀자행리처)하노라

“너의 행리하는 것은 귀히 않는다.”[12] 이렇게 가르쳤다. 행리는 말 안 했단

---

11 行履(행리): 어떤 일을 행함.

12 선(禪)의 이(理)와 행(行)을 설명하기 위하여 예전 선가에서 많이 말하던 이 구절이 인용됐는데, 이것은 원래 오후(悟後)의 행에 대해 스승에게 물은 것이 아니라, 앙산이 당 무종(武宗)의 폐불 시기(841~846)에 법난을 피해 환속했던 자신의 허물에 대해 스승 위산에게 물었던 것이다.
“앙산이 말했다. ‘혜적(본인)은 한 때 일(환속)을 겪었습니다. 저의 행리는 어디에 있습니까?’ 스승이 말했다. ‘다만 자네의 눈이 바른 것을 귀히 여길 뿐, 자네의 행리는 말하지 않는다.’(仰山云。慧寂即一期之事。行履在什麼處。師云。只貴子眼正。不說子行履。).”(『경덕전등록』 권 9, T51n2076, 265a28)
여기서 보듯이 원래 ‘不說子行履(불설자행리)’이다. 『선가귀감(禪家龜鑑)』에서도 ‘古德云

말이야. 눈만 바로 뜨면 지가 바로 가지, 무얼 행리를 물어? 그 양반 말뿐만 아니라, 거의 많이 선리만 말하지.

只貴子眼正 不貴汝行履處'(H138 v7, 638b)로 잘못 인용한다. 이를 두고, 석전 박한영 스님이 다음과 같이 비판한 바 있다. "요즘 광선배(狂禪輩, 미친 선 패거리)들이 있어, '不說(불설)'을 그릇되게 '不貴(불귀)'로 고쳤으며, 선배들의 '다만 도안(道眼)의 명정(明正)함을 귀히 여길 뿐이다'라는 말을 인용하여 음란·살생·도둑질·망동을 행하는 것이 무애(無礙)한 것으로 당연시하니, 이는 '삿된 사람이 정법을 말하면, 정법도 모두 사(邪)가 돼버린다'라 말할 수 있는 것이다. 이렇듯 와전되어 …… (중략) …… 좋을 대로 방자한 행리를 하여, 선종이 와해되도록 하니, 그 해로움은 홍수의 범람보다 심한 것이다(近有狂禪輩。改不說。訛爲不貴。且引說先輩之只貴道眼明正。以若行履之恣行婬殺盜妄。爲無碍之當然。是可謂邪人說正法。正法悉歸邪者歟。仍以訛傳。...中略... 隨好其放恣行履。禪團瓦解。害甚洪水之濫焉。)."[석전(石顚), 『석전문초(石顚文鈔)』, 법보원(法寶院), 1962]

진성(眞性)을 설명함

◉

今時(금시)에 有但目眞性(유단목진성)하야 爲禪者(위선자)하니 是(시)는 不達理行之旨(부달리행지지)며 又不辨華竺之音也(우불변화축지음야)로다

"금시에, 다만 진성(眞性)만 지목해서, 선을 삼은 자가 있으니, 이는 이(理)와 행(行)의 종지를 달(達)하지 못한 사람이며, 또는" 화축(華竺)의 음을 분별하지 못하는 사람이다.[13] 이거야. "중국과 서역의 말을 분별하지 못한 말이다."

然(연)이나 非離眞性(비리진성)코 別有禪體(별유선체)로대 但衆生(단중생)이 迷眞合塵(미진합진)일새 卽名散亂(즉명산란)이요 背塵合眞(배진합진)일새 名爲禪定(명위선정)이어니와 若直論本性(약직론본성)인댄 卽非眞非妄(즉비진비망)이며 無背無合(무배무합)이며 無定無亂(무정무란)이어니 誰言禪乎(수언선호)리요

"그러나 진성을 여의고, 별(別)로 선체(禪體)가 있지 않되,[14] 다만 중생

---

13 옛날 중국에서는 '眞(진)'과 '禪(선)'의 발음이 흡사했었나 보다.

14 진성을 떠나서 따로 선의 본체가 있지 아니하다.

이, 진(眞)을 미(迷)해 진(塵)에 합할 때,[15] 곧 산란이라 이름하는 것이요, 진(塵)을 등지고 진(眞)에 합할 때, 이름에 선정이라 하겠거니와, 만일 바로 본성을 의론할진댄, 곧 진(眞)도 아니고 망(妄)도 아니며,[16] 등지는 것도 아니고 합하는 것도 아니며, 정(定)한 것도 없고 어지러운 것도 없거니, 누가 선이라고 말하랴." 선이란 말은 아무것도 안 붙는다 이거야.

況此眞性(황차진성)**이 非惟是禪門之源**(비유시선문지원)**이라 亦是萬法之源**(역시만법지원)**일새 故名法性**(고명법성)**이며 亦是衆生迷悟之源**(역시중생미오지원)**일새 故名如來藏藏識**(고명여래장장식)**이며** [出楞伽經(출능가경)]

진성으로 말하면 "하물며 이 진성이, 오직 이 선문의 근원일 뿐만 아니라, 또한 이 만법의 근원일새, 고로 법성(法性)이라고도 이름한다. 또한 이 중생 미오(迷悟)의 근원일새, 고로 여래장, 장식(藏識)이라고 한다." '여래장장'이라고 하면 못 쓰고, '여래장 장식,' 중생의 마음 가운데 있는 것을 여래장이라 그려. 여래가 가르쳤다고. 여래장 장식[17]이며,

亦是諸佛萬德之源(역시제불만덕지원)**일새 故名佛性**(고명불성)**이며** [涅槃等經(열반등경)] **亦是菩薩萬行之源**(역시보살만행지원)**일새 故名心地**(고명심지)**라**

---

15 참을 잘 알지 못하여 세속에 합할 때.

16 참도 아니고 망함도 아니며.

17 "如來藏(여래장)은 중생 마음 가운데 있는 法身(법신)의 대명사다. 藏識(장식)은 두 가지 義(의)가 있으니, 一(일)은 법신이 隱藏(은장)된 마음이라는 義요, 二(이)는 覺(각)과 不覺(불각)의 모든 法이 출생한다는 마음의 義도 된다."(탄허 주)

"또한 이 제불 만덕[18]의 근원일새, 고로 이름이 불성이며, 또한 이 보살 만행(萬行)의 근원일새, 고로 이름이 심지(心地)라."[19]

梵網經心地法門品(범망경심지법문품)에 云是諸佛之本源(운시제불지본원)이며 行菩薩道之根本(행보살도지근본)이며 是大衆諸佛子之根本也(시대중제불자지근본야)라하시니라[20]
"『범망경』「심지법문품」에, 이 제불의 본원이며, 보살도를 행하는 근본이며, 이 대중 제불자의 근본이라고 했다."

萬行(만행)이 不出六波羅密(불출육바라밀)하니 禪門(선문)은 但是六中之一(단시육중지일)이라 當其第五(당기제오)어늘 豈可都目眞性(개가도목진성)하야 爲一禪行哉(위일선행재)아 然(연)이나 禪定一行(선정일행)이 最爲神妙(최위신묘)하야 能發起性上(능발기성상)에 無漏智慧(무루지혜)와 一切妙用(일체묘용)과 萬行萬德(만행만덕)[21]하며 乃至神通光明(내지신통광명)이 皆從定發(개종정발)이라
"만행이 육바라밀에서 벗어나지 않으니, 선문은 다만 이 6중의 1이라. 그 제5에 당하거늘,[22] 어찌 가히 모두 진성(眞性)을 지목하여, 한 선

---

18 모든 부처님의 만 가지 덕.

19 보살의 만 가지 행의 근원일새, 고로 이름이 마음의 바탕이라.

20 이 부분은 본문 중에 저자가 주석을 단 것이다.

21 대정장에는 '萬德萬行(만덕만행)'으로 돼 있으나, 우리나라의 옛 판본(화암사 1493, 송광사 1608 등)은 모두 '萬行萬德(만행만덕)'으로 되어있다.

22 제5에 해당하거늘.

행(禪行)을 삼으랴. 그러나 선정의 한 행(行)이, 가장 신묘한 일이야. 그래서 능히 성상(性上)에" 무루(無漏), "흠이 없는 지혜와, 일체묘용과 만행만덕을 발기(發起)하며, 내지 신통광명이 다 이 선정을 좇아 발하느니라."

故(고)로 **三乘學人**(삼승학인)이 **欲求聖道**(욕구성도)ㄴ댄 **必須修禪**(필수수선)이니 **離此無門**(이차무문)이며 **離此無路**(이차무로)라 **至於念佛**(지어념불)하야 **求生淨土**(구생정토)에도 **亦修十六觀禪**(역수십육관선)과 **及念佛三昧**(급념불삼매)와 **般舟三昧**(반주삼매)하나니라

"고로 삼승[23] 학인이, 성도(聖道)를 구하고자 할진대, 반드시 모름지기 선을 닦아야 하는 것이니, 이를 여의고는 문이 없으며, 이를 여의고는 길이 없다. 염불해서 정토에 남(生)을 구(求)함에 이르러서도, 또한 십육관선[24] 및 염불삼매와 반주삼매를 닦느니라."

---

23 三乘(삼승): 성문(聲聞), 연각(緣覺), 보살(菩薩).

24 十六觀(16관): 『관무량수경(觀無量壽經)』에서 가르친, 극락에 태어나기 위하여 아미타불의 불신(佛身) 국토를 관상(觀想)하는 16가지 관법이다. 열거하면 다음과 같다.

1. 일상관(日想觀): 지는 해를 보면서 극락정토를 관상함.
2. 수상관(水想觀): 극락의 대지가 넓고 평탄함을 물과 얼음에 비유하여 관상함.
3. 지상관(地想觀): 극락의 대지를 분명하게 관상함.
4. 보수관(寶樹觀): 극락에 있는 보배 나무를 관상함.
5. 보지관(寶池觀): 극락에 있는 연못의 팔공덕수(八功德水)를 관상함.
6. 보루관(寶樓觀): 극락의 500억 보루각(寶樓閣)을 관상함.
7. 화좌관(華座觀): 칠보로 장식된 부처님의 대좌를 관상함.
8. 상관(像觀): 금색상으로 나타나는 부처님을 관상함.
9. 진신관(眞身觀): 참된 부처님의 몸을 관상함.
10. 관음관(觀音觀): 관세음보살을 관상함.

그것들도 다 선 아냐. 반주라는 건 출입식, 입식출식의 입식을 반주라 그래. 들어가는 숨쉬기 하는 거.[25]

又眞性(우진성)은 即不垢不淨(즉불구부정)하야 凡聖(범성)이 無差(무차)로대 禪則有淺有深(선즉유천유심)하야 階級(계급)이 殊等(수등)하니

"또 진성은 곧 불구부정[26]하야, 범성이 무차로되,[27] 선은 곧 옅음이 있고 깊음이 있어서, 계급이 등(等)이 다르니." 이거 보라고. 진성은 차별이 없지만 선은 계급이 있다 이 말이여. 그럼 뭐냐?

謂帶異計(위대이계)하야 欣上厭下而修者(흔상염하이수자)는 是外道禪(시외도선)이요 正信因果(정신인과)호대 亦以欣厭而修

---

11. 세지관(勢至觀): 대세지보살을 관상함.
12. 보관(普觀): 극락의 주불(主佛)인 아미타불과 그를 둘러싸고 있는 온갖 것을 두루 관상함.
13. 잡상관(雜想觀): 우둔한 이를 위한 것으로, 1장 6척의 아미타불상을 관상함.
14. 상배관(上輩觀): 상품의 극락에 태어날 적당한 행업(行業)을 관상함.
15. 중배관(中輩觀): 중품의 극락에 태어날 적당한 행업(行業)을 관상함.
16. 하배관(下輩觀): 하품의 극락에 태어날 적당한 행업(行業)을 관상함.

25 '般舟(반주)'를 입출식관[入出息觀, 안반수의(安般守意), ānāpāna-sati]의 의미라 하시는데, 강의 중 착각하신 듯하다. 탄허 스님의 역서에는 '번역하면 상행도(常行道)며 또 불립(佛立)이니 이 삼매(三昧)에 들매 제불(諸佛)이 당상(當傷) 나타난다는 뜻(김탄허 현토역주, 『도서』, 화엄학연구소, 1976. 19)'이라 옳게 주(注)를 다셨다. '반주'란 산스크리트 Pratyutpanna를 음사한 말로 '항상 행한다'는 뜻으로 '常行(상행)'이라 번역하며, 현재 앞에 나타나 있다는 뜻이다. 즉, 반주삼매라 하면 '항상 일체제불이 내 앞에 보이게 하는 삼매'이다. 『반주삼매경』에서 이 삼매를 가르쳤는데, 그 전체 이름은 『시방일체불실재전립정경(十方一切佛悉在前立定經)』으로서 경명에 반주삼매의 뜻을 잘 설명하고 있다.

26 不垢不淨(불구부정): 때 묻지도 않고 깨끗하지도 않다.

27 범(凡)과 성(聖)이 차이가 없으되.

者(역이흔염이수자)는 是凡夫禪(시범부선)이요
"이르되 이상한 계교(計較)[28]를 띄어서," 아까 내가 말한 그거야. "위를 기뻐하고 아래를 싫어해서[29] 닦는 자는, 그건 외도선이고, 인과를 바로 믿지만, 또한 흔염[30]심으로 또 닦은 사람은, 범부선이고," 그건 불교 사람이여, 위에 외도는 불교 사람 아니고.

悟我空偏眞之理而修者(오아공편진지리이수자)는 是小乘禪(시소승선)이요
"아집만 공(空)한 편진의 리(理)를 깨달아 닦는 자는 이 소승선이요." 원진(圓眞)이 못되고 편진의 진리를 깨달았다는 사람은 소승선이야.

悟我法二空所顯眞理而修者(오아법이공소현진리이수자)는 是大乘禪(시대승선)이어니와
"아법(我法) 이공(二空)의 소현(所顯)의[31] 진리를 깨달았다고 하는 사람은 대승선이려니와"

上四類(상사류) ㅣ 皆有四色四空之異也(개유사색사공지이야)라[32]

---

28 計較(계교): 서로 견주어 살핌.

29 위는 색계(色界)와 무색계(無色界), 아래는 욕계(欲界).

30 欣厭(흔염): 기뻐하고 싫어함.

31 아(我)와 법(法)이 둘 다 공(空)함을 드러내는 바의.

32 본문 중에 저자가 주석을 단 것이다.

"위의 사류(四類)[33]가 다 사색(四色)[34]과 사공(四空)[35]의 차이가 있다."

若頓悟自心(약돈오자심)**이 本來清淨**(본래청정)**하야 元無煩惱**(원무번뇌)**하며 無漏智性**(무루지성)**이 本自具足**(본자구족)**하야 此心**(차심)**이 即佛**(즉불)**이라 畢竟無異**(필경무이)**ㄴ달하야 依此而修者**(의차이수자)**는 是最上乘禪**(시최상승선)**이며 亦名如來清淨禪**(역명여래청정선)**이며 亦名一行三昧**(역명일행삼매)**며 亦名眞如三昧**(역명진여삼매)**니 此是一切三昧**(차시일체삼매)**의 根本**(근본)**이라**

"만일 자심(自心)이, 본래청정하여 원래 번뇌가 없으며, 무루지성[36]이,

---

33 四類(사류): 외도, 범부, 소승, 대승.

34 四色(사색): 색계(色界) 사선(四禪) 또는 사정려(四靜慮).
초선(初禪): 이생희락지(離生喜樂地). 욕계를 떠남으로서 생기는 기쁨을 느끼는 마음 상태.
이선(二禪): 정생희락지(定生喜樂地). 선정으로부터 생기는 기쁨을 느끼는 마음 상태.
삼선(三禪): 이희묘락지(離喜妙樂地). 이선(二禪)의 기쁨을 떠나서, 마음이 안정되어 묘한 기쁨을 느끼는 마음 상태.
사선(四禪): 사념청정지(捨念淸淨地). 삼선(三禪)의 묘한 기쁨을 떠나서, 마음이 평온하여 생각이 청정하고 평등한 마음 상태.

35 四空(사공): 무색계(無色界) 사공천(四空天). 공무변처(空無邊處): 색(色)의 속박을 벗어나, 무한한 허공(空無邊)을 관(觀)하는 선정을 닦아 체득한 경지.
식무변처(識無邊處): 마음(識)을 무한히 확장하는 관(觀)하는 선정을 닦아 마음의 작용이 무한함(識無邊)을 체득한 경지.
무소유처(無所有處): 식무변처에서 다시 나아가 마음의 비존재를 관(觀)하는 선정을 닦아 심무소유(心無所有)를 체득하는 경지.
비상비비상처(非想非非想處): 식무변처는 마음이 있으므로 유상(有想)이라 하고, 무소유처는 마음이 없으므로 무상(無想)이라 한다. 비상비비상처는 이들 유상과 무상을 모두 버리고 떠난 경지이다. 이 또한 열반은 아니다.

36 無漏(무루): 번뇌가 없다.
智性(지성): 지혜의 성품.

본자구족[37]하야, 차심이 즉불[38]이라, 필경에 다름이 없는 줄로 돈오했다. 이것을 의지해서 닦는 사람은, 이 최상승선(最上乘禪)이며, 또한 이름이 여래청정선(如來清淨禪)[39]이라고도 하며, 또한 이름이 일행삼매[40]라고도 하며, 또한 이름이 진여삼매[41]라고도 하나니 이것이 이 일체삼매의 근본이라."

若能念念修習(약능념념수습)**하면 自然漸得百千三昧**(자연점득백천삼매)**하리니 達磨門下**(달마문하)**에 展轉相傳者**(전전상전자)**ㅣ 是此禪也**(시차선야)**니라**

"만일 능히 염념(念念)히 수습(修習)하면은,[42] 자연히 점점 백천삼매

---

37 本自具足(본자구족): 본래 스스로 갖추다.

38 이 마음이 곧 부처라.

39 如來清淨禪(여래청정선): 줄여서 '여래선'이라고도 한다. 원래 『능가경(楞伽經)』에서 설해진 여래선은, 여래지(如來地)에 들어 법락에 머물면서도 또한 중생을 위하여 부사의(不思議)한 일을 모두 성취하는 것이다(『대승입능가경(大乘入楞伽經)』 권3, T16n672, 602a). 중국 선종에서의 여래선은 지금 이 본문에서 말하는 것이 가장 유명하고 정설적인 정의이다. 이와 더불어 하택 신회에게서 보다 간결하고 이해하기 쉬운 정의를 볼 수 있다.
"'유·무를 둘 다 버리면 중도(中道) 또한 없어진다.' 함은 곧 무념(無念)이다. 무념은 곧 일념(一念)이다. 일념은 곧 일체지(一切智)이다. 일체지는 곧 깊고 깊은 반야바라밀이고, 반야바라밀은 곧 여래선이다(有無雙遣中道亡者, 卽是無念。無念卽是一念。一念卽是一切智。一切智卽是甚深般若波羅蜜。般若波羅蜜卽是如來禪。)."[「남양화상문답잡징의(南陽和尚問答雜徵義)」, 양증문(楊曾文) 편교(編校), 『신회화상선어록(神會和尚禪語錄)』, 중화서국(中華書局), 1996. 97]
그러나 임제종 계통에서는 여래선을 생각과 알음알이가 아주 끊어지지 않은 것이라 폄하해서 조사선(祖師禪)을 우월하게 여겼고, 여래선과 조사선 간의 우열에 관한 논란은 여전히 계속되고 있다.

40 一行三昧(일행삼매): 하나의 수행 방법에 전심하는 것. 특히 염불삼매를 말한다.

41 眞如三昧(진여삼매): 진여의 세계는 차별이 없고 한결같은 모습을 한 하나의 본성이라고 보는 삼매.

42 생각, 생각 닦아 익히면.

(百千三昧)를 얻으리니, 달마 문하에 전전상전(展轉相傳)[43]되는 것이, 이 이[44] 선이다."

43 展轉(전전): 반복하다.
相傳(상전): 전수하다. 대대로 전하다.

44 '이 이'는 '是此'를 옛 방식으로 새긴 것이다. 앞에 '이(是)'는 그 앞 내용을 가리키는 것이고, 뒤의 '이(此)'는 뒤에 오는 명사, 여기서는 '禪(선)'을 가리키는 것이다.

약산 선사 일화와 조사 가풍

원주가 어떤 조사를 대놓고 법문을 설해달라고 하니까, 한참을 그냥 있으니까 "스님 왜 아무 말씀도 안 하시는데요?" 그러니까 경유경사(經有經師)하고, "경은 경 가르치는 선생이 있고," 논유논사(論有論師)하니, "논은 논 가르치는 선생이 있으니," 쟁괴득노승(爭怪得老僧)이거든. "어찌 노승을 괴이히 여길 게 뭐 있어?"[45] 이러는 게 조사들 칼을 쓰는 솜씨거든.

그러니까 또 저 상상봉 비로봉 꼭대기에서 "야~ 내 말 들어라!"라고 외쳐 가지고서, 거기는 비행기 타고도 못 가고, 걸어가도 못 가고, 기차 타고도 못 가고, 버스 타고도 못 가는 데여. 어쩌다 한 놈이, 날개도 없는 놈이 거기서 껍적대는 놈이 있단 말이야. 그런 놈이 한 놈 두 놈 일생에 어쩌다 걸리면 좋고, 안 걸리면 그만이다 이러는 거야.

그렇게 생각하는 게 조사 가풍이여. 그래 그 촬약(撮略) 아냐? 촬약. 똘똘 뭉쳐서 한마디 최상봉만 주장하는 게 조사의 경지고, 이 산 전체를 주장하는 게 부처님 교리고. 그런 거야.

45 다음과 같은 약산(藥山) 선사의 일화다. "藥山久不陞堂。院主白云。大眾久思和尚示誨。山云。打鐘著。時眾方集。藥山便下座歸方丈。院主復白云。和尚許為眾說法。為甚一言不施。山云。經有經師。論有論師。爭怪得老僧。"[『고봉원묘선사어록(高峰原妙禪師語錄)』 권2. X70n1400, 694b]

이렇게 무질서한 글을 모아놓고서 무슨 불교를 요약한다고 하는가에 대한 답[46]

◉

答(답)이라 佛(불)의 出世立教(출세입교)와 與師隨處度人(여사수처도인)이 事體各別(사체각별)하니
"규봉이 답하기를, 불(佛)이 출세입교[47]한 것과, 자못 조사가 곳을 따라서 사람을 제도한 것이, 다 제각각 다르니,"

佛教(불교)는 爲萬代依憑(위만대의빙)이라 理須委示(이수위시)요
"불교는 만대의 의빙[48]이 되는지라, 이치가 모름지기 위곡[49]히 보여야 되는 것이고,"

---

46 『선원제전집도서』 권상(T48n2015, 0400a). 이 장은 그 앞에 '문(問)'에 대한 '답(答)'이다. 그 질문의 내용을 요약하면 다음과 같다.
"글은 간략하더라도 뜻은 두루 충분하여, 작은 글 속에 많은 의미가 들어있어야 촬약(撮略, 모아서 요약)이라 할 수 있지. 여러 부처님들의 경설을 보면 세상이 다르고 뜻이 달라도 말씀이 모두 완비되어있단 말이야. 그래서 『화엄경』에 매회 매위 마다 시방세계가 다 이 말씀과 같다고 결론을 내리지 않든. 그런데 선가의 글 쪼가리들을 보면, 질문하고 반문하고, 돌려서 세웠다 돌려서 깨고, 질서도 없고 앞뒤도 맞지 않고 엉망이잖아(隨問反質。旋立旋破。無其倫序。不見始終。). 이런 거 모아놓고서 무슨 놈에 촬약이냐?"(399c23~400a1)

47 出世立教(출세입교): 세상에 나와 교를 세우다.

48 依憑(의빙): 의지. 근거.

49 委曲(위곡): 자세하고 소상함.

師訓(사훈)은 在即時度脫(재즉시도탈)이라 意使玄通(의사현통)이니 玄通(현통)은 必在忘言故(필재망언고)로 言下(언하)에 不留其跡(불류기적)하야 跡絶於意地(적절어의지)하고 理顯於心源(이현어심원)이니 即信解修證(즉신해수증)을 不爲而自然成就(불위이자연성취)하며 經律論疏(경율론소)를 不習而自然冥通(불습이자연명통)이라

"조사의 가르침은 즉시에 도탈[50]하는데 있는지라, 뜻이 하여금 현현(玄玄)히 통(通)을 짓는 것이니,[51] 현통은 반드시 말을 잊어버리는데 있는 고로, 언하(言下)에 그 자취를 머물지 않아서, 자취가 뜻 땅[52]에 끊어지고, 이치가 심원(心源)에 현(現)하나나니,[53] 곧 신(信)·해(解)·수(修)·증(證)[54]을 하지 않고도 자연히 성취하며, 경율론소(經律論疏), 경이니 율이니 논이니 소니 하는 것을 익히지 않아도 자연히 능통하나니라."

故(고)로 有問修道(유문수도)하면 即答以無修(즉답이무수)하며 有問求解脫(유문구해탈)하면 即反質誰縛(즉반질수박)고하며 有問成佛之路(유문성불지로)하면 即云本無凡夫(즉운본무범부)라

---

50 度脫(도탈): 중생을 제도하여 번뇌·미망에서 벗어나 오도의 경지에 이르게 함.

51 의미를 현묘하게 통하도록 하는 것이니.
玄通(현통): 현묘히 통함. 그윽하게 통달. 원출전은 노자 『도덕경』이다. "옛날에 훌륭한 선비는, 미묘하여 그윽히 통하였느니, 깊이를 알 수 없다(古之善為士者, 微妙玄通, 深不可識。)."(『도덕경』)

52 意地(의지): 개체의 중심이며 모든 것을 낳게 하는 바탕이 되는 의식. 또는 그런 의근(意根).

53 이치가 마음의 근원에 드러나니.

54 信解修證(신해수증): 믿고 알고 행하고 증득.

하며 有問臨終安心(유문임종안심)하면 即云本來無事(즉운본래무사)라하며 或亦云此是妄(혹역운차시망)이요 此是眞(차시진)이라 如是用心(여시용심)하며 如是息業(여시식업)이라하나니
"고로 어떤 사람이 도 닦는 것을 물으면, 곧 닦을 게 없음으로써 답하며," 조사는 곧 '닦을 것 없는데 뭔 수도여?' 이렇게 답을 해줘. "어떤 사람이 해탈 구하는 걸 물으면, 곧 '누가 결박했는고?' 반질(反質)한다."[55] 장난꾼이지. "어떤 사람이 성불의 길을 물으면, '본래 범부가 아닌데?'" 무슨 놈에 성불이여. "또 어떤 사람이 임종에 안심하는 법을 물으면, 곧 '본래 일이 없는데?'" 안심은 무슨 안심이여. 불안해야 안심을 허지. "혹 또한 이르되 '이것이 이 망(妄)이요, 이것은 이 진(眞)이라. 이같이 용심(用心)하며,[56] 이같이 업(業)을 쉬라.' 하나니,"

擧要而言(거요이언)컨댄 但是隨當時事(단시수당시사)하며 應當時機(응당시기)라 何是定法名阿耨菩提(하시정법명아누보리)며 豈有定行名摩訶般若(기유정행명마하반야리)오
"요(要)를 들어 말하건대,[57] 다만 이 당시의 일을 따르며, 당시의 기(機)[58]를 응한지라, 어찌 결정한 법(法) 아뇩보리라고 이름할 게 있으며, 어찌 결정한 행(行) 마하반야라 이름할 게 있으리."

---

55 반문한다.

56 이같이 마음을 쓰며.

57 요점을 말하자면.

58 機(기): 근기. 부처의 가르침에 접하여 발동되는 수행자의 정신적 능력.

但得情無所念(단득정무소념)하고 意無所爲(의무소위)하며 心無所生(심무소생)하고 慧無所住(혜무소주)하면 即眞信眞解眞修眞證也(즉진신진해진수진증야)어니와
"다만 정(情)에 생각 넣은 바가 없고, 뜻에 하는 바가 없고, 마음이 나는 바가 없고, 혜(慧)가 주(住)하는[59] 바가 없음을 얻는다면, 곧 진신(眞信)·진해(眞解)·진수(眞修)·진증(眞證)[60]이어니와,"

若不了自心(약불요자심)하고 但執名教(단집명교)하야 欲求佛道者(욕구불도자)ㄴ댄 豈不現見(기불현견)가 識字看經(식자간경)이 元不證悟(원부증오)며 銷文釋義(소문석의)ㅣ 唯熾貪嗔邪見(유치탐진사견)이어든 況阿難(황아난)이 多聞總持(다문총지)호대 積歲(적세)를 不登聖果(부등성과)라가 息緣返照暫時(식연반조잠시)에사 即證無生(즉증무생)하니
"그것이 만일 자심(自心)을 요달(了達)하지 못하고,[61] 다만 명교(名教)[62]만 집착해서 불도를 구하고자 하는 자일진댄, 그 어찌 번듯이 보지 못했는가. 글자를 알고 경을 보는 것이, 본래 증오(證悟)[63]한 것이 아니고, 글이나 새기고 의를 석(釋)함이[64], 오직 탐진 사견만 더하는 것이

---

59 지혜가 머무는.

60 참된 믿음, 참된 앎, 참된 수행, 참된 증득.

61 자신의 마음을 깨닫지 못하고.
了達(요달): 이해해 깨달음, 분명히 앎.

62 명칭과 교리.

63 證悟(증오): 올바른 지혜로 진리를 증득(證得)하여 깨달음.

64 釋義(석의): 일반적으로 '뜻을 풀다, 해석하다'로 번역하는데, 한국 한문문화에서는 한문

어든,[65] 하물며 아난이 다문총지(多聞總持)하되[66], 적세(積歲)[67]를 성과(聖果)에 오르지 못했다가, 연(緣)을 쉬어 반조(反照)한 지 잠시에[68], 곧 무생법을 증(證)하시니,"

卽知垂教之益(즉지수교지익)**과 度人之方**(도인지방)**이 各有其由**(각유기유)**라 不應於文字而貴也**(불응어문자이귀야)**니라**
"곧 알라. 수교(垂教)[69]의 이익과 사람을 제도하는 방편이, 각각 그 이유가 있느니라. 응당 문자에 귀히 여기지 말지니라."

서적에 주석을 달고 자신의 의견을 덧붙이는 것을 말하기도 한다. 탄허 스님의 본 강의에서는 "의를 붙이고 석하는 것이"라 했고, 역주본에서는 "의를 석함이"라 했다(김탄허 현토역주, 『도서』, 화엄학연구소, 1976. 31).

65 탐욕과 분노, 그릇된 견해만 활활 타오르게 하는 것이어든.
熾(치): 성하다. 활활 타오르다.

66 많이 듣고 모두 기억하되.

67 여러 해.

68 여러 번거로운 인연을 그만두고 돌이켜 비춰본지 얼마 안가서.

69 垂教(수교): 가르침을 줌.

선교일치(禪教一致)의 열 가지 까닭[70]

◉

有十所以(유십소이)하니 須知經論權實(수지경론권실)하야사 方辨諸禪是非(방변제선시비)며 又須識禪心性相(우수식선심성상)하야사 方解經論理事(방해경론이사)니

"열 가지 소이(所以)가 있으니, 모름지기 경론의 권실(權實)[71]을 알아야 바야흐로 제선(諸禪)의[72] 시비를 가리며, 또 모름지기 선심(禪心)의 성상(性相)[73]을 알아야 바야흐로 경론의 이사(理事)[74]를 알지니," 열 가지로써 얘기여.

一(일)은 師有本末(사유본말)이라 憑本印末故(빙본인말고)요

"1은, 스승이 본과 말이 있느니라. 근본을 의거해서 말(末)을 인(印)치

---

70 『선원제전집도서』 권상지일(T48n2015, 400b). 규봉 종밀의 사상을 특징짓는 것 중에 대표적인 것이 선교일치론(禪教一致論)이다. 바로 그 선교일치에 대한 이유를 이후로 10개의 단락에 걸쳐 자세히 설명하는데, 그 열 목록을 먼저 나열한 단락이다.

71 權實(권실): 방편과 진실. 권교와 실교.

72 여러 선의.

73 性相(성상): 본성과 현상.

74 理事(이사): 근본 이치와 현실의 일. 진리와 방편.

게[75] 하는 연고요." 스승을 따지고 따지고 따지고 보면은 석가모니가 스승 아니야. 석가모니 한 자손이다. 근데 왜 시비하느냐 이거야. 지 할 애비를 왜 나무라고, 자꾸. 응? 왜 이러느냐?

二(이)는 禪有諸宗(선유제종)이라 互相違阻故(호상위조고)요
"2는, 선은 모든 종(宗)이 있는지라, 서로서로 위조(違阻)[76]하는 연고요." 제종(諸宗)[77]이 있으니까 위조가 되잖아? 종을 주장하다 보면 자꾸 위조가 되거든. 그러니까 그걸 사회에서 얘기를 해줘야 된다 이 소리야.

三(삼)은 經如繩墨(경여승묵)이라 楷定邪正故(해정사정고)요
"3은 경(經)은 승묵(繩墨)[78]과 같으니라. 목수가 먹줄 튕기고 하는 승묵과 같으니라. 사(邪)와 정(正)을 밝게 정하는 연고요."

四(사)는 經有權實(경유권실)이라 須依了義故(수의요의고)요
"4는 경은 권실이 있는지라, 모름지기 요의경(了義經)[79]을 의지해야 된다." 권(權)교는 불요의경(不了義經), 실(實)교가 요의경이야.

五(오)는 量有三種(양유삼종)이라 勘契須同故(감계수동고)요

---

75 印末(인말): 말단을 검증하다.

76 違阻(위조): 어긋나고 막히다.

77 여러 종파.

78 繩墨(승묵): 먹줄.

79 了義經(요의경): 부처님의 궁극적인 뜻을 담은 경전. 그 반대가 불요의경(不了義經)으로서 방편으로 설해진 것이다.

"5는 양(量)[80]이 세 가지가 있는지라, 감(勘)함에 계합(契合)[81]해서 모두 모름지기 같이 하는 연고요."

아는 게 세 가지가 있단 말이야. 비량(比量), 성언량(聖言量), 현량(現量). 비량이란 건 견주어서 안단 말이야. 확실히 보지는 못했지만 산 너머 연기 나는 걸 보고 불이 났다. 또 뿔이 담 너머에 뵈는 것으로 소 몸은 못 봤지만 소가 분명히 담 너머에 있다. 째글째글하는 거 보면서 저게 뭘 먹는지 모르지만 먹는 게 틀림없다. 그런 게 비량이란 말이야. 성언량, 성인의 말에 의지해서 아는 거. 우리가 팔만대장경 교설을 보면 세상일 모를 게 하나도 없잖아? 성인의 말에 의지해서 보면 모를 게 하나도 없이 다 돼 있거든. 그건 성인의 말을 의지해서 아는 거.

그러나 비량 성언량은 겉 탈이 많은 거야. 현량이 직접 자기를 자각하는 게란 말이야. 번듯이 아는 거. 연기 나는 것만 본 게 아니라 불을 직접 봐. 소 뿔딱지만 본 게 아니라 소 전체를 봤어. 째글거리는 것만 본 게 아니라 이게 밤을 먹는지 곶감을 먹는지 봤단 말이야. 그게 현량이라는 건데, 비량과 성언량으로도 현량에 들어갈 수 있는 거야. 그래서 그것을 감계(勘契)해서 모름지기 같게 하는 연고요,

六(육)은 疑有多般(의유다반)이라 須具通決故(수구통결고)요
"6은 의심이 다반(多般)[82]이 있는지라, 모름지기 갖추어 통결(通

---

80 量(량): 헤아리다, 추측하다.

81 勘(감): 따져묻다, 조사하다.
契合(계합): 틀림없이 서로 꼭 들어맞음.

82 多般(다반): 여러 가지, 제반.

決)[83]시켜야 하는 연고요."

七(칠)은 法義不同(법의부동)이라 善須辨識故(선수변식고)요

"7은 법과 의가 같지 않은 지라, 잘 모름지기 변식(辨識)[84]을 해야 되는 연고요." 법, 의를 모두 구별 못한다 이 소리여. 법이 뭔지 의가 뭔지.

八(팔)은 心通性相(심통성상)이라 名同義別故(명동의별고)요

"8은 마음이 성과 상을 통한지라, 이름은 같되 의가 다른 연고요." 마음의 본체가 성이고 마음의 용(用)이 상이거든. 그래 성과 상은 통한지라, 이름은 같되 의가 다른 거야.

九(구)는 悟修頓漸(오수돈점)이 言似違反故(언사위반고)요

"9는 오(悟)와 수(修)와 돈(頓)과 점(漸)이,[85] 말이 위반(違反)되는 것 같은 연고요."

十(십)은 師授方便(사수방편)에 須識藥病故(수식락병고)니라

"10은 사수방편[86]에 모름지기 약과 병을 잘 알아야 되는 연고다." 그래서 내가 이걸 보기를 이렇게 해놓았다 이거야.

---

83 通決(통결): 통하여 결정하다, 명쾌하게 하다,

84 辨識(변식): 분별하여 앎.

85 깨달음과 닦음과 '갑자기'와 '점차'.

86 師授方便(사수방편): 스승이 준 방편.

선교일치(禪教一致) 십소이(十所以)

1. 사유본말(師有本末)[87]

◉

初言師有本末者(초언사유본말자)는 謂諸宗始祖(위제종시조) ㅣ 即是釋迦(즉시석가)시니 經是佛語(경시불어)요 禪是佛意(선시불의)라 諸佛心口(제불심구) ㅣ 必不相違(필불상위)시니라

"처음에 사유본말이라고 말한 것은 무어냐? 이르되 제종시조(諸宗始祖)[88]가, 곧 이 석가모니라. 경은 이 부처님 말씀이고, 선은 이 부처님 뜻이라, 모든 부처님의 마음과 입이, 반드시 상위(相違)[89]하지 않을 지니라."

諸祖(제조) ㅣ 相承(상승)하사대 根本(근본)은 是佛親付(시불친부)요 菩薩(보살)이 造論(조론)하사대 始末(시말)에 唯弘佛經(유홍불경)이어든

"제조(諸祖)[90]가 서로 이으시되, 근본은 이 불이 친부(親付)[91]하는 것이

---

87 『선원제전집도서』 권상지일(T48n2015, 400b10~28).

88 여러 종의 시조가.

89 相違(상위): 서로 어긋나다.

90 諸祖(제조): 여러 조사.

91 친히 주다.

고, 보살이 논을 지으시되, 시말에 오직 부처님 경을 넓혔지" 딴 것이 아니다.

況迦葉(황가섭)으로 乃至毱多(내지국다)히 弘傳(홍전)에 皆兼三藏(개겸삼장)이러시니

"하물며 가섭으로 이에 우바국다존자[92]에 이르기까지, 전(傳)을 넓히는 데 다 삼장(三藏)을 겸해서 했다." 경율론 삼장을 겸해서 했지 어디 딱 치우쳐서 얘기 안 했단 말이야.

提多迦已下(제다가기하)에 因僧起諍(인승기쟁)하야 律教別行(율교별행)하고

"제다가[93] 이하에, 중들이 쟁론을 일으킴으로 인해서, 율교(律教)가 별행(別行)을 했다.[94] 하고,"

---

92 우빠굽따[Upagupta, 우파국다(優波鞠多)]: 기원전 3세기경. 『경덕전등록』 등의 선서(禪書)에서 제4대 조사로 전할 뿐, 다른 대승 문헌에선 이름이 나오지 않으므로 설일체유부에 속한 승려로 추정된다. 설일체유부에서는 제5대 조사로 전하며, 방글라데시와 동남아 지역에서 숭앙된다. 또한 Ashokavadana[아육왕전(阿育王傳)]에 의하면 후대에 아소까 대왕의 영적 스승이었다고 한다.

93 드리타까[Dhṛtaka, 제다가(提多迦)]: 선종에서 우빠굽따에 이어서 제5대 조사라 하는데, 불멸 후 80~100년 사이에 활동한 것으로 추정한다.

94 '因僧起諍 律教別行.' 이 구절을 '승려들의 분쟁이 일어남으로 인해 율교를 제각기 따로 행하게 됐다'로 해석한다면 바로 십사비법(十事非法) 논쟁에서 촉발된 '제2차 결집'(바이샬리 결집)과 '근본분열(根本分裂)'을 말하는 것으로 보인다. 하지만 글 자체로 보건대, 그렇게 해석하는 것은 무리다. 즉, '우바국다 까지는 경율론을 가리지 않고 겸하여 널리 전했으나, 제다가 이후로는 승려들의 쟁론으로 인하여 율을 따로 떼어내서 가르쳤다'로 해석되지, 달리 해석되기 어려워 보인다. 오늘날 관점에서 역사적 사실에는 맞지 않지만, 그렇다고 글과 다른 의미로 해석하기보다는 그냥 글 자체를 인정하고 이것이 당시 중국 선종에서 인식한 역사라고 이해하는 것이 옳겠다.율장은 원래 처음부터 즉, 불멸 직후의 제1차 결집

罽賓國己來(계빈국기래)에 因王難(인왕난)하야 經論(경론)이 分化(분화)하니라

"계빈국[95] 이래에 왕난(王難)을 인해서," 계빈국왕이 막 중을 죽이고 그랬지. 그로 인해서 "경과 논이 분화하니라." 갈라졌다 이거야.[96]

中間(중간)에 馬鳴龍樹(마명용수)는 悉是祖師(실시조사)로대 造論釋經(조론석경)을 數千萬偈(수천만게)하시니 觀風化物(관풍화물)에 無定事儀(무정사의)라 未有講者毁禪(미유강자훼선)하고 禪者毁講(선자훼강)이러니

때부터 경장의 결집에 앞서 따로 먼저 결집됐다(이자랑, 「결집과 불교 정전(正典)의 편찬」, 『한국사상사학』 55집, 한국사상사학회 2017, 85). 그리고 드리타까의 활동 시기에 제2차 결집과 근본분열이 있었지만 드리타까는 그에 관계한 바 없다.

95 '계빈국(罽賓國)'은 인도 북부, 카슈미르 또는 카불강 유역으로 비정되는 지역에 있었던 고대국가이다. 위치와 영역에 대해선 아직 논란이 분분하다. 대략적으로 고대에 인도 북부, 중앙아시아와 인도 아대륙의 길목에서 번성했던 나라이고, 불교가 꽃 피었던 간다라 및 카슈미르와 연관이 큰, 또는 해당 지역을 포함한 고대 왕국으로 생각하면 될 듯하다[『전한서(前漢書)』 권96 「서역전(西域傳)」 계빈국, 동북아역사넷 중국정사외국전 http://contents.nahf.or.kr/item/item.do?levelId=jo.k_0002_0096_0180_0010 참조].

96 계빈국왕(罽賓國王)은 앞에 '『치문』, 「무주영안선원신건법당기」'에도 등장하는데 거기서는 부처님께 인가받는 성인으로 나오지만, 여기서는 법난을 일으킨 악인으로 등장한다. 같은 사람인지 다른 사람인지 알 길이 없다. '계빈국의 왕난'이란 탄허 스님의 주석에 의하면, 선종에서 제24조로 모시는 사자존자(獅子尊者. Āryasimha 또는 Simha-bhiku, ?~AD.259)의 순교에 관한 것이다. 사자비구는 계빈국에 들어가 포교했는데, 외도(外道) 두 사람이 비구로 가장하고 왕궁에 잠입하여 난을 일으켰다. 이에 왕이 노하여 불법(佛法)을 무너뜨리라 명하고, 친히 칼을 들고 사자존자 처소에 들어가, '오온이 비어있는 것을 깨달았고, 이미 생사를 여의었다면 머리를 내게 줄 수 있는가?' 물으니 '그렇다' 함에 목을 잘랐다. 그러자 흰 피가 솟구치고, 왕은 저절로 팔이 떨어져 7일 만에 죽었다 한다. 이로 인해 경론이 분화했다는 서술은 사실로 인정하기 어렵다. 경론의 분화된 일은 그보다 훨씬 이전이다. 제2차 결집으로 교단이 상좌부와 대중부로 나뉜 이래 다시 20부파로 분열되고, 각 부파마다 활발하게 논서를 만든 것이 경론의 분화라 할 수 있다. 이 역시 당시 중국 선종에서 인식한 역사가 이러하다는 정도로 이해하는 것이 좋겠다.

"중간에 마명보살과 용수보살은, 다 이 조사로되, 논을 짓고 경을 석하는 것을, 수천만 게(偈) 하시니. 풍(風)을 관하고 물건을 화함에,[97] 결정한 사의(事儀)가 없어."[98] 때에 따라서 그러는 것이니, 강(講)하는 사람이 선을 훼방하고, 선하는 사람이 강을 훼방하는 일이 없었다. 그러더니, 달마 스님이 약 주고 병 주고 그렇게 해놓았다 이거야 지금.

達磨(달마) ㅣ 受法天竺(수법천축)하사 躬至中華(궁지중화)하야 見此方學人(견차방학인)이 多未得法(다미득법)하야 唯以名數(유이명수)로 爲解(위해)하며 以事相(이사상)으로 爲行(위행)하시고 欲令知月不在指(욕령지월부재지)라 法是我心故(법시아심고)로 但以心傳心(단이심전심)하고 不立文字(불립문자)하시니 顯宗破執(현종파집)일새 故有斯言(고유사언)이언정 非離文字(비리문자)코 說解脫也(설해탈야)니라

"달마가 법을 천축에서 받아서, 몸소 중화에 이르러서, 차방학인(此方學人)이[99], 많이 법을 얻지 못해서, 오직 명수(名數)[100]로써 해(解)를 삼으며, 사상(事相)[101]으로써 행(行)을 삼음을, 보시고, 하여금 달이 손가락에 있지 않은지라, 법이 이 나의 마음인 줄 알게 코자 하시는 고로,

---

97 觀風化物(관풍화물): 풍속을 관찰하고 세상을 교화함에.

98 無定事儀(무정사의): 정해진 격식, 의례가 없다.

99 이 지방의 학인들이.

100 名數(명수): 법수(法數)라고도 한다. '숫자+용어'의 형태로 된 교리상의 단어들을 말한다. 이를 테면, 일심, 일승, 이제, 이상, 삼세, 삼법인, 삼학, 사성제, 사염처, 오개, 오온 같은 것을 말한다.

101 事相(사상): 진여의 세계가 아니라 차별성이 있는 현상계.

다만 마음으로써 마음을 전하고, 문자를 세우지 않으시니, 종취(宗趣)를 나타내고 집착을 파할새, 그러므로 이 말이 있음이언정,[102] 문자를 여의고 해탈을 설하는 것은 아니다."

그러니까 달마 스님 낚시에 안 걸리는 놈이 하나도 없다 이 말이여. 불립문자(不立文字), 직지인심(直指人心), 견성성불(見性成佛)이라고 하니까, 문자는 전혀 쓸데없는 걸로 알면, 달마 스님 낚시에 걸려서 죽은 놈인 거야. 문자 쓸데없다, 경(經) 쓸데없다, 이런 게 벌써 달마 스님 낚시에 걸려서 목숨을 잃어버린 놈이란 말이야. 왜? 문자가 쓸데없는 것이라면 달마 자신이 뭣 때문에 「사행론」, 「혈맥론」, 「진신론」 그런 것을 너절하게 뭣 하러 지어놨어? 또 『능가경』 4권을 뭣하러 전법할 때 같이 전했어?

문자를 세우지 않는다는 것은 문자를 주장하지 않는다. 왜 그러느냐? 그때 당시에 광통 율사(光統律師), 보리유지(菩提流支) 그 친구들이 그 경교(經敎)에만 능하지 이심전심하는 법은 모른다 이거야. 그러니까 그 병을 떼기 위해서 잠시 그렇게 말씀하셨던 것인데, 달마 스님 그 낚싯줄에 또 걸려 있다 이 말이야.

故(고)로 教授得意之者(교수득의지자)엔 即頻讚金剛楞伽云(즉빈찬금강릉가운)하사대 此二經(차이경)은 是我心要(시아심요)라하야시늘

"고(故)로 뜻 얻은 사람을 갖다가 교수하는 데는, 곧 자주 『금강경』이나 『능가경』을 찬(讚)해 말씀하시기를, 이 이경(二經)은 이 나의 심요(心

102 종지를 드러내어 집착을 깨뜨리려고 이 말이 있는 것이니.

要)[103]라"고 달마 스님이 그랬다 이거야. 하셨거늘,

今時弟子(금시제자) | **彼此迷源**(피차미원)**하야 修心者**(수심자)**는 以經論**(이경론)**으로 爲別宗**(위별종)**하고 講說者**(강설자)**는 以禪門**(이선문)**으로 爲別法**(위별법)**하야 聞談因果修證**(문담인과수증)**하면 便推屬經論之家**(변추속경론지가)**하야**
"금시에 제자들이 피차에 근원을 미(迷)해서, 마음 닦는 사람은 경론(經論)으로써 별종(別宗)을 삼고,[104] 강설(講說)하는 사람은 선문(禪門)으로써 별법(別法)을 삼아서,[105] 인과수증(因果修證)[106]을 말함을 들으면, 문득 경론의 가(家)에 미루어 붙여버려." 이걸 그 경론을 삼느라 하는 소리지, 인과수증이 어디 있어? 이러고 앉았어.

不知修證(부지수증)**이 正是禪門之本事**(정시선문지본사)**하며 聞說即心即佛**(문설즉심즉불)**하면 便推屬胸襟之禪**(변추속흉금지선)**하고 不知心佛**(부지심불)**이 正是經論之本意**(정시경론지본의)**하나니**
"그래서 수증(修證)이 정히 이 선문의 본사(本事)임을 알지 못하며," 닦아 증득하는 것이 선문의 근본 일이지 뭐가 근본 일이야? 또 "직심직불(即心即佛)이라고 사람들이 들으면, 곧 마음이 곧 부처라고 사람들이 들

---

103 마음의 요체.

104 마음 닦는 사람은 경론을 다른 종이라 하고.

105 강설하는 사람은 선문을 별개의 법이라 하여.

106 因果修證(인과수증): 인과와 닦아 증득함.

으면, 문득 흉금(胸襟)[107]의 선(禪)에다가 미루어 붙여서," 그깟 제 소견으로 하는 소리지 어디 부처님 말이야? 이러며 "마음 부처가 정히 이 경론의 본의인 줄 알지 못하나니."

有人(유인)이 難云禪師(난운선사) ㅣ 何得講說(하득강설)고할새 餘今此答也(여금차답야)하노라

"어떤 사람이 규봉한테 힐난해 이르되, '선사가 어찌 강설을 하는고?' 할새, 내가 이제 이렇게 답한다."

今若不以權實經論(금약불이권실경론)으로 對配深淺禪宗(대배심천선종)이면 焉得以教照心(언득이교조심)하며 以心解教(이심해교)리오

"이제 만일 권실(權實) 경론으로써, 심천(深淺)의 선종을 대배(對配)하지 않으면,[108] 어떻게 교(教)로써 마음을 비추며, 마음으로써 교를 앎을 얻겠느냐?"

---

107 胸襟(흉금): 가슴 속에 품은 생각. 臆見(억견).

108 방편과 진실의 교학으로써 깊고 얕은 선종을 맞대어 정리해놓지 않으면.

육조 혜능의 불립문자 비판

달마의 낚싯줄에 걸리지 않은 분은? 육조(六祖)다 이 말이야. 바로 육조가 제일 무식한 조사라고 그러는 거여. 조사 중에 제일 글 잘못하는 조사라고 그려. 글 잘하는 조사가 그랬다면, 글 잘하니까 그랬다고 또 비방할 거야. 제일 글 못하는 조사 육조가 자기 제자들한테 한 말이 『육조단경』 끄트머리에 있잖아. 당시 수좌들이 툭하면 불립문자라 하니, 혜능 스님이

自迷(자미)는 猶可(유가어니)와 又謗佛經(우방불경)가
"스스로 지가 미(迷)해가지고 그렇거니와, 또 불경을 비방하느냐?" 문자 쓸 게 없다는 그 소리가 불경 비방이다 이 말이야.[109] 차견(此見)이, 내 차견이 이 견해가 그릇된 것이니 당장 문개하라. 지금으로부터 당장 고쳐라. 그러니까 그 말이라는 것이 그 말에 팔리면, 글의 본연을 모르는 거야. 말 밖의

109 해당 부분을 모두 옮겨보면, 다음과 같다. "공에 집착한 사람이 경을 비방하는 일이 있는데, 바로 말하길 '문자를 쓰지 않는다'고 한다. '문자를 쓰지 않는다'고 이미 말했으니, 그 사람이 말을 하는 게 또한 맞지 않는다. 다만 이런 말은, 곧 문자의 모습일 뿐이다. 또 말하기를, '곧은 도는 문자를 세우지 않는다.'라고 한다. 하지만 이 '불립' 두 글자도, 또한 문자이다. 사람이 말하는 것을 보고, 곧 다른 이를 비방하며 문자에 집착한다 말하는 것이다. 너희들은 반드시 알아라. 스스로 미혹하다면 오히려 옳지만, 불경까지 비방하겠느냐. 절대로 경을 비방해서는 아니된다. 죄의 업장이 헤아릴 수 없느니라(執空之人有謗經, 直言不用文字。既云不用文字, 人亦不合語言。只此語言, 便是文字之相。又云:『直道不立文字。』即此不立兩字, 亦是文字。見人所說, 便即謗他言著文字。汝等須知, 自迷猶可, 又謗佛經。不要謗經, 罪障無數。)."[『육조대사법보단경(六祖大師法寶壇經)』 부촉(付囑), T48n2008, 360b]

뜻을 알아야 하는 거지.

아마, 달마가 문자 쓸데없다고 주장하는 놈들을 만났으면 그렇게 말 안 했을 거야. 그래서 시방 조계종은 무식(無識)으로 위종(爲宗)하는 거야. 전연 무식한 것이 종(宗)이 되버렸다. '무식한 것이 장땡이지.' 이렇게 알거든. 어떻게 무식으로 위종이 돼?

선교일치(禪教一致) 십소이(十所以)
3. 경여승묵(經如繩墨)[110]

◉

三(삼)은 經如繩墨(경여승묵)이라 楷定邪正者(해정사정자)는 繩墨(승묵)이 非巧(비교)어늘 工巧者(공교자) ㅣ 必以繩墨(필이승묵)으로 爲憑(위빙)하고 經論(경론)이 非禪(비선)이로대 傳禪者(전선자) ㅣ 必以經論(필이경론)으로 爲準(위준)이니

"3은 경(經)은 승묵(繩墨)과 같은지라." 목수가 아무리 자귀질을 잘하고 목수질을 잘한다 해도 승묵이 없이는 집을 지을 수가 없잖아. 먹줄로 튕겨서 이래야 방구석이 나오고 모양이 나오고 이러지. 승묵 없이는 아무것도 안 돼. 부처님 경은 마치 승묵과 같아. "사정(邪正)을 해정(楷定)[111]한다는 것은, 승묵이 공교(工巧)로운 것이 아니로되, 교(巧)를 공부하는 자가 반드시 승묵으로써 빙거(憑據)를 삼고,[112] 경론이 선이 아니로되, 선을 전하는 자가, 반드시 경론으로써 준칙을 삼나니,"

中下根者(중하근자)는 但可依師(단가의사)라 師自觀根(사자관

---

110 『선원제전집도서』 권상지일(T48n2015, 400c25~401a2).

111 楷定邪正(해정사정): 삿됨과 바름을 분명하게 정하다.

112 먹줄이 정교함 자체는 아니지만, 정교한 작업을 하는 자는 반드시 먹줄로써 근거를 삼고.

근)하야 **隨分指授**(수분지수)어니와 **上根之輩**(상근지배)는 **悟雖圓通**(오수원통)이나 **未窮佛言**(미궁불언)이면 **何同佛見**(하동불견)이리오

"중하(中下)의 근기로 말하면, 다만 가히 스승을 의지하느니라. 스승이 스스로 근기를 관해서, 분(分)을 따라서[113] 지수(指授)[114]하거니와. 상근(上根)의 무리는 깨달음이 비록 원통(圓通)하나, 불언(佛言)을 궁구하지 못하면, 어찌 부처님 견(見)과 같으리오."

問(문)이라 **所在**(소재)에 **皆有佛經**(개유불경)이라 **任學者**(임학자)의 **轉讀勘會**(전독감회)어늘

"문(問)이라. 소재(所在)에[115] 다 불경이 있는지라, 학자(學者)의 전독(轉讀) 감험(勘驗)해 앎에 맡길 것이어늘,"[116] '학자가 전독 감험해 앎을 맡길 것이어늘' 하면 '학자가 무엇, 무엇 하는 걸 맡길 것이어늘,' '누구를 놓아서 맡길 것이어늘' 이렇게 되잖아. 한문법으로는 '의' 이래야 훨씬 더 좋은 거야. '학자의 그렇게 하는 것에 맡길 것이어늘,' '내가 맡길 것이어늘.'

今集禪要(금집선요)에 **何必辨經**(하필변경)이리오

113 분수에 맞게.

114 指授(지수): 지시하여 가르침.

115 있는 바에.

116 배우는 사람의 띄엄띄엄 읽고 헤아려 앎에 맡길 것이어늘.

"이제 선요(禪要)를 수집하는데,[117] 어찌 반드시 경(經)을 분별하리요?"

答(답)이라 此意(차의)는 即其次之文(즉기차지문)이 便是答此問也(변시답차문야)라 文(문)에 云(운)[118]

"답이라. 차의는 곧 이 다음의 글이, 문득 이 물음을 답한 것이니까,"[119] 이 다음 절을 봐라. "문에 이르되,"

---

117 선의 요지를 모으는데.

118 『도서』의 현존하는 모든 한국 판본(안진호와 김탄허 본까지도)은 이 구절에 '文云(문운)'이 붙어있다. 대정장에는 없다.

119 '是'를 옛 방식대로 새기다 보니 '이'가 들어간 것이다. 의역하면 '곧바로, 이 물음에 답한 것이다.'

선교일치(禪敎一致) 십소이(十所以)
4. 경유권실(經有權實)[120]

◉

四(사)는 經有權實(경유권실)이라
"4는 경에 권과 실이 있는지라." 항상 이 권실, 권은 뭐고 실은 뭐라는 건 똑똑히 잘 알아둬야 해. 권(權)은 불요의경(不了義經), 방편으로 한 것이고, 실(實)은 요의경(了義經), 진실로.

須依了義者(수의료의자)는 謂佛說諸經(위불설제경)이 有隨自意語(유수자의어)하며 有隨他意語(유수타의어)하며 有稱畢竟之理(유칭필경지리)하며 有隨當時之機(유수당시지기)하며 有詮性詮相(유전성전상)하며 有頓漸大小(유돈점대소)하며 有了義不了義(유료의불료의)하니
"모름지기 요의(了義)를 의지해야 한다는 것은, 이르되 부처님이 제경(諸經)을 설하시니, 자의를 따라서 말하는 것도 있으며, 타의를 따라 말하는 것도 있으며, 필경의 이치에 칭합(稱合)한 것도 있으며,[121] 당시의 근기에 따라서 말하는 것도 있으며, 성(性)을 말하고 상(相)을 말하는

---

120 『선원제전집도서』 권상지일(T48n2015, 401a2~8).

121 궁극의 이치에 들어맞는 것도 있으며.

것도 있으며,[122] 돈과 점과 대와 소도 있으며, 요의와 불요의도 있으니,"

文或敵體相違(문혹적체상위)**나 義必圓融無礙**(의필원융무애)**언마는 龍藏**(용장)**이 浩瀚**(호한)**이라 何見旨歸**(하견지귀)**리오**

"문(文)은 혹 적체(敵體)로 상위(相違)하나,[123] 의(義)는 반드시 원통(圓通)하여 거리낌이 없건마는,[124] 용장(龍藏)이 호한(浩汗)이라[125] 말이야. 어찌 지귀(旨歸)[126]를 보리요?" 어째서 용장이라 그러는고 하니, 10세 되는 시절에 가면 말이야. 열 살 모르는 젊은 그런 시절에 가면[127] 부처님 팔만대장경이 용궁으로 들어가 버린다고. 경 볼 놈이 없으니까. 지금도 『화엄경』 같은 거 볼 사람이 몇이 안 되잖아. 『화엄경』이 약본인데, 『화엄경』이 상본·중본·하본·약본 넷이 있는데, 용수보살(龍樹菩薩)이 부처님 당시부터 500년 후에 용궁으로 가서 그걸 외워서 내왔는데, 상본은 모두 부처님이 되야 본다 이거야. 얼마나 많던지. 제불, 제불 시방세계 모든 부처님이 돼야 보지, 보통 사람, 보통내기는 못 본다 이 말이야. 중본은 보살이라도 십지 성(聖) 지위에 올라간 십지보살(十地菩薩)이라야 보고, 하본은 십주(十住)·십행(十行)·십회향(十廻向)의 삼현보살(三賢菩薩)이 되야 본단 말이야. 그러면 부처님이나 십지보살이나

---

122 성품을 말하고 모양을 말하는 것도 있으며.

123 글은 혹 반대적인 체로 서로 어기나.

124 뜻은 두루 통달하여 걸림이 없건마는.

125 대장경이 광대하다.

126 뜻의 궁극적 의미.

127 인수십세(人壽十歲)가 되는 시절.

삼현보살이나 보지 아무도 볼 놈 없잖아.

그래서 약본(略本)으로 추려온 거야. 약본으로 회향된 거지. 약본도 이 세상에 볼 사람이 별로 없잖아. 왜 별로 볼 사람이 별로 없냐? 뒤로 번쩍 '아휴! 에이 안 봐!' 이러잖아. 재주가 그걸 감당 못 하지. 그러니까 청량(淸涼) 스님이 『화엄소초(華嚴疏鈔)』를 쓰면서 관세음보살한테 기도를 했다는 거야. "관세음보살님 아무쪼록 이 내가 쓰는 소초 150권이 일체중생의 근기에 다 맞아서, 성불하도록 해줍소사!" 하니까 관세음보살이 현몽했더래. …… 그랬단 얘기가 있거든. …… 그걸 누가 알겠냐고. 150권 소초를 봐야 해.

그러니까 용장이 호한(浩瀚)이란 게 그 말이야. [사람 수명이] 10세 되는 시절이 되면 장경이 전부 용장으로 들어가 버린다고. 볼 일이 없으니까. 그저 열 살이 100년이라면, 한 서너 살 먹으면 연애하고, 한 일곱 살 먹으면 …… 여덟 살, 아홉 살 먹으면 아주 그 노인이라고 이렇게. …… 그래서 용궁(龍宮)의 장(藏), 장경을 용장이라 그런단 말이야.

"어찌 지귀를 보며,"

故今但以二十餘紙(고금단이이십여지)로 **都決擇之**(도결택지)하야 **令一時圓見佛意**(영일시원견불의)하노니 **見佛意後**(견불의후)에 **備尋一藏**(비심일장)하면 **即句句知宗**(즉구구지종)하리라

"그러므로 이제 다만 20여 지[128]로써, 모두 결택(決擇)[129]해서, 하여금

128 종이 20장.

129 決擇(결택): 도리(道理)의 옳고 그름을 판단하여 결정함.

일시에 뚜렷이 불의(佛意)[130]를 내가 보게 하노니, 불의를 본 연후에, 갖추어 일장(一藏)을 찾으면,[131] 곧 구구(句句)의[132] 종지를 알 수 있다." 이 『도서』 같은 것은 이걸 자세히 읽으면 불교 개론이니까. 불교 개론.

130 부처님의 뜻.

131 하나의 대장경을 찾으면.

132 구절구절마다.

불교 개론에 관하여

논(論)으로는 『기신론』이 불교 개론이란 말이야. 팔만대장경의 교리를 한 논으로 써서 묶어놓은 개론이 『기신론』이야. 그리고 이 『도서(都序)』가 개론이고, 또 경으로서는 『화엄경』이 개론이잖아. 허허. 『화엄경』이 약(略)이야. 『화엄경』은 팔만대장경을 똘똘 뭉쳐놓은 거지만, 그놈 (분량)이 원체 많으니까. 그리고 녹(錄)으로서는 『종경록(宗鏡錄)』이 개론인데 105권이나 된단 말이야. 너무 많아.

그렇게 많지 않은 불교 개론이 보조록(普照錄)133이야. 우리나라 보조록이 선에 대한 거나, 교리에 대한 거나 불교 개론이라서 중국 사람이나 일본 사람들도 굉장히 숭배하는 거야. 보조어록이 불교 개론이거든. 선에 대한 거나, 교리에 대한 거나. 선(禪)에 대한 것은 『진심직설(眞心直說)』134로부터

---

133 『보조록』이란 이름의 전집이 일찍이 편찬되었던 것은 아니고, 여기서는 보조 지눌의 저작 일체를 말한다. 흩어져있던 지눌의 저작을 모아서 한 권의 책으로 편찬한 것은 1908년 한암(漢巖) 선사의 『비조 보조법어(鼻祖 普照法語)』가 처음이다.

134 『진심직설』은 지눌의 저작이 아니라는 주장이 최근 제기되었고(남권희·최연식, 「진심직설의 저자에 대한 재고찰」, 『한국도서관·정보학회지』 31-2, 2000), 이후 많은 논쟁과 후속 연구를 거쳐(손성필, 「진심직설의 판본계통과 보조지눌 찬술설의 출현배경」, 『한국사상사학』 38, 2011), 정설화되기에 이르렀다(『한국불교전서편람』 동국대학교 출판부, 2015, 121쪽). 『진심직설』은 중국 금(金)나라의 정언(政言, ?~1184)이 찬술한 것으로, 금이 몽고에 멸망하면서 기록을 잃어버려서 저자 미상의 저술로 전해 내려오다가, 16세기 명대(明代)에 개원사(開元寺) 간으로 『고려국보조국사수심결(高麗國普照禪師修心訣)』과의 합본으로 유통되고, 또한 이것이 『북장(北藏)』에 수록되어 이후 『가흥장(嘉興藏)』과 『용장(龍藏)』을 거쳐 필사본으로 조선에 전해지

『간화결의론(看話決疑論)』, 교리에 대한 것은 『원돈성불론(圓頓成佛論)』에 구체적으로 다 밝혀놨다. 바로 불교 개론이다. 그래서 그거 한 권만 읽으면은 불교 개략을 대강 뚫는다.

집(集)으로는 『영가집(永嘉集)』이 불교 개론이다. 『영가집』 그 하나만 볼 거 같으면은 선문의 종지와 팔만대장경 교리를 거의 파악할 수 있게 되는 거야.

한 번만 봐가지고서 이 불교를 어떻게 알 수 있느냐? 불교 개론. 그런 것을 알아두라 이 말이야.

고, 이를 다시 송광사에서 『계초심학인문(誡初心學人文)』 등과의 합본으로 인행(印行)함으로써 지눌의 저작이란 오해가 점차 굳어지게 되었다는 것이다.

내가 한국불교학회 제23대 회장 소임을 맡은 후 두어 달 뒤인 2018년 8월 중순, 경주 동국대 금장생활관 법당에서 하계 워크숍을 개최했다. 중심 행사는 '재가불자의 신행지침 마련을 위한 대토론회'였는데, 그에 앞서 '신진학자들이 연구한 우리 시대의 불교학'이라는 정례(定例) 발표회가 있었다. 최근에 박사학위를 취득한 연구자들이 자신의 논문을 소개하는 시간이었다. 발표자 가운데 한 분이 문광 스님이셨다. 문광 스님은 한국학중앙연구원에서 「탄허 택성의 사교회통사상 연구」라는 제목의 논문으로 박사학위 취득이 확정돼 있었다. 탄허 스님과 관련한 최초의 박사학위 논문이었다. 세인의 눈으로는 가늠할 수 없는 학문의 폭과 깊이를 갖추셨던 탄허 스님이셨기에, 그 사상을 연구하기 위해서는 불교는 물론이고 유교와 노장, 기독교와 증산교, 정역과 천부경 등 거의 모든 종교 사상에 정통해야 한다. 이 모두를 소화하여 '탄허 스님의 회통 사상'으로 일목요연하게 풀어내시는 문광 스님의 발제를 청중 모두 경청했다.

탄허 스님께서는 『신화엄경합론』을 비롯해 전통 강원의 교재인 『서장』, 『도서』, 『선요』, 『절요』의 사집(四集) 또 『금강경』, 『능엄경』, 『원각경』, 『기신론』의 사교(四教)는 물론이고 노자의 『도덕경』과 장자의 『남화경』 등 불교 내외의 여러 고전을 번역하셨지만, 당신께서 직접 저술 활동을 하진 않으셨다. 오롯이 견지하셨던 술이부작(述而不作)의 신념 때문이셨겠지만, 후학으로서 아쉽지 않을 수 없었다. 그런데 1박 2일간의 한국불교학회 여름 워크숍 일정을 모두 마치고 서울로 돌아가는 버스 속에서 문광 스님과 대화하던 중에 탄허 스님의 강의와 법문을 녹음한 테이프가 많이 남아 있다는 것을 알게 되었다. 탄허 스님의 역경 불사에서 출판을 전담해 오신 도서출판 교림의 서우담 선생님께서 수백 개의 녹음테이프를 근 40년간 보관하고 계셨다. 이를 녹취해 책으로 발간한다면 탄허 스님의 사상을 깊이 이해하고 널리 알리는 데 크게 기여할 수 있을 것 같았다. 문광 스님과 함께 한국불교학회 학술사업으로 이를 추진하기로 했다. 2018년 8월 17일의 일이었다.

그 후 녹취 비용을 마련하기 위해 동분서주하던 중에 반가운 소식이 들려왔다. 자현 스님의 주선으로 금강선원의 혜거 스님께서 후원금을 보내주셨다. 첫 작업은 〈동양사상특강〉이라는 제목의 녹음 파일들이었다. 경주 동국대 불교학부에 재학 중인 학생과 학인 스님을 중심으로 지원자를 모집해 녹취 작업에 들어갔다. 겨울방학이 끝날 무렵인, 2019년 2월에 녹취 원고가 모두 취합됐지만, 근 40년 전의 테이프 녹음이라서 음질이 좋지 않아 놓친 곳이 많았다. 또 탄허 스님께서 강의 중에 출처 불명의 고전을 많이 인용하셨는데 그 원문을 찾기가 쉽지 않아서 몇몇 원고의 질이 썩 좋지 못했다. 수년간 그대로 방치되어 있었는데, 얼마 전에 윤문 및 편집을 담당할 분이 선정돼 다시 원고를 정리하기 시작했다. 일이 순조롭게 진행되면 탄허 스님 탄신 110년, 열반 40년이 되는 해인 2023년 올해 안에 단행본으로 출간할 수 있을 것이다.

첫 작업의 녹취가 끝난 후 얼마 지나지 않아서 월정사에서 새로운 작업을 위한 후원금을 보내오셨다. 이 역시 자현 스님께서 주선해 주셨다. 이번에는 〈간추린 법문〉이라는 제목의 강의 파일들을 녹취하기 시작했는데, 첫 작업의 문제점을 교훈 삼아 불교 교학에 정통한 두 분에게 녹취를 의뢰했다. 가산불교문화연구원에 근무하던 박준형 선생님과 세계최대의 불교 학술자료 사이트였던 '천불동'의 이승훈 선생님이었다. 두 분 모두 소위 '재야(在野)의 고수(高手)'였다. 작업 도중에 코로나19 사태가 터져서 우여곡절(迂餘曲折)을 겪긴 했지만 총 15개 파일의 녹취 원고가 완성됐다. 그 전체를 단행본으로 만들려면 2023년 발간이 쉽지 않을 것 같아서 앞부분의 7개 파일만 먼저 단행본으로 발간하기로 했다.

원고를 윤문하고 주석하는 지난(至難)한 마무리 작업은 이승훈 선생님이 전담했다. 탄허 스님께서 열반하신 후 40년이 지나서야 강의록을 출간하는 것이 때늦은 감이 있지만, 스님께서 강의 중에 간혹 인용하시는 출처 불명의 고전을 찾아내어 녹취 원고에 반영하고 주석을 다는 것은 인터넷 검색으로 온갖 고전의 데이터베이스에 접근할 수 있는 이 시대에야 가능한 일일 것이다. 여러 해 동안 '천불동' 사이트 운영에 관여하면서 자료 수집과 검색에서 일가를 이룬 이승훈 선생님의 치밀한 주석으로 이 강설집에 학문적 가치를 더할 수 있었다. 오디오 장치를 구성해 들리지 않는 음성을 살려내는 등 어려운 여건 속에서 이 작업에 전념해주신 이승훈 선생님께 깊이 감사드리며, 천신만고(千辛萬苦) 끝에 탄생

한 이 책이 아무쪼록 탄허학의 지평을 넓히는 데 일조하기 바란다.

끝으로 탄허 스님의 강의와 법문 테이프 수백 개를 기나긴 세월 동안 잘 간직하고 계시다가 그 모두를 기꺼이 내어주신 도서출판 교림의 서우담 거사님, 이 작업이 가능할 수 있도록 재정적 후원을 결정해 주신 대한불교조계종 제4교구 본사 월정사 주지이신 정념 스님과 자현 스님 이하 사부대중 모든 분께 재삼 감사의 마음을 올린다. 아울러 (사)한국불교학회의 운영과 업무로 바쁜 와중에도, 뜻깊은 이 불사가 완성될 수 있도록 뒷바라지해 주신 제24대 고영섭 전(前) 회장님과 제25대 백도수 현(現) 회장님께도 심심(甚深)한 감사의 말씀을 드린다. 출간을 맡아주신 불광미디어 류지호 대표님과 꼼꼼하게 교정보고 편집해주신 최호승 편집자에 대한 고마운 마음은 말할 나위도 없다.

2023년 6월

동국대 명예교수 김성철 합장 정례

찾아보기

ㄱ

ㄴ

ㄷ

ㅁ

ㅂ

ㅅ

ㅇ

ㅈ

ㅊ

ㅌ

ㅍ

ㅎ

탄허 스님의 선학(禪學) 강설

한국 정신문화의 큰별
탄허 스님의 생생한 육성 법문

2023년 6월 5일 초판 1쇄 발행
2024년 7월 6일 초판 2쇄 발행

강설 탄허 • 주석 이승훈 • 후원 월정사
발행인 박상근(至弘) • 편집인 류지호 • 편집이사 양동민
책임편집 최호승 • 편집 김재호, 양민호, 김소영, 하다해, 정유리 • 디자인 쿠담디자인
제작 김명환 • 마케팅 김대현, 김선주, 이선호 • 관리 윤정안
콘텐츠국 유권준, 정승채, 김희준
펴낸 곳 불광출판사 (03169) 서울시 종로구 사직로10길 17 인왕빌딩 301호
대표전화 02) 420-3200 편집부 02) 420-3300 팩시밀리 02) 420-3400
출판등록 제300-2009-130호(1979. 10. 10.)

ISBN 979-11-92997-32-2 (03220)

값 35,000원